suhrkamp taschenbuch
wissenschaft 1255

Jede psychische Aktivität lehnt sich nach Freud an eine biologische Funktion an; das Haut-Ich beruht auf den verschiedenen Funktionen der Haut. Als erstes hat die Haut die Funktion einer Tasche, welche in ihrem Inneren das Gute und die Fülle – aus der Erfahrung des Stillens, der Pflege und der begleitenden Worte der Mutter – enthält und festhält. Die zweite Funktion der Haut ist die einer Grenzfläche; sie bildet eine Barriere zur Außenwelt und schützt vor der Penetration als Ausdruck von Gier und Aggression anderer Menschen und Objekte. In ihrer dritten Funktion schließlich ist die Haut – nicht weniger als der Mund – Ort und primäres Werkzeug der Kommunikation und der Entstehung bedeutungsvoller Beziehungen; sie bildet zudem eine reizaufnehmende Oberfläche, auf der sich die Zeichen dieser Beziehungen einschreiben. Diese epidermischen und propriozeptiven Wurzeln befähigen das Ich, sowohl Barrieren zu errichten (die zu psychischen Abwehrmechanismen werden) als auch den Informationsfluß (mit dem Es, dem Über-Ich und der Außenwelt) zu kontrollieren.

Unter Haut-Ich versteht Anzieu ein Bild, mit dessen Hilfe das Baby – ausgehend von seiner Erfahrung der Körperoberfläche – eine Vorstellung von sich selbst als Ich entwickelt. Er zeigt, wie sich klinische Phänomene – der perverse Masochismus, der hysterische Kern der Neurose und die Unterscheidung zwischen narzißtischen Neurosen und Borderline-Zuständen – aus Defiziten oder Überbesetzungen bestimmter Funktionen des Haut-Ichs verständlich machen lassen.

Didier Anzieu (1922-1999) war Vizepräsident der *Association psychanalytique de France* und Professor für klinische Psychologie an der Universität Paris X (Nanterre).

Didier Anzieu
Das Haut-Ich

Übersetzt von Meinhard Korte
und Marie-Hélène Lebourdais-Weiss

Suhrkamp

Titel der Originalausgabe:
Le Moi-peau

9. Auflage 2026

Erste Auflage 1996
suhrkamp taschenbuch wissenschaft 1255

Umschlag nach Entwürfen von
Willy Fleckhaus und Rolf Staudt
Druck und Bindung: C. H. Beck, Nördlingen
Printed in Germany
ISBN 978-3-518-28855-9

Suhrkamp Verlag GmbH
Torstraße 44, 10119 Berlin
info@suhrkamp.de
www.suhrkamp.de

Inhalt

ERSTER TEIL

ENTDECKUNG

DRITTER TEIL

DIE WESENTLICHEN AUSDRUCKSFORMEN

Erster Teil
Entdeckung

1. Epistemologische Vorüberlegungen

Einige allgemeine Prinzipien

1. Bekanntlich und erwiesenermaßen sind Denkfähigkeit und Wille vom Großhirn und das affektive Leben von der Funktion des Thalamus abhängig. Durch die zeitgenössische psychopharmakologische Forschung wird unser Wissen auf diesen Gebieten ständig erweitert und unterliegt einem fortwährenden Erneuerungsprozeß. Die errungenen Erfolge haben zu einer Einengung sowohl des Untersuchungsgebietes als auch der Theoriebildung geführt: Der Psychophysiologe neigt dazu, den lebendigen Organismus auf das Nervensystem und das Verhalten auf cerebrale Aktivitäten zu reduzieren, die es durch Speicherung, Analyse und Synthese von Informationen programmieren sollen. In staatlichen Forschungseinrichtungen werden diese für den Biologen sinnvollen Modellvorstellungen zunehmend der Psychologie übergestülpt. Damit wird versucht, sie zum Anhängsel der cerebralen Neurophysiologie zu machen. Dies wird mit Autoritätsanspruch von »Wissenschaftlern« vertreten, die die Freiheit der Forschung, besonders der Grundlagenforschung, auf ihrem eigenen Gebiet leidenschaftlich verteidigen. Meine Arbeit über die Haut führte zur Entwicklung eines andersartigen Modells: für mich ist die Haut gleichzeitig eine organische und eine imaginäre originäre Gegebenheit, sie ist Schutzvorrichtung unserer Individualität sowie erstes Instrument und Ort des Austauschs mit dem Anderen. Nach meinem Modell besitzt die Interaktion mit der Umgebung eindeutig eine biologische Grundlage; außerdem berücksichtigt es gleichermaßen die Spezifizität der psychischen Phänomene, bezogen auf die Körperrealität und soziale Faktoren. Kurz, ich möchte ein Modell darstellen, von dem ich annehme, daß es Praxis und Theorie der Psychologie und Psychoanalyse bereichern kann.

2. Bewußte und unbewußte psychische Aktivität folgt eigenen Gesetzen. Dazu gehört, unter anderem, daß ein Teil von ihr nach Unabhängigkeit strebt, obwohl sie von vornherein in zweifacher Weise abhängig ist: einmal vom lebendigen Organismus selbst,

der die psychischen Funktionen aufrechterhält; zum zweiten von Reizen, Überzeugungen, Normen, Besetzungen, Gruppenvorstellungen des betreffenden Individuums (von der Familie bis zum Kulturkreis). In einer Theorie der psychischen Entwicklung sollten diese beiden Aspekte miteinander verknüpft werden, ohne dabei einem naiven, eindimensionalen Determinismus zu verfallen. Mit René Kaës (1979b; 1984) gehe ich davon aus, daß für das Seelenleben eine doppelte Anlehnung besteht: an den biologischen Organismus und an das soziale Umfeld – und eine gegenseitige Anlehnung zwischen beiden. Zumindest beim Menschen ist das biologische und soziale Leben von ständig stabilisierender Zufuhr aus der individuellen Psyche abhängig, wie umgekehrt das Seelenleben seine Stabilität aus dem lebendigen Organismus und der lebendigen sozialen Gruppe bezieht (was uns die Psychosomatik körperlicher Krankheiten und die Beschäftigung mit der Entstehung von Mythen oder von sozialen Innovationen zeigen).

Die psychoanalytische Theorie unterscheidet sich allerdings grundsätzlich von einer psychophysiologischen bzw. psychosoziologischen Theorie durch Annahme der Existenz und ständiger Wirksamkeit individueller bewußter, unbewußter und vorbewußter Phantasien und durch die Rolle, die diese Phantasien als Brücke und Schirm zwischen Psyche einerseits und Körper, Außenwelt und anderen Individuen andererseits einnehmen. Das Haut-Ich ist phantasmatische Wirklichkeit. Es findet in Wahnvorstellungen und Träumen, in der Umgangssprache, in Körperhaltung und Denkstörungen Ausdruck und bietet anderseits einen imaginären Raum an, aus dem heraus Phantasien, Träume, Gedanken und Psychopathologien entstehen.

Die psychoanalytische Theorie zeichnet sich durch zwei widersprüchliche Positionen aus. Für die Empiristen, Pragmatiker und Psychogenetiker (hauptsächlich im englischsprachigen Raum) ist die psychische Struktur Folge unbewußter kindlicher Erfahrungen (vor allem in den Objektbeziehungen); die Strukturalisten (in den vergangenen Jahrzehnten vorherrschend in Frankreich) dagegen bestreiten, daß die Struktur Resultat von Erfahrungen ist, und behaupten im Gegenteil, daß Erfahrung nur auf dem Hintergrund einer vorgegebenen Struktur möglich ist. Ich möchte in diesem Konflikt keine Stellung beziehen. Solange sich diese bei-

den komplementären Haltungen als fruchtbar für die psychoanalytische Forschung erweisen, sollten sie auch beibehalten werden. Innerhalb des psychischen Apparats ist das Haut-Ich eine vermittelnde Struktur, chronologisch gesehen in der Beziehung zwischen Mutter und Säugling, strukturell betrachtet im Prozeß der Differenzierung der psychischen Instanzen, ausgehend von der primären Verschmelzung, in der beide Partner sich gegenseitig einschließen, entsprechend dem zweiten topischen Modell bei Freud. Ohne die entsprechenden Erfahrungen zur rechten Zeit wird diese Struktur nicht erworben oder – allgemeiner – entstellt. Die verschiedenen Gestalten des Haut-Ichs (die ich im dritten Teil beschreiben werde) sind jedoch Variationen einer topographischen Grundstruktur. Wegen ihres universellen Vorkommens kann man annehmen, daß sie in der entstehenden Psyche des Säuglings angelegt, sozusagen vorprogrammiert ist und daß ihre Ausgestaltung implizit ein Entwicklungsziel darstellt. (In diesem Sinne stehe ich der sogenannten epigenetischen Theorie bzw. der Theorie der Interaktionsspirale nahe.)
Freud hat ein (nicht formalisiertes) »Modell« des psychischen Apparats als System von Subsystemen vorgestellt, die unter dem Primat unterschiedlicher Funktionsprinzipien stehen, wie dem Realitätsprinzip, dem Lust-Unlustprinzip, dem Wiederholungszwang, dem Konstanzprinzip und dem Nirwanaprinzip. Zusätzlich zwingt uns das Haut-Ich dazu, ein Prinzip der inneren Differenzierung und ein Behälterprinzip [*principe de contenance*] zu postulieren. Beide hat Freud schon angedeutet (1895). Wie ich meine, könnte man im Hinblick auf die schwersten Pathologien des Haut-Ichs (z. B. der autistischen Hülle) sogar das Prinzip der Selbstorganisation offener Systeme – d. h. solcher Systeme, die für »Geräusch« offen sind – auf die Psychoanalyse übertragen; dieses Prinzip haben Systemtheoretiker (Atlan 1979) in letzter Zeit populär gemacht. Im Bereich der Biologie werden durch dieses Prinzip die Entwicklungsmöglichkeiten von Lebewesen gefördert, während es – im Gegensatz dazu – im Bereich der Psychologie vor allem für die Entstehung psychopathologischer Strukturen verantwortlich zu sein scheint.
3. Wissenschaftlicher Fortschritt entsteht aus einem Hin und Her zwischen zwei epistemologischen Einstellungen, die sich je nach Persönlichkeit des Forschers, den geschichtlich bedingten Erfor-

dernissen oder dem Entwicklungsstillstand einer Wissenschaft ändern. Eine Wissenschaft verfügt dann über eine gute Theorie, wenn durch ihre Anwendung, Bestätigung und Weiterentwicklung Denkfähigkeit, Geduld und Einfallsreichtum der Forschenden angeregt wird. Eine solche Theorie bleibt brauchbar, solange ihre schöpferische Kraft erhalten und ihre Hauptaussagen unwiderlegbar bleiben. Eine Wissenschaft kann sich auch durch die plötzliche Einsicht eines Forschers (gelegentlich aus einer anderen Disziplin) erneuern, wenn dieser scheinbar gesicherte Aussagen und selbstverständliche Begriffe in Frage stellt. Seine Intuition entstammt eher seiner schöpferischen Phantasie als Überlegungen und Berechnungen. Er wird von so etwas wie einem inneren Mythos getrieben, den er von seinem Phantasieballast befreit (den er vielleicht in religiöse Glaubensvorstellungen, philosophische Überlegungen und damit zusammenhängende literarische oder künstlerische Tätigkeiten projiziert). Diesem Mythos entnimmt er klar formulierte Konzepte, die unter bestimmten Bedingungen überprüfbar, veränderbar und auf andere Gebiete übertragbar sind. In der Erforschung des individuellen Seelenlebens nahm Freud diese zweite Haltung ein (sicherlich nicht zufällig habe ich mich in meiner Jugend mit den Wegen seiner schöpferischen Phantasie in seiner Selbstanalyse befaßt, mit der er in seiner Jugend die Psychoanalyse entdeckt hat (vgl. D. Anzieu 1975 a). In dem von Freud definierten Rahmen dieser neuen Disziplin stehen sich weiterhin zwei epistemologische Tendenzen gegenüber. Melanie Klein, Winnicott, Bion, Kohut haben z. B. Begriffe (paranoid-schizoide und depressive Position, Übergangsphänomene, Angriffe auf Verbindungen [*attacks on linking*], Spiegelübertragung, idealisierende Übertragung) eingeführt, die ausschlaggebend für neue Forschungsgebiete waren – das Kind, der Psychotiker, die Borderline-Zustände und die narzißtischen Persönlichkeiten –, wodurch die psychoanalytische Theorie und Praxis zum ersten Mal auf sie angewandt werden konnte. Die meisten Psychoanalytiker nehmen jedoch zunehmend zuerst genannte Haltung ein. Sie fordern die Rückkehr zu Freud, interpretieren unermüdlich, gebetsmühlenhaft wiederholend, seine Texte und wenden seine Erkenntnisse und ihre spätere Umarbeitung mechanisch an. Und dies nicht im Lichte neuer Einsichten aus der praktischen Arbeit, sondern vor dem Hintergrund von »Fortschritten« der Philosophie, der Human- und Sozialwissenschaften, speziell der Sprachwissenschaften (Lacan war in Frankreich ein typisches Beispiel dafür). Ich glaube, daß in diesen letzten Jahrzehnten des zwanzigsten Jahrhunderts die Psychoanalyse vor allem Denker mit bildlicher Vorstellungskraft [*penseurs par images*] braucht und nicht gelehrte Scholasten und abstrakte Formalisten. Ehe ich meine Vorstellung vom Haut-Ich begrifflich fasse, wähle ich dafür bewußt eine umfassende Metapher. Genauer gesagt, ich entlehne sie der metaphorisch-metonymischen Oszillation, die Guy Rosolato (1978) so trefflich beschrieben hat. Ich hoffe, daß meine Vorstellung vom Haut-Ich die Psychoanalytiker zu größerer Freiheit im Denken und zur Bereicherung ihrer Deutungsarbeit in der analytischen Kur anregt. Das Buch soll den Leser davon überzeugen, daß man über diese Metapher zu anwendbaren und in ihrem jeweiligen Umfeld stimmigen Aussagen kommen kann, die er dann praktisch und theoretisch überprüfen oder widerlegen kann.

4. Jedes Forschungsvorhaben entsteht in einem persönlichen und sozialen Kontext, auf den ich im folgenden näher eingehen möchte. Ende des 18. Jahrhunderts führte die Schule der Ideologen in Frankreich und Europa die Idee vom unendlichen geistigen, wissenschaftlichen und kulturellen Fortschritt ein. Lange war dies ein bestimmender Grundgedanke. Und danach kam die Enttäuschung. Wenn ich zusammenfassend die Lage der westlichen Länder, vielleicht sogar der ganzen Menschheit am Ende des zwanzigsten Jahrhunderts zu beurteilen hätte, so würde ich die Notwendigkeit unterstreichen, Grenzen zu setzen; ich denke dabei an das Bevölkerungswachstum, das Wettrüsten, die Atombombenversuche, das Überstürzen geschichtlicher Ereignisse, das wirtschaftliche Wachstum, den unstillbaren Konsum, die wachsende Kluft zwischen den reichen Ländern und den Ländern der Dritten Welt, den Größenwahnsinn bei wissenschaftlichen Projekten und wirtschaftlichen Unternehmungen, die Überflutung der Privatsphäre durch die Massenmedien, den Zwang, immer wieder durch Über-Training und Doping neue Rekorde aufzustellen, die Sucht, sich immer schneller, weiter und aufwendiger um den Preis von Verkehrsstaus, Nervosität, Herz- und Kreislauferkrankungen und Lebensüberdruß fortzubewegen. Grenzen müßten der Gewalt an Natur und Mensch gesetzt

werden, der Verschmutzung von Luft, Erde und Wasser, der Energieverschwendung, der Sucht, alles, was möglich ist, zu produzieren, auch wenn daraus mechanische, architektonische und biologische Monster entstehen. Grenzen müßten der Auflösung von moralischen und sozialen Werten gesetzt werden sowie dem vermeintlichen Recht auf Befriedigung jedweder individueller Wünsche. Der fortschreitenden technologischen Entwicklung, die die körperliche Integrität, die geistige Freiheit, die natürliche Zeugung und das Überleben der Menschheit bedroht, müßte Einhalt geboten werden.

Ich möchte mich jetzt einem Thema zuwenden, das mich nicht nur als Bürger betrifft, sondern mit dem ich fast täglich in meinem Beruf konfrontiert bin. In den letzten dreißig Jahren meiner Praxis hat es einen auffallenden Symptomwandel bei Patienten gegeben, die eine Psychoanalyse anstreben. Auch meine Kollegen bestätigen mir das. Zu Zeiten Freuds und der ersten beiden Nachfolgegenerationen hatten es die Psychoanalytiker mit Neurosen wie Hysterien, Zwangsneurosen, Phobien oder Mischformen zu tun. Heute setzt sich die psychoanalytische Klientel zu mehr als der Hälfte aus den sogenannten Borderline-Zuständen und/oder den narzißtischen Persönlichkeitsstörungen (wenn man Kohuts Unterscheidung übernimmt) zusammen. Etymologisch betrachtet handelt es sich um Grenzzustände zwischen Neurose und Psychose, die Symptome dieser beiden klassischen Kategorien aufweisen. Letztlich leiden diese Patienten an einem Mangel von Grenzen: an einer Ungewißheit der Grenzen zwischen psychischem Ich und Körper-Ich, zwischen Real-Ich und Ideal-Ich und an der Unsicherheit in der Abgrenzung zwischen Selbst- und Fremdbestimmung. Plötzliche Erschütterungen dieser Grenzen führen zu depressiven Zusammenbrüchen, einer mangelnden Unterscheidung der erogenen Zonen, einer Verwechslung zwischen angenehmen und schmerzlichen Erfahrungen sowie Triebunsicherheit. Ein aufkommendes Triebbedürfnis wird dann überwältigend und nicht als Wunsch erlebt (was F. Gantheret (1984) die »Ungewißheit des Eros« nennt). Andere Symptome sind: Narzißtische Kränkbarkeit bei Schwäche oder Lücken der psychischen Hülle, unbestimmte Mißempfindungen, das Gefühl, nicht wirklich bei sich zu sein, seinen Körper und seine Gedanken wie von außen zu beobachten und somit Zuschauer von etwas zu sein, das die eigene Existenz ist und zugleich nicht existiert. Technische Anpassungen und eine Erneuerung des theoretischen Konzepts sind Voraussetzungen zur psychoanalytischen Behandlung von Borderline-Zuständen und narzißtischen Persönlichkeitsstörungen und ermöglichen ein besseres Verständnis der klinischen Symptomatik. Mit dem Begriff »Übergangsanalyse« [*psychanalyse transitionnelle*], den ich von R. Kaës (1979a) übernommen habe, wird dies, wie mir scheint, am besten ausgedrückt (D. Anzieu 1979).

Wir leben in einer Kultur, die maßlose Ansprüche erzeugt, die die Forderung nach totaler Versorgung in der Paarbeziehung, der Familie oder den sozialen Institutionen fördert, und in der passiv, unter Drogeneinfluß, in künstlichen Ekstasen die Wahrnehmung für Grenzen abgebaut wird; in einer Kultur, in der eine immer größere Zahl von Einzelkindern dem traumatisierenden Einfluß des elterlichen Unbewußten ausgesetzt ist und zwar in einer häuslichen Umgebung, in der mit der Anzahl der Familienmitglieder auch ihre psychische Stabilität immer mehr abnimmt. Es ist somit nicht erstaunlich, daß eine solche Kultur Unreife begünstigt und eine Zunahme psychischer Grenzzustände nach sich zieht. Aus der Unfähigkeit, irgendwo Grenzen zu setzen, entsteht das pessimistische Lebensgefühl, daß sich die Menschheit der Katastrophe nähert, deren Unvermeidbarkeit zeitgenössische Denker und Künstler – sich im Schlimmsten überbietend – immer wieder darstellen.

Grenzen wiederherzustellen, Beschränkungen wiedereinzuführen, bewohnbare Gebiete, in denen es sich auch leben läßt, festzulegen sind vordringliche psychische und soziale Aufgaben; Beschränkungen und Grenzen, die gleichzeitig Differenzierung und Austausch zwischen den auf diese Weise abgegrenzten Bereichen (wie die Psyche, das Wissen, die Gesellschaft, die menschliche Natur sie darstellen) ermöglichen. Einzelne Wissenschaftler haben begonnen, sich dieser Aufgabe ohne vorgefaßtes Ziel auf ihrem eigenen Gebiet zu widmen. Der Mathematiker René Thom hat sich mit Grenzflächen beschäftigt, die im Abstrakten verschiedene Regionen des Weltraumes trennen. Es ist sicherlich kein Zufall, wenn er die Beschreibung und Klassifizierung von plötzlichen Veränderungen dieser Grenzflächen als »Katastrophentheorie« bezeichnete. Ich habe viel von ihm gelernt. Mit immer perfekteren Instrumenten als Erweiterung von Auge und Ohr versucht der Astronom, die Grenzen des Alls zu erreichen: Nach dieser Theorie hat das All eine räumliche, ständig expandierende Endlichkeit, an deren Grenze die Materie – Quasare, die sich fast mit Lichtgeschwindigkeit fortbewegen – in Energie umgewandelt wird. Mit der Theorie des Urknalls, dessen Echo als Hintergrundstrahlung im Universum erhalten blieb und bei dessen Zündung die Spiralnebel entstanden, wird die zeitliche Endlichkeit des Universums postuliert. Die Biologen haben ihr Interesse vom Zellkern auf die Zellmembran verlegt, wo der Ionenaustausch zwischen Protoplasma und Umgebung wie von einem denkenden Gehirn vorprogrammiert erscheint. Veränderungen im genetischen Code könnten die Prädisposition zu schweren, immer häufiger auftretenden Krankheiten (arterielle Hypertension, Diabetes und vielleicht auch einige Krebsarten) erklären. Mit dem Begriff des Haut-Ichs, den ich für die Psychoanalyse vorschlage, bewege ich mich in der gleichen Richtung. Wie entwickeln sich die psychischen Hüllen, wie sind ihre Strukturen, Einfügungen, ihre Pathologien beschaffen, und wie können sie durch eine Übergangsanalyse bei Individuen (oder gar bei Gruppen und Institutionen) wiederhergestellt werden? Dies sind die Fragen, die ich mir stelle und zu deren Beantwortung dieses Buch Anstoß geben will.

5. Erkenntnistheoretisch ist das westliche Denken seit der Renaissance von einem Grundgedanken geblendet. Erkennen heißt die Schale zertrümmern, um an den Kern zu kommen. Diese Idee überholte sich mit der Zeit selber, nachdem sie zwar zu einigen Erfolgen geführt, aber auch große Gefahren gebracht hatte. Hat die Kernphysik nicht etwa Wissenschaftler und Militärs bis zur Atombombenexplosion geführt? Seit Ende des 19. Jahrhunderts gibt es in der Neurophysiologie einen Entwicklungsstillstand, der nicht sofort bemerkt wurde. In der Tat liegt das Großhirn an oberster und vorderster Stelle des Gehirns. Als Cortex [lateinisch: Rinde; dieser Begriff wurde 1907 in die Sprache der Anatomie eingeführt] wird die äußere Schicht der grauen Substanz bezeichnet, die die weiße bedeckt. Wir haben es hier mit einem Paradoxon zu tun: Das Zentrum liegt an der Peripherie. Der verstorbene Nicolas Abraham (1978) skizzierte – zuerst in einem Zeitschriftenartikel, später in dem Buch mit diesem Titel – die

dialektische Beziehung zwischen »der Schale und dem Kern«. Seine Argumentation hat mich in meiner eigenen Forschung bestärkt und meine These erhärtet. Hat nicht das Denken genausoviel mit der Haut wie mit dem Gehirn zu tun? Und hat nicht das Ich, jetzt als Haut-Ich definiert, nicht die Struktur einer Hülle?

Die Embryologie erleichtert es uns, von bestimmten sogenannten logischen Denkgewohnheiten Abschied zu nehmen. Im Gastrula-Stadium nimmt der Embryo durch »Invagination« eines seiner Pole die Form einer Tasche an und besteht aus zwei Blättern, dem Ektoderm und dem Endoderm. Es handelt sich dabei um ein nahezu allgemeingültiges biologisches Phänomen: jede pflanzliche Schale und jede tierische Membran – bis auf wenige Ausnahmen – weisen zwei Schichten auf: eine innere und eine äußere. Doch zurück zum Embryo: Aus dem Ektoderm bilden sich sowohl die Haut (einschließlich der Sinnesorgane) als auch das Gehirn. Das Gehirn, dessen empfindliche Oberfläche durch die Schädelkalotte geschützt wird, steht in ständigem Kontakt mit der Haut und ihren Organen. Die empfindliche Epidermis wiederum schützt sich ihrerseits durch Verdickungen und Verhärtungen an ihren oberflächlichsten Stellen. Das Gehirn und die Haut sind ihrem Wesen nach Oberflächen. Die innere Oberfläche (in bezug auf den Korper als ganzen), der Cortex, steht in Beziehung zur äußeren Welt über die Vermittlung einer äußeren Oberfläche, der Haut. Und diese beiden Schalen bestehen aus mindestens zwei Lagen, wovon die äußere eine Schutzfunktion und die darunterliegende eine Filterfunktion annimmt, deren Aufgabe es ist, Information zu speichern und ihren Austausch zu steuern. Überträgt man das Modell vom Zentralnervensystem auf die Denkfähigkeit, so kann man diese nicht als eine Funktion von getrennten, nebeneinander liegenden oder in Verbindung stehenden Kernbereichen ansehen, sondern sie entwickelt sich aus wechselseitigen Einfügungen von Flächen. Nach der treffenden Beschreibung von Nicolas Abraham kann abwechselnd die eine in bezug auf die andere die Position des Kerns bzw. der Rinde einnehmen.

Der anatomisch-physiologische Fachausdruck dafür heißt Invagination. Es sei daran erinnert, daß die Vagina nicht aus einem besonderen Gewebe, sondern – wie Lippen, Anus, Nase, Augenlider – aus einer Hautfalte besteht. Die (Vaginal-)Schleimhaut reagiert ohne die Reizschutzfunktion einer schützenden Verhärtung oder eines Hornhautanteils auf alle Reize höchst sensibel, und ihre erogene Erregbarkeit steigert sich durch Reibung mit der auf dem Höhepunkt der Erektion ebenso empfindlichen Haut der männlichen Eichel. Wenn man die Liebe nicht auf Beziehungen von zwei Hautflächen reduzieren will (was nicht unbedingt zum erwarteten Genuß führt), so weiß doch jeder, daß in der Liebe zu einem Partner paradoxerweise der tiefste seelische Bezug mit dem innigsten Hautkontakt unlösbar einhergeht. Das menschliche Denken beruht auf drei Fundamenten: der Haut, dem Großhirn und der sexuellen Vereinigung, analog zu den drei Varianten der Oberfläche: der Hülle, der Haube und der Tasche.

Jede Zelle wird von einer zytoplasmatischen Membran begrenzt. Die pflanzliche Zelle besitzt außerdem noch als Verdoppelung und Verstärkung eine poröse Cellulose-Membran, die der Zelle und folglich der Pflanze eine gewisse Festigkeit verleiht (z. B. besitzt die Nuß eine äußere harte Schale und eine feine Haut um die Frucht herum). Die tierische Zelle ist elastisch, bei Berührung mit einem Hindernis verändert sie ihre Form, und dies ist die Voraussetzung für die Bewegungsfähigkeit der Tiere. An der zytoplasmatischen Membran findet der lebenswichtige Intermediärstoffwechsel statt.

Nach neueren Forschungsergebnissen besteht diese Membran aus zwei Schichten (ähnlich der Intuition Freuds (1925) in der »Notiz über den ›Wunderblock‹«, wonach der Wahrnehmungsapparat aus zwei Schichten besteht, einem äußeren Reizschutz und der reizaufnehmenden Oberfläche dahinter). Im Elektronenmikroskop kann man die beiden möglicherweise durch einen Zwischenraum getrennten Schichten deutlich erkennen. Bei Pilzen kann man zwei Arten unterscheiden: die eine mit einer schwer ablösbaren, die andere mit einer eindeutig doppelschichtigen Haut. In einer weiteren Spielart sind verschiedene Lagen – wie bei der Zwiebel – ineinander *verschachtelt*, ein Thema, dessen Annie Anzieu sich angenommen hat (1974).

6. Die Psychoanalyse versteht sich als Theorie der unbewußten und vorbewußten Inhalte oder wird im allgemeinen so dargestellt. Für die psychoanalytische Technik ergab sich demnach das Ziel, diese Inhalte bewußt bzw. vorbewußt zu machen. Es kann

aber keinen Inhalt ohne Beziehung zum Behälter geben. Die vereinzelten psychoanalytischen Vorstellungen von der psychischen Beschaffenheit des Behälters blieben fragmentarisch und ungenau. Der praktizierende Psychoanalytiker ist heute mehr und mehr mit einer Pathologie konfrontiert, der größtenteils eine Störung zwischen Behälter und Inhalt zugrundeliegt. In der nachfreudschen Theoriebildung zur psychoanalytischen Situation wurde der Beziehung zwischen psychoanalytischem Prozeß und Rahmen mehr Beachtung geschenkt – wann und wie die Variablen dieses Rahmens vom Psychoanalytiker verändert werden können bzw. wann und wie der Patient diese Variablen an die Stelle eines eventuellen Prozesses setzt und dadurch einen Nicht-Prozeß [*non-processus*] schafft (vgl. J. Bleger 1966). Aus dieser epistemologischen Umkehrung ergeben sich wichtige behandlungstechnische Konsequenzen. Die Aufgabe des Analytikers ist nicht mehr ausschließlich die Deutung von Störungen, Rissen und Abwehrformationen in der Übertragung und die »Konstruktion« frühkindlicher Übergriffe, kumulativer Traumata sowie der Ersatzidealisierungen, die zu diesen (in der Übertragung beobachtbaren) Verletzungen und Überbesetzung der Abwehr geführt haben. Er sollte vielmehr dem Patienten sowohl eine innere Haltung als auch eine Art des Umgangs miteinander anbieten, die ihm die Erfahrung vermittelt, psychisch gehalten zu sein, und eine ausreichende Verinnerlichung dieser Erfahrung ermöglichen. Ich meinerseits habe diese theoretische Erweiterung um den Begriff des Haut-Ichs zentriert und die daraus folgende technische Anpassung wie bereits gesagt Übergangsanalyse genannt.

In diesem Sinne sollte die psychoanalytische Theorie vervollständigt und erweitert werden. Dies scheint mir u. a. in den folgenden fünf Punkten wünschenswert:

– Im Hinblick auf die räumliche Organisation des Körper-Ichs und des psychischen Ichs wäre die topische Betrachtungsweise des psychischen Apparates durch eine im strengeren Sinne topographische Perspektive zu ergänzen.

– Es sollten nicht nur Phantasien untersucht werden, die sich auf psychische Inhalte beziehen, sondern auch solche, die den psychischen Behälter betreffen.

– Das Verständnis des oralen Stadiums, das auf der Saugtätigkeit beruht, sollte um den Aspekt des Körperkontakts zwischen Mutter bzw. mütterlicher Pflegeperson und Kind erweitert werden, d. h. der Brust-Mund-Beziehung sollte die Brust-Haut-Beziehung hinzugefügt werden.

– Das doppelte Verbot der Berührung sollte als Vorläufer zum doppelten ödipalen Verbot hinzugefügt werden.

– Das klassische psychoanalytische *Setting* ist nicht nur im Sinne der Übergangsanalyse möglicherweise veränderbar, vielmehr sollten die Körperhaltung des Patienten wie auch seine Vorstellung vom analytischen Raum im Rahmen des Settings berücksichtigt werden.

Ein sechster Punkt betrifft den Triebbegriff. Bekanntlich haben sich Freuds Vorstellungen vom Trieb im Laufe seines Lebens geändert. Er hat dem Selbsterhaltungstrieb den Sexualtrieb, dann der Objektlibido die Ichlibido, schließlich dem Lebenstrieb den Todestrieb gegenübergestellt. Er war sich unschlüssig, wie er eine Beziehung zwischen Trieb und Konstanz- bzw. Nirwana-Prinzip herstellen könnte. Obwohl er an den vier Dimensionen des Triebes (Triebquelle, Triebenergie, Triebziel und Triebobjekt) festhielt, hat er immer wieder betont, daß die Aufzählung der Triebe unvollständig sei und es neue zu entdecken gäbe. Deshalb ziehe ich den Bindungstrieb (Bowlby) und den Anklammerungstrieb (nach Hermann) als nützliche Arbeitshypothese, wenn auch nicht als erwiesene Tatsache, in Betracht. Müßte man sie der Freudschen Klassifikation zuordnen, gehörten sie am ehesten zum Selbsterhaltungstrieb. Unter den erwähnten Gegensatzpaaren, die Freud beschrieben hat, nimmt der Bemächtigungstrieb, der auf Muskelaktivität besonders der Hand beruht, eine Zwischenstellung ein und stellt eine Ergänzung zum Bindungstrieb dar. Der Bindungstrieb beruht seinerseits wiederum auf der Vorstellung von der Haut als haltende, passiv sensible Oberfläche. Mit diesen theoretischen Schwierigkeiten (ich habe nicht alle aufgezählt) wird die Frage aufgeworfen, ob es sinnvoll ist, das Triebkonzept beizubehalten.

Eine Welt aus Berührung und Haut

Schon vor der Geburt wird dem kleinen Menschen über Hautempfindungen eine reiche, vielgestaltige, wenn zunächst auch noch undifferenzierte Welt eröffnet. Diese Hautempfindungen regen sein Wahrnehmungs- und Bewußtseinssystem an, bilden den Hintergrund für ein umfassendes, aber vorübergehendes Existenzgefühl und ermöglichen die Schaffung eines ersten psychischen Raumes. Die Haut bleibt unerschöpflicher Forschungsgegenstand, Untersuchungsobjekt und Diskussionsthema. Ich möchte zunächst einige Erkenntnisse zusammentragen.

1. In bezug auf die Haut ist die Sprache, Umgangs- wie Fachsprache, besonders reichhaltig. Lassen Sie uns zunächst den lexikalischen Bereich untersuchen. Jedes Lebewesen, jedes Organ, jede Zelle hat eine Haut oder eine Schale: Häutchen, Hülle, Panzer, Membran, Hirnhaut, Schutzpanzer, Schuppenkleid, Pellicula, Scheidewand, Rippenfell ... Die Anzahl der Synonyme für *Membran* ist beachtlich: Amnion, Aponeurose, Blastoderm, Chorion, Kalotte, Schwarte, Lamina cribrosa, Diaphragma, Endocard, Endocarp, Ependym, Netz, Gekröse, Hymen, Mantel, Operculum, Pericard, Perichondrium, Periost, Bauchfell ... Als innerste Schicht der Hirnhäute, die den nervösen Zentralorganen unmittelbar aufliegt und die Gefäße für Rückenmark und Gehirn enthält, stellt die Pia Mater ein bezeichnendes Beispiel dar: Etymologisch bedeutet dieser Begriff »Haut-Mutter«. Hier vermittelt die Sprache eindrucksvoll die vorbewußte Vorstellung, daß die mütterliche Haut die primäre Haut ist. Die Legenden zu *peau* [Haut], *main* [Hand] und *toucher* [berühren] sind in dem großen französischen Wörterbuch Robert die umfangreichsten, fast so wie die zu *faire* [machen], *tête* [Kopf] und *être* [sein] (in abnehmender Reihenfolge). Die Legende zu *to touch* [berühren] ist die längste im *Oxford English Dictionary.*

Doch nun etwas zur Semantik. Viele Redensarten beziehen sich auf gemeinsame Funktionen von Haut und Ich. Hier eine kleine Auswahl:

– »*Caresser quelqu'un dans le sens du poil*« [»jemanden in Haarrichtung streicheln«; die deutsche Redewendung »Es geht mir gegen den Strich« drückt einen ähnlichen Zusammenhang zwi-

schen Fell-Haut und Befindlichkeit aus]; *»Il a eu la main heureuse«* [»Er hatte eine glückliche Hand«] (als Funktion der Berührungslust);
– *»Tu me fais suer«* [»Du bringst mich zum Schwitzen«; bedeutet im Französischen soviel wie: »Du hängst mir zum Hals 'raus!«] (als Ausscheidungsfunktion);
– *»C'est une peau de vache«* [»der ist eine Kuhhaut«; entsprechend im Deutschen: »das/der ist eine faule Haut«]; *»se faire crever la peau«* [»sich die Haupt kaputt machen lassen«; vgl. im Deutschen: »jemanden das Fell über die Ohren ziehen«] (als defensiv-aggressive Funktion);
– *»Entrer dans la peau d'un personnage«* [»in jemandes Haut schlüpfen«]; *»faire peau neuve«* [sich eine neue Haut zulegen«] (als Identifikationsfunktion);
– *»Toucher la realité du doigt«* [»der Realität den Finger auflegen«, sinngemäß: »die Realität prüfen«] (als Funktion der Realitätsprüfung);
– *»Entrer en contact«* [»Kontakt aufnehmen«]; *»Mon petit doigt me l'a dit«* [»Mein kleiner Finger sagt mir das«] (als Kommunikationsfunktion).

Die subjektive Antwort auf innere Vorgänge wird mit den zwei vagen, vieldeutigen Begriffen Fühlen und Eindruck beschrieben, die ursprünglich einen Bezug zur Haut hatten. Ich möchte nicht auf die Darstellung der Haut in der bildenden Kunst oder in anderen Gesellschaften eingehen. In seinem reich illustrierten Buch *Le corps peint* schneidet Thevoz (1984) dieses Thema an.

2. In Struktur und Funktion ist die Haut mehr als ein Organ; sie ist vielmehr die Summe verschiedener Organe. Es läßt sich vermuten, daß ihre anatomische, physiologische und kulturelle Vielgestaltigkeit auf der Körperebene einer ebensolchen Differenziertheit im psychischen Bereich entspricht. Im Gegensatz zu allen anderen Sinnesorganen ist sie lebensnotwendig. Man kann blind, taub, ohne Geschmacks- oder Geruchsempfindung leben, aber wenn der größte Teil der Haut nicht intakt ist, stirbt man. Das Gewicht der Haut ist größer als das aller anderen Sinnesorgane (20% des Körpergewichts beim Säugling und 18% beim Erwachsenen), sie nimmt auch im Vergleich zu den anderen Sinnesorganen die größte Fläche ein (0,25 m^2 beim Neugeborenen, 1,80 m^2 beim Erwachsenen). Sie entwickelt sich im Embryonal-

stadium zeitlich vor allen anderen Sinnesorganen (gegen Ende des zweiten Schwangerschaftsmonats in zeitlicher Reihenfolge vor den beiden Sinnesorganen für nahe Reize (nämlich Geruchs- bzw. Geschmackssinn), vor der Entwicklung der Gleichgewichtsorgane und vor den Sinnesorganen für entfernte Reize (Gehörs- und Gesichtssinn) nach dem biologischen Gesetz, das besagt: Je früher ein System ausgebildet wird, um so wesentlicher ist es. Die Haut hat eine große Rezeptorendichte (50 pro 100 mm^2).

Als Verbundsystem mehrerer Sinnesorgane (Berührung, Druck, Schmerz, Wärme) hat die Haut eine enge Beziehung zu anderen, äußere Reize aufnehmenden Organen (Ohr, Auge, Nase, Zunge), zur kinästhetischen Sensibilität und zum Gleichgewichtsorgan. Beim Säugling bleibt die komplexe Sensibilität der Epidermis (auf Berührung, Temperatur, Schmerz) lange Zeit noch diffus und undifferenziert. So entwickelt der Organismus ein sensibles System, das es dem Säugling ermöglicht, verschiedene Reize zu unterscheiden (Initiativfunktion) und sie zu anderen Hautempfindungen in Beziehung zu setzen (Assoziativfunktion) bzw. sie zu differenzieren und auf der gesamten Körperoberfläche zu lokalisieren (Bildschirmfunktion). Eine vierte, für die Haut exemplarische Funktion entwickelt sich später. Sie gilt auch für die Mehrzahl der anderen Sinnesorgane, für die Organe, die für Körperhaltung und später Fortbewegung verantwortlich sind. Es handelt sich um den Austausch von Signalen nach dem Modus des doppelten *Feedback*, auf den ich später zurückkommen werde.

Über die Haut können wir Zeitunterschiede (schlechter als mit dem Ohr) und räumliche Entfernungen (schlechter als mit dem Auge) wahrnehmen, aber nur über sie können wir Raum und Zeit gleichzeitig erfassen und verbinden. Auf der Hautoberfläche können Entfernungen genauer eingeschätzt werden, als die Distanz von weit entfernten Tönen mit dem Ohr.

Die Haut reagiert auf unterschiedliche Reize: Es war möglich, das Alphabet, in Stromstöße verschlüsselt, auf die Haut zu übertragen und es auf diese Weise Blinden beizubringen. Die Haut ist fast immer bereit, Reize zu empfangen, neue Codes zu erlernen, ohne mit bereits vorhandenen zu interferieren. Die Haut kann vibrotaktile und elektrotaktile Reize nicht zurückweisen: Sie kann weder die Augen noch den Mund schließen oder sich Nase und Ohren zuhalten. Im Vergleich zu Sprache oder Schrift ist die Haut nicht durch übermäßiges Geschwätz belastet.

Allerdings ist die Haut nicht nur ein Bündel von Sinnesorganen. Sie erfüllt zusätzlich andere biologische Funktionen. Sie atmet ein und aus, sie sondert ab und scheidet aus, sie hält den Muskeltonus aufrecht, sie regt die Atmung, den Kreislauf, die Verdauung, den Stuhlgang an und stimuliert natürlich auch die Reproduktion. Außerdem hat sie eine Stoffwechselfunktion. Über ihre spezifischen sensorischen Aufgaben und ihre Hilfsfunktion für verschiedene Organsysteme hinaus übernimmt die Haut für den ganzen Körper in seiner räumlich-zeitlichen Kontinuität und Individualität eine Reihe wichtiger Funktionen: Sie dient dem Zusammenhalt des Körpers um das Skelett herum und der aufrechten Haltung. Sie schützt vor äußeren Angriffen (durch die oberflächliche Hornschicht, die Glanzschicht und das Fettpolster). Sie empfängt und überträgt Reize und wichtige Informationen.

3. Die Physiologen beschreiben zwei unterschiedliche, einander ergänzende Organfunktionen bei Säugetieren – speziell bei Insektenfressern –, die in einem Apparat untergebracht sind.

– Das praktisch die ganze Oberfläche bedeckende Fell hat nach einer Formulierung von Freud die Funktion des Reizschutzes, wie das Gefieder der Vögel und die Schuppenhaut der Fische. Darüber hinaus hat das Fell noch andere Aufgaben: die der Wahrnehmung von Berührung und Wärme sowie der Geruchsbildung; weiterhin dient das Fell als anatomische Grundlage für den so wichtigen Anklammerungs- und Bindungstrieb der Säugetiere. Die phylogenetischen Überbleibsel des Fells, die behaarten Körperstellen, sind deshalb beim Menschen die wichtigsten erogenen Zonen.

– Die Haarfollikel oder Vibrissen (d. h. ein einzelnes langes Haar oder ein Haarbüschel an einer fleischigen, exponierten Körperstelle, wie z. B. der »Bart« der Katze) stehen in direkter Verbindung zu einer Nervenendigung, die für die große Berührungsempfindlichkeit verantwortlich ist. Ihre Lokalisation auf der Körperoberfläche variiert mit der Spezies, dem Individuum und dem Entwicklungsstand. Die Vibrissen sind bei den Primaten in Rückbildung begriffen, sie verschwinden beim erwachsenen

Menschen, man findet sie nur noch beim Foetus und beim Neugeborenen. Die Epidermis (Oberhaut) übernimmt bei diesen Arten die Doppelfunktion von Reizschutz und Berührungssensibilität aufgrund ihrer offenen Verbindung mit der verhärteten Oberfläche oder der Hornhaut, die gleichzeitig die Nervenendigungen schützt. »Beschäftigt man sich mit der Hautstruktur, insbesondere in der Gruppe der Primaten, bekommen einige Merkmale eine sichere phylogenetische Bedeutung: der Haaransatz, die Dicke der Epidermis, der Entwicklungszustand von Hautfalten und der Differenzierungsgrad des subepidermalen Kapillarsystems« (F. Vincent 1972).

Über die Haut werden je nach Alter, Geschlecht, Kulturzugehörigkeit und persönlicher Geschichte körperliche Charakteristika vermittelt, die wie die Kleidung als zweite Haut der Identifizierung der Person dienen (oder sie erschweren). Dazu gehören: Pigmentierung, Fettfalten, Falten, Runzeln, Furchen, Verteilungsmuster der Poren, Kopf- und Körperbehaarung, Nägel, Narben, Pickel, »Schönheitsflecken« und – nicht zu vergessen – die Struktur der Haut, ihr Geruch (unterstrichen oder korrigiert durch Parfums), ihre Zartheit oder Rauhigkeit (betont durch Cremes, Salben oder als Folge der Lebensweise).

4. Feingeweblich untersucht erscheint die Haut noch komplexer, eine imposante Verbindung von Geweben unterschiedlicher Strukturen, deren feste Vernetzung den Zusammenhalt des Körpers, den Reizschutz und den Empfindungsreichtum gewährleistet.

a) Die oberste Lage der *Epidermis* (Oberhaut), die *Hornschicht*, besteht aus vier festverfugten Zellagen (ähnlich den Steinen einer Mauer), in denen einige Zellen das Keratin bilden, das die anderen umhüllt, und die dann in kernlose, um so festere Schuppen umgewandelt werden.

b) Die darunterliegende *Stachelzellschicht* (Stratum spinosum) besteht aus sechs bis acht Lagen großer, polygonaler, protoplasmareicher Zellen, die durch zahlreiche Interzellularbrücken maschenartig verknüpft sind. Die darunterliegende *Basalschicht* (Stratum basale germinativum, Keimschicht) hat eine Palisadenstruktur.

c) Die *Cutis* (Lederhaut, Corium) besteht in ihrem oberen Anteil aus zahlreichen, reich durchbluteten *Papillen*, durch die einige

Substanzen aktiv resorbiert werden können, die man unter anderem in der Leber und in den Nebennieren nachweisen kann. Durch den Papillarkörper ist die Lederhaut mit der Oberhaut verzahnt. Die beiden untersten Schichten (Stachelzellschicht und Lederhaut) haben regenerative Funktion bei Verletzungen und im Kampf gegen das Altern (sie entledigen sich ihres Protoplasmas und drängen ständig die darunterliegenden Zellschichten an die Oberfläche).

d) Die Lederhaut besteht weiterhin aus hochdifferenziertem Bindegewebe mit elastischen und widerstandsfähigen Fasernetzen von sich überkreuzenden Kollagenfaserbündeln (nach dem Prinzip des Scherengitters).

e) Die Subcutis als *Isolierschicht* ermöglicht – schwammartig aufgebaut – den Gefäß- und Nervendurchtritt zur Lederhaut hin. Sie ist die Grenze (ohne eindeutige Trennungslinie) zu den darunterliegenden Geweben.

Außerdem enthält die Haut noch verschiedene Drüsen (Duft-, Schweiß- und Talgdrüsen), sensible Nervenendfasern (für Schmerz und Berührung) oder solche, die spezielle Nervenkörperchen versorgen (für Wärme, Kälte, Druck), sowie motorische Nerven für die Mimik und vegetative Fasern zur Versorgung der Drüsen.

5. Betrachtet man nun die Haut nicht mehr aus anatomischer sondern aus psychophysiologischer Sicht, so stellt sich anhand ihrer vielfältig paradoxen Funktionsweise die Frage, ob der Widerspruch auf der psychischen Ebene nicht auch in der Haut selbst seine Grundlage hat. Die Haut schützt unser inneres Milieu vor Störungen von außen. In ihrer Ausformung, Oberflächenbeschaffenheit, ihrer Färbung sowie ihren Narben trägt sie die Zeichen dieser Störungen. In gewisser Weise entblößt die Haut diesen inneren Zustand, den sie zu schützen vorgibt. Für Außenstehende wird über die Haut unser Gesundheitszustand und unsere Seelenlage widergespiegelt. Diese averbalen, spontanen Botschaften wiederum werden bewußt durch Kosmetika, Bräunung, Schminke, Bäder oder sogar durch schönheitschirurgische Eingriffe unterstrichen oder ins Gegenteil verkehrt. Nur wenige Organe erfahren soviel Pflege und Interesse von einer so großen Gruppe von Spezialisten: Friseure, Parfumgestalter, Kosmetiker, Heilgymnastiker, Masseure, gar nicht zu sprechen von

den Werbeleuten, den Hygienikern, Handliniendeutern, Heilpraktikern, den Hautärzten, den Allergologen, den Prostituierten, den Asketen und Einsiedlern, den Kriminalbeamten (wegen der Fingerabdrücke), dem Dichter auf der Suche nach einer Haut von Wörtern für ein leeres Blatt oder dem Schriftsteller, der die Psychologie seiner Personen anhand von Gesichtsausdruck und Körperbeschreibung entlarvt, und weiter – für die tierische Haut – die Gerber, die Pelzhändler und die Pergamenthersteller.

Weitere Widersprüche: Die Haut ist durchlässig undurchlässig, sie ist oberflächlich tiefgründig, wahrhaftig trügerisch. Die Haut regeneriert sich unter ständiger Austrocknung. Obwohl hochelastisch, schrumpft ein abgetrenntes Hautstück beträchtlich. Sie wird libidinös, narzißtisch und sexuell besetzt. Sie ist Ort des Wohlbefindens und der Verführung. Sie verschafft uns gleich viel Schmerzen wie Lust. Über sie werden dem Gehirn Informationen aus der Umwelt vermittelt, sogar »unfühlbare« Signale, die nur sie »spüren« kann, ohne daß sich das Ich dessen bewußt wird. Die Haut ist widerstandsfähig und empfindlich zugleich. Sie steht zwar im Dienste des Gehirns, ihre Zellen aber können sich, im Gegensatz zu Nervenzellen, regenerieren. Ihre Nacktheit entspricht unserer Schutzlosigkeit, allerdings auch unserer sexuellen Erregbarkeit. Sie ist sehr dünn, und ihre Verwundbarkeit ist Ausdruck unserer existentiellen Not – größer als die anderer Arten –, aber auch unserer größeren Anpassungs- und Entwicklungsfähigkeit. Sie unterscheidet und koordiniert verschiedene Sinneswahrnehmungen. In all diesen Bereichen, die ich nur unvollständig dargestellt habe, gehört zum Wesen der Haut die Reizvermittlung, ihre Funktion als Abgrenzung und ihre wechselnde Anpassungsfähigkeit.

6. Montagu (1971) hat in seiner sehr ausführlichen Arbeit *La Peau et le toucher* drei allgemeine Phänomene beschrieben:

Frühe und spätere Auswirkungen von taktilen Reizen auf Funktion und Entwicklung des Organismus. Danach entstehen beim Säugetier im Laufe der Artenentwicklung die folgenden Stadien im Kontakt zwischen Mutter und Jungtier, die der Organstimulation und der sozialen Kommunikation dienen: das Lecken mit der Zunge, das Kämmen des Pelzes mit den Zähnen, das Entlausen mit den Fingern und beim Menschen Berührungen und Streicheln. Diese Reize regen neue Aktivitäten an wie die Atmung bei der Geburt, die Ausscheidung, die immunologische Abwehr, die Wachsamkeit und später das Gemeinschaftsgefühl, das Vertrauen und das Sicherheitsgefühl.

Die Auswirkungen des Berührungsaustauschs auf die sexuelle Entwicklung (Partnersuche, Erregbarkeit, Vorspiel, Orgasmus- oder Stillfähigkeit).

Die große Spannbreite kultureller Ausdrucksformen in bezug auf Haut und Berührung. Das Eskimo-Baby wird nackt am Rücken der Mutter getragen, sein Bauch an der wärmenden Haut der Mutter, gehalten durch ein Tuch, das um beide Körper geschlungen ist, und eingepackt in die mütterliche Pelzkleidung, Mutter und Kind sprechen über die Haut miteinander. Wenn es Hunger hat, kratzt oder saugt es an dem Rücken der Mutter, sie holt es dann nach vorne und stillt es. Der Bewegungsdrang wird durch die Aktivität der Mutter befriedigt. Zu Wasserlassen und Stuhlgang braucht der mütterliche Rücken nicht verlassen zu werden. Mehr zum Wohlbefinden des Babys als zu ihrem eigenen nimmt sie es ab und säubert es. Seine Bedürfnisse erspürt sie über ihre Haut. Es weint sehr selten. Weil es zu teuer ist, Eis aufzutauen, leckt sie sein Gesicht und seine Hände sauber. Darin sehe ich den Grund für die gelassene Heiterkeit der Eskimos trotz widriger Lebensumstände, für ihre Lebensfähigkeit, beruhend auf einem tiefen Urvertrauen, in einer abweisenden Umwelt, für ihre Hilfsbereitschaft, ihren außergewöhnlichen Orientierungssinn und ihre besonderen handwerklichen Fähigkeiten.

Als Schutz vor sexueller Erregung wurden in vielen Ländern Berührungsverbote eingeführt; sie dienen der Vermeidung jeglichen zärtlichen Hautkontakts, gleichzeitig werden rauhe, kräftige Berührungen mit der Hand, Püffe und Schläge auf die Haut aufgewertet. In einigen Gesellschaften werden an der Haut der Kinder schmerzhafte Maßnahmen (Montagu zählt beeindrukkende Beispiele auf) entweder als Initiationsriten oder zur Anregung des Größenwachstums und/oder zur Verschönerung vorgenommen; Praktiken, die in jedem Fall mit einem sozialen Aufstieg verbunden sind.

7. Psychoanalytiker haben sich für die Haut relativ wenig interessiert. Die Amerikanerin Barrie M. Biven (1982) unterzieht in ihrer sehr fundierten Arbeit »The role of the skin in normal and

abnormal development, with a note on the poet Sylvia Plath« die psychoanalytischen Veröffentlichungen zu diesem Thema einer kritischen Analyse. Obwohl sie kein eigenes Konzept entwickelt, stellt sie zahlreiche Daten, Interpretationen und Überlegungen nebeneinander. Die interessantesten möchte ich im folgenden beschreiben:

– Für Patienten, die frühe Verluste erlebt haben, nimmt die Haut im Phantasieleben eine zentrale Rolle ein. So kann z. B. bei ihnen der Wunsch, sich umzubringen, bedeuten, eine gemeinsame Hülle mit dem Liebesobjekt wiederherzustellen.

– Beim Säugling dient der Mund sowohl der Berührung der Objekte als auch der Nahrungsaufnahme; dies trägt zur Identitätsbildung und zur Unterscheidung von Belebtem und Unbelebtem bei. Wahrscheinlich liegt die Einverleibung des Objekts über die Haut zeitlich vor seiner Inkorporation durch den Mund. Der Wunsch, so einverleibt zu werden, ist genau so häufig wie der, sich durch die Haut einverleiben zu lassen.

– Das Selbst entspricht nicht unbedingt dem psychischen Apparat: Viele Patienten erleben Teile ihres Körpers und/oder ihrer Psyche als fremd.

– Der Säugling lernt die Haut der Hände und der Brust seiner Mutter am besten kennen.

– Gewöhnlich projiziert der Säugling die Haut auf das Objekt. Man findet dieses Phänomen in der Malerei wieder, indem das Bild (oft überladen oder schraffiert) eine symbolische Haut (oft sehr brüchig) darstellt, die dem Künstler als Abwehr von Depressionen dient. Eine vorzeitige autoerotische Besetzung der eigenen Haut beobachtet man bei Babys, die zu früh von ihrer Mutter getrennt wurden.

– In der Bibel werden die eiternden Wunden Hiobs als Ausdruck seiner Depression beschrieben und auch die Täuschung Rebeccas, die Hände und Nacken ihres unbehaarten Sohnes Jakob mit Fellen junger Ziegen bedeckte, damit er so anstelle seines behaarten Bruders Esau vor seinen blinden Vater Isaak treten konnte.

– Helen Keller und Laura Bridgman, beide taub und blind und so von der Welt abgeschlossen, lernten über die Haut zu kommunizieren.

– Die Haut ist ein zentrales Thema im Werk der amerikanischen Dichterin und Schriftstellerin Sylvia Plath, die sich im Jahr 1963 im Alter von 31 Jahren umgebracht hat. Sie beschreibt eine Kindheitserinnerung aus der Zeit, als ihre Mutter mit einem Baby nach Hause zurückkam:

»Ich haßte Babys. Ich, die zweieinhalb Jahre lang der Mittelpunkt eines Universums von Zärtlichkeit gewesen war, spürte, wie ein Dolchstoß und Eiseskälte meine Bewegungen verhinderten. Ich hielt an meinen Rachegefühlen fest, böse und voller Schuldgefühle, und wie ein trauriger Seeigel schleppte ich mich allein in die entgegengesetzte Richtung auf das bedrohliche Gefängnis zu. Wie von einem Stern aus sah ich mich – kalt und nüchtern – getrennt von allem. Ich spürte die Wand meiner Haut: Ich bin Ich. Dieser Stein ist ein Stein. Meine wunderbare Verschmelzung mit den Dingen der Welt war vorbei.«[1]

Und weiter: »Die Haut schält sich leicht, so als ob man Papier abzieht.«

– Was die Hautkrankheiten angeht, so ist das Kratzen archaischer Ausdruck der Wendung von Aggression gegen den eigenen Körper (eine Wendung gegen das Ich würde ein differenzierteres Über-Ich voraussetzen). Das daraus resultierende Schamgefühl hängt mit dem Unvermögen zusammen, das Kratzen zu unterlassen, wenn man einmal begonnen hat, ferner damit, daß man einer verborgenen, unkontrollierbaren Macht erliegt und daß man sich selbst einen Schaden der Haut zufügt. Die Scham wird geringer, wenn die mit dem Kratzen verbundene erotische Erregung ansteigt, ein pathologischer Teufelskreis.

– Manchmal echte, häufiger phantasierte Hautverstümmelungen sind dramatische Versuche, die Grenzen des Körpers und des Ichs aufrechtzuerhalten, das Gefühl von Integrität und Zusammenhalt wiederherzustellen. Der Wiener Künstler Rudolf Schwarzhogler sah in seinem eigenen Körper ein Kunstobjekt, er riß sich Stück für Stück die eigene Haut ab, bis zum Tod. Die ganze Aktion wurde photographiert, und die Bilder wurden in Kassel ausgestellt.

– Unter dem Vorwand anatomischer Illustration fanden Phantasien über Hautverstümmelungen in der Malerei seit dem 15. Jahrhundert freien Ausdruck. Eine von Jean Valverde dargestellte Figur trägt ihre eigene Haut auf ausgestreckten Armen. Bei Joachim Remmelini (1619) trägt ein Mensch seine Haut wie einen

1 S. Plath, zitiert nach Biven (1982).

Lendenschurz um den Leib geschlungen. Auf einem Bild von Felice Vicq d'Azy (1786) ist der Skalp über das Gesicht geschlagen. Bei Van Der Spieghel (1627) reißt sich einer die Haut vom Oberschenkel, um sich Gamaschen daraus zu machen. Und bei Benetini erblindet eine Person durch Fetzen der eigenen Haut. Bidloo (1685) hat eine Frau gemalt, deren Handgelenke mit Fetzen ihrer Rückenhaut gefesselt sind.

Am Schluß meiner Zusammenfassung des Aufsatzes von B. M. Biven möchte ich darauf hinweisen, daß lange vor den Schriftstellern und Forschern die Maler die besondere Beziehung zwischen perversem Masochismus und Haut verstanden und dargestellt haben.

2. Vier Reihen von Daten

Es war das Sexuelle [*le sexe*], das zu Freuds Zeit sowohl in individuellen Gesprächen als auch in den kollektiven Vorstellungen verdrängt wurde. Das brachte den Entdecker der Psychoanalyse dazu, sein Augenmerk auf die Sexualität zu richten (ein anderer Grund war seine Selbstanalyse). Während der fünfziger und sechziger Jahre dieses Jahrhunderts blieb der Körper überwiegend verkannt und verleugnet; das galt sowohl für die Erziehung, den Alltag, als auch für die Entwicklung des Strukturalismus und den Psychologismus vieler Therapeuten, manchmal sogar auch für die Kinderpflege; den Körper verstehe ich in diesem Zusammenhang als lebenswichtige Dimension des menschlichen Daseins, als grundlegende, präsexuelle und nicht reduzierbare Grundlage, an die sich alle psychischen Funktionen anlehnen. Es ist sicher kein Zufall, daß der Begriff des Körperbilds [*image du corps*] – der von dem Wiener Psychoanalytiker P. Schilder (1950) eingeführt wurde – in dem ansonsten sehr umfassenden *Vokabular der Psychoanalyse* von Laplanche und Pontalis (1968) nicht zu finden ist. Es ist wohl auch nicht zufällig, daß die gegenwärtige westliche Zivilisation durch gewaltsame Zerstörung des Gleichgewichts ökologischer Systeme, durch Umweltzerstörung und Verleugnung der Gesetze des Lebens geprägt ist. Ebensowenig zufällig ist das Bestreben des modernen Theaters der sechziger Jahre, nicht mehr ein Theater des Textes, sondern des Ausdrucks zu sein. Der Erfolg der gruppendynamischen Methoden seit dieser Zeit, anfangs in den USA, später in Europa, beruht nicht mehr auf dem verbalen Austausch (wie er für die freie Assoziation in der Psychoanalyse charakteristisch ist), sondern ist der Attraktivität von Körperkontakt und präverbalen Kommunikationsformen zuzuschreiben. Welche Fortschritte hat die Psychoanalyse bei der Erhellung der Ursprünge der psychischen Funktionen in dieser Zeit gemacht?

Die psychoanalytische Untersuchung über die seelischen Auswirkungen mütterlicher Defizite wurde von Forschern angestellt, die Kinderpsychiater oder Kinderärzte waren, bevor sie Analytiker wurden, oder die zumindest beides gleichzeitig waren:

Bowlby ab 1940; Winnicott ab 1945, Spitz ab 1946; dabei beschränke ich mich auf das Datum ihrer ersten Veröffentlichung über dieses Thema (ohne Berücksichtigung der früheren Arbeiten der zwei ersten – nichtärztlichen – Kinderanalytikerinnen Melanie Klein und Anna Freud). Schon damals schien ihnen die Entwicklung eines Kindes wesentlich von der gesamten Pflege abzuhängen und nicht nur vom Stillen allein. Sie erkannten, daß die Libido die Reihe der verschiedenen, von Freud beschriebenen Entwicklungsstadien nicht durchläuft, wenn es zu seelischen Verletzungen des Babys kommt; sie vermuteten, daß ein Riß in der Mutter-Kind-Beziehung zu einer grundsätzlichen Beeinträchtigung des psychoökonomischen Gleichgewichts und der topischen Organisation führt. Die Freudsche Metapsychologie reichte ihnen zur Behandlung von Kindern mit frühen Defiziten nicht mehr aus. Die schweren und sehr schnell irreversiblen Regressionen bei Kindern, die früh hospitalisiert und dadurch von ihrer Mutter getrennt wurden, bezeichnete Spitz in den USA unglücklicherweise als Hospitalismus. Es waren Kinder, deren alltägliche Bedürfnisse vom Pflegepersonal gewissenhaft befriedigt wurden, allerdings ohne emotionale Wärme und ohne die Möglichkeit eines Körperkontakts mit den dazugehörigen Wahrnehmungen des Geruchs, des Gehörs und der Berührung, Wahrnehmungen, die im allgemeinen zu Winnicotts »primärer Mütterlichkeit« gehören.

Konkrete Beobachtungen auf einem Gebiet führen nur dann wissenschaftlich weiter, wenn man über ein Beobachtungsraster verfügt, das (häufig übersehene) wesentliche Aspekte erfaßt und wenn die dadurch gewonnenen Erkenntnisse das Wissen aus anderen Gebieten bestätigen, wenn sie in neuen Bereichen Anwendung finden oder auf diese Gebiete übertragbar sind. Erkenntnisse aus vier Bereichen haben Inhalt und Richtung sowie weitere Fragen der psychoanalytischen Forschung über die Genese und die frühen Störungen des psychischen Apparates bestimmt.

Ergebnisse der Verhaltensforschung

Um das Jahr 1950 wurden die Hauptwerke der Verhaltensforscher Lorenz (1949) und Tinbergen (1951) in Englisch veröffentlicht. Bowlby (1961), ein englischer Psychoanalytiker, lernt zu dieser Zeit das Phänomen der Prägung kennen: Bei der Mehrzahl der Vögel und bei einigen Säugetieren neigen die jungen Tiere durch eine genetische Veranlagung dazu, die Nähe zu einem bestimmten Individuum zu suchen, welches in den ersten Stunden oder Tagen nach der Geburt wahrgenommen und bevorzugt wurde. Es ist im allgemeinen die Mutter, kann allerdings auch – wie Versuche zeigen – die Mutter einer anderen Spezies sein, ein Gummiball, ein Karton oder sogar Lorenz selbst. Wesentlich für den Psychoanalytiker ist, daß das Junge nicht nur bei der Mutter bleibt und ihr folgt, wenn sie sich entfernt, sondern daß es sie sucht, wenn sie nicht da ist, und dann mit Anzeichen größter Hilflosigkeit nach ihr ruft. Diese Hilflosigkeit des kleinen Vogels oder des kleinen Säugetiers entspricht der Trennungsangst des kleinen, von der Mutter getrennten Menschen und hört sofort auf, sobald der Kontakt zur Mutter wiederhergestellt ist. Bowlby wurde von der Unbedingtheit dieser Beobachtungen beeindruckt und ebenso von der Tatsache, daß sie von einer oralen Problematik im engen Sinne (Stillen, Abstillen, Verlust und Halluzination der mütterlichen Brust), wie sie seit Freud von den Psychoanalytikern in bezug auf die frühkindliche Entwicklung gesehen wird, unabhängig ist. Er vertritt die Meinung, daß Spitz, Melanie Klein und Anna Freud so sehr in der Theorie Freuds befangen waren, daß sie diese Schlußfolgerungen nicht annehmen bzw. nicht damit umgehen konnten. Er wies auf die Arbeiten der ungarischen Schule über kindliche Verhaltensmuster, über den Anklammerungstrieb (I. Hermann 1930, in Frankreich übernommen von N. Abraham 1978) und über die primäre Liebe (A. und M. Balint 1965) hin und führt seine Theorie eines Bindungstriebes ein. Ich fasse Hermanns Gedanken zusammen: Die kleinen Säugetiere klammern sich an das Fellhaar der Mutter, um eine doppelte – physische und psychische – Sicherheit zu finden. Vom menschlichen Körper ist das Fell fast vollständig verschwunden; das erleichtert zwar einerseits den so bedeutungsvollen ersten Austausch von Berührungen zwischen Mutter und Säugling und ermöglicht den Übergang zur Sprache und zu anderen semiotischen Codes, schafft aber andererseits eine Unsicherheit bezüglich der Befriedigung des Anklammerungstriebes bei dem kleinen Menschen. Wenn er sich an der Brust, den Händen, am ganzen Körper und an der Kleidung der Mutter festklammert, löst er damit auf seiten der Mutter Verhaltensweisen aus, die bislang einem utopischen mütterlichen Instinkt zugeschrieben wurden. In diesem Fall wäre die dem Baby drohende Katastrophe die Entklammerung: Dabei befällt das Baby ein – ich übernehme den Ausdruck von Bion – »unsagbares Entsetzen«.

Die psychoanalytische Praxis steht in den letzten Jahrzehnten vor der Notwendigkeit, neue nosologische Kategorien einzuführen; der Begriff der Borderline-Zustände ist dabei noch der vorsichtigste und gebräuchlichste. Man kann sich vorstellen, daß es sich dabei um Patienten handelt, die schlecht entklammert sind, genauer gesagt, um Patienten, die einem extremen – frühen und wiederholten – Wechsel zwischen übertriebener Anklammerung und plötzlicher Entklammerung ausgesetzt waren, einem Wechsel, der ihr Körper-Ich und/oder ihr psychisches Ich verletzt hat. Daraus lassen sich einige Besonderheiten ihrer psychischen Funktionen herleiten: Sie sind unsicher bezüglich ihrer Empfindungen; sie sind viel häufiger mit den vermuteten Wünschen und Gefühlen der anderen beschäftigt; sie leben im Hier und Jetzt und kommunizieren vorwiegend in narrativer Form; sie verfügen weder – wie Bion (1962) sagt – über die Fähigkeit, aus eigenen Erfahrungen zu lernen, noch über die Fähigkeit, sich eine solche Erfahrung vorzustellen oder aus gewonnenen Erfahrungen neue Perspektiven zu entwerfen, weil das für sie immer etwas Beunruhigendes an sich hat. Diese Patienten haben ein diffuses, aus Selbst- und Fremdanteilen gemischtes Erleben, aus dem sie sich intellektuell nur mit Mühe befreien können; sie sind kaum in der Lage, anders als durch Berührung Kontakt aufzunehmen, und können daher ihre Beziehung zur Welt auch nicht visuell strukturieren; eine begriffliche »Wahrnehmung« der äußeren und der psychischen Realität, bis hin zum abstrakten Denken, fällt ihnen schwer. Ihr soziales Leben ist durch Kleben am Anderen, ihr Seelenleben durch das Kleben an Empfindungen und Gefühlsregungen gekennzeichnet; sie fürchten die Penetration, sowohl den eindringlichen Blick als auch den Koitus.

Kehren wir zurück zu Bowlby. In einem Artikel aus dem Jahre 1958, »The nature of the child ties to his mother«, stellt er die Hypothese eines ursprünglichen, von oralen Triebregungen unabhängigen, nichtsexuellen Bindungstriebs auf. Er unterscheidet dabei fünf charakteristische Verhaltensweisen in der Mutter-Kind-Beziehung: das Saugen, die Umarmung, den Schrei, das Lächeln und die Begleitung. Dies regte die Arbeit der Verhaltensforscher an, die ihrerseits vergleichbare Hypothesen aufstellten, die unter anderem zu den berühmten und gelungenen Versuchen von Harlow in den USA führten, ebenfalls 1958 veröffentlicht in der Arbeit »The nature of the love«. Er vergleicht die Reaktion von Affenbabys auf künstliche Mütter, die aus einem mit einer »Kleidung« aus weichen Stoffen versehenen Rahmen bestehen, die entweder stillen oder nicht (d. h. eine Flasche anbieten oder nicht), mit der Reaktion auf künstliche Mütter – ebenfalls stillend oder nicht –, die nur aus einem Drahtgestell bestehen. Er beobachtet – bei Außerachtlassen der Variable Stillen – eine durchgehende Bevorzugung der Fellmutter als Bindungsobjekt vor der Drahtmutter. Wird die Variable Stillen eingeführt, gibt es keinen statistisch signifikanten Unterschied mehr.
In den sechziger Jahren widmen sich Harlow und seine Gruppe der Aufgabe, die einzelnen Faktoren bei der Bindung zwischen Mutter und Säugling jeweils zu gewichten. Das Wichtigste scheint der Trost zu sein, der durch Berührung einer zarten Haut oder eines Fells entsteht. Trost entsteht aber sekundär auch noch aus drei weiteren Faktoren: aus dem Stillen, aus der Wärme, die während des Kontaktes wahrgenommen wird, und aus dem Wiegen des Babys, wenn es von der Mutter getragen wird oder wenn es sich an sie anklammert. Ist der Berührungskontakt und damit der Trost gewährleistet, bevorzugen die Rhesusaffenbabys eine stillende, künstliche Mutter (vor einer nichtstillenden), und dies 100 Tage lang, und eine wiegende Ersatzmutter (vor einer nichtwiegenden) 150 Tage lang. Lediglich die Suche nach Wärme war in einigen Fällen ausgeprägter als die Suche nach Berührung: Ein Affenbaby umarmte nur einmal die nichterwärmte, künstliche Mutter mit weichem Stoff und blieb ihr dann während des gesamten Versuchsmonats fern. Ein anderes Affenbaby bevorzugte eine elektrisch erwärmte Drahtmutter vor einer nichterwärmten Stoffmutter (vgl. auch I. C. Kaufman 1961).

Nach Bestätigung dieser Ergebnisse durch klinische Beobachtung von normalen Kindern versucht Bowlby (1961) eine Bearbeitung der psychoanalytischen Theorie, die den Ergebnissen Rechnung trägt. Als Modell übernimmt er die aus der Mechanik stammende Kontrolltheorie, welche in der Elektronik und später in der Neurophysiologie weiterentwickelt wurde. Die Verbindung wird nicht mehr mit Hilfe von Begriffen wie Spannung und Spannungsabnahme definiert, sondern von vorher festgelegten Zielen bestimmt, die es zu erreichen gilt, vom Prozeß, der zum Erreichen dieser Ziele führt, und von den Signalen, durch die dieser Prozeß aktiviert oder gehemmt wird. Bindung erscheint in diesem Kontext als eine Form von Homöostase. Das Kind hat das Ziel, die Mutter in erreichbarer Entfernung zu halten. Prozesse sollen die Distanz konstant halten oder verringern: Bewegung in Richtung der Mutter, Weinen, Umarmen; oder sie sollen die Mutter dazu bringen, etwas zu tun: Lächeln und andere freundliche Gesten. Diese Prozesse haben Schutzfunktion für den Säugling (und für das Tierjunge) besonders Angreifern gegenüber. Als Beweis dafür kann angesehen werden, daß sich der Bindungstrieb nicht nur der Mutter gegenüber äußert, sondern auch gegenüber demjenigen männlichen Affen, der sowohl die Gruppe gegen Angreifer verteidigt als auch die kleinen Affen vor den größeren schützt. Die Bindung zwischen der Mutter und dem Kind verändert sich mit zunehmendem Alter des Kindes, doch bleibt seine Hilflosigkeit bei einer Trennung von der Mutter unverändert bestehen. Das Kind hält eine immer längere Abwesenheit der Mutter aus, reagiert aber immer wieder verstört, wenn die Mutter nicht zu dem vom Kind erwarteten Zeitpunkt zurückkommt. Jugendliche reagieren ebenso, behalten diese Reaktion jedoch für sich, weil sie sie vor anderen und sogar vor sich selbst zu verbergen suchen.

Bowlby hat seine These unter dem Gesamttitel *Attachment and loss* in drei Bänden entwickelt. Ich habe gerade eine grobe Zusammenfassung des ersten Bandes »Bindung« (1969) gegeben. Der zweite Band »Trennung« (1973) handelt von der Überabhängigkeit, Angst und Phobie. Im dritten »Verlust, Trauer und Depression« (1975) werden unbewußte Prozesse und diejenigen Widerstände, die sie unbewußt halten, beschrieben.

Winnicott (1951) hat weder die Menschenkinder mit den Tierkin-

dern verglichen, noch eine derart systematische Theorie angestrebt. Aber die Übergangsphänomene, die er beschreibt, und der Übergangsraum, den die Mutter für das Kind zwischen sich und der Welt schafft, lassen sich ebenfalls als Bindungsphänomene verstehen. Die Beobachtung von Helene – von Monique Douriez-Pinol (1974) veröffentlicht – verdeutlicht dies. Helene, kurz vor dem Einschlafen, rundherum zufrieden, blinzelt, schnuppert mit der Nase und untersucht ihre Augenwimpern mit dem Finger. Dann erweitert sie diese Handlung durch Untersuchung der Wimpern ihrer Mutter, ihrer Puppe und durch die Reibung des Ohrs ihres Teddybärs an ihrer Nase. Schließlich verknüpft Helene diesen Handlungsablauf innerlich mit dem direkten Kontakt mit der Mutter bzw. mit dem, was die Mutter zu ihr sagt, wenn sie nach einer Zeit der Abwesenheit zurückkommt. Später haben die Annäherung an andere Kinder, an eine Katze, an gefütterte Schuhe oder der Kontakt mit einem flauschigen Schlafanzug dieselbe Funktion. Die Autorin beschreibt hier präzise ein Übergangsphänomen. Ich möchte hinzufügen, daß die Gemeinsamkeit von Helenes Verhaltensweisen der Versuch ist, mit Körperteilen oder Gegenständen Kontakt aufzunehmen, die Haare besitzen, die sich besonders weich anfühlen bzw. aus einem Material bestehen, das eine ähnliche Berührungsempfindung hervorruft. Dieser Kontakt ruft ein Entzücken hervor, das man wohl kaum als erogen bezeichnen kann: Die Lust bei der Befriedigung des Bindungstriebes scheint von anderer Qualität zu sein als die bei oralsexueller Befriedigung. Es wird deutlich, daß diese Berührungen Helene dabei helfen, zuerst vertrauensvoll einzuschlafen, später dann die Rückkehr der Mutter vertrauensvoll zu erwarten, und schließlich zwischen vertrauenswürdigen und nichtvertrauenswürdigen Objekten zu unterscheiden.
Winnicott wählte in seiner Arbeit die ätiologische Betrachtungsweise und wollte eine genauere Beschreibung der Zusammenhänge zwischen der Schwere der psychischen Störung einerseits und den frühen mütterlichen Defiziten andererseits erreichen. Ich zitiere die Zusammenfassung, die er in seinem Aufsatz »Versorgung des Kindes in Gesundheit und Krise« (1962b, S. 22f.; deutsch: Winnicott 1974, S. 84f.) gibt: Kommt es zu mangelhafter Fürsorge, noch bevor das Baby eine Person geworden ist, führt das zur infantilen Schizophrenie, zu nicht-organischen, gei-

stig-seelischen Defekten, zu Anfälligkeit für spätere geistig-seelische Störungen, die eine stationäre psychiatrische Behandlung notwendig machen. Wenn die mangelhafte Fürsorge ein Trauma bewirkt und das Baby schon so weit entwickelt ist, um traumatisiert werden zu können, entstehen Neigungen zu affektiven Störungen und antisoziale Tendenzen. Fällt der Mangel an Fürsorge in die Zeit, in der das Kind nach Unabhängigkeit sucht, führt das zur pathologischen Abhängigkeit, zu pathologischem Trotz und zu Wutausbrüchen.

Winnicott (1962 a) hat außerdem die vielfältigen Bedürfnisse des Säuglings, die in jedem Menschen weiter erhalten bleiben, genauer formuliert. Außer körperlichen hat der Säugling auch psychische Bedürfnisse, die von einer »genügend guten Mutter« [*good enough mother*] befriedigt werden. Eine ungenügende Antwort der Umgebung auf diese psychischen Bedürfnisse führt zu Störungen in der Differenzierung zwischen Ich und Nicht-Ich. Dagegen führt ein zu starkes Eingehen auf die Bedürfnisse zu einer Überentwicklung von Abwehrstrukturen in Form von Intellekt und Phantasiebildung. Für den Säugling kommt zu dem Bedürfnis, Kontakt zur Umwelt zu haben, das Bedürfnis hinzu, keinen Kontakt zu haben, um zeitweilig den Zustand der Nichtintegration der Psyche und des Organismus zu genießen

Versuchen wir nach diesem historischen Überblick nachzudenken. Wir beginnen mit einer Aufstellung gesicherter Erkenntnisse. In bezug auf die Ethologie kann man sie folgendermaßen zusammenfassen:

1. Die Suche nach Körperkontakt zwischen der Mutter und dem Säugling ist ein wesentlicher Faktor seiner affektiven, kognitiven und sozialen Entwicklung.
2. Dieser Faktor ist unabhängig von der Versorgung mit Nahrung: Ein junger Affe, dem eine Flasche auf einem Drahtgestell angeboten wird, nähert sich diesem nicht, sondern wirkt erschrocken. Ist das Gestell jedoch mit Stoff oder Fell (nicht unbedingt dem Fell eines Affen) versehen, kuschelt er sich daran, und sein Verhalten drückt Ruhe und Sicherheit aus.
3. Trennung von der Mutter oder deren Ersatzobjekt führt zu möglicherweise irreversiblen Beeinträchtigungen. Ein junger Schimpanse, der ohne Körperkontakt mit seinen Artgenossen aufgewachsen ist, kann sich später nicht paaren. In einer ver-

gleichbaren Situation reagieren alle Arten von Affen nicht mehr adäquat auf soziale Stimuli ihrer Artgenossen, was auf beiden Seiten zu einer Brutalisierung des Verhaltens und Gewaltausbrüchen führt.

4. Bringt man Affenbabys, die von ihrer Mutter getrennt sind, in Kontakt zu Artgenossen, die ebenfalls ohne Mutter aufwachsen, können sonst zu beobachtende Verhaltensstörungen zum großen Teil vermieden werden: Die Gruppe der Artgenossen ist ein Muttersatz. Die ethnologische Forschung schwarzafrikanischer Zivilisation kam zu demselben Ergebnis: Die Altersgruppe ersetzt die Mutter und löst sie ab. Bei Affen zeigt sich die günstigste Entwicklung dann, wenn das Affenjunge zuerst Kontakt zur Mutter haben kann und später zur Gruppe.

5. Im entsprechenden Alter verläßt das Affenbaby – sowohl in seiner natürlichen Umwelt als auch in künstlicher Umgebung – seine Mutter und beginnt mit der Untersuchung seiner Umwelt. Dabei wird es von der Mutter unterstützt und geführt. Bei der geringsten realen oder eingebildeten Gefahr wirft es sich ihr in die Arme oder klammert sich an ihr Fell. Die Lust am körperlichen Kontakt mit der Mutter bzw. die Anklammerung an sie ist sowohl Grundlage der Bindung als auch Voraussetzung der Trennung. Sind die Außenreize kaum bedrohlich, gewöhnt sich das Baby daran und bedarf immer weniger des mütterlichen Trostes. Sind die Außenreize jedoch erschreckend (Harlow wählte in einem Experiment Attrappen eines sich bewegenden Hundes bzw. eines Bären, der auf eine Trommel schlug), dann sucht das Affenbaby weiterhin den mütterlichen Trost, selbst wenn es diese Monster berührt und untersucht hat. Hat das Kind erst einmal Vertrauen in seine Umwelt gefaßt, kann die endgültige Trennung von der Mutter stattfinden, wobei die Initiative entweder von der Mutter oder vom Kind ausgehen kann.

6. Die sexuelle Entwicklung der Affen verläuft in drei Stufen. Die Erfahrung einer befriedigenden Bindung – nichtsexueller Art – zur Mutter in der Kindheit stellt die erste Stufe dar. Darauf folgt die Möglichkeit, innerhalb der Gruppe der Artgenossen am Körper des anderen Manipulationen vorzunehmen, die mehr und mehr sexuellen Charakter haben (Entdeckung der infantilen Sexualität). Bindung an die Mutter und spielerische Manipulationen sind mögliche Schritte auf dem Weg zur reifen Sexualität, bei

einigen Spezies sind sie sogar notwendige Voraussetzung. Bei den Affen, bei vielen Säugetieren und den Vögeln ist die Mutter für ihre männlichen Nachkommen *nie* Objekt sexueller Handlungen. Die Verhaltensforscher erklären dieses Inzesttabu damit, daß das Muttertier für das junge Männchen das dominante Tier ist und bleibt. Wenn ein Makak-Affe Anführer einer Gruppe wird, der auch seine Mutter angehört, darf er über alle Weibchen verfügen; jedoch zieht er es im allgemeinen vor, die Gruppe zu verlassen, als sich mit seiner Mutter zu paaren. Während die Erziehung in der Gruppe der Artgenossen in bezug auf die kindlichen sexuellen Spiele sehr permissiv ist, ist die Zeit der Erwachsenensexualität gekennzeichnet durch brutale Einschränkungen seitens der dominanten Tiere, welche die Weibchen der Gruppe unter sich verteilen.[1]

Erkenntnisse aus der Gruppentheorie

Die Beobachtung an Menschengruppen mit zufälliger Zusammensetzung – wie z. B. Ausbildungs- oder Psychotherapiegruppen – führte zu weiteren Ergebnissen. Dies gilt besonders, seitdem diese Beobachtungen auf große Gruppen von dreißig bis sechzig Personen erweitert wurden (und sich nicht mehr nur auf Kleingruppen bezogen) und das Interesse sich auf die Fragen richtete: Wie richtet sich eine Gruppe an ihrem Ort ein? Welchen imaginären Raum projizieren die Teilnehmer auf diesen Ort? Schon in kleinen Gruppen kann man die Tendenz der Teilnehmer beobachten, die Leere zu füllen (in einem großen Raum rücken sie in einer Ecke näher zusammen; bei einer kreisförmigen Anordnung der Stühle wird ein Tisch in die Mitte des Kreises gestellt) und die Löcher zu stopfen (sie mögen keine leeren Stühle zwischen sich, sie stapeln die unbenutzten Stühle in einer Ecke

1 Die beiden ersten in französischer Sprache veröffentlichten Übersichten zu diesem Thema sind die Arbeiten von F. Duyckaerts »L'Objet d'attachement: médiateur entre l'enfant et le milieu« (1972) und von R. Zazzo »L'Attachement. Une nouvelle theorie sur les origines de l'affectivité« (1972). Zwei Sammelbände enthalten französische und ausländische Beiträge über einige Fragen, die sich auf Bindung beziehen: R. Chauvin (Hg.) (1970); R. Zazzo (Hg.) (1974).

des Raumes auf, sie ertragen kaum den leeren Stuhl eines abwesenden Teilnehmers, Türen und Fenster werden verschlossen, auch wenn sie durch die schlechte Luft zu ersticken drohen). In großen Gruppen gibt es mehr Anonymität, die Ängste zu zerfallen werden wiederbelebt, und es droht ein Identitätsverlust des Ichs. Dort fühlt sich der einzelne verloren und neigt dazu, sich durch Rückzug und Schweigen zu schützen. Dort finden wir auch die drei wichtigsten Abwehrmechanismen der paranoid-schizoiden Position wieder.

– Die *Spaltung:* Das böse Objekt wird auf die gesamte Großgruppe, auf die Leiter oder auf einen Teilnehmer, den Sündenbock, projiziert; das gute Objekt hingegen wird auf die kleinen Gruppen projiziert, was die Entwicklung der Gruppenillusion begünstigt.

– Die *Projektion der Aggressivität:* Ich erlebe die anderen Teilnehmer als verschlingend, z. B. wenn sie sprechen, ohne daß ich sie identifizieren kann, oder, wenn sie mich anschauen, ohne daß ich sie gleichzeitig sehen kann.

– Die *Suche nach Bindung:* Schreibt man keine feste Sitzordnung vor, neigen die meisten Teilnehmer dazu, sich dicht zusammenzusetzen.

Erst später, vielleicht auch als Ausdruck einer Abwehr, bilden sie ein oder mehrere konzentrische Ovale: Wie ein geschlossenes Ei – durch eine kollektive narzißtische Hülle – ist die Sicherheit wiederhergestellt. Turquet (1974) beobachtete, daß ein Teilnehmer einer Gruppe den Zustand von Anonymität und Einsamkeit überwindet und zum Subjekt wird, indem er zu einem oder beiden nächsten Nachbarn durch Blicke, Gesten oder Worte Kontakt aufnimmt. So entsteht das, was Turquet »die Beziehungsgrenze des Ichs zu der Haut meines Nachbarn« nennt. »In der Großgruppe droht der Kontakt zu der ›Haut meines Nachbarn‹ immer wieder verlorenzugehen, und dies nicht nur aufgrund der bereits erwähnten zentrifugalen Kräfte, die zu einem Rückzug des Ichs führen und den Betreffenden immer einsamer und empfindlicher machen und ihn der Gruppe entfremden. Ein weiterer Grund der Bedrohung einer kontinuierlichen Verbindung mit der Haut seines Nachbarn liegt darin, daß die Großgruppe zahlreiche Unsicherheiten mit sich bringt: Wo, wer, welcher Art sind die Nachbarn des Ichs, vor allem wenn sie dauernd ihre Position im Raum verändern, was ja ständig vorkommt? Einmal ist mir ein Teilnehmer nah, dann wieder weit entfernt, manchmal sitzt er vorne, dann wieder hinten, vorher war er noch links, jetzt ist er rechts und so weiter. Dieser wiederholte Positionswechsel führt zu weiteren Fragen: Warum überhaupt dieser Wechsel? Nach welchen Regeln vollzieht er sich? In welche Richtung hat sich mein Nachbar bewegt? Wohin ist er gegangen? Wohin soll ich gehen? und so weiter. Der Mangel an Stabilität ist ein Charakteristikum der Großgruppe, ermöglicht jedoch eine kaleidoskopische Erfahrung. Für das Ich bedeutet das die Erfahrung einer extrem gedehnten Haut, die die Verbindung zu einem früheren Nachbarn darstellt, der jetzt gerade spricht, aber weit entfernt sitzt. Um ein Reißen einer so stark gedehnten Haut zu vermeiden, desolidarisiert sich das Ich und gibt auf, es wird zum Singleton (Einzelgänger) und als solcher zum Deserteur.«

Ohne sich direkt auf Bowlby zu beziehen, bestätigt Turquet dessen Theorie, indem er die Auswirkungen des Bindungstriebes beim Menschen beschreibt: Die Suche nach körperlichem und sozialem Kontakt schützt in doppelter Hinsicht, sowohl gegen Gefahren von außen als auch gegen innere, psychische Hilflosigkeit. Diese Suche führt zu einem Austausch von Zeichen als Teil gegenseitiger Kommunikation, in der sich jeder Partner vom anderen anerkannt fühlt. Die Entwicklung in Gruppen, in denen körperbezogene Techniken und Ausdrucksmethoden sowie gegenseitige Massagen praktiziert werden, geht in die gleiche Richtung. Wie für die Affen in den Versuchen von Harlow gewinnen die sekundären Variablen – z. B. die Suche nach Wärme und nach einer wiegenden Bewegung – an Bedeutung. Die Kursteilnehmer beklagen sich über die »Kälte« der Großgruppe, sowohl im physischen als auch im Sinne von Kaltherzigkeit. Im Psychodrama und in Körpergruppen gibt es wiederholt eine gemeinsame Übung, bei der mehrere Teilnehmer gegeneinander gelehnt mit ihren Körpern eine wiegende Bewegung ausführen. Ihre Fusion endet zuweilen mit der Simulation einer vulkanähnlichen Explosion als Ausdruck gemeinsamer Entladung der tonischen Spannung in jedem Teilnehmer. Dies erinnert an den von Wallon gerne erwähnten – Säugling, der die durch Wiegen und Streicheln in ihm entstehende Spannung durch immer schrilleres Lachen entlädt, welches ab einem bestimmten Zeitpunkt in Weinen umschlägt.

Nach Turquet führt die Bildung einer Haut-Grenze zu seinem Nachbarn zu einer Art psychischer Wiederherstellung des Ichs und ermöglicht es ihm, per Delegation zu leben: Das als solches wieder aufgetauchte Subjekt »wünscht, daß ein anderer Teilnehmer der Großgruppe an seiner Stelle spricht, mit der Absicht, etwas zu hören, wovon es glaubt, daß es seinen Gedanken oder Gefühlen nahekommt. Außerdem möchte es (das Subjekt des delegierenden Teilnehmers) erfahren, was die Gruppe mit dem an seiner Stelle Gesagten anfängt.«

Ähnliches gilt für den Blick. Ein Teilnehmer erzählte, daß er einem »süßen Gesicht« gegenübersaß und fügte hinzu, dies habe ihm Selbstsicherheit gegeben. Die Weichheit eines Gesichtsausdruckes, die Sanftheit des Blickes, auch die Milde der Stimme: »Die Stimme der Gruppenleiter hat eine größere Wirkung als der Inhalt, den sie zu vermitteln suchen, und die sanfte, ruhige und beruhigenden Intonation der Stimme wird introjiziert, während das Gesagte selbst unbedeutend bleibt.« So wird auch hier wieder deutlich, was der Bindungstrieb typischerweise sucht: das Weiche, das Kuschelige, das Fell, das Behaarte, Charakteristika ursprünglicher Berührungserfahrungen, die auf andere Sinnesorgane übertragen werden.

Erinnern wir uns, daß für Winnicott (1962 a) die zeitliche und räumliche *Integration* des Ichs von der Fähigkeit der Mutter abhängt, den Säugling zu »halten« [*holding*]; die *Identitätsfindung* des Ichs hängt nach Winnicott von der mütterlichen Fähigkeit ab, den Säugling zu »pflegen« [*handling*]; ebenso ist die Herstellung von Objektbeziehungen Folge mütterlicher Angebote von bedürfnisbefriedigenden Objekten (Brust, Flasche, Milch ...). Dieser zweite Prozeß beschäftigt uns hier: »Das Ich beruht auf einem Körper-Ich; aber nur wenn alles gutgeht, beginnt sich die Person des Babys mit dem Körper und den Körperfunktionen zu verknüpfen, wobei die Haut die begrenzende Membran ist« (1962 a, S. 12 f.; deutsch: Winnicott 1974, S. 76 f.). Winnicott führt dann einen Beweis a contrario an: »Der Ausdruck Depersonalisierung scheint im Grunde der Verlust der festen Vereinigung zwischen Ich und Körper, einschließlich der Es-Triebe und der Es-Befriedigungen, zu bedeuten« (ebd.).

Ergebnisse aus projektiven Verfahren

Eine dritte Gruppe von Erkenntnissen entnehme ich Arbeiten über projektive Testverfahren. Im Rahmen ihrer Forschungsarbeit über Körperbild und Persönlichkeit haben die Amerikaner Fisher und Cleveland (1958) aus den Antworten zum Rorschach-Test zwei neue Variablen isoliert, die sich seitdem bewährt haben: die Variablen *Hülle* und *Penetration.* Die Variable Hülle wird für jede Antwort eingetragen, welche an eine schützende Oberfläche (Membran, Muschel oder Haut) denken läßt, was symbolisch auf die Wahrnehmung der Grenzen des Körperbildes hinweist. Beispiele aus diesen Antworten sind: Kleidung; tierische Haut, wobei der Schwerpunkt auf körniger, flaumiger, gefleckter oder gestreifter Beschaffenheit der Oberfläche liegt; eine Erdmulde; ein vorspringender Bauch; schützende oder überragende Flächen; gepanzerte Objekte oder solche in der Gestalt eines Behälters; Wesen oder Objekte, die von irgend etwas bedeckt sind oder sich hinter etwas verstecken. Die Variable Penetration steht im Gegensatz zur erstgenannten Variable: Sie trifft auf jede Antwort zu, die symbolisch das subjektive Gefühl ausdrückt, daß der Körper wenig geschützt ist und daher leicht penetriert werden kann. Fisher und Cleveland schildern drei Formen, in denen die Penetration dargestellt wird:

a) Durchbruch, Zerreißen oder Abziehen (der Haut) von einer Körperoberfläche (Wunde, Knochenbruch, Schramme, Quetschung, Blutung);

b) verschiedene Arten des Eindringens in das Innere oder der Ausscheidung von innen nach außen (offener Mund, andere Körperöffnungen oder Öffnungen eines Hauses, Öffnungen in der Erdoberfläche, aus der Flüssigkeiten entspringen, Röntgenaufnahmen oder Organsektionen, durch die das Innere beobachtet werden kann);

c) Darstellung der durchlässigen und empfindlichen Oberfläche eines Gegenstandes (Dinge ohne feste Konsistenz, weich und ohne faßbare Grenzen; Durchsichtigkeit; vertrocknete, verwelkte, zerstörte und degenerierte Oberflächen).

Bei der Durchführung des Rorschach-Tests mit psychosomatisch Kranken beobachteten Fisher und Cleveland, daß die Patienten, deren Symptomatik äußere Körperteile betraf, ihren Körper als durch eine Schutzhülle gut abgepanzert phantasierten. Demgegenüber stellten sich Patienten, deren Symptomatik die inneren Organe betraf, ihren Körper als leicht penetrierbar und nicht mit einer Schutzhülle versehen vor. Die Autoren halten es für erwiesen, daß diese phantasierten Vorstellungen bereits vor dem Auftreten der Symptomatik existierten und daher ätiologische Bedeutung haben. Sie glauben, daß diese (imaginären) Vorstellungen durch körperbezogene Behandlungen (Massage, Entspannungsübungen) einer Bearbeitung zugänglich gemacht werden können.

Durch den Begriff des Körperbildes – so wie es mit Hilfe dieser beiden Variablen charakterisiert ist – wird der Schwerpunkt der Aussagen über den Körper auf die Wahrnehmung seiner Grenzen gelegt. Allerdings kann der Begriff des Körperbildes nicht an die Stelle des Ich-Begriffes treten. Die Grenzen des Körperbildes (oder die Vorstellung von den Körpergrenzen) werden im Laufe des Prozesses der Separation des Kindes von der Mutter erworben. Sie entsprechen in etwa den Grenzen des Ichs, die – nach Federn (1952) – im Prozeß der Entpersonalisierung an Besetzung verlieren. Wenn wir das Körperbild nicht als Instanz oder psychische Funktion verstehen, sondern als eine Vorstellung, die ziemlich früh vom Ich während des Prozesses der Selbststrukturierung entwickelt wird, verstehen wir Angelergues' (1975) Behauptung: »Das Körperbild stellt den Prozeß symbolischer Vorstellungen von einer Grenze dar, welche die Funktion eines stabilisierenden Bildes und einer schützenden Hülle hat. Diese Sichtweise macht aus dem Körper ein Objekt der Besetzung und aus dem Körperbild das Ergebnis dieser Besetzung. Dieses Objekt ist – außer im Wahnzustand – nicht austauschbar und muß um jeden Preis intakt bleiben. Die Grenzfunktion entspricht der Notwendigkeit, die Integrität zu bewahren. Das Körperbild gehört in den Bereich der Phantasie und der sekundären Bearbeitung; es ist eine Vorstellung, die sich auf den Körper auswirkt.«

Eine vierte Gruppe von Ergebnissen stammt aus dem Bereich der Dermatologie. Die Hautkrankheiten stehen – einmal abgesehen von unfallbedingten Schädigungen – in engem Zusammenhang zu Lebensstreß und zu Gefühlsäußerungen, und – was mein Anliegen betrifft – zu narzißtischen Defekten und mangelhafter Ich-Strukturierung. Diese Krankheiten entstehen spontan, werden dann aber oft durch zwanghaftes Kratzen erhalten oder verschlimmert. Dadurch entwickelt sich eine Symptomatik, die nicht mehr aufgegeben werden kann. Betrifft die Symptomatik Organe, welche zu den verschiedenen Stadien der libidinösen Entwicklung in Zusammenhang gebracht werden können, sind sowohl der physische Schmerz als auch das moralische Schamgefühl, welches die Selbstbestrafungstendenz des Über-Ichs befriedigt, durch die Symptombildung mit einem erotischen Lustgewinn verbunden. Dabei kann es auch zur Pathomimik gehören, daß z. B. durch tägliches Kratzen mit Flaschenscherben die Haut bewußt geschädigt wird und die Verletzung weiter voranschreitet (vgl. das Werk von Corraze (1976) über dieses Thema). Hier besteht der sekundäre Krankheitsgewinn in der Erlangung einer Rente, während die vom sogenannten unheilbar Kranken auf seine Umgebung ausgeübte Tyrannei den primären – nicht-sexuellen – Krankheitsgewinn darstellt. Diese Kranken stellen eine Herausforderung für medizinisches Wissen und Können dar und ziehen daraus ebenfalls eine Befriedigung. Hier wird also nicht nur der Drang, andere zu beherrschen, wirksam. Diesem Verhalten liegt eine subtile, unbewußte Aggressivität zugrunde, die als eine Reaktion auf ein permanentes Abhängigkeitsbedürfnis zu verstehen ist, welches der Betroffene als unerträglich empfindet. Er versucht, dieses Bedürfnis ins Gegenteil zu verkehren, indem er diejenigen Personen von sich abhängig macht, durch die die primären Objekte seines Bindungstriebes wiederbelebt werden, Objekte, die ihn seinerzeit frustrierten und denen gegenüber er seitdem Rachegefühle hegt. Dieses ausgeprägte Abhängigkeitsbedürfnis geht mit folgenden Charakteristika einher: Anfälligkeit und Unreife der psychischen Organisation des Kranken, dessen Symptome durch Suggestion beeinflußbar sind (Pithiatismus); ungenügende topische Differenzierung und Selbstkohäsion sowie

Unterentwicklung des Ichs gegenüber den anderen psychischen Instanzen. Auch diese Kranken leiden an einer Störung des Bindungstriebes. Durch die Empfindlichkeit ihres Haut-Ichs schwanken diese Kranken zwischen Verlustangst, wenn das Bindungsobjekt nicht mehr ganz nahe ist, und Verfolgungsangst, wenn es ihnen zu nahe kommt.

Die psychosomatische Betrachtung der Hautkrankheiten führt zu einer Verallgemeinerung dieses Ergebnisses. Der Juckreiz kann nicht mehr nur im Zusammenhang mit verdrängten sexuellen Wünschen in einem Teufelskreis zwischen Autoerotik und Selbstbestrafung betrachtet werden. Juckreiz stellt auch und vor allem eine Möglichkeit dar, die Aufmerksamkeit auf sich – und speziell auf die Haut – zu lenken, wenn in der frühen Kindheit der oben beschriebene zärtliche, warme, eindeutige und beruhigende und vor allem so bedeutungsvolle Kontakt seitens der Mutter und der familiären Umwelt vermißt wurde. Juckreiz ist auch Ausdruck des unbändigen Verlangens, vom geliebten Objekt verstanden zu werden. Die körperlichen Symptome stellen – im Dienste des Wiederholungszwangs – eine Wiederbelebung früherer Frustrationen dar. Sie bringen früher aufgetretene Leiden und die damals in sich hineingefressene Wut erneut zum Ausdruck, und all das in einer ursprünglichen Art der Haut-»Sprache«: Wegen des für diese Patienten typischen Mangels an Differenzierung zwischen Körper und Psyche mischt sich zur Reizung der Haut das Gefühl psychischer Gereiztheit. Im nachhinein kommt es zu einer Erotisierung des betroffenen Körperteils mit dem Ziel, Schmerz und Haß erträglich zu machen und Unlust in Lust zu verwandeln. Schamhaftes Erröten macht dem betroffenen Patienten nicht nur deshalb Angst, weil seine Haut – anstatt als Grenze, jetzt als »Spiegel seiner Seele« – anderen eine direkte Wahrnehmung seiner beschämenden sexuellen und aggressiven Wünsche gestattet, sondern auch, weil seine Haut anderen empfindlich, physisch und psychisch penetrierbar erscheint.

Ein generalisiertes Ekzem kann verstanden werden als Ausdruck einer Regression auf den Zustand einer totalen infantilen Abhängigkeit, einer somatischen Konversion der Angst vor einem psychischen Zusammenbruch sowie eines wort- und hoffnungslosen Appells an ein umfassend versorgendes Hilfs-Ich. Es wird behauptet, daß das Ekzem bei Kindern unter zwei Jahren Folge eines Mangels an zärtlichem und umhüllendem mütterlichen Körperkontakt ist. Spitz (1965) bezweifelt dies: »Man könnte sich fragen, ob diese Hautreaktion eine Anpassungsbemühung oder gar eine Abwehr darstellt. Die Reaktion des Kindes könnte auch den Charakter einer an die Mutter gerichteten Aufforderung haben, das Kind häufiger zu berühren. Sie könnte auch eine narzißtische Vorkehrung sein, in dem Sinn, daß das Kind sich durch das Ekzem auf somatischem Gebiet selbst die Reize verschafft, die ihm die Mutter vorenthält. Wir wissen es nicht.«[2] Seit meinem ersten Praktikum als junger Psychologe – in den fünfziger Jahren – in der dermatologischen Abteilung von Professor de Graciansky im Pariser Hôpital St. Louis blieb auch bei mir diese Unsicherheit bestehen. Ist es möglich – in bezug auf die Hautsymptomatik – zu unterscheiden zwischen solchen Patienten, die in ihrer Kindheit eine Überstimulierung der Haut durch die mütterliche Pflege lustvoll erlebt, aber gleichzeitig auch darunter gelitten haben, und solchen Patienten, die früher einem Mangel an Hautkontakt mit der Mutter ausgesetzt waren und deren Symptome eine Wiederholung der Folgen bzw. der Spuren dieses Defizits darstellen? In beiden Fällen kreist die unbewußte Problematik um dieses primäre Berührungsverbot, auf das ich später eingehen werde: Einen Mangel an mütterlichem Streicheln und Umarmung erlebt die Psyche unbewußt als übertriebene, vorzeitige und gewaltsame Durchsetzung des Verbotes, engen Körperkontakt zum anderen zu haben. Eine Überstimulierung durch die Mutter ist körperlich unangenehm, da sie den noch unvollkommenen Reizschutz des Kindes überfordert. Darüber hinaus ist sie unbewußt sogar gefährlich, weil sie zu einer Übertretung und Ausschaltung des Berührungsverbotes führt, das der psychische Apparat zur Bildung einer eigenen psychischen Hülle braucht.

Die einfachste und sicherste Hypothese, die aus den zusammengetragenen klinischen Beobachtungen folgt, ist zur Zeit folgende: »Die Tiefe der Hautschädigung ist proportional zur Tiefe der psychischen Störung.«[3]

Diese Hypothese möchte ich mit Hilfe des Begriffs des Haut-

2 R. Spitz (1965), S. 252.

3 Vgl. die Artikel von Denise Pomey-Rey, Psychiatrische Assistentin in der Dermatologischen Abteilung des Hôpital Saint Louis, die in *Cutis*

Ichs, so wie ich ihn im nächsten Kapitel darstellen werde, umformulieren: Die Schwere der Hautschädigung (wie sie sich am zunehmenden Widerstand des Patienten gegen chemotherapeutische und/oder psychotherapeutische Behandlung festmacht) entspricht quantitativ und qualitativ den Rissen des Haut-Ichs.

erschienen sind, insbesondere »Pour mourir guérie« (1979), in dem ein tragischer Fall – der von Mlle P. – vorgestellt wird.

3. Der Begriff des Haut-Ichs

Die vier Gruppen von Ergebnissen – aus Verhaltensforschung, Gruppentheorie, aus projektiven Testverfahren und aus der Dermatologie –, die ich gerade dargelegt habe, haben mich zu der Hypothese eines Haut-Ichs geführt, die ich bereits 1974 in der *Nouvelle Revue de Psychoanalyse* veröffentlicht habe. Bevor ich diese Hypothese erneut aufgreife und vervollständige, scheint es mir wünschenswert, den Begriff der oralen Phase zu überdenken.

Mund-Brust und Haut-Brust

Freud beschränkte die von ihm so bezeichnete orale Phase nicht auf Erfahrungen im Mund-Rachen-Bereich und auf das Saugen, sondern betonte immer wieder die Wichtigkeit des mit der Sättigung einhergehenden Lustgefühls [*réplétion*]. Der Mund ermöglicht als Ort des Durchgangs und der Einverleibung erste heftige und kurze Erfahrungen eines differenzierenden Kontakts. Dagegen bringt das Gefühl der Sättigung die weniger differenzierte, jedoch länger anhaltende Erfahrung von Zentrum, Ausgefülltsein, eines Schwerpunkts mit sich. Es ist nicht erstaunlich, daß für die gegenwärtige Psychopathologie das Gefühl einer inneren Leere, über das einige Kranke klagen, immer wichtiger wird. Es überrascht daher auch nicht, daß Entspannungsmethoden, z. B. die von Schulz, als erstes ein Gefühl gleichzeitig von Wärme (= Durchfließen der Milch) und Schwere (= Sättigungsgefühl) hervorrufen.

Während des Stillens und der Pflege macht der Säugling zusätzlich eine dritte Erfahrung: Er wird in den Armen gehalten und ist so ganz nahe am Körper der Mutter, dessen Wärme, Geruch und Bewegungen er spürt, er wird getragen, berührt, gerieben, gewaschen, gestreichelt, wobei die Mutter in der Regel mit dem Säugling spricht oder vor sich hin summt. Man findet hier die Charakteristika des Bindungstriebs vereint wieder, so wie sie Bowlby und Harlow beschrieben haben, und die – bei Spitz und Balint –

der Vorstellung eines ursprünglichen Hohlraums entsprechen. Diese Erfahrungen führen das Kind allmählich zur Differenzierung einer Oberfläche mit einer inneren und einer äußeren Seite, d. h. einer Grenzfläche [*interface*], die Innen und Außen differenziert und die gleichzeitig das Gefühl eines umgebenden Raums entstehen läßt, in dem der Säugling quasi schwimmt. Das gleichzeitige Erleben von Fläche und Volumen vermitteln ihm die Erfahrung eines Behälters [*contenant*].

In der Psychoanalyse bezeichnet die Brust für gewöhnlich die gesamte, vom Kind erlebte Realität und vereinigt vier Charakteristika, die der Psychoanalytiker – ganz wie das Baby – oft vermischt: die nährende Brust, die sättigende Brust, der Kontakt zu einer warmen und zarten Haut und die Brust als aktiver und stimulierender Behälter. Die globale und synkretistische mütterliche Brust stellt das erste psychische Objekt dar. Melanie Klein kommt das doppelte Verdienst zu, gezeigt zu haben, daß die Brust die ersten metonymischen Substitute zuläßt: Brust – Mund, Brust – Höhle, Brust – Exkremente, Brust – Urin, Brust – Penis, Brust – Rivale (Kinder), und daß die Brust andererseits entsprechend den beiden Grundtrieben ambivalent besetzt wird. Mit Dankbarkeit reagiert der Säugling auf die lustvolle Befriedigung des Lebenstriebes durch die Brust, auf die Lust, an ihr als kreativem Organ teilzuhaben. Im Gegensatz dazu richten sich auch Zerstörungswünsche gegen die Brust als kreatives Organ, wenn sie das Baby frustriert und ein Rivale in ihren Genuß kommt. Aber weil sie die Betonung ausschließlich auf das Phantasma der Brust legt, vernachlässigt Melanie Klein die wesentlichen Eigenschaften der körperlichen Erfahrung (und als Reaktion darauf hebt Winnicott (1962 a) das *holding* und *handling* der realen Mutter hervor). Da sie zudem ihr Hauptaugenmerk auf die Beziehung zwischen bestimmten Körperteilen und deren Produkten (Milch, Sperma, Exkremente) in einer Dynamik von Schöpfung und Zerstörung richtet, vernachlässigt sie die Haut, die diese Teile vereinigt und verbindet. Die Körperoberfläche kommt in der Theorie Melanie Kleins nicht vor. Das ist um so erstaunlicher, als ein wichtiger Aspekt ihrer Theorie – die Gegenüberstellung von Introjektion (nach dem Vorbild des Stillens) und der Projektion (nach dem Vorbild des Ausscheidens) – die Bildung einer Grenze zwischen Innen und Außen voraussetzt.

Daraus werden gewisse Vorbehalte gegenüber der kleinianischen Technik besser verständlich: Der Patient wird mit Deutungen unter Beschuß genommen, was dem Ich nicht nur seine Abwehrmöglichkeiten, sondern auch seine Schutzhülle raubt. Es ist allerdings richtig, daß Klein, wenn sie von »innerer Welt« und von »inneren Objekten« spricht, einen inneren Raum voraussetzt (vgl. D. Houzel, 1985 a).

Um diesen Mangel zu beseitigen, entwickelten mehrere ihrer Anhänger neue Begriffe (und in dieser Reihe findet auch das Haut-Ich selbstverständlich seinen Platz).

– Introjektion: Der Säugling introjiziert die Beziehung zur Mutter als eine Beziehung zwischen Behälter und Inhalt und schafft – als Folge der Introjektion – einen »emotionalen Raum« und einen »gedanklichen Raum« (der erste Gedanke, nämlich der über die Abwesenheit der Brust, macht die durch die Abwesenheit entstandene Frustration erträglich), bis hin zur Bildung eines Denkapparates, der die Gedanken denkt (Bion 1962);

– zwei Vorstellungen vom Ich werden zu zwei Formen des infantilen Autismus in Beziehung gesetzt; danach entspricht das weiche, schlaffe Ich ohne feste Konturen dem normalen primären Autismus und das starre, mit einer Schale versehene Ich dem gepanzerten sekundären infantilen Autismus (Frances Tustin 1972);

– die Vorstellung einer zweiten, muskulären Haut als defensive-offensive Panzerung der Schizophrenen (Esther Bick 1968);

– die Vorstellung der Entstehung von drei psychischen Grenzen: (a) zum inneren Raum der äußeren Objekte; (b) zum inneren Raum der inneren Objekte und (c) zur äußeren Welt. Jedoch bleibt – in Analogie zur Astrophysik – ein »schwarzes Loch« bestehen, das alles Psychische, das sich ihm nähert, verschlingt (z. B. im Wahn oder bei autistischer Verwirrung) (Meltzer 1975).

Ohne zu zögern, möchte ich an dieser Stelle vier französische Psychoanalytiker nennen (die beiden ersten ungarischer, der dritte italienischer und der vierte ägyptischer Herkunft), deren klinische Intuition und theoretischen Ausführungen mit meinen Zielen übereinstimmen und die mich in meiner Arbeit inspiriert, angeregt und bestätigt haben. Jeder unbewußte psychische Konflikt entwickelt sich nicht nur entlang einer ödipalen Achse, sondern gleichzeitig um eine narzißtische (B. Grunberger 1971). Jedes Subsystem des psychischen Apparats und das psychische System als Ganzes stehen in einer dialektischen Beziehung zwischen Schale und Kern (N. Abraham 1978). Der psychische Apparat arbeitet ursprünglich, d. h. noch vor Ausbildung des Primär- und Sekundärprozesses, nach Art eines Piktogramms (P. Castoriadis-Aulagnier 1975). Auf der Basis der Beziehung der sich gegenseitig einschließenden Körper von Mutter und Kind entwickelt sich ein imaginärer Raum durch den doppelten Prozeß einer sowohl sensorischen als auch einer phantasmatischen Projektion (M. Sami-Ali 1974).

Jede Figur bedarf eines Hintergrundes, vor dem sie als solche erscheinen kann: Diese elementare Wahrheit wird oft verkannt, da sich die Aufmerksamkeit in der Regel auf die entstehende Figur richtet und nicht auf den Hintergrund, von dem sie sich abhebt. Für ein Baby ist die Erfahrung seiner (Körper-)Öffnungen und deren Durchgängigkeit entweder in Richtung der Inkorporation oder der Ausscheidung sicher sehr wichtig, jedoch gibt es keine Wahrnehmung einer Öffnung ohne die – wenn auch unter Umständen nur geringfügige – Wahrnehmung einer Fläche und eines Volumens. Durch den Körperkontakt mit der Mutter und durch eine Sicherheit gewährende Beziehung zu ihr lernt das Kind, die Haut als Oberfläche wahrzunehmen. Dadurch kommt es nicht nur zu der Vorstellung einer Grenze zwischen Innen und Außen, sondern es erwirbt auch das notwendige Vertrauen zur allmählichen Beherrschung der (Körper-)Öffnungen. Erst wenn ein Grundgefühl die Integrität seiner Körperhülle garantiert, kann das Kind vertrauensvoll mit diesen Öffnungen umgehen. Hier bestätigt die klinische Erfahrung, was Bion (1962) mit dem Begriff psychischer »Behälter« [*container*] bezeichnet hat: Depersonalisierungsängste sind verbunden mit dem Bild einer Hülle, die durchlöchert werden kann, sowie mit der – nach Bion primären – Angst, daß eine lebenswichtige Substanz durch diese Löcher abfließt. Es handelt sich also nicht um die Angst vor Zerstückelung, sondern vor Entleerung, für die einige Patienten eine gelungene Metapher benutzen: Sie beschreiben sich selber als Ei mit einer durchlöcherten Schale, das Eiweiß, ja sogar Eigelb verliert. Die Haut ist außerdem Ort der propriozeptiven Wahrnehmungen, deren Wichtigkeit für die Entwicklung des Charakters und des Denkens Henri Wallon unterstrichen hat: Sie (die

Haut) ist Organ der Tonusregulation. Die Einführung ökonomischer Begriffe (Akkumulation, Verschiebung und Entladung der Spannung) setzt ein Haut-Ich voraus.
Was ihre emotionale Qualität und ihren Einfluß auf die Vertrauensbildung, die Fähigkeit zu Lustgewinn oder die Entwicklung des Denkens angeht, sind die Erfahrungen, die das Baby mit der gesamten eigenen und mütterlichen Körperoberfläche macht, genauso wichtig wie die Erfahrungen beim Saugen und Ausscheiden (Freud) bzw. die Erfahrung des Vorhandenseins phantasierter innerer Objekte, welche wiederum Produkte darstellen, die im Zusammenhang mit der Beherrschung von Körperöffnungen stehen (M. Klein). Die mütterliche Pflege führt beim Baden, Waschen, Reiben, Tragen und Umarmen zur unbeabsichtigten Erregung der Haut. Außerdem wissen Mütter sehr wohl von der Lust, die beim Säugling und bei ihnen selbst durch Streicheln und beim Spielen entsteht, und provozieren sie. Anfänglich nur ein Reiz, werden diese mütterlichen Gesten später im Sinne einer Kommunikation verstanden. Die Berührung wird zur Botschaft [*le massage devient un message*]. Die Entwicklung der Sprache setzt unter anderem die Bildung solcher früher, nonverbaler Kommunikationsformen voraus. Der Roman und der Film *Johnny geht in den Krieg* [*Johnny s'en va-t-en guerre*] veranschaulichen dies: Ein schwerverwundeter Soldat kann nicht mehr sehen, nicht mehr hören und sich nicht mehr bewegen; eine Krankenschwester schafft es, den Kontakt zu ihm wiederherzustellen, indem sie mit ihrer Hand Buchstaben auf seine Brust und seinen Bauch malt und ihm – als Antwort auf eine wortlose Bitte – durch wohlwollende Masturbation sexuelle Lust verschafft. Dadurch gewinnt er die Lust am Leben wieder; in bezug auf sein Bedürfnis nach Kommunikation und seiner sexuellen Wünsche fühlt er sich zuerst verstanden und dann befriedigt. Unbestreitbar kommt es im Laufe der Entwicklung zu einer Erotisierung der Haut, die dort entstehende Lust steht im Vordergrund der weiblichen Homosexualität, und ihre Integration bereitet die erwachsene Sexualität vor. Allerdings ist die Erfahrung einer Grundsicherheit in der eigenen Haut Bedingung für genitale, ja sogar autoerotische Sexualität. Die Erotisierung der Grenzen des Körpers und des Ichs führt zur Verdrängung und Amnesie der ursprünglichen psychischen Zustände des Selbst (Federn 1978).

Die Einführung des Begriffs Haut-Ich ist sinnvoll, weil es dem Bedürfnis nach einer narzißtischen Hülle entspricht und das Gefühl konstanter Zuverlässigkeit eines basalen Wohlbefindens vermittelt. Damit einhergehend kann der psychische Apparat die ersten sadistischen und libidinösen Objektbesetzungen vornehmen; durch Identifikation mit diesen Objekten wird das psychische Ich stärker und das Körper-Ich zu prägenitaler und genitaler Lustbefriedigung befähigt.

Unter Haut-Ich verstehe ich ein Bild, mit dessen Hilfe das Ich des Kindes während früher Entwicklungsphasen – ausgehend von seiner Erfahrung der Körperoberfläche – eine Vorstellung von sich selbst entwickelt als Ich, das die psychischen Inhalte enthält. Dies entspricht dem Zeitpunkt, zu dem das psychische Ich auf der Handlungsebene vom Körper-Ich differenziert wird, auf der Vorstellungsebene jedoch mit ihm verschmolzen bleibt. Tausk (1919) hat besonders gut gezeigt, daß das Syndrom des Beeinflussungsapparates nur verstanden werden kann, wenn zwischen diesen beiden Ich-Formen unterschieden wird. Danach betrachtet das Subjekt das psychische Ich weiterhin als eigentliches Ich (welches Abwehrmechanismen gegen gefährliche sexuelle Regungen einsetzt und Sinnesreize von außen logisch verarbeitet). Dagegen wird das Körper-Ich vom Subjekt nicht mehr als ihm zugehörig angesehen; daher werden Berührungsempfindungen und sexuelle Erregungen nicht dem Körper-Ich zugeschrieben, sondern gehen für das Subjekt von der Maschinerie eines Beeinflussungsapparates im Dienste eines Verführers-Verfolgers aus.

Jede psychische Aktivität basiert auf einer biologischen Funktion: Das Haut-Ich beruht auf den verschiedenen Funktionen der Haut. An dieser Stelle möchte ich drei dieser Funktionen (auf die ich mich in meiner ersten Arbeit von 1974 beschränkt habe) erwähnen, welche ich später systematisch untersuchen werde. Als erstes hat die Haut die Funktion einer Tasche, welche in ihrem Inneren das Gute und die Fülle – dem Stillen, der Pflege und den begleitenden Worten entspringend – enthält und festhält. Die zweite Funktion der Haut ist die der Grenzfläche [*interface*]; sie bildet die Grenze zur Außenwelt und sorgt dafür, daß diese draußen bleibt; das ist wie eine Barriere, die vor der Penetration als

Ausdruck von Gier und Aggression anderer Menschen und Objekte schützt. In ihrer dritten Funktion schließlich ist die Haut – nicht weniger als der Mund – Ort und primäres Werkzeug der Kommunikation mit dem Anderen und der Entstehung bedeutungsvoller Beziehungen; darüber hinaus bildet sie eine reizaufnehmende Oberfläche, auf der die Zeichen dieser Beziehungen eingetragen werden.
Diese epidermischen und propriozeptiven Wurzeln befähigen das Ich, sowohl Barrieren zu errichten (die zu psychischen Abwehrmechanismen werden) als auch den Informationsfluß (mit dem Es, dem Über-Ich, der Außenwelt) zu kontrollieren. Luquet (1962) spricht vom Integrationsbestreben des Ichs [*élan intégratif du Moi*]; meiner Meinung nach kommt ein rechtzeitig und ausreichend befriedigter Bindungstrieb in einem solchen Integrationsbestreben zum Ausdruck. Eine weitere Konsequenz: Das Haut-Ich legt sogar die Grundlage für das Denken.

Das Phantasma einer gemeinsamen Haut und seine narzißtischen und masochistischen Varianten

Der umstrittene Begriff eines primären Masochismus kann an dieser Stelle bestätigt und präzisiert werden. Das masochistische Leiden, das durch sekundäre Erotisierung zum sexuellen oder moralischen Masochismus wird, läßt sich zunächst durch einen wiederholten, plötzlichen und quasi traumatischen Wechsel zwischen Überstimulierung und Mangel an Körperkontakt mit der Mutter bzw. Ersatzobjekten erklären, sofern dieser Wechsel noch vor dem Laufenlernen, dem Spiegelstadium und der Sprachentwicklung erfolgt. Er ist dann gleichzeitig als ein Wechsel zwischen Befriedigung und Frustration des Bindungstriebes zu verstehen.
Die Bildung eines Haut-Ichs ist Voraussetzung für den Übergang sowohl vom primären zum sekundären Narzißmus als auch vom primären zum sekundären Masochismus.
In der Analyse von Patienten mit masochistischen Verhaltensweisen oder mit partieller Fixierung in einem pervers-masochistischen Stadium habe ich häufig folgendes beobachtet: Sie haben in ihrer frühen Kindheit einen realen Angriff auf ihre Haut erlebt,

was entscheidenden Einfluß auf ihre phantasmatische Organisation hatte. Dabei kann es sich um einen chirurgischen Eingriff handeln, der auf die Körperoberfläche beschränkt blieb, oder um eine Dermatose oder z. B. eine Alopezie (Haarausfall). Aber auch ein Unfall mit größeren Hautabschürfungen oder sogar frühe Symptome einer hysterischen Konversion können in dieser Weise wirken. Aus diesen unterschiedlichen Beobachtungen entnehme ich, daß dem Verhalten des perversen Masochisten die unbewußte Vorstellung eines »enthäuteten« Körpers zugrunde liegt und nicht, wie einige Psychoanalytiker behaupten, die unbewußte Vorstellung eines »zerstückelten« Körpers; letztere erscheint mir eher typisch für eine psychotische Struktur.

Freud erinnert in bezug auf den Rattenmann an »das Grausen vor seiner ihm selbst [dem Rattenmann] unbekannten Lust«.[1] Die Befriedigung des Masochisten erreicht ihren Höhepunkt, wenn die Züchtigung der Haut (Schläge auf den Hintern, Geißelung, Spritzen) so weit geht, daß Teile der Haut reißen, durchbohrt oder sogar abgerissen werden. Der masochistische Genuß geht – wie man weiß – mit der Vorstellung einher, daß die Schläge Spuren auf der Körperoberfläche hinterlassen haben. Die Lust, z. B. durch Beißen oder Kratzen Spuren auf der Haut des Partners zu hinterlassen, hat prägenitalen Charakter und ist normalerweise Teil der genitalen Sexualität: Sie ist Zeichen einer sekundären Phantasie, die beim Masochisten in den Vordergrund rückt.

Veranschaulicht am griechischen Mythos von Marsyas werden wir im folgenden Kapitel sehen, daß der ursprünglichen Phantasie des Masochisten zwei Vorstellungen zugrunde liegen: erstens haben Mutter und Kind – als Ausdruck ihrer symbiotischen Bindung – nur eine Haut; und zweitens führt der Prozeß der Ablösung und Autonomieentwicklung des Kindes zu einem Zerreißen und einer Schädigung dieser gemeinsamen Haut. Diese Vorstellung, enthäutet zu sein, wird gestützt durch Beobachtungen an getöteten und zum Verzehr vorbereiteten Haustieren oder durch die Erfahrung des Kindes, wenn es auf den Hintern geschlagen wird oder wenn frische oder verkrustete Wunden behandelt werden.

1 S. Freud, »Originalnotizen zum ›Rattenmann‹«, *GW*, Nachtragsband, S. 513.

Die meisten der Patienten mit einer beträchtlichen masochistischen Fixierung zeigten die – mehr oder weniger bewußte – Vorstellung einer Haut-Fusion mit der Mutter. Es erscheint mir sehr aufschlußreich, die unbewußte Phantasie von einem enthäuteten Körper mit der vorbewußten Vorstellung einer Fusion in Beziehung zu setzen: Die symbiotische Einheit mit der Mutter findet ihren archaischen Ausdruck in einer Tastempfindung (und wahrscheinlich auch einer Riechempfindung), in der die Körper des Kindes und der Mutter eine gemeinsame Fläche haben. Das Zerreißen dieser gemeinsamen Haut entspricht der Trennung von der Mutter. Reale Erfahrungen verstärken diese Phantasien noch: Wenn nach Krankheit, Operation oder Unfall ein Pflaster auf eine Wunde geklebt wird, reißt die Mutter oder ein Ersatzobjekt zusammen mit dem Pflaster – tatsächlich oder in der Phantasie – auch ein Stück Haut ab: Diejenige, die pflegt, ist auch die, die enthäutet. Sie zerreißt die gemeinsame Hülle, kann sie aber auch wieder reparieren.
In den masochistischen Phantasien läßt der Pelz (vgl. *Venus im Pelz* von Sacher-Masoch) die Vorstellung einer Rückkehr zu einem sinnlichen, samtweichen und duftenden (nichts ist stärker als der Geruch eines neuen Pelzes) Hautkontakt entstehen, einer Rückkehr zu dem engen Aneinanderschmiegen der Körper, das in der genitalen Sexualität den sekundären Lustgewinn mit sich bringt. Die geißelnde Venus von Sacher-Masoch war – sowohl im Leben als auch in seinem Roman – unter ihrem Pelz nackt. Das bestätigt die primäre Funktion der Pelzhaut als Bindungsobjekt, bevor sie auf das Sexualobjekt hindeutet. Muß man noch daran erinnern, daß ein Pelz eine tierische Haut ist und auf ein enthäutetes Tier hinweist? Der kleine Severin ist von der mit einem Pelz bekleideten Venus oder Wanda fasziniert und sieht seine Mutter in seiner Phantasie in eine Haut gehüllt, die gleichzeitig Vereinigung und Trennung bedeutet. Dieser Pelz repräsentiert die körperliche Weichheit und sinnliche Zärtlichkeit, wie er sie im Kontakt mit seiner liebevoll pflegenden Mutter erlebt hat. Aber die Venus im Pelz stellt ebenfalls die Mutter dar, die das Kind nackt zu sehen oder zu verführen versuchte, indem es in der Realität oder in der Phantasie seinen Penis zur Schau stellte; diejenige Mutter, die es in der Realität mit Schlägen bestrafte und in der Phantasie damit, daß sie ihm die Haut bis zur Enthäutung abriß.

Jetzt trägt sie triumphierend die Haut des Besiegten, so wie die Jägerhelden in der alten Mythologie oder in den sogenannten primitiven Gesellschaften die Haut der erlegten wilden Tiere trugen.

Es ist an der Zeit, grundsätzlich zwischen zwei Formen des Kontakts zu unterscheiden, den die Mutter bzw. die mütterliche Umwelt zum Körper und zur Haut des Babys herstellt. So gibt es Arten des Kontakts, welche zu einer Erregung führen (z. B. kann eine Mutter, die stark libidinös erregt ist, bei der körperlichen Pflege das Kind erogen stimulieren. Wenn diese Erregung dem psychischen Entwicklungsstand des Kindes zeitlich nicht entspricht und exzessiv ist, kann sie im Sinne einer traumatischen Verführung erlebt werden). Andere Formen des Kontakts vermitteln eine Information (diese beziehen sich z. B. auf die Grundbedürfnisse des Säuglings, auf die von Mutter und Kind erlebten Affekte, auf die Gefahren der Außenwelt sowie auf die Möglichkeit, sowohl belebte als auch unbelebte Objekte zu beeinflussen ...). Diese beiden Formen des Kontakts kann das Baby zunächst nicht unterscheiden, und das bleibt so lange so, wie die Mutter und die mütterliche Umwelt sie vertauschen, vermischen und durcheinanderbringen. Der Hysteriker neigt dazu, diese Konfusion aufrechtzuerhalten: Er (oder sie) vermittelt dem Partner Informationen in Form einer Erregung derart, daß der Partner versucht ist, auf die Erregung und nicht auf die Information einzugehen, was zu der Enttäuschung, den Rachegefühlen und den Klagen des Hysterikers führt. Bei einigen Formen der Depression ist eine umgekehrte Dynamik zu beobachten: Ein Baby hat in ausreichendem Maße die notwendige körperliche Pflege, begleitet von den entsprechenden Erregungen, bekommen; aber die Mutter war nicht in der Lage, die Signale des Kindes genügend zu verstehen oder zu beantworten, möglicherweise bedingt durch den Tod eines nahen Verwandten, durch die Hilflosigkeit nach einer Trennung vom Ehepartner oder durch eine Wochenbettdepression. Im Erwachsenenalter wird diese Person jedesmal depressiv, wenn eine materielle oder spirituelle Nahrungsaufnahme nicht gleichzeitig mit einem Bedeutungen vermittelnden Austausch (in einer Beziehung) einhergeht, d. h. wenn die Nahrungsaufnahme eine innere Leere noch intensiver spüren läßt.

Verfolgt man die beiden Formen des Kontakts – die eine, die

Erregungen, und die andere, die Bedeutungen vermittelt – weiter, so führt dies zum Masochismus bzw. Narzißmus.

Der erregende Kontakt mit der Mutter hat paradoxe Auswirkungen. Die Mutter, die für das Baby die Funktion eines ursprünglichen Reizschutzes gegen die Aggressionen der Außenwelt übernimmt, erzeugt in ihm gleichzeitig durch die libidinöse Qualität und die Intensität der körperlichen Pflege eine innere, triebhafte Erregung, die im Übermaß sich früher oder später als unangenehm erweist. Dadurch kommt es zur dauerhaften Ausbildung einer psychischen Hülle, die sowohl mit Erregung als auch mit Leiden verbunden ist; sie behindert die Entstehung eines Haut-Ichs, d.h. einer Hülle, die Reizschutz bietet und Wohlbefinden ermöglicht. Dies stellt die ökonomische und topographische Grundlage des Masochismus dar, bei dem es charakteristischerweise zur zwanghaften Wiederholung von Erfahrungen kommt, welche die Hülle der Erregung und des Leidens wiederbeleben.

Das Paradox des bedeutungsvermittelnden Kontakts zwischen Mutter und Säugling kommt darin zum Ausdruck, daß die Mutter nicht nur auf die körperlichen, sondern auch auf die seelischen Bedürfnisse achtet, daß sie diese Bedürfnisse nicht nur befriedigt, sondern auch zeigt, daß sie sie richtig verstanden hat, indem sie sensorische Reize wie ein Echo reflektiert und konkret darauf reagiert. Das Baby ist dann nicht nur befriedigt, sondern vor allem beruhigt, weil seine Bedürfnisse verstanden werden. Dadurch entsteht eine narzißtisch besetzte Hülle des Wohlbehagens, die eine zur Bildung des Haut-Ichs notwendige Illusion stützt: nämlich daß auf der anderen Seite der Hülle jemand unmittelbar und in einer Art ergänzender Symmetrie seine Signale beantwortet; es entsteht eine Sicherheit vortäuschende Vorstellung eines allwissenden, narzißtischen Doppelgängers, der ständig zur Verfügung steht.

Sowohl dem Narzißmus als auch dem sekundären Masochismus liegt die Vorstellung einer gemeinsamen Hautfläche zwischen Mutter und Kind zugrunde; im ersten Fall dient sie hauptsächlich dem direkten Austausch von Erregungen, im zweiten steht der Austausch von Bedeutungen im Vordergrund.

Bei einer mehr narzißtischen Entwicklung des Haut-Ichs geht die ursprüngliche Vorstellung von einer gemeinsamen Haut in die sekundäre Vorstellung einer verstärkten und unverletzbaren

Haut über (charakterisiert durch das Bild einer doppelten Wand; vgl. auch Kap. 9, Seite 171). Bei einer mehr masochistischen Entwicklung des Haut-Ichs gibt es die Phantasie, die gemeinsame Haut sei abgezogen und verletzt. Die Mythologie, die uns einen guten Überblick über die verschiedenen Phantasievorstellungen der Haut gibt, kennt ebenfalls Beispiele für diese beiden Entwicklungsrichtungen: Die Schild-Haut (die Ägis des Zeus), die Lumpen-Haut (die himmlischen und die tierischen Kleider von Peau d'Ane) für die narzißtische Entwicklung; die geschundene Haut, die aufgeschürfte Haut und die mörderische Haut für den Masochismus.

S. Consoli[2] berichtet von einem (masochistischen) Patienten, dem die Vorstellung gefällt, er sei Opfer von Demütigungen, die ihm eine Frau in der folgenden Situation zufügt: Sie steht, von einem Schaf- oder Kuhfell bedeckt, während er, auf allen Vieren vor ihr kriechend, sich mit dem Schaf oder der Kuh identifiziert. Hier gibt es also die Vorstellung einer gemeinsamen Haut des (in ein Tier verwandelten) Mannes und der ihn zähmenden Frau, die die Haut desselben Tieres trägt; diese Rollen ergänzen sich und verstärken die Illusion einer dauerhaften narzißtischen Einheit. In diesem Nahkampf ist der eine nicht so sehr die »Erweiterung« des anderen (wie S. Consoli meint), sondern jeder stellt eine der beiden Seiten der gemeinsamen Hautfläche dar, worauf ich oben bereits hingewiesen habe. Ich möchte hinzufügen, daß in vielen perversen und auch in einfachen erotischen Phantasien das Fell Fetisch-Charakter hat: Es erinnert an die Schamhaare, die vor der Wahrnehmung der Geschlechtsorgane und damit vor der Anerkennung des Geschlechtsunterschiedes schützen.

2 Vorgestellt auf der Tagung *Peau et psychisme* (Hôpital Tarnier, 19. Februar 1983).

4. Der griechische Mythos von Marsyas

Der soziokulturelle Rahmen

Der Mythos von Marsyas (etymologisch aus dem griechischen Wort *marnamai,* »derjenige, der kämpft«) entspricht – nach Meinung der Religionshistoriker – den Kämpfen der Griechen um die Unterwerfung Phrygiens und ihrer Zitadelle Celene (einem Staat in Kleinasien östlich von Troja). Sie versuchten, den Einwohnern den Kult der griechischen Götter (vertreten durch Apollon) aufzuzwingen, als Ausgleich dafür, daß sie ihre eigenen Kulte beibehalten durften, unter anderem den Kult um Kybele und Marsyas. Auf den Sieg von Apollon über Marsyas (der mit einer doppelten Flöte spielt) folgt der Sieg des griechischen Gottes über Pan in Arkadien (dem Erfinder der Flöte mit einem Rohr oder Syrinx) und erhöhte die Bedeutung des ersten Sieges noch.[1]

»Apollons Sieg über Marsyas und Pan erinnert an die hellenische Eroberung Phrygiens und Arkadiens. Außer bei der Landbevöl-

1 Marsyas, so heißt es, hatte einen Bruder namens Babys, der auf einer Flöte mit einem einzigen Rohr spielte, allerdings so schlecht, daß Apollon ihn verschonte: Auch hier geht es um das Thema der fremden, groben und lächerlichen Bergbauern, denen die zivilisierten und siegreichen Griechen erlaubten, ihre alten religiösen Überzeugungen unter der Bedingung beizubehalten, daß sie zusatzlich die griechischen Götter verehrten. Pan, mit seiner Flöte und seinem Pinienzweig, ist eine mythologische Doublette von Marsyas: Er ist ein Gott aus Arkadien, einer bergigen Gegend im Inneren des Peloponnes; er symbolisiert die geschickten Schäfer mit der ausgeprägten Körperbehaarung, mit groben und brutalen Sitten, ähnlich denen ihrer Schafsherden, mit ihrer tierähnlichen Gestalt und ihren schlichten Bedürfnissen, wie einer Siesta im Schatten, einer einfachen Melodie und einer polymorphen Sexualität (Pan bedeutet griechisch »alles«; der Gott Pan schätzt bekanntermaßen unterschiedslos homosexuelle, heterosexuelle und autoerotische Lustbefriedigung; eine späte Legende vermutet, daß Penelope vor der Rückkehr des Odysseus mit jedem ihrer Freier geschlafen habe und daß Pan aus diesen zahlreichen Liebschaften hervorgegangen sei).

kerung wurden die Blasinstrumente durch Saiteninstrumente ersetzt. Marsyas Bestrafung bezieht sich auf das rituelle Enthäuten eines heiligen Königs – wie Athene den Pallas seines magischen Brustpanzers beraubte – oder auf die Rinde eines Erlentriebes, die ausgeschnitten wird, um eine Hirtenflöte anzufertigen. Die Erle galt als Personifizierung eines Gottes oder eines Halbgottes« (Ranke-Graves 1960, S. 69).

Im musikalischen Wettbewerb zwischen Marsyas und Apollon verdichten sich eine ganze Reihe von Gegensätzen: der Gegensatz zwischen Barbaren und Griechen; zwischen den Berghirten mit ihren fast tierischen Sitten und den kultivierten Stadtbewohnern; zwischen den Blasinstrumenten (den Flöten mit einer oder zwei Röhren) und den Saiteninstrumenten (die Lyra hat sieben Saiten); zwischen einem grausamen monarchischen System der Weitergabe politischer Macht (durch periodische Tötung und Enthäutung des Königs oder des Hohepriesters) und einem demokratischen System; zwischen Dionysoskult und Apollonkult; zwischen der Arroganz der Jugend bzw. den antiquierten Glaubensvorstellungen der Alten und der Herrschaft und dem Gesetz der reifen Generation, dem sich alle beugen müssen. So ist auch Marsyas dargestellt entweder als Silene, d. h. als alter Satyr, oder als junger Begleiter von Kybele, der großen Königinmutter der Phrygier, die untröstlich ist über den Tod ihres Dieners Attis, der wahrscheinlich gleichzeitig ihr Sohn und Geliebter war.[2] Marsyas tröstet sie durch sein Flötenspiel. Diese wohltuend-verführerische Macht über die Mutter der Götter macht Marsyas ehrgeizig und eitel und bringt Apollon dazu, ihn herauszufordern, weil er wissen will, wer von beiden mit seinem Instrument die schönere Musik machen kann. Nach Kybele ist der Berg Kybele benannt, aus dem der Fluß Marsyas entspringt und auf dessen Gipfel die phrygische Zitadelle von Celene stand.

Jeder Mythos folgt einer doppelten Codierung – dieses Prinzip habe ich bereits dargestellt (D. Anzieu 1970) –, einer Codierung der äußeren, botanischen, kosmologischen, soziopolitischen, to-

2 Frazer hatte in *Der goldene Zweig* (1890-1915, Bd. 2, Kap. 5) als erster die Idee, Marsyas mit Attis (und auch mit Adonis und Osiris) in Verbindung zu bringen. Das gemeinsame Thema ist das tragische Schicksal des zu sehr von der Mutter geliebten Sohnes, die ihn ganz für sich allein behalten will.

ponymischen, religiösen etc. Realität und andererseits einer Codierung der inneren, psychischen Realität durch die Herstellung einer Entsprechung zu den kodierten Elementen der äußeren Realität. In meiner Vorstellung ist der Mythos von Marsyas eine Codierung dieser besonderen psychischen Realität, die ich Haut-Ich nenne.

Es sind zwei Charakteristika im Mythos von Marsyas, die meine Aufmerksamkeit fesseln und seine Besonderheit im Vergleich zu anderen griechischen Mythen ausmachen: erstens der Übergang von der akustischen Hülle (repräsentiert durch die Musik) zur Hülle der Berührung (repräsentiert durch die Haut); und zweitens die Wandlung eines unheilvollen Schicksals (eingeschrieben auf die Haut und durch Abziehen der Haut) in ein glückbringendes Schicksal (das Unversehrtbleiben der Haut garantiert die Auferstehung des Gottes, den Erhalt des Lebens und die Rückkehr der Fruchtbarkeit in das Land). In meiner Analyse dieses griechischen Mythos möchte ich nur die Grundelemente oder Mytheme betrachten, die sich direkt auf die Haut beziehen (und die sich gewöhnlich in Ausdrücken oder Redewendungen unserer Alltagssprache wiederfinden: Man triumphiert vollständig über einen Gegner, wenn man seine Haut besitzt; man fühlt sich wohl in seiner Haut, wenn sie ganz erhalten bleibt; eine Frau wird am besten von dem Mann befriedigt, den sie »in der Haut« hat[3]). Durch den Vergleich mit anderen griechischen Mythen, in denen die Haut nur eine untergeordnete Rolle spielt, kann die Reihe der Grundmytheme der Haut überprüft und ergänzt werden. Die An- oder Abwesenheit dieses oder jenes Mythems, ihre Reihenfolge oder ihre Verbindungen untereinander bieten eine Möglichkeit, sie strukturell zu klassifizieren.

3 Wörtliche Übersetzung der französischen Redewendung: »jemanden in der Haut haben«, sinngemäß: »jemandem hörig sein«. (Anmerkung der Übersetzer)

Zuerst möchte ich an die Geschichte von Marsyas erinnern, die, ehe die Haut in Erscheinung tritt, eine ziemlich gewöhnliche Geschichte von offener Rivalität und verhüllten inzestuösen Wünschen ist: Dies zeigt meiner Meinung nach, daß die ursprünglichen Funktionen des Haut-Ichs in der Ontopsychogenese verdeckt, unterdrückt und entstellt worden sind, und zwar von den primären, später sekundären Prozessen, die mit der prägenitalen und genitalen Entwicklung und mit dem Einfluß des Ödipuskomplexes auf die psychische Entwicklung verbunden sind.

Eines Tages fertigte Athene eine doppelte Flöte aus den Knochen eines Hirsches und spielte darauf bei einem Gelage der Götter. Sie wunderte sich, warum Hera und Aphrodite sich darüber amüsierten, während die anderen Götter von der Musik entzückt waren. Sie zog sich allein in einen phrygischen Wald zurück und betrachtete ihr Gesicht im Wasser eines Flusses, während sie Flöte spielte: Da erkannte sie, wie lächerlich sie mit aufgeblasenen Wangen und hochrotem Gesicht aussah.[4] Sie warf die Flöte fort und verfluchte jeden, der sie aufheben würde. Marsyas stolperte darüber, und kaum hatte er sie an die Lippen gesetzt, fing sie ganz von selbst an zu spielen. Im Gefolge Kybeles, die er in ihrer Trauer um Attis tröstete, zog er durch Phrygien und erfreute die Bauern mit seinem Spiel. Sie meinten, daß sogar Apollon mit seiner Lyra nicht besser hätte spielen können, und Marsyas, unvorsichtig, wie er war, widersprach ihnen nicht. Da wurde Apollon zornig und forderte ihn zu dem oben erwähnten Wettstreit auf. Der Sieger sollte dem Verlierer jede Strafe, die er wollte, auferlegen dürfen. Der stolze Marsyas stimmte zu. Die Musen waren die Schiedsrichter.[5]

4 Diese Reaktion veranschaulicht, was man bei der Frau – im Gegensatz zum Penisneid – als Abscheu vor dem Penis bezeichnen sollte. Die Jungfrau und Kriegerin Athene ist entsetzt über ihr Gesicht, das sich in ein Paar Gesäßbacken mit einem hängenden oder sich aufrichtenden Penis in der Mitte verwandelt hat.

5 Nach anderen Versionen hatte der Gott des Berges Tmolos (dem Austragungsort des Wettstreits) den Vorsitz der Jury, der außerdem Midas, der König Phrygiens, angehörte, der den Dionysos-Kult in diesem

In diesem Wettbewerb konnte kein Sieger gefunden werden, denn die Musen waren von beiden Instrumenten gleichermaßen entzückt. Apollon forderte Marsyas heraus, ihm folgendes nachzumachen: Sein Instrument umzudrehen, darauf zu spielen und gleichzeitig zu singen. Dies gelang Marsyas natürlich nicht, während Apollon auf seiner umgedrehten Lyra spielte und so wunderschöne Hymnen zu Ehren der olympischen Götter sang, daß die Musen nicht umhin konnten, ihm den Preis zuzuerkennen (Ranke-Graves 1960, S. 65 f.). Hier beginnt der zweite Teil des Mythos, welcher sich spezifisch auf die Haut bezieht. Ich folge der Erzählung von Frazer (1890-1915, Bd. 2, Kapitel 5) und entnehme ihr die zugrundeliegenden Mytheme.

Zweiter Teil: Die neun Mytheme

Erstes Mythem: Marsyas wird von Apollon an einer Pinie aufgehängt, wobei es sich nicht um ein Aufhängen am Hals handelt, welches durch Strangulierung zum Tode führen würde, sondern um ein Aufhängen an den Armen, was ein Durchschneiden des Körpers oder ein Abzapfen des Blutes des betreffenden Opfers leicht ermöglicht. Frazer hat eine eindrucksvolle Anzahl an Beispielen für diese Art aufgehängter Götter zusammengetragen (sogar für Priester und Frauen, die sich freiwillig oder rituell aufhängten). Diese ursprünglich menschlichen Opfer wurden allmählich durch Tieropfer ersetzt, später dann auch durch Bilder.

Dieses Mythem scheint einen Bezug zur aufrechten Körperhaltung des Menschen (im Gegensatz zur waagrechten des Tiers) zu haben. Anders als in der frühen Kindheit und im Unterschied zu den Tieren steht der Mensch aufrecht, indem er sich auf den

Land eingeführt hatte. Als Tmolos Apollon den Preis überreichte, widersetzte sich Midas angeblich dieser Entscheidung. Zur Strafe ließ Apollon ihm die berühmten Eselsohren wachsen (als angemessene Bestrafung für das Fehlen eines musikalischen Gehörs!); vergebens versuchte Midas, sie unter der phrygischen Mütze zu verbergen; letztendlich schämte er sich ihretwegen so sehr, daß er deswegen starb (Ranke-Graves 1960, S. 256). Nach anderen Versionen war Midas erst beim nächsten Wettstreit zwischen Apollon und Pan Schiedsrichter.

Boden stützt (so wie sich das Baby erstmals aufrichtet, indem es sich auf die Hände seiner Mutter stützt). Es ist die positive senkrechte Stellung (zusätzlich verdeutlicht durch die Tanne, welche besonders gerade nach oben wächst). Die Strafe besteht in einer Umkehrung in die negative senkrechte Stellung: Das Opfer bleibt in der Senkrechten, allerdings hängt es in der Luft (manchmal mit dem Kopf nach unten), eine schmerzhafte und demütigende Lage, in der es schutzlos allen Mißhandlungen ausgesetzt ist und die eine Wiederholung der ursprünglichen Hilflosigkeit des von der Mutter nicht oder schlecht gehaltenen Säuglings darstellt.

Zweites Mythem: Das hängende, nackte Opfer wird zerschnitten oder von einer Lanze durchlöchert, und das Blut fließt heraus. (Das Blut wird entweder dazu verwendet, die Erde fruchtbar zu machen, oder um die Vampire anzuziehen und sie von den eigenen Angehörigen abzulenken, usw.) Dieses Mythem, welches im Mythos von Marsyas nicht vorkommt, ist zusammen mit dem vorherigen allgemein verbreitet: Der Säugling Ödipus hatte durchbohrte Knöchel und hing waagrecht an einem Stock; der König Ödipus blendete sich beim Anblick der an einem Strick hängenden Leiche Jokastes; Christus wurde an ein Kreuz genagelt; der Heilige Sebastian wurde an einen Baum gebunden und von Pfeilen durchbohrt; einer bestimmten Heiligen wurden in der gleichen senkrechten Stellung die Brüste abgeschnitten; die Gefangenen der Azteken wurden mit dem Rücken gegen einen großen Stein geschleudert, und dann wurde ihnen das Herz herausgenommen; usw.

Dieses Mythem bezieht sich meiner Meinung nach auf die Fähigkeit der Haut, den Körper und das Blut zusammenzuhalten, und die Folter besteht darin, die Kontinuität der beinhaltenden Oberfläche durch künstliche Löcher zu zerstören. Diese Behälterfunktion der Haut des Marsyas läßt der griechische Gott intakt.

Drittes Mythem: Marsyas wird von Apollon bei lebendigem Leibe enthäutet, und seine Haut wird an eine Tanne genagelt. Der Eigentümer des von den aztekischen Priestern geopferten Gefangenen kleidete sich zwanzig Tage lang mit dessen Haut. Der hl. Bartholomäus wurde zwar lebendig enthäutet, aber seine Haut wurde nicht aufgehoben. Octave Mirbeau hat in *Le jardin des supplices* (1899) beschrieben, wie ein enthäuteter Mann seine Haut wie einen Schatten hinter sich herzieht.

Meiner Meinung nach entspricht die vom Körper abgezogene Haut, sofern sie unversehrt bleibt, der Schutzhülle – dem Reizschutz –, die man in der Phantasie dem anderen raubt, um sie für sich zu haben oder um die eigene Haut zu verdoppeln und zu verstärken; allerdings birgt das die Gefahr in sich, daß einem selber das gleiche widerfährt.

Diese Reizschutz-Haut hat einen hohen Wert. Das Goldene Vlies, welches Jason erobern soll, wird von einem furchtbaren Drachen bewacht. Es ist die goldene Haut eines heiligen, geflügelten Steinbocks, welchem Zeus seinerzeit zwei Kinder schenkte, die von ihrer bösen Mutter mit dem Tode bedroht wurden. Die Hexe Medea gibt ihrem Geliebten eine Salbe, mit der er seinen ganzen Körper einreibt und die ihn 24 Stunden lang vor Feuer und Verletzungen schützt. Es ist ebenfalls die Haut von Achilles, die von seiner Mutter – einer Göttin – unverwundbar gemacht wird, indem sie das Kind an der Ferse aufhängt (Mythem Nr. 1) und es in das Höllenwasser des Styx eintaucht.

Marsyas' Haut bleibt unversehrt, und dadurch wendet sich sein bis jetzt unheilvolles Schicksal – entsprechend diesem Mythem – in ein glückbringendes.

Viertes Mythem: Die intakte Haut von Marsyas wurde in historischer Zeit am Fuß der Zitadelle von Celene aufbewahrt; sie hing in einer Höhle, in der der Fluß Marsyas, ein Nebenfluß des Meanders, entsprang. Die Phrygier sahen in ihr das Zeichen der Wiederauferstehung ihres aufgehängten und enthäuteten Gottes. Wahrscheinlich findet sich da die Intuition, daß die Seele einer Person – ein psychisches Selbst – so lange am Leben bleibt, wie eine körperliche Hülle ihre Individualität gewährleistet.

Die Ägis des Zeus verdichtet die Mytheme 1 sowie 3 bis 6. Durch eine List rettete seine Mutter ihn davor, vom Vater verschlungen zu werden: Zeus wurde von der Ziegennymphe Amaltheia gestillt; sie versteckte ihn, indem sie seine Wiege hoch in einen Baum hing, und hinterließ ihm bei ihrem Tode ihr Fell, damit er sich eine Rüstung daraus mache. Seine Tochter Athene, ebenfalls durch diese Ägis geschützt, besiegt den Riesen Pallas und raubt ihm seine Haut. Die Ägis stellt nicht nur einen perfekten Schutzschild bei den Kämpfen dar, sondern ermöglicht auch Zeus' Entwicklung zu einem mächtigen Gott und die Erfüllung seines besonderen Schicksals, nämlich Herr des Olymps zu werden.

Ein *fünftes Mythem*, das wiederholt in Riten und Legenden verschiedener Kulturen auftaucht, scheint im Mythos von Marsyas zunächst zu fehlen. Es stellt sozusagen das Negativ zum vierten Mythem dar und ergänzt es. Der Kopf des Opfers wird vom übrigen Körper (der verbrannt, gegessen oder begraben wird) abgetrennt; er wird sorgfältig aufbewahrt, entweder um die Feinde zu erschrecken oder um sich – durch besondere Pflege eines Teils dieses Kopfes, des Mundes, der Nase, der Augen, der Ohren ... – die Gunst des Geistes des Verstorbenen zu erwirken.
Diesem fünften Mythem liegt meiner Meinung nach folgende Antinomie zugrunde: Entweder wird der Kopf, nach Abtrennung vom Körper, allein aufbewahrt, oder aber es werden die ganze Haut, Gesicht und Gehirn mit einbezogen. Es wird nicht nur die Verbindung zwischen Peripherie (Haut) und Zentrum (Gehirn) unterbrochen bzw. beibehalten, sondern vor allem die Verbindung zwischen der auf der gesamten Körperoberfläche verteilten Berührungsempfindlichkeit und den vier anderen, für die Außenreize zuständigen Sinnesorganen, die im Gesicht lokalisiert sind. Die Einzigartigkeit der Person kommt im vierten Mythem durch Betonung ihrer Auferstehung zum Ausdruck (vergleichbar mit der regelmäßigen Rückkehr des Bewußtseins beim Erwachen); diese Einzigartigkeit beruht darauf, daß die verschiedenartigen Sinneswahrnehmungen durch die gleichbleibende Grundvorstellung von einer globalen Haut miteinander verbunden werden.
Mit der Aneignung des abgetrennten Kopfes (während der Rest des Körpers weggeworfen oder zerstört wird) verliert der Geist des Verstorbenen jeglichen eigenen Willen. Er muß sich dem Willen des Eigentümers seines Kopfes unterordnen. Man selber zu sein bedeutet erstens, eine eigene Haut zu besitzen, und zweitens, diese Haut als einen Raum zu verwenden, in dem die eigenen Empfindungen geordnet werden können.
Die Ägis des Zeus war nicht nur ein Schutz vor den Feinden, sondern ließ diese außerdem durch das an ihr befestigte furchtbare Gorgonenhaupt vor Schreck erstarren. Athene hielt über ihrem Kopf einen glanzpolierten Schild, in dem sich die häßliche Gorgo spiegelte; dadurch konnte Perseus Gorgo besiegen und enthaupten. Als Dank gab er Athene das Haupt der Gorgo und diese benutzte es zur Verstärkung der Macht des Ägis.

Sechstes Mythem: Diese aufgehängte und unsterbliche Haut des flötenspielenden Gottes Marsyas stellt ein Wahrzeichen dar, unter dem der reißende, lärmende Fluß Marsyas entspringt; seine Wassermassen bringen Leben in diese Gegend, und sein Grollen, das an den Wänden der Höhle widerhallt, ist in den Ohren der Phrygier entzückende Musik.

Die Metapher ist eindeutig. Einerseits verkörpert dieser Fluß den Lebenstrieb mit all seinen Kräften und Reizen, andererseits kann nur derjenige über die Triebenergie verfügen, dessen Haut-Ich – gleichermaßen auf der akustischen Hülle und der Hautoberfläche basierend – unversehrt geblieben ist.

Siebtes Mythem: Der Fluß Marsyas macht außerdem die Gegend fruchtbar: Er sorgt für das Keimen der Pflanzen, die Vermehrung der Tiere und das Gebären der Frauen.

Wieder ist die Metapher eindeutig: Der sexuellen Erfüllung liegt eine narzißtische Grundsicherheit, ein Gefühl des Wohlbefindens in seiner Haut zugrunde.

Der Mythos von Marsyas sagt nichts über diejenigen Hauteigenschaften aus, die die sexuelle Lust steigern. Darüber erfahren wir in anderen Mythen, Märchen oder Romanen: Die Haut der für den Jungen begehrenswerten Mutter wird als *Venus im Pelz* (Sacher-Masoch) erlebt; die Haut des Vaters, der inzestuöse Wünsche hat, wird von der Tochter als *Peau d'Âne* [Eselshaut] erlebt (Perrault).

Achtes Mythem: Marsyas' Haut, aufgehängt in der Höhle von Celene, reagierte empfindlich auf die Melodie des Flusses und den Gesang seiner Getreuen; bei den phrygischen Melodien zuckte sie zusammen, blieb jedoch taub und unbewegt, wenn zu Ehren Apollons gesungen wurde.

Dieses Mythem veranschaulicht, daß die ursprüngliche Kommunikation zwischen Baby und mütterlicher bzw. familiärer Umwelt ein Spiegel des Austauschs von Berührungen und Lauten ist. Kommunizieren heißt vor allem, in Resonanz treten, in Harmonie mit dem anderen schwingen.

An dieser Stelle endet der Mythos von Marsyas, jedoch veranlassen mich andere Mythen dazu, ein letztes Mythem vorzuschlagen.

Neuntes Mythem: Die Haut zerstört sich selber oder wird von einer anderen Haut zerstört. Ersteres entspricht der Allegorie *la*

Peau de chagrin [Das Chagrinleder; Balzac]; die Haut schrumpft symbolisch, proportional der Lebensenergie, die sie zur Verfügung stellt, zusammen. Ihr gutes Funktionieren bedeutet für sie und uns den Tod durch Selbst-Abnutzung. Im zweiten Falle handelt es sich um die tödliche Haut, wie sie in zwei bekannten griechischen Mythen dargestellt wird: Medea vergiftet absichtlich Kleider und Schmuck ihrer Rivalin; sobald deren Haut davon berührt wird, verbrennen die Frau, der ihr zu Hilfe eilende Vater und letztlich der ganze königliche Palast; Deiraneira vergiftet unbeabsichtigt eine Tunika, indem sie sie in einem Gemisch von Blut und Samen des hinterlistigen Kentaurs Nessos tränkt, als er sie körperlich und seelisch mißbrauchte. Diese Tunika klebt auf der Haut ihres untreuen Ehemannes Herakles, und das warme Gift dringt durch die Haut des Helden und zerfrißt sie. Beim Versuch, diese zweite, ätzende Haut abzuziehen, zieht er gleichzeitig Fetzen seiner eigenen Haut mit ab; wahnsinnig vor Schmerz sieht er keinen anderen Ausweg, als sich mit Hilfe des Feuers von dieser selbstzerstörerischen Hülle zu befreien, er stirbt auf dem Scheiterhaufen, den sein Freund Philoktetes aus Mitleid anzündet.
Welche psychische Entsprechung hat dieses Mythem? Über phantasmatische Angriffe auf die Körper- und Denkinhalte, die manchmal sogar in Handlungen umgesetzt werden, hinaus sollten folgende Vorstellungen eingeführt werden, ohne die die masochistische Problematik nicht verstanden werden kann: Angriff auf den Behälter, Umkehrung des Angriffs auf den Inhalt in einen Angriff auf den Behälter, sogar Umkehrung des Angriffs auf den Behälter in einen Angriff gegen sich selbst. Die acht bisher betrachteten Mytheme, deren Abfolge den besonderen Mythos von Marsyas ausmacht, sind – jedes auf seine Art – Schauplatz eines ähnlichen inneren Konfliktes, wie er im Wettstreit zwischen Apollon und Marsyas zum Ausdruck kommt.
Dieser Umkehrung im Zerstörerischen entspricht meiner Meinung nach auch eine im Schöpferischen. Wie Guillaumin (1980) gezeigt hat, wird die Haut in der Phantasie wie ein Handschuh gewendet, so daß der Inhalt zum Behälter wird, der Innenraum zum Schlüssel zur Strukturierung der Außenwelt und die inneren Empfindungen zur erkennbaren Realität.
Zurück zum Roman von Sacher-Masoch. Die Schlußszene von

Venus im Pelz ist eine Variante des ersten Mythems von Marsyas. Heimlich hat Severin das Liebesspiel zwischen seiner Geliebten, Wanda, und ihrem Liebhaber, dem Griechen, miterlebt. Die voyeuristische Lustbefriedigung Severins wird ebenso bestraft wie die exhibitionistische bei Marsyas. An eine Säule gefesselt, liefert Wanda Severin dem Griechen aus, der ihn auspeitscht, so wie Athene durch ihren Fluch Marsyas an Apollon auslieferte, der ihn dann enthäutete. Im übrigen wird in den griechischen Texten angenommen, daß Athene der Folter beiwohnt. Die Analogie wird noch durch zwei weitere Details betont. Sacher-Masoch vergleicht den Griechen, um seine Schönheit zu beschreiben, mit der Skulptur eines antiken Epheben; indirekt heißt das, daß er schön wie Apollon sei. Die letzten Sätze des Romans machen deutlich, daß Severin auf seinen masochistischen Traum verzichtet: Von einer Frau – sogar als Mann verkleidet – ausgepeitscht zu werden, wäre noch erträglich; aber »von Apollon enthäutet zu werden« (so lautet die vorletzte Zeile des Textes), von einem starken Griechen, der wie eine Frau angezogen ist und dadurch für zusätzliche Verwirrung sorgt, von einem Griechen, der keine Grenzen kennt – das ist nicht mehr auszuhalten. Die Lust verwandelt sich in unerträgliche Abscheu.

Die neun Mythemen des griechischen Mythos von Marsyas bestätigen indirekt die Theorie der neun Funktionen des Haut-Ichs (die ich im Kapitel 7 darstellen werde).

5. Psychogenese des Haut-Ichs

Das doppelte Feedback im dyadischen System von Mutter und Kind

Seit den siebziger Jahren ist das wissenschaftliche Interesse am Säugling beachtlich gewachsen. Der Kinderarzt Berry Brazelton (1981) führte, parallel zu meinen eigenen Überlegungen über das Haut-Ich und unabhängig von diesen, zuerst in England und dann in den USA Forschungsarbeiten durch, die interessante Bestätigungen meiner Theorie und Ergänzungen im Detail erbrachten. Er wollte die Dyade Säugling/Umwelt (die ich lieber als tragend [*maternant*] anstatt als mütterlich [*maternel*] bezeichne, um die Umwelt nicht nur auf die biologische Mutter zu begrenzen) so früh und so systematisch wie möglich untersuchen. Dazu entwickelte er 1973 eine Evaluationsskala des Säuglingsverhaltens, die später in den USA weite Verbreitung fand. Er zog daraus folgende Schlüsse:

1. Bei der Geburt und in den folgenden Tagen existiert im Kind bereits ein Entwurf des Ichs, als Folge sensorischer Erfahrungen am Ende des intra-uterinen Lebens sowie aufgrund des genetischen Codes, durch den die Entwicklung des Kindes bereits programmiert ist. Zum Überleben braucht der Säugling nicht nur die regelmäßige und angemessene Pflege seitens einer tragenden Umwelt, sondern außerdem (a) muß er dieser Umwelt Signale übermitteln können, durch die – im Laufe der Zeit immer differenziertere – Reaktionen ausgelöst werden, und (b) muß der Säugling auf der Suche nach Reizen seine physische Umwelt untersuchen können, was zur Entfaltung seiner Fähigkeit und zur Aktivierung seiner sensomotorischen Entwicklung nötig ist.
2. In der Dyade ist das Baby aktiver – und nicht passiver – Partner (vgl. M. Pinol-Douriez 1984); es steht in ständiger Interaktion mit der Umwelt allgemein, insbesondere mit der tragenden Umwelt, sobald diese anwesend ist; dabei entwickelt das Baby schnell Techniken, diese Anwesenheit herbeizuführen, wenn es das Bedürfnis danach verspürt.
3. Das Baby fordert die Erwachsenen in seiner Umgebung (zuerst seine Mutter), ebenso wie der Erwachsene das Baby fordert.

Diese wechselseitige Suche nach Aufmerksamkeit (möglicherweise vorbereitet und epigenetisch festgelegt durch den genetischen Code) entwickelt sich nach einem Muster, das Brazelton mit dem physikalischen Phänomen des Feedbacks vergleicht, d.h. mit dem für offene Systeme typischen Regelkreis in der Kybernetik. Aufgrund dieses gegenseitigen Suchens nach Aufmerksamkeit kann das Baby auf seine menschliche (und darüber auch auf die physische) Umwelt einwirken und die grundsätzliche Unterscheidung zwischen belebt und unbelebt erwerben; es lernt, Gesten und Mimik der Erwachsenen zu imitieren, wenn diese das Baby nachahmen, was zur Vorbereitung des Sprechenlernens führt. Vorausgesetzt wird dabei – wovon noch die Rede sein wird –, daß die Mutter-Säugling-Dyade als ein einziges System zu betrachten ist, in dem die wechselseitig voneinander abhängigen Elemente Informationen austauschen und in dem das Feedback in beiden Richtungen, von der Mutter zum Baby und umgekehrt, funktioniert.

4. Wenn die Umwelt bei diesem Spiel des gegenseitigen Suchens nicht mitmacht und dieses doppelte Feedbacks nicht nährt bzw. wenn eine Störung im Nervensystem verhindert, daß das Baby sensomotorisch aktiv auf seine Umwelt zugeht und/oder die ihm geltenden Signale beantwortet, reagiert das Baby mit Rückzugstendenzen und/oder Wutausbrüchen, die jedoch verschwinden, wenn Kälte, Gleichgültigkeit und Abwesenheit der es tragenden Personen von kurzer Dauer sind (wie Brazelton dies in einem Experiment beobachtet hat: Mütter, die gewöhnlich kontaktfreudig waren, wurden gebeten, absichtlich einige Minuten lang keine Miene zu verziehen und auch ansonsten nicht auf das Baby zu reagieren). Hält die Nicht-Antwort der tragenden Umwelt jedoch weiter an, sind die Reaktionen (des Babys) von Dauer, heftig und pathologisch.

5. Sensible Eltern lassen sich vom Feedback des Babys leiten; das betrifft sowohl ihr Handeln als auch eventuelle Veränderungen ihrer Haltung als auch das Gefühl der Sicherheit in der Ausübung ihrer elterlichen Funktion. Ein Baby, das (infolge eines intrauterinen Traumas oder eines Fehlers im genetischen Code) passiv und gleichgültig ist, ruft bei seinen Pflegepersonen ein Gefühl der Unsicherheit und Hilflosigkeit hervor; es kann sogar – wie M. Soulé (1978) bemerkt hat – seine Mutter verrückt machen,

auch wenn sie mit ihren anderen Kindern keine solchen Probleme gehabt hat.

6. Aufgrund dieser Interaktionen bilden sich früh beim Baby psychomotorische Verhaltensmuster; führen diese zum Erfolg, werden sie wiederholt und gelernt und so zu bevorzugten Verhaltensweisen und Vorläufern der späteren kognitiven Muster. Sie prägen die Entwicklung eines dem Säugling eigenen Stils und einer für ihn typischen Konstitution, was wiederum zu Strukturen führt, die es der Umwelt ermöglichen, die Reaktion des Babys vorauszusehen (z. B. wann es Hunger hat, wann es schlafen will und wann es womit beschäftigt werden will); die Kenntnis dieser Strukturen bestimmt außerdem die Toleranz der Pflegepersonen, auf bestimmte Reaktionen des Babys zu warten (vgl. Ajuriaguerra: das Kind ist »Schöpfer der Mutter«). Die Umwelt beginnt, es als eine Person, d. h. mit einem individuellen Ich ausgestattet, zu betrachten. Sie umgibt es mit dem, was Brazelton »bemutternde Hülle« [*mothering envelope*] nennt: Sie besteht aus Verhaltensweisen, die die Eigenart der Persönlichkeit des Kindes berücksichtigen. Brazelton spricht außerdem von einer »Hülle der Kontrolle« [*control envelope*] als Gegenstück zur ersten: Die Reaktionen des Babys legen sich wie eine Hülle der Kontrolle um seine menschliche Umwelt und zwingen diese, sie zu beachten. Auch Brazelton sieht das System des doppelten Feedback wie eine »Hülle«, die Mutter und Säugling einschließt (das entspricht dem, was ich das Haut-Ich nenne).

7. Experimentelle Untersuchungen von Säuglingen gaben Aufschluß über spezifische Feedback-Schleifen, deren Entwicklung von Reifungsprozessen des Nervensystems abhängt und die das Baby dann erfährt, wenn die Umwelt ihm dazu Gelegenheit gibt:

– Ungefähr im Alter zwischen sechs Wochen und vier Monaten fixiert das Baby anhaltend seine Mutter, »Auge in Auge« mit der Mutter (bis zum Alter von drei bis vier Monaten zieht das Baby die Aufmerksamkeit der Erwachsenen mit dem Blick, danach durch Körperkontakt und später mit der Stimme auf sich).

– Schon sehr früh, nach einigen Tagen oder Wochen, kann das Kind den gewohnten Klang der mütterlichen Stimme identifizieren; das hat sowohl beruhigende Wirkung, wenn es unruhig ist, als auch einen stimulierenden Effekt bei bestimmten Beschäftigungen.

– Zu vergleichbaren Wirkungen führt der Kontakt mit einem nach der Mutter duftenden Stoff.
– Schon sechs Stunden nach der Geburt kann der Säugling zwischen guten (süß), neutralen (geschmackloses Wasser) und schlechten (in drei Abstufungen salzig, sauer, bitter) Geschmackswahrnehmungen unterscheiden; je nach Anreiz oder Verbot seitens der Umwelt kommt es im Laufe der folgenden Monate zu einer allmählichen Verfeinerung dieser reflektorischen Differenzierung. Das Baby lernt, dem Gesichtsausdruck der Mutter zu entnehmen, was sie für gut oder schlecht für es hält, und das entspricht nicht immer genau (manchmal sogar überhaupt nicht) dem angeborenen reflektorischen Schema (Chiva 1984).
– Die Unterscheidung zwischen verbalen Lauten und anderen Geräuschen sowie, ab etwa zwei Monaten, die Differenzierung zwischen verbalen Lauten nach den gleichen Kriterien, wie sie die Erwachsenen benutzen.
8. Wenn es dem Baby gelingt, in der Interaktion mit seiner Umwelt nacheinander diese und jene Feedback-Schleife zu durchlaufen, erweitert es dadurch seine Fähigkeiten zur sensorischen Differenzierung und motorischen Entwicklung sowie seine Fähigkeit, sich verständlicher auszudrücken; all das gibt ihm die Kraft, neue Feedback-Schleifen auszuprobieren und neue Lernprozesse in Angriff zu nehmen. Es erwirbt eine mächtige innere Potenz, die von einem Gefühl des Vertrauens in seine Unternehmungen bis hin zur Euphorie eines Gefühls unbegrenzter Allmacht reicht. Ist eine neue Aufgabe gemeistert, nimmt die Energie – anstatt sich duch eine Entladung bei der Aktion zu verringern – durch den Erfolg noch zu (in der Psychoanalyse ›Phänomen der libidinösen Aufladung‹) und wird dazu benutzt, bereits den nächsten Schritt vorwegzunehmen. Dieses Gefühl einer inneren Potenz ist erforderlich für die Neustrukturierung seiner sensomotorischen und affektiven Schemata, wie sie durch die Reifungen und Erfahrungen des Babys entstehen.

Der Erfolg seiner Unternehmungen sowohl in der physischen Umwelt als auch bei seinen Mitmenschen führt beim Baby nicht nur zu Bestätigung, sondern auch zu zusätzlicher Anerkennung, die das Baby zu seinem Vergnügen zu wiederholen sucht: Zur Lust, sich in neue Unternehmungen zu stürzen, kommt der

Wunsch hinzu, den Erwartungen der Erwachsenen zuvorzukommen.

Unterschiede zwischen kognitivistischer und psychoanalytischer Sichtweise

Zwischen Experimentalpsychologie und Psychoanalyse besteht Übereinstimmung darüber, daß das Neugeborene einen körperlichen Ich-Vorläufer besitzt, der in der Lage ist, verschiedene sensorische Daten zu integrieren, und die Tendenz besitzt, sich auf Objekte zuzubewegen, ihnen gegenüber Strategien zu entwickeln und mit den Personen seiner Umwelt Objektbeziehungen einzugehen (insbesondere in Form der Anklammerung). Zur Regulierung der körperlichen und psychischen Funktionen greift dieser körperliche Ich-Vorläufer auf die Erfahrungen zurück, die vom genetischen Code und durch die intra-uterine Entwicklung zur Verfügung gestellt worden sind. Dazu gehören die Fähigkeit, Geräusche und nicht-verbale Töne zu unterscheiden und darin die relevanten phonologischen Differenzen der in seiner Umgebung gesprochenen Sprache zu erkennen. Das Neugeborene kann selber ebenfalls gezielt Signale aussenden (zunächst durch Gesichtsausdruck und Schreien, vielleicht auch durch Gerüche, dann durch Blick, Körperhaltung sowie Gesten und Lautspiele). Dieser körperliche Ich-Vorläufer geht dem Gefühl der persönlichen Identität und der Realitätsprüfung voraus, beides Charakteristika des eigentlichen psychischen Ichs. Er trägt den beiden folgenden, objektiv und subjektiv beobachtbaren Fakten Rechnung: Einerseits ist der Mensch schon recht bald nach seiner Geburt ein Individuum mit eigenem Stil und wahrscheinlich auch mit dem Gefühl eines einzigartigen Selbst, andererseits gibt der Erfolg bei den obengenannten Erfahrungen dem Ich-Vorläufer die Dynamik, die ihn zu neuen Erfahrungen antreibt und die wahrscheinlich von einem freudigen Triumphgefühl begleitet ist.

Allerdings bleiben wichtige Unterschiede zwischen einer kognitivistischen und einer psychoanalytischen Theorie bestehen. Erstere betont die Symmetrie zwischen tragender Umwelt und dem Säugling und versteht sie als ein Paar, das nach Homöostase strebt. Ich wundere mich nicht darüber, daß die Beschäftigung mit dem Säugling im Beobachter Illusionen belebt, die wie eine verzerrende Brille wirken, durch die er dann seine Beobachtungen anstellt. Die Vorstellung von einem passiven Baby mit einer noch völlig unbeschriebenen oder – wie weiches Wachs – formbaren Psyche hat sich als überholt erwiesen. An ihre Stelle ist jedoch die Illusion eines kompetenten, dynamischen Babys als quasi gleichwertigem Interaktionspartner getreten, das mit seiner Mutter, sofern sie ebenfalls kompetent und dynamisch ist, ein vollkommen angepaßtes und glückliches Paar darstellt. Dieses Bild erinnert eher an ein Zwillingspaar als an die sich ergänzende, jedoch unsymmetrische Dyade, die aus zwei Wesen besteht: einem Erwachsenen, dessen Entwicklung als abgeschlossen betrachtet wird, und einem unvollendeten – wenn nicht gar z. B. durch Frühgeburt unreifen – Wesen. Dieselbe Zwillingsillusion wird auch beim Erwachsenen im Zustand der Verliebtheit wiederbelebt: Berenstein und Puget (1984) haben gezeigt, daß diese Illusion der Verliebtheit zugrunde liegt. Jedoch kann es Symmetrie nur bezüglich einer Fläche (oder einer Achse) geben. Ich stelle fest, daß diese Fläche durch eine – den Experimentalforschern unbekannte – Phantasie entsteht, nämlich durch das einer gemeinsamen Hautfläche zwischen Mutter und Kind mit der Struktur einer Grenzfläche ganz besonderer Art: Sie trennt zwei gleichartige Bereiche im Raum und stellt zwischen diesen eine Symmetrie her (sind die Bereiche nicht gleichartig oder gibt es mehr als zwei, dann verändert sich die Struktur der Grenzfläche, und sie bekommt z. B. zusätzliche Taschen oder Bruchstellen).

Die Psychoanalytiker betonen (vgl. vor allem Piera Aulagnier 1979) die unsymmetrische Beziehung [*dissymétrie*] zwischen dem Patienten und dem Psychoanalytiker, zwischen dem Säugling und seiner Umwelt, die primäre Abhängigkeit und Hilflosigkeit (wie Freud (1895) es genannt hat), die der Patient durch die Regression im psychoanalytischen Prozeß wiedererlebt. Winnicott stellte fest, daß der Säugling außer der Integration des psychischen und des körperlichen Ichs auch Zustände der Nicht-Integration erprobt, die nicht unbedingt schmerzlich sind und die von einem euphorischen Gefühl, ein grenzenloses psychisches Selbst zu sein, begleitet werden können. Der Säugling kann außerdem den Wunsch haben, nicht zu kommunizieren, weil er sich zu wohl oder zu schlecht fühlt. Nach und nach bekommt er ein ungefähres Verständnis der menschlichen Sprache, das jedoch begrenzt ist auf die zweite Gliederung, während er nicht in der Lage ist, damit eine Botschaft zu vermitteln; die erste Gliederung[1] steht ihm nicht zur Verfügung. Dieses klangvolle Geheimnis und seine eigene semiotische Ohnmacht rufen bei ihm ein Gefühl zwischen Schmerz und Wut hervor, und er erlebt es wie eine grundsätzliche, gegen ihn ausgeübte psychische Gewalt – was Piera Castoriadis-Aulagnier (1975) die »Gewalt der Interpretation« [*violence de l'interpretation*] genannt hat. Hinzu kommt möglicherweise noch die Gewalt der physischen und chemischen Angriffe auf seinen Körper sowie die »ursprüngliche Gewalt« (Bergeret 1984) des Hasses, der Ablehnung, der Gleichgültigkeit, der schlechten Pflege und der Schläge seiner Mitmenschen. Diese Abhängigkeit von einer Mutter, die »Sprachrohr« [*porte-parole*] (Piera Castoriadis-Aulagnier 1975) des Säuglings und unersetzlich für die Befriedigung seiner Bedürfnisse ist, kann er immer schwerer ertragen, und diese Gewalt aktualisiert in seinem entstehenden psychischen Ich die Imago der verfolgenden Mutter, die furchtbare Phantasien entstehen läßt und unbewußte Abwehrmechanismen mobilisiert, welche die oben beschriebene glückliche Entwicklung hemmen, stoppen oder zunichte machten: In diesem Abbruch verlieren die Empfindungen ihre integrierende Dynamik; die projektive Identifikation verhindert die Bildung von Regelkreisen; die mehrfache Spaltung führt zu einem Durcheinander von Verbindungen, die aus Teilen des Selbst und des Objektes zusammengesetzt sind, in einem diffusen Raum, der weder innen noch außen ist; ein Gürtel von Muskelstarre bzw. motorischer Unruhe oder physischem Schmerz bildet eine zweite psy-

1 In der »zweifachen Gliederung« der sprachlichen Zeichen sieht die strukturalistische Linguistik die Eigentümlichkeit der menschlichen Rede: Während die *erste Gliederung* eine sprachliche Äußerung in Einheiten zerlegt, die selbst bedeutungstragend sind (die »Wörter« oder, genauer gesagt, die »Moneme«), setzen sich diese ihrerseits in einer *zweiten Gliederung* aus distinktiven Einheiten zusammen, die als solche keine Bedeutung haben (die »Laute« oder vielmehr die »Phoneme«). Der Säugling, der einstweilen nur Phoneme zu kombinieren vermag, ist also auf die zweite Gliederungsebene der Sprache beschränkt. (Anmerkung der Übersetzer)

chotische Haut bzw. einen autistischen Panzer oder eine masochistische Hülle, welche das geschwächte Haut-Ich ersetzen und verbergen.

Ein zweiter Unterschied (zwischen einer kognitivistischen und einer psychoanalytischen Theorie) liegt in der Tatsache begründet, daß Brazelton auf der Verhaltensebene nach dem Reiz-Reaktions-Schema arbeitet, während der Psychoanalytiker in seiner Arbeit von Phantasien ausgeht, die ihrerseits sowohl in Beziehung zu unbewußten Konflikten als auch zu besonderen Strukturen des psychischen Raumes gesetzt werden. Zu Recht betrachtet Brazelton die vielfachen punktuellen Feedbacks in der Beziehung Säugling/Umwelt als ein dynamisches beziehungsweise ökonomisches System und als Grundlage einer neuen psychischen Realität topographischer Art, die er »Hülle« nennt, ohne dies weiter zu verdeutlichen. Hülle ist ein abstrakter Begriff aus der Sicht eines genauen, aber außen stehenden Beobachters. Das Baby hat aber von dieser Hülle eine konkrete Vorstellung, die ihm durch die Haut über sensorische Erfahrungen , welche von Phantasien durchdrungen sind, vermittelt wird. Diese Phantasien von der Haut umkleiden das entstehende Ich mit einer freilich imaginären, bildlichen Darstellung, die das mobilisiert, was in unserer tiefsten Tiefe liegt, nämlich die Oberfläche (um einen Ausdruck von Paul Valéry zu übernehmen[2]). Diese Phantasien kennzeichnen die Stufen der Ich-Strukturierung und drücken deren Störungen aus. Die Entwicklung der anderen Sinne bezieht sich auf die Haut als – in der Phantasie – »ursprüngliche« Fläche (»ursprünglich« [*originaire*] im Sinne von Piera Castoriadis-Aulagnier 1975: als Vorläufer und Grundlage des primarprozeßhaften psychischen Funktionierens).

Als Psychoanalytiker stoße ich auf eine dritte abweichende Auffassung bezüglich der Interpretation experimenteller Ergebnisse. Nach Meinung der kognitivistischen Psychologen steht die Entwicklung des Tastsinns nicht am Anfang. Die Geschmacks-, Geruchs- und Gehörsempfindungen, die es erwiesenermaßen von

2 »Was am tiefsten im Menschen liegt, ist die Haut.« »Und dann Mark, Gehirn, alles, was man zum Fühlen, Leiden, Denken ... in die Tiefe gehen (...) braucht, sind Erfindungen der *Haut*! ... Wir können graben, Doktor, aber wir sind ... ektoderm« (Paul Valéry, *Œuvres complètes*, La Pléiade, Bd. 2, S. 215 f.).

Geburt an gibt, ermöglichen dem Baby die Identifizierung seiner Mutter (und folglich die Identifikation *mit* ihr) sowie eine erste ungefähre Unterscheidung zwischen dem, was gut und was schlecht für es selber ist. Später – in der Welt der bewußten Kommunikation – spielen angeblich das Nachmachen (Echopraxie), das Nachsprechen (Echolalie) und das Nachbewegen (Echorhythmie) eine wichtigere Rolle als das, was ich Nachberühren (*echotactilismes*) genannt und als bedeutsamen Berührungsaustausch bezeichnet habe.

Gegen diese Bagatellisierung der Funktion der Haut für die psychische Entwicklung habe ich mehrere Einwände. Beim Embryo, wenn nicht sogar beim Neugeborenen, entwickelt sich als erstes die Berührungssensibilität (vgl. oben, S. 27). Das ist wahrscheinlich eine Folge der Entwicklung des Ektoderms, das neurologisch die gemeinsame Basis sowohl der Haut als auch des Gehirns darstellt. Die Geburt verschafft dem Kind, während es zur Welt kommt, die Erfahrung einer Massage des ganzen Körpers und Reibung der gesamten Haut, hervorgerufen durch die Wehen und die Austreibung aus der vaginalen Hülle, die sich der Größe des Babys durch Dehnung anpaßt. Diese natürlichen Berührungen lösen bekanntlich die Atmung und die Verdauung aus bzw. stimulieren sie; sind sie zu schwach, werden künstliche Berührungen zu Hilfe genommen (Schüttelbewegungen, Baden, warmes Wickeln, Handmassage). Die Entwicklung sensorischer Aktivitäten und später der Kommunikation durch Hören, Sehen, Riechen und Schmecken wird wiederum dadurch begünstigt, wie die Personen seiner Umwelt das Kind tragen, beruhigen, seinen Körper an den ihren drücken, seinen Kopf oder seinen Rücken halten. Wie die Alltagssprache zeigt, verwendet man den Begriff »Kontakt« für alle Sinneswahrnehmungen (am Telefon nimmt man Kontakt zu jemandem auf, den man von weitem hört, aber nicht sieht; man hat einen guten Kontakt zu jemandem, den man sieht, aber nicht berührt); die Haut ist also der gemeinsame Bezugspunkt, mit dem man spontan die verschiedenen sensorischen Empfindungen verbindet. Selbst wenn sich die Haut nicht als erstes entwickeln würde, hätte sie strukturell aus mindestens drei Gründen Vorrang vor allen anderen Sinnesorganen. Als einziges Sinnesorgan bedeckt sie den ganzen Körper. Sie selbst besitzt mehrere Sinnesrezeptoren (für Wärme, Schmerz, Kontakt,

Druck...), deren physische Nachbarschaft zur psychischen Nähe der entsprechenden Empfindungen führt. Letztlich hat das Berühren – vgl. Freuds (1923) Andeutungen – eine Reflexivstruktur: Berührt das Kind mit dem Finger Teile seines Körpers, hat es zwei sich ergänzende Empfindungen: Es ist die Haut, die berührt, und gleichzeitig die Haut, die berührt wird. Nach diesem Modell der reflexiven Berührung bilden sich weitere reflexive Empfindungen (seine eigenen Laute hören, seinen eigenen Geruch riechen, sich selber im Spiegel betrachten) bis hin zum reflexiven Denken.

Besonderheiten des Haut-Ichs als Grenzfläche

Jetzt kann ich meine Auffassung vom Haut-Ich deutlicher machen. Die tragende Umwelt wird so genannt, weil sie das Baby mit einer äußeren Hülle von Botschaften »umgibt«; diese Hülle paßt sich mit einer gewissen Flexibilität und einem bestimmten Abstand der inneren Hülle, der Körperoberfläche des Babys – Ort und Instrument der Aussendung von Botschaften – an: Ein Ich zu sein bedeutet, die Fähigkeit in sich zu spüren, Signale auszusenden, die von anderen wahrgenommen werden.

Diese maßgerechte Hülle vollendet den Prozeß der Individualisierung des Babys durch die Anerkennung, die ihm die Bestätigung seiner Individualität gibt: Es hat seinen Stil und entwickelt trotz eines ähnlichen Hintergrundes sein eigenes Temperament, das sich von dem anderer unterscheidet. Ein Ich zu sein heißt, sich einzigartig fühlen.

Der Abstand zwischen der äußeren und der inneren Schicht der Grenzfläche gibt dem Ich in seiner weiteren Entwicklung auch die Möglichkeit, auf eine Verständigung zu verzichten, nicht zu kommunizieren (Winnicott). Ein Ich zu haben heißt, sich in sich selbst zurückziehen zu können. Klebt die äußere Schicht zu sehr auf der Haut des Kindes (vgl. das Thema der vergifteten Tunika in der griechischen Mythologie), wird das Ich des Kindes in seiner Entwicklung erstickt: Ein Ich aus der Umwelt dringt in das Kind ein; dies ist eine von den Techniken, den anderen verrückt zu machen, worauf Searles (1965) aufmerksam gemacht hat.

Ist die äußere Schicht jedoch zu locker, verliert das Ich an Festigkeit. Die innere Schicht bildet fast eine glatte, vollständige, geschlossene Hülle, während die äußere Schicht eine maschenartige Struktur hat (vgl. das »Sieb« der Kontaktschranken nach Freud, worauf ich später eingehen werde; vgl. S. 103). Eine Pathologie der Hülle besteht in einer Inversion der Strukturen: Die äußere Schicht, geprägt durch Angebote oder feste Vorgaben der Umwelt, wird steif, widerstandsfähig, einengend (zweite muskuläre Haut), dagegen wird die innere Schicht ihrerseits durchlöchert, porös (Haut-Ich-Sieb).

Das von Brazelton beobachtete doppelte Feedback führt meiner Meinung nach zur Bildung einer Grenzfläche, bildlich darstellbar als gemeinsame Haut für Mutter und Kind. Dabei befindet sich die Mutter auf der einen, das Kind auf der anderen Seite der Grenzfläche. Die gemeinsame Haut bindet sie aneinander, wobei die Symmetrie dieser Verbindung ihre zukünftige Trennung andeutet. Durch diese Verbindung ermöglicht die Haut eine direkte Kommunikation beider Partner, eine gegenseitige Empathie, eine Identifikation durch Aneinanderhaften: gemeinsame Leinwand, die Empfindungen, Affekte, Vorstellungen und Lebensrhythmen beider abbildet.

Vor der Entstehung der Phantasie einer gemeinsamen Haut ist die Psyche des Neugeborenen von einer intra-uterinen Phantasie beherrscht, welches die Geburt verleugnet und den – zum primären Narzißmus gehörenden – Wunsch nach einer Rückkehr in den mütterlichen Schoß ausdrückt: Es ist die Phantasie eines gegenseitigen Sich-Einschließens, einer primären narzißtischen Fusion, in die das Neugeborene seine Mutter, die selber durch die Geburt des von ihr ausgetragenen Fötus entleert wurde, mehr oder weniger mit hineinzieht. Diese Phantasie wird später in der Liebeserfahrung wiederbelebt, wo jeder, wenn er den anderen in die Arme schließt, ihn umhüllt und gleichzeitig von ihm umhüllt wird. Die autistischen Hüllen (vgl. S. 291) stellen die Fixierung auf diese intra-uterine Phantasie und auf das Unvermögen, die Phantasie einer gemeinsamen Haut zu entwickeln, dar. Genauer gesagt: Aufgrund dieses Unvermögens (welches infolge eines Fehlers im genetischen Programm, wegen mangelhaften Feedbacks der Umwelt oder aufgrund einer Unfähigkeit zur Bildung von Phantasien auftreten kann) funktioniert das Baby – durch eine verfrühte und pathologische Reaktion negativer Selbstregulationsmechanismen – nicht mehr nach der Art offener Systeme; es schützt sich in einer autistischen Hülle und zieht sich in ein geschlossenes System zurück, vergleichbar einem Ei, aus dem keine Küken schlüpfen.

Die Grenzfläche ermöglicht den Übergang zur Funktionsweise eines immer offener werdenden Systems, das dazu führt, daß Mutter und Kind allmählich unabhängig voneinander funktionieren. Aber sie hält beide Partner in einer gegenseitigen symbiotischen Abhängigkeit. Die nächste Stufe setzt das schrittweise Aufgeben dieser gemeinsamen Haut und die Anerkennung einer eigenen Haut und eines eigenen Ichs für jeden voraus, was nicht ohne Widerstand und Schmerzen vonstatten geht. Dabei werden die Phantasien der abgezogenen, der geraubten, der geschlagenen oder tödlichen Haut wirksam (vgl. D. Anzieu 1984).

Wenn das Kind die mit diesen Phantasien verbundenen Ängste überwinden kann, erwirbt es nach dem Prozeß einer doppelten Internalisierung ein eigenes Haut-Ich:

(a) Internalisierung der Grenzfläche, die zur psychischen Hülle wird, welche die psychischen Inhalte enthält (woraus – nach Bion – ein Apparat entsteht, der die Gedanken denkt);

(b) Internalisierung der tragenden Umwelt, die zur inneren Welt der Gedanken, der Bilder und der Affekte wird.

Diese Internalisierung setzt das voraus, was ich das doppelte Berührungsverbot genannt habe (vgl. Kap. 10). Dazu paßt die für den sekundären Narzißmus typische Phantasie einer unverwundbaren, unsterblichen, heroischen Haut.

Sowohl die Fixierung an eine dieser Phantasien, besonders an die einer abgezogenen Haut, als auch die Abwehrmechanismen, die eingesetzt werden, um diese Phantasie zu verdrängen, zu projizieren, ins Gegenteil zu verkehren oder sie erotisch überzubesetzen, spielen besonders im Bereich der Dermatologie und beim Masochismus eine große Rolle. In einer Zusammenfassung der postkleinianischen Arbeiten beschreibt D. Houzel (1985 a) immer komplexere Stufen der Organisation des psychischen Raumes, welche mit der von mir skizzierten Entwicklung des Haut-Ichs übereinstimmen. Im ersten Stadium (für das Houzel den problematischen Begriff ›gestaltlos‹ gebraucht und das durch das Saugen der Brust-Milch sowie die Gärungsprozesse bei der Verdauung charakterisiert ist) erlebt das Baby seine psychische Substanz entweder als flüssig (daher die Angst vor Entleerung) oder als gasförmig (daher die Angst vor Explosion); Frustrationen erzeugen in dem entstehenden Reizschutz Risse, durch die Entleerung bzw. Explosion möglich wird; der Mangel an innerer Konsistenz des Selbst scheint mir in Beziehung zur Nicht-Bildung der ersten Funktion des Haut-Ichs zu stehen (Halt zu geben durch Abstützen auf einem stützenden Objekt).

Im zweiten Stadium macht das Entstehen der ersten Gedanken (über die Abwesenheit und den Mangel) das durch Frustrationen entstandene Aufspringen der Hülle erträglich. »Der Gedanke wird zu einem inneren Stützgerüst.« Ich möchte ergänzen, daß es sich dabei um Gedanken handelt, deren Entstehung die Sicherheit eines kontinuierlichen Kontakts mit dem stützenden Objekt voraussetzt, das zusätzlich zu einem Behälterobjekt geworden ist (vgl. meinen Begriff der Haut-Brust). Diese Kontinuität des Kontakts kommt bildlich in der Phantasie einer gemeinsamen Haut zum Ausdruck. Die Objektbeziehung beruht auf der »adhäsiven« Identifikation durch Aneinanderhaften (Meltzer 1975). Das noch unvollständig vom Ich differenzierte Selbst wird als hochempfindliche Fläche erlebt und ermöglicht die Unterscheidung eines inneren von einem äußeren Raum. Der psychische Raum ist dann zweidimensional. »Die Erfahrung der Bedeutung der Objekte ist untrennbar verbunden mit der Erfahrung sinnlicher Eigenschaften, die man an ihrer Oberfläche wahrnehmen kann« (Meltzer, a.a.O.).

Im dritten Stadium, nach dem Erwerb der Dreidimensionalität und der projektiven Identifizierung, gleicht der innere Raum der Objekte dem inneren Raum des Selbst, ist aber getrennt von ihm. In diese Räume werden Gedanken projiziert oder introjiziert, die innere Welt wird allmählich über Phantasien strukturiert, die sich auf die Erforschung des Körperinneren der Mutter beziehen. Der Apparat zum Denken der Gedanken bildet sich; »die psychische Geburt findet statt« (M. Mahler, in: F. Tustin 1972). Dennoch dauert die Symbiose weiter an; die Zeit steht still, sich wiederholend, oszillierend, zyklisch.

Im nächsten Stadium führt die introjektive Identifizierung mit den guten, in der Urszene vereint erlebten und als fruchtbar und schöpferisch phantasierten Eltern zum Auftauchen der psychischen Zeit. Jetzt gibt es ein Subjekt mit einer inneren Geschichte;

es kann von der narzißtischen Beziehung zur Objektbeziehung übergehen. Die sechs anderen positiven Funktionen, die ich (nach der Kontinuität und der Behälterfunktion) dem Haut-Ich zuschreibe, können sich dann entwickeln; die negative selbstzerstörerische Funktion des Inhalts wird weniger bedrohlich.

Zwei Fallbeispiele

Beobachtung von Juanito

Eine lateinamerikanische Kollegin, die einen meiner Vorträge über das Haut-Ich gehört hat, berichtet über diesen Fall. Juanito mußte wegen einer angeborenen Mißbildung kurz nach der Geburt in den USA operiert werden. Um ihn zu begleiten, hatte seine Mutter alle familiären und beruflichen Aktivitäten unterbrochen. Allerdings konnte sie ihn wochenlang nur durch eine Glasscheibe sehen, ohne die Möglichkeit zu haben ihn zu berühren oder mit ihm zu sprechen. Die Operation war gelungen, und dank dieser drakonischen Maßnahmen verlief die Genesung gut. Nach der Rückkehr in die Heimat erfolgte die Sprachentwicklung unauffällig, sogar etwas verfrüht. Trotzdem zeigten sich – wie zu erwarten war – bei dem kleinen Jungen wesentliche psychische Folgeerscheinungen, die Anlaß für eine psychotherapeutische Intervention im Alter von funf bis sechs Jahren waren.
Den entscheidenden Wendepunkt in dieser Psychotherapie stellt die folgende Sitzung dar: Juanito reißt eine große, noch unbeschriebene, abwaschbare Folie ab, die extra an die Wand geklebt worden war, damit die Kinder ungestört darauf malen konnten. Juanito zieht sich ganz aus und bittet seine Psychotherapeutin, mit diesen Stücken seinen ganzen Körper – außer den Augen – zu bekleben, und er betont die zweifache Notwendigkeit, einerseits alle Stücke zu benutzen, andererseits seinen gesamten Körper zu bedecken, ohne auch nur einen Spalt frei zu lassen (außer den zum Sehen). In den folgenden Stunden wiederholt er dieses Spiel der totalen Umhüllung seiner Haut durch seine Psychotherapeutin, dann macht er selber das gleiche bei einem Zelluloidbaby.

Juanito hat so die Risse in seinem Haut-Ich repariert, die als Folge des bei einem solchen Krankenhausaufenthalt unvermeidlichen Mangel an Berührungs- und akustischem Kontakt sowie als Folge mangelnder körperlicher Berührungserfahrung durch die Mutter und die pflegende Umwelt entstanden sind. Die Aufrechterhaltung des täglichen visuellen Sichtkontakts mit der Mutter ermöglichte die Rettung des entstehenden Ichs: Daraus ergab sich die Notwendigkeit, bei dem Klebespiel mit der Psychotherapeutin die Augen auszusparen. Dieser intelligente kleine Junge, der die Sprache gut beherrschte, konnte bei seiner Psychotherapeutin die beiden Bedürfnisse seines Körper-Ichs verbalisieren: das Bedürfnis, seine Haut als zusammenhängende Fläche wahrzunehmen, und das Bedürfnis, alle von außen kommenden Reize aufzunehmen und sie in einem *sensorium commune* (einem gemeinsamen Sinnesorgan) zu integrieren.

Beobachtung von Eleonore

Colette Destombes, die mein Interesse für das Haut-Ich kennt, teilt mir eine Sequenz der psychoanalytischen Therapie dieses ungefähr neun Jahre alten Mädchens mit, deren schulisches Versagen offenkundig ist. Das offensichtlich durchschnittlich intelligente Kind versteht zunächst die Erklärungen der Lehrerin, kann sie aber nicht von einem Tag auf den nächsten behalten. Sie lernt ihre Aufgaben und vergißt sie dann sofort wieder. Dieses Symptom wiederholt sich in der Behandlung, wodurch sich diese immer schwieriger gestaltet: Das Mädchen weiß nicht mehr, was es in der vorhergehenden Sitzung gesagt oder gemalt hat. Es tut ihr selber richtig leid: »Sie sehen doch, daß man mit mir nichts anfangen kann.« Die Psychotherapeutin ist drauf und dran, die Behandlung aufzugeben und denkt, daß es sich um eine latente Minderbegabung handelt.
In einer Sitzung, in der das Symptom ausgeprägter denn je auftritt, setzt die Therapeutin alles auf eine Karte und sagt zu dem Mädchen: »Eigentlich hast Du ein Gedächtnis wie ein Sieb.« Das Kind verändert Mimik und Stimme: »Wie haben Sie das herausgefunden?« Zum ersten Mal bekommt Eleonore anstatt expliziter oder impliziter Vorwürfe aus seiner Umgebung etwas gesagt, was genau das Bild trifft, das sie von ihrem Ich und von ihrem psychischen Funktionieren hat. Sie erklärt, daß sie sich genau so fühlt und daß sie Angst hat, daß andere das merken könnten, und daß sie daher alles tut, um es zu verbergen, wobei sie für dieses Verbergen ihre psychische Energie aufbraucht. Nach dieser Anerkenntnis und diesem Eingeständnis erinnert sie sich an ihre Sitzungen. In der kommenden Sitzung ist sie diejenige, die ihrer Therapeutin spontan den Vorschlag macht, zu malen. Sie zeichnet eine Tasche und in diese Tasche ein zusammengeklapptes Messer, das sie dann auf weiteren Bildern in den nächsten Sitzungen aufklappen wird.

Auf diese Weise konnte Eleonore einem verständnisvollen Menschen den Drang, der ihr Problem machte, anvertrauen. Die Tasche ist die von diesem Zeitpunkt an kontinuierliche Hülle ihres Haut-Ichs und gibt ihr das Gefühl der Kontinuität des Selbst. Das Messer ist ihre unbewußte Aggressivität, die sie verleugnet, die verschlossen bleibt, auf sich selbst gerichtet wird und ihre psychische Hülle teilweise durchlochert. Durch die zahlreichen Löcher kann ihr Neid, der mit Gefühlen von Haß und Zerstörungswut einhergeht, ohne zu gefährlich zu werden, nach außen dringen, da er aufgespalten, fragmentiert und auf zahlreiche Einzelstücke aufgeteilt wird. Gleichzeitig fließt durch dieselben Löcher ihre psychische Energie ab, und ihr Gedächtnis verschwindet; es kommt zu einem Bruch der Kontinuität ihres Ichs, und ihre Gedanken werden inhaltsleer.

Von diesem Zeitpunkt an entwickelt sich die Psychotherapie normal, was nicht bedeutet, daß es keine Schwierigkeiten mehr gegeben hätte. Das Mädchen setzte eine immer offenere und stärkere Aggressivität frei, griff ihre Psychotherapeutin an und bedrohte sie, jedoch in einer Art, die Deutungen zugänglich war. Dies stellte im Vergleich zu der vorhergehenden Phase der negativen therapeutischen Reaktion, in der Eleonore schweigend ihre Psychotherapie und ihren Apparat zum Denken der Gedanken zerstörte, einen Fortschritt dar. Die Beobachtung von Eleonore weist auf eine häufig vorkommende Gestalt des Haut-Ichs hin, welche als Folge des unbewußten Hasses gegen die umgebende psychische Hülle entsteht: das Haut-Ich-Sieb.

Zweiter Teil
Struktur, Funktionen, Überwindung

6. Zwei Vordenker des Haut-Ichs: Freud, Federn

Freud und die topische Struktur des Ichs

Beim erneuten Lesen von Freud stelle ich – wie die meisten seiner Nachfolger – immer wieder verblüfft fest, wie die von letzteren vorgeschlagenen Innovationen oft bei ihm schon im Keim angelegt sind, sei es in Form von bildhaften Vorstellungen oder von sehr früh entworfenen, dann wieder aufgegebenen Konzepten. Im Jahre 1895 beschrieb Freud das, was er ein Jahr später den »psychischen Apparat«[1] nannte, mit Hilfe des Begriffs der »Kontaktschranken«, den er später nicht wieder aufgenommen hat und der zu seinen Lebzeiten nicht in die Öffentlichkeit gelangte. Ich werde zu zeigen versuchen, inwiefern diese erste Beschreibung des psychischen Apparats eine Vorwegnahme des Haut-Ichs liefert. Ich werde Freuds Entwicklung bis zu einer seiner letzten Beschreibungen des psychischen Apparats, nämlich der »Notiz über den ›Wunderblock‹« (1925), verfolgen. Dann werde ich mich bemühen, den Übergang zu einem topischen Modell zu zeigen, das sich mehr und mehr von seinen anatomischen und neurologischen Bezügen löst und davon ausgeht, daß sich das Ich implizit und vielleicht ursprünglich auf die Erfahrungen und die Funktionen der Haut stützt.

Wahrscheinlich durch seine medizinische Ausbildung und seine naturwissenschaftliche Denkweise geprägt, benutzt Freud Begriffe einer Apparatesprache. Das Wort Apparat bezeichnet sowohl im Deutschen als auch im Französischen eine natürliche oder geschaffene Zusammensetzung von Teilen oder Organen, die entweder praktische Anwendung finden oder eine biologische Funktion erfüllen. In beiden Fällen wird der betreffende Apparat (als materielle Realität) von einem latenten System organisiert, von einer abstrakten Realität, welche die Anordnung der Teile bestimmt, die Funktionsweise des Ganzen steuert und die ge-

1 S. Freud (1887-1902), S. 221, Brief an Fließ vom 6. 12. 1896.

wünschten Wirkungen hervorruft. So sind – um von Freud gerne angeführte Beispiele zu wählen – ein elektrischer oder ein optischer Apparat Beispiele für vom Menschen entwickelte Apparate, der Verdauungsapparat oder der urogenitale Apparat zum lebendigen Organismus gehörende Apparate. Es war eine von Freuds neuen Ideen, die Psyche als Apparat zu betrachten, welcher unterschiedliche Systeme miteinander verbindet (d. h. als System von Subsystemen).

Der Sprachapparat

Im Jahr 1891 entwirft Freud in seinem ersten veröffentlichten Werk – *Zur Auffassung der Aphasien* – die Idee und den Begriff eines *Sprachapparats* [*appareil du langage*].[2] Er kritisiert die noch herrschende Theorie der zerebralen Lokalisation und übernimmt ausdrücklich die evolutionistische Sichtweise von Hughlings Jackson: Das Nervensystem ist ein hochorganisierter »Apparat«, der im normalen Zustand »Reactionsweisen« integriert, entsprechend »somit früheren Zuständen in dessen functioneller Entwickelung«, und der unter bestimmten pathologischen Bedingungen Reaktionsweisen nach einer »functionellen Rückbildung« (Dis-involution) freiläßt (Freud 1891, S. 89). Der Sprachapparat verbindet zwei Systeme (Freud spricht von »Complexen«, nicht von Systemen), einerseits das der Wortvorstellung und andererseits das System dessen, was er ab 1915 die Sachvorstellung, 1891 aber noch »Objectassociationen« beziehungsweise »Objectrepräsentanzen« nennt. Der erste dieser »Complexe« ist geschlossen, während der zweite offen ist. Im folgenden gebe ich die Figur 8 aus Freuds Buch (1891, S. 79 f.) mit seinem Kommentar wieder:

2 »Appareil à langage« ist die Übersetzung von J. Nassif (1977, S. 266 f.; das Kapitel ist ganz dem Kommentar zu Freuds Buch über die Aphasie gewidmet). M. Vincent und G. Diatkine schlagen »appareil *de* langage« (vervielfältigte Übersetzung, Institut de Psychanalyse, Paris) vor. C. Van Reeth bleibt in seiner französischen Übersetzung (erschienen 1983) von Freuds Werk über die Aphasie (aus dem Jahre 1891) bei »appareil *du* langage«.

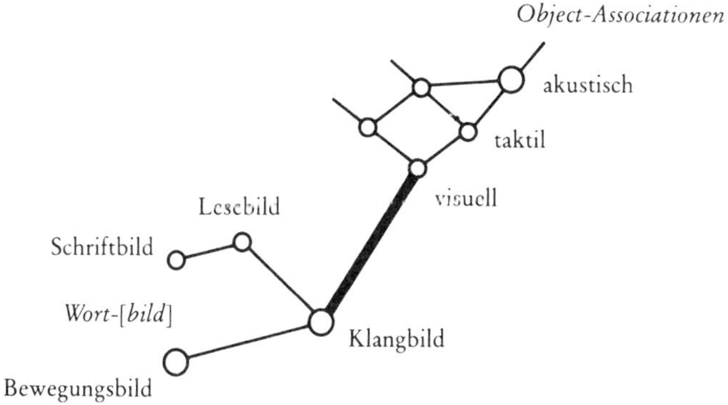

Psychologisches Schema der Wortvorstellung

»Die Wortvorstellung erscheint als ein abgeschlossener Vorstellungscomplex, die Objectvorstellung dagegen als ein offener. Die Wortvorstellung ist nicht von allen ihren Bestandtheilen, sondern blos vom Klangbild her mit der Objectvorstellung verknüpft. Unter den Objectassociationen sind es die visuellen welche das Object in ähnlicher Weise vertreten, wie das Klangbild das Wort vertritt. Die Verbindungen des Wort-Klangbildes mit anderen Objectassociationen als den visuellen sind nicht eingezeichnet.«[3]

Der Sprachapparat beruht selbstverständlich auch auf einem neurologischen Schema:

»Zu unserer Vorstellung vom Bau des Sprachapparats verhalf uns die Wahrnehmung, dass die sogenannten Sprachcentren nach aussen (randwärts) an andere Rindencentren, die für die Sprachfunction bedeutsam sind, anstossen, während sie nach innen (kernwärts) ein von der Localisation unbelegtes Gebiet umgrenzen, das wahrscheinlich gleichfalls Sprachfeld ist. Der Sprachapparat enthüllte sich uns als ein zusammenhängendes Stück Rindengebiet in der linken Hemisphäre zwischen den Rindenendigungen der Hör- und Sehnerven, der motorischen Sprach-

3 Die Assoziationen (akustische, visuelle, taktile ...) des Objektes bilden die *Objektrepräsentanz*. 1915, im letzten Teil seines Artikels über »Das Unbewußte«, verändert Freud seine Terminologie und spricht von *Sachvorstellung*, immer noch im Gegensatz zu Wortvorstellung, und er reserviert den Ausdruck der *Objektvorstellung* dem Zusammenwirken von *Sachvorstellungen* und *Wortvorstellungen*.

und Armfasern. Die diesen Rindenfeldern anstossenden Stücke des Sprachfeldes erlangen – in nothwendig unbestimmter Begrenzung – die Bedeutung von Sprachzentren im Sinne der pathologischen Anatomie, nicht der Function...« (ebd., S. 104).

Verletzungen an dieser Peripherie trennen ein mit der Sprache verbundenes Element von seinen Verbindungen mit den anderen Elementen, was bei Verletzungen im Zentrum nicht der Fall ist.

Das psychologische Schema ermöglicht es Freud, sich über das neurologische Schema Klarheit zu verschaffen und drei Typen von Aphasien zu unterscheiden:

– die verbale Aphasie, bei der allein die Assoziation zwischen den Elementen der Wortvorstellung gestört sind (das ist der Fall bei peripheren Verletzungen mit vollständiger Zerstörung eines der vermuteten Sprachzentren);

– die asymbolische Aphasie, bei der die Wortvorstellung von der Objektvorstellung getrennt ist (die periphere Verletzung führt hier zu einer vollständigen Zerstörung);

– die agnostische Aphasie, die das Wiedererkennen der Objekte betrifft und bei der die Agnosie indirekt die Sprachanregung stört (es handelt sich um eine rein funktionelle Unordnung des Sprachapparats als Folge einer Verletzung im Zentrum).

Aus der theoretischen Arbeit Freuds über den Sprachapparat halte ich drei wichtige Gedankenschritte fest: seine Bemühungen, die Untersuchung der Sprache aus einer engen und einer eindeutigen Beziehung zwischen den anatomischen und neurophysiologichen Gegebenheiten zu lösen und herauszufinden, was die Einzigartigkeit des verbalen Denkens und des psychischen Funktionierens im allgemeinen ausmacht; das Bedürfnis nach einer Klassifizierung in drei Gruppen (die drei Typen der Aphasie sind Vorläufer der drei Instanzen des psychischen Apparats); und eine bahnbrechende, in die Zukunft weisende Ahnung, die Topik betreffend: Was als »angenommenes Zentrum« funktioniert, befindet sich an der »Peripherie«.

Noch im Jahr 1895, in den gemeinsam mit Breuer verfaßten *Studien über Hysterie*, benutzt Freud die gebräuchlichen Begriffe »Organismus« und »Nervensystem«.[4]

Im »Entwurf einer Psychologie« aus dem Jahr 1895 unterscheidet er innerhalb des »Nervensystems« drei Systeme, die drei fiktiven Typen von Neuronen entsprechen; die »Systeme« *phi, psi* und *omega*, mit der Schlüsselrolle der »Kontaktschranken« zwischen den Systemen *phi* und *psi*; das Ganze bildet den »Apparat *phi, psi, omega*«, der selbst nach außen hin durch einen Quantitätsschutzschirm[5] geschützt ist, welcher aus dem »Apparat der Nervenendigungen«[6] besteht.

In der *Traumdeutung*, bereits 1899 veröffentlicht, aber auf das Jahr 1900 datiert, führt Freud erstmals den Ausdruck »psychischer Apparat« ein.[7] Bereits am 6. Dezember 1896 hatte er ihn Fließ mitgeteilt und bringt ihn ausdrücklich mit seiner früheren Arbeit über die Aphasie in Verbindung, genauer gesagt mit dem Gedanken, daß das Gedächtnis einem psychischen System untersteht, welches sich von der Wahrnehmung unterscheidet, und daß es nicht nur über eine, sondern über mehrere Möglichkeiten zur Niederschrift von Erlebnissen verfügt (die »Umordnung« der Spuren wird zur »Umschrift«). Dieser psychische Apparat besteht aus drei Systemen, die Freud normalerweise Instanzen nennt[8]: das Bewußte, das Vorbewußte und das Unbewußte, deren besondere Interaktionen sowohl durch eine topische Gegebenheit – sie sind durch zwei Zensuren voneinander getrennt – als auch durch einen Unterschied in ihren Zielen bedingt sind: Sie funktionieren nach unterschiedlichen Prinzipien.

4 Dreißig Jahre später, für die neue Auflage von 1925, ersetzt er bezeichnenderweise im letzten Satz dieses Buches *Nervensystem* durch *Seelenleben*.

5 Freud spricht im Entwurf (1895, S. 398 ff.) von »Q-Schirm«. (A.d.Ü.)

6 In der veröffentlichten französischen Übersetzung wird der Begriff »système neuronique« verwendet.

7 Freud schreibt unterschiedslos *psychischer* oder *seelischer* Apparat.

8 In der *Standard Edition* wird für die englische Übersetzung das Wort *agency* gewählt, aus Gründen, die im Anschluß an das allgemeine Vorwort dargestellt sind (SE, Bd. 1, S. 23 f.).

Die wesentliche Eigenschaft dieses Apparats – Sprachapparat; Apparat *phi, psi, omega*; psychischer Apparat – besteht in der Herstellung von Assoziationen, Konnexionen, Verbindungen. Der Begriff »Association« kommt in der Monographie über die Aphasie häufig vor; es handelt sich um einen schwierigen Text, in dem es nicht immer einfach ist, zwischen der Verwendung des Begriffs Assoziation im Sinne von Nervenverbindung einerseits und der in der empirischen englischen Psychologie beliebten Verwendung als Gedankenverbindung andererseits zu unterscheiden.[9]

Die theoretische Entwicklung Freuds steht nicht nur im Zusammenhang mit der Entwicklung seiner klinischen Interessen, sondern hängt auch von der Entwicklung seiner therapeutischen Techniken bei der Behandlung seiner neurotischen Patienten ab. In der Zeit des Sprachapparats verwendet er die Elektrotherapie und die hypnotische Suggestion. Der Apparat *phi, psi, omega* gehört in die Zeit des Übergangs von der kathartischen Methode (wie sie in den *Studien über Hysterie* dargestellt ist) zur Methode der psychischen Konzentration, unter Umständen mit Handauflegen auf die Stirn des wachen Patienten. Der »psychische Apparat« entsteht ungefähr zeitgleich mit dem Wort – und dem Begriff – »Psycho-analyse«, mit dem die Methode der freien Assoziation eingeführt wird und die Deutung der Träume sowie anderer vergleichbarer unbewußt produzierter Phänomene als Triebfeder der Kur erkannt wird. Es ist frappierend, wie die doppelt verzweigte Form – wie wir sie im psychologischen Schema der Wortvorstellung aus dem Jahr 1891 finden – auch zur Darstellung sowohl des Netzes der verbalen freien Assoziation im Vorbewußten taugen könnte als auch zur Darstellung der Entfaltung der freien Assoziationen sowohl in Richtung des Bewußtseins (wo sie zum offenen System werden) als auch des Unbewußten (wo sie ein geschlossenes System bilden).

Dieses Schema mit einer unsymmetrischen, doppelt verzweigten Form bleibt dreißig Jahre lang für Freud eines der impliziten

9 Meines Wissens gibt es keine fundierte Untersuchung über den Begriff der Assoziation bei Freud. Eine solche Arbeit könnte zeigen, wie Freud von der neurologischen und psychologischen Auffassung des Wortes zum eigentlichen psychoanalytischen Begriff der freien Assoziation kam.

Modelle seiner Konzepte und seiner Praxis. In »Jenseits des Lustprinzips« (1920) und »Das Ich und das Es« (1923) löst sich Freud von diesem Schema: Zur Darstellung des psychischen Apparats wird die doppelt verzweigte Form durch das Bild und den Begriff einer Blase, einer Hülle, ersetzt. Der Schwerpunkt wird von den bewußten und unbewußten psychischen Inhalten auf die Psyche als Behälter verschoben. In der »Notiz über den ›Wunderblock‹« (1925) wird die topische Struktur dieser Hülle weiter verdeutlicht und die Haut als Basis des Ichs unausgesprochen bestätigt. Zwischenzeitlich setzte Freud in dem 1895 an Fließ geschickten Manuskript die epistemologische Umkehrung fort, die er in seiner Monographie über die *Aphasie* entworfen hatte: Der psychische Apparat (kurze Zeit später so genannt) ist nicht nur ein System, das Kräfte verändert; die relative Verteilung der Subsysteme, aus denen er zusammengesetzt ist, bildet einen psychischen Raum, dessen besondere Ausgestaltungen in den Gedanken und der Vorstellung Freuds noch sehr von den anatomischen und neurologischen Schemata abhängig bleiben. Später finden sie ihre topische Grundlage in der Projektion der Körperoberfläche, vor der als Hintergrund die sensorischen Erfahrungen signifikante Gestalt annehmen.

Die Kontaktschranken

Im »Entwurf einer Psychologie« (am 8. Oktober 1895 an Fließ geschickt und bis zu Freuds Tod unveröffentlicht) entwickelt Freud den neuen Begriff der »Kontaktschranke«, der später in keinem seiner veröffentlichten Texte Verwendung findet und den Bion als bisher einziger Psychoanalytiker mit wesentlichen Veränderungen übernommen hat.[10] Dieser Begriff ist verwunderlich: Es handelt sich um das Paradox einer Schranke, die den Weg

10 In Kapitel 8 von *Learning from Experience* (1962, deutsch 1990) bezeichnet Bion mit Kontaktschranke die Grenze zwischen dem Unbewußten und dem Bewußten. Der Traum stellt den Prototyp einer Kontaktschranke dar, die es jedoch auch im Wachzustand gibt. Es handelt sich um einen fortwährenden Entstehungsprozeß, der aus einer Ansammlung und einer Vermehrung von Alpha-Elementen besteht. Diese können sich einfach zusammenballen, eine Kohäsion be-

versperrt, indem sie in Kontakt steht, und deshalb teilweise den Durchgang ermöglicht. Ohne es ausdrücklich zu sagen, läßt sich Freud wohl vom Modell des elektrischen Widerstandes leiten. Dieses Konzept gehört zur neurophysiologischen Spekulation, die ihm in seiner wissenschaftlichen Jugend so sehr gefiel und die er mit der Entdeckung des Ödipuskomplexes im Oktober 1897 fast endgültig aufgibt. Schon 1884 behauptete Freud, daß die Zelle und die Nervenfasern eine anatomische und physiologische Einheit bilden, womit er zum Wegbereiter der Neuronentheorie wurde, die 1891 von Waldeyer entwickelt wurde. In ähnlicher Weise greift 1895 der Begriff der Kontaktschranke dem der Synapse vor (1897 von Sherrington dargelegt). Theoretische Überlegungen machten seine Entwicklung notwendig.

Die wissenschaftliche Psychologie – Freuds Traum war es, sie nach dem Modell der physikalisch-chemischen Wissenschaften aufzubauen – geht von den zwei grundsätzlichen Begriffen Quantität und Neuron aus. Sie ist die Wissenschaft der psychischen Erregungs-Quantitäten und der auf sie einwirkenden Prozesse wie zum Beispiel der hysterischen Konversion oder der überstarken Vorstellungen der Zwangsneurotiker. Dabei folgen die Neuronen dem Trägerprinzip, d. h., sie neigen dazu, sich von den Quantitäten zu befreien. Die hysterische Krise ist ein Beispiel für eine quasi-reflektorische Abreaktion einer beträchtlichen Reizmenge sexuellen Ursprungs, die nicht anders entladen werden konnte. »Diese Abfuhr stellt die Primärfunktion des Nervensystems dar« (Freud 1895, S. 389).[11] Jedoch entwickelt der Organismus Aktivitäten,

– die komplexer sind als die einfachen reflektorischen Antworten auf äußere Reize;
– die eine Antwort auf die wesentlichen, inneren, lebensnotwendigen Bedürfnisse (Hunger, Atem, Sexualität) darstellen;
– deren Gelingen den Erwerb bestimmter Eigenschaften voraussetzt.

Diese wachsende Komplexität im Dienste der Befriedigung vita-

sitzen oder chronologisch, logisch, geometrisch angeordnet sein. Der Beta-Schirm stellt das pathologische Gegenstück dazu dar.

11 Im weiteren Verlauf dieses Kapitels beziehen sich die terminologischen Hinweise auf die französische Übersetzung auf den Text *La naissance de la psychanalyse*, Paris, P.U.F., 1956.

ler Bedürfnisse heißt psychisches Leben. Es beruht auf der sekundären Funktion des Nervensystems: »Es muß sich Vorrat von Q-eta gefallen lassen (um der Anforderung der spezifischen Aktion zu genügen)« (Freud 1895, S. 390). Auf welche Weise schafft das dieses System?[12]

Die *phi*-Neuronen sind durchlässig (sie übermitteln die von der Außenwelt empfangenen Quantitäten, sie leiten den Strom); im Gegensatz dazu sind die *psi*-Neuronen undurchlässig, sie können leer oder voll sein; sie verfügen über eine Endigung, die sie in Kontakt zueinander bringt und die eine Kontaktschranke besitzt, die die Entladung hemmt, die die Quantität zurückhält oder sie »nur schwer oder nur partiell durchläßt«: dies sind »*die Kontakte*, die hierdurch den Wert von *Schranken* erhalten« (Freud 1895, S. 391). Die Kontaktschranken besitzen zahlreiche und für das psychische Funktionieren wesentliche Eigenschaften.

1) Sie halten Quantitäten zurück oder stellen, um einen Begriff von Bion zu verwenden, Energie-»behälter« dar, wodurch die Energie dann für das Subjekt verfügbar wird.

2) Sie sind geschmeidige und anpassungsfähige Organe und unterliegen einer Bahnung, die dazu führt, daß beim nächsten Mal ein kleinerer Reiz passieren kann; so werden sie immer durchlässiger.

3) Nach Durchgang des Stroms bauen sie den Widerstand wieder auf; selbst wenn es zu einer totalen Bahnung gekommen ist, bleibt ein in allen Kontaktschranken gleich großer Widerstand bestehen; nicht die gesamte vorhandene Quantität zirkuliert, sondern ein Teil wird zurückbehalten; die Kontaktschranken besitzen Energie.

4) Als Folge davon können die Kontaktschranken die auf diese Weise kontrollierte Quantität auf verschiedene Leitungsbahnen verteilen; sie sind Verteiler von Energie: »Ein stärkerer Reiz geht andere Wege als ein schwächerer... So wird die einzelne *phi*-Bahn entlastet, die größere Quantität in *phi* kann sich dadurch ausdrücken, daß sie in *psi* mehrere Neurone statt eines einzigen besetzt... *Quantität* in *phi* drückt sich also aus durch *Komplikation* in *psi*« (Freud 1895, S. 407). Und Freud weist andeutungs-

12 Ich danke Jean-Michel Petot, der mir durch eine genaue Untersuchung der Texte geholfen hat, den folgenden Absatz über die Kontaktschranken zu schreiben.

weise auf das Fechnersche Gesetz als Sonderfall dieser allgemeinen Eigenschaft hin (dieses Gesetz besagt, daß die Empfindung logarithmisch mit dem Reiz variiert). Ein Zuwachs an Quantität äußert sich in qualitativen Veränderungen, die diese Vermehrung der ursprünglichen Intensität wieder aufheben und immer komplexere, sensible Eigenschaften bewirken.

5) Der Widerstand der Kontaktschranken ist begrenzt. Sie werden durch das Hereinbrechen großer Quantitäten zeitweilig oder auf Dauer aufgehoben. Das ist der Fall beim Schmerz, der infolge einer sensorischen Erregung von hoher Quantität das System *phi* mobilisiert und dann »ohne Leitungshindernis« zum System *psi* weitergeleitet wird. »Wie wenn der Blitz durchgeschlagen hätte« führt dieser Schmerz zu einer dauerhaften Bahnung und beseitigt sogar endgültig den Widerstand der Kontaktschranken (Freud 1895, S. 399 f.).

6) »Andererseits gibt es Schmerz bei geringen Außenquantitäten, und dieser ist regelmäßig an Kontinuitätstrennung gebunden, das heißt, äußere Q, die auf die Enden der *phi*-Neurone direkt wirkt, nicht durch die Nervenendapparate, ergibt Schmerz« (Freud 1895, S. 400). Die Kontaktschranken sind also Schutzvorrichtungen in zweiter Reihe, die, um zu funktionieren, das Wirken eines »Quantitätsschirms« in vorderster Reihe – zumindest nach außen hin – voraussetzt. Ein Zusammenbrechen dieses Schirms öffnet den Weg zur quantitativen Überschwemmung der Kontaktschranken. In der Tat:

»Tatsächlich sieht man die Phi-Neurone nicht frei an der Peripherie endigen, sondern unter Zellbildungen, die an ihrer Statt den exogenen Reiz aufnehmen. Diese Nervenendapparate im allgemeinsten Sinn könnten wohl den Zweck haben, die exogenen Q nicht unverringert auf Phi wirken zu lassen, sondern zu dämpfen.[13] Sie hätten dann die Bedeutung von Q-Schirmen, durch die nur *Quotienten* der exogenen Q durchgehen.

Dazu stimmt es dann, wenn die andere Art der Nervenendigung, die *freie* ohne Endorgane in der Körperinnenperipherie, die bei weitem bevorzugtere ist. Dort scheint es keiner Q-Schirme zu bedürfen, wahrscheinlich weil die dort aufzunehmenden Q-*eta* nicht erst die Herabdrückung auf

13 Im Nachtragsband zu den GW, S. 398, findet sich folgende Fußnote: »Genau diese Feststellung wird noch einmal in ›Jenseits des Lustprinzips‹ (1920) getroffen (GW, Band XIII, S. 27).« (A.d.Ü.)

das interzelluläre Niveau erfordern, sondern von vornherein so sind.« (Freud 1895, S. 398)

Es handelt sich um eine unsymmetrische Struktur. Obwohl Freud noch nicht von psychischer Hülle spricht, ahnt er sie und beschreibt sie als Verschachtelung von zwei Schichten, einer äußeren Schicht (»Quantitätsschutz«, vgl. die Zellulosemembran der Pflanzen, Leder und Fell der Tiere), und einer inneren Schicht (das Netz der »Kontaktschranken«; vgl. die sensorischen Organe der Epidermis oder die Hirnrinde). Die innere Schicht ist durch exogene, nicht durch endogene Quantitäten geschützt.
7) Der Quantitätsschirm (von Freud seit 1920 in »Jenseits des Lustprinzips« »Reizschutz« genannt) schützt das Nervensystem (wenig später als psychisches System bezeichnet) vor der Intensität der äußeren Reize; er bildet einen Schirm. Die Kontaktschranken nehmen einerseits den Teil der äußeren Reize auf, den dieser Schirm durchgelassen hat, und empfangen andererseits direkt die inneren Reize (welche mit den Grundbedürfnissen zusammenhängen). Ihre Funktion besteht nicht mehr darin, einen quantitativen Schutz zu bilden, sondern in einer Zerlegung der Quantität und einer Filtrierung der Qualität. Sie haben nicht mehr die Struktur eines Schirms, sondern eines »Siebs«. In einer moderneren Terminologie würde man bei der Verbindung zwischen Schirm und Sieb von einem Maschennetz sprechen. Die Figur 13 – aus Freuds Manuskript »Entwurf einer Psychologie« – ist ein Entwurf dieser Gestalt, die Freud ausdrücklich als Verzweigungsstruktur bezeichnet hat und die als eine Variante des rechten Teils des Schemas der Wortvorstellung von 1891 erscheint.

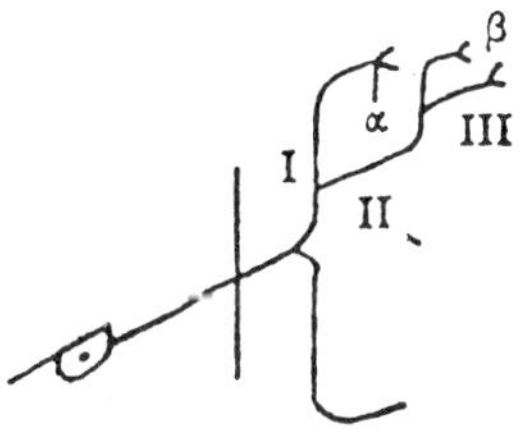

Figur 13

»Hier scheint eine besondere Einrichtung vorzuliegen, welche neuerdings Q von *psi* abhält. Die sensible *psi*-Leitung ist nämlich in eigentümlicher Weise gebaut, sie verzweigt sich fortwährend und zeigt dickere und dünnere Bahnen, welche in zahlreichen Endstellen ausgehen, wahrscheinlich von folgender Bedeutung: Ein stärkerer Reiz geht andere Wege als ein schwächerer. Q-*eta* 1 z.B. wird nur den Weg I gehen, und bei der Endstelle Alpha einen Quotienten auf *psi* übertragen, Q-*eta* 2 (d.h. eine Quantität, die doppelt so stark ist wie Q-*eta* 1) wird nicht in Alpha, den doppelten Quotienten, übertragen, sondern auch den Weg II gehen können, der enger ist, und eine 2. Endstelle (*Beta*) nach *psi* eröffnen. Q-*eta* 3 wird die engste Bahn eröffnen, und auch durch Gamma übertragen (s. die Figur). So wird die einzelne *phi*-Bahn entlastet, die größere Quantität in *phi* sich dadurch ausdrücken, daß sie in *psi* mehrere Neurone anstatt eines einzigen besetzt.« (Freud 1895, S. 407 f.)

All das bezieht sich darauf, was mit der Quantität geschieht. Die Funktion der Kontaktschranken bezieht sich auch auf die Qualität, genauer gesagt, sie haben Filterfunktion. Die Außenreize besitzen außer der Quantität eine charakteristische Periode (vgl. Freud 1895, S. 406, Fußnote 1), die die Nervenendapparate durchläuft, durch die Besetzungen im *phi*- und *psi*-System weitergeleitet werden und die bei Ankunft im System *omega* (dem dritten Typus von Neuronen, den Freud fiktiv als Grundlage der Wahrnehmung-Bewußtsein-Prozesse entwickelt) Qualität wird. Mit der Wahl des Begriffs Periode erweist Freud Fließ eine Ehre (der sowohl Männlichkeit und Weiblichkeit als auch die kritischen Lebensphasen nach Perioden unterschied und ordnete); gleichzeitig stellt sie die Übertragung eines den Physikern bekannten Phänomens auf die Psychologie dar und berücksichtigt eine Zeitvariable des psychischen Apparats. (Ich füge hinzu, daß dies die Ahnung der Rolle der rhythmischen Resonanz beziehungsweise Dissonanz in der Entstehung des Haut-Ichs und seiner Risse ist.) Die Quantität, die ein Kontinuum nach außen bildet, ist »zuerst dann durch Trennung begrenzt«. Im Gegensatz dazu sind die Qualitäten unterbrochen, »so daß gewisse Perioden gar nicht als Reize wirken« (Freud 1895, S. 406). »Die Quantität der *psi*-Erregung drückt sich in *psi* aus durch Komplikation, die Qualität durch *Topik*, indem den anatomischen Verhältnissen nach die einzelnen Sinnesorgane durch *phi* nur mit bestimmten psi-Neuronen in Verkehr stehen« (Freud 1895, S. 408). Man könnte diese sechste Funktion der Kontaktschranken folgendermaßen zusammenfassen: Sie dienen der Trennung von Quantität und Qualität und der Bewußtmachung der Wahrnehmung sinnlicher Qualitäten, vor allem der Lust und des Schmerzes.

8) Als Folge ihrer Eigenschaften bezüglich der Quantität können die *psi*-Neuronen in ihrer Gesamtheit – im Gegensatz zu den *phi*-Neuronen – Veränderungen wahrnehmen und zur Grundlage des Gedächtnisses werden. Es sind die Veränderungen während des Durchgangs, die »eine Möglichkeit ergeben, das Gedächtnis darzustellen« (Freud 1895, S. 392). »*Das Gedächtnis sei dargestellt durch die* Unterschiede *in den Bahnungen zwischen den psi-Neuronen*« (Freud 1895, S. 393). »Nun gibt es ein Grundgesetz der *Assoziation durch Gleichzeitigkeit* ... und das die Grundlage aller Verbindungen zwischen den *psi*-Neuronen ist. Wie erfahren, daß das Bewußtsein, also die quantitative Besetzung von einem *psi*-Neuron *alpha*, auf ein zweites *beta*, übergeht, wenn *alpha* und *beta* einmal gleichzeitig von *phi* aus (oder sonstwoher) besetzt waren. Es ist also durch gleichzeitige Besetzung eine Kontaktschranke gebahnt worden« (Freud 1895, S. 411 f.).

Abgesehen vom Sonderfall der Erfahrung von Befriedigung gibt es eine Trennung zwischen Gedächtnis und Wahrnehmung. Zur Begründung dieser Trennung postulierte Freud zwei Typen von Neuronen; die einen dauerhaft veränderbar, d. h. bahnbar (die *psi*-Neuronen), die anderen entweder unveränderbar, immer bereit, neue Reize zu empfangen, oder eher vorübergehend veränderbar, da sie für Quantitäten durchgängig sind, nach dem Durchlaufen des Reizes jedoch in den Urzustand zurückkehren (*phi*-Neuronen). Diese Trennung von Gedächtnis und Wahrnehmung ist zwar nicht nur auf die Wirkung der Kontaktschranke zurückzuführen, ist jedoch ohne sie nicht möglich.

Das Maschennetz der Kontaktschranke bildet auf diese Weise eine – wie ich es nennen möchte – Fläche für Einprägungen [*inscriptions*], die vom Quantitätsschirm verschieden ist, sich aber zu seinem Schutz an ihn anfügt.

Schließlich haben die Kontaktschranken die Funktion einer dreifachen Trennung, nämlich der des Unbewußten vom Bewußten, des Gedächtnisses von der Wahrnehmung und der Quantität von der Qualität.

Die Topik der Kontaktschranken ist die einer unsymmetrischen, zweiseitigen Hülle (den Begriff der Hülle hat Freud allerdings noch nicht verwendet); eine Seite – von einem Quantitätsschirm geschützt – den von den phi-Neuronen fortgeleiteten Reizen der Außenwelt zugewandt; eine innere Seite zur *Körperinnenperipherie* hin. Die inneren Reize können nur als solche erkannt werden, wenn sie, wie oben dargestellt, auf die Außenwelt projiziert, d.h. mit visuellen, auditiven, taktilen etc. Vorstellungen (vgl. die »Tagesreste« des Traums) verbunden werden, und letztlich vom Netz der Kontaktschranken aufgenommen werden. Daraus folgt, daß die Triebe nur durch ihre psychischen Repräsentanzen identifizierbar sind.

Wie Freud anmerkt, ist das psychische System jedoch nicht autonom: Am Anfang ist es zur *Hilflosigkeit* verdammt und bedarf der Aktivität der Mutter als Quelle des psychischen Lebens.

Das Ich als Grenzfläche

Im Jahre 1923 gibt Freud, im zweiten Kaptitel von »Das Ich und das Es« (dieses Kapitel hat selbst den Untertitel »Das Ich und das Es«) – als ein Meisterstück seiner neuen Auffassung des psychischen Apparats – eine neue Definition des Begriffs des Ichs.

Diese Definition ist bildlich in einem Schema dargestellt, welches lange von den französischen Übersetzern und den Kommentatoren Freuds vernachlässigt wurde; sie beruht auf einem geometrischen Vergleich. Diagrammzeichnung und Text des Vergleichs weisen in dieselbe Richtung: Freud sieht den psychischen Apparat nicht mehr nur unter ökonomischen Gesichtspunkten (d.h. Verwandlung von Quantitäten psychischer Energie); die topische Betrachtungsweise gewinnt an Wichtigkeit; die alte Topik (bewußt, vorbewußt, unbewußt) wird beibehalten, allerdings gründlich umgearbeitet durch Hinzufügen des Ichs und des Es, die zusätzlich in das Schema aufgenommen werden. So wird der psychische Apparat aus einer topischen Perspektive darstellbar und in Begriffen einer subjektiven Topik konzeptualisierbar.

Freud beschreibt diese Abbildung in »Das Ich und das Es« (GW XIII, S. 252) wie folgt:

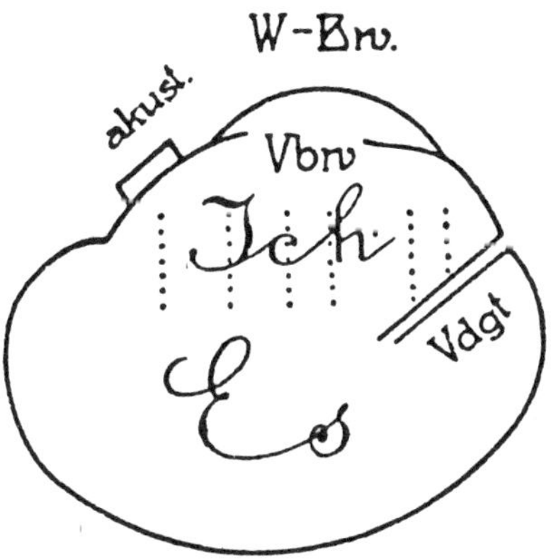

Erklärung der Abkürzungen:
W-Bw = Wahrnehmung-Bewußtsein; Vbw = Vorbewußtes; akust = akustische Wahrnehmungen; Vdgt = verdrängte Wahrnehmungen

»Wir erkennen sofort, fast alle Sonderungen, die wir auf die Anregung der Pathologie hin beschrieben haben, beziehen sich nur auf die – uns allein bekannten – oberflächlichen Schichten des seelischen Apparats. Wir könnten von diesen Verhältnissen eine Zeichnung entwerfen, deren Konturen allerdings nur der Darstellung dienen, keine besondere Bedeutung beanspruchen sollen.[14] Etwa fügen wir hinzu, daß das Ich eine ›Hörkappe‹ umträgt, nach dem Zeugnis der Gehirnanatomie nur auf einer Seite. Sie sitzt ihm sozusagen schief auf.«

14 Die Kommentatoren haben meiner Meinung nach zu Unrecht diese Vorsichtsäußerung wörtlich genommen. Freud hat (und sei es auch nur, um den Traum zu entschlüsseln) sehr häufig die Zwischenstellung der Piktogramme zwischen Darstellung von Dingen und dem auf der alphabetischen Schrift beruhenden verbalen Denken betont, und man kann sagen, daß er in diesem Schema schon Ahnungen bestätigt »sah«, die er noch nicht verbalisieren konnte und die im Stadium des bildhaften Denkens blieben. Ich habe selbst die Validität dieses Schemas geprüft, indem ich es im Raum des Psychodramas mit Großgruppen zur Entfaltung gebracht und auf diese Weise die Ausbildung eines psychischen Apparats der Gruppe erleichtert habe (D. Anzieu, 1982a).

Der Vergleich topischer Art erscheint mehrmals in Freuds Text, sowohl vor als auch hinter dem Schema:

»Wir wissen schon, wo wir hierfür anzuknüpfen haben. Wir haben gesagt[15], das Bewußtsein ist die *Oberfläche* des seelischen Apparats, das heißt, wir haben es einem System als Funktion zugeschrieben, welches räumlich das erste von der Außenwelt her ist. Räumlich übrigens nicht nur im Sinne der Funktion, sondern diesmal auch im Sinne der anatomischen Zergliederung. Auch unser Forschen muß diese wahrnehmende Oberfläche zum Ausgang nehmen.« (GW, Bd. XIII, S. 246; Hervorhebung von Freud).

Auf diese Beschreibung des Bewußtseins als Grenzfläche [*interface*] folgt die Verbindung zur »Schale« und zum »Kern«; das Ich wird ausdrücklich als psychische »Hülle« bezeichnet. Diese Hülle ist nicht nur eine beinhaltende Tasche, sondern sie spielt auch eine aktive Rolle bei der Verbindung zwischen Psyche und Außenwelt und bei der Aufnahme und der Weitergabe von Informationen.

»Ein Individuum ist nun für uns ein psychisches Es, unerkannt und unbewußt, diesem sitzt das Ich oberflächlich auf, aus dem W-System als Kern entwickelt. Streben wir nach graphischer Darstellung, so werden wir hinzufügen, das Ich umhüllt das Es nicht ganz, sondern nur insoweit das System W dessen Oberfläche bildet, also etwa so wie die Keimscheibe dem Ei aufsitzt. Das Ich ist vom Es nicht scharf getrennt, es fließt nach unten hin mit ihm zusammen«.[16] (GW, Bd. XIII, S. 251).

Freud muß hier nicht mehr auf eines der grundsätzlichen Prinzipien der Psychoanalyse verweisen, nach der sich alles Psychische in ständiger Wechselwirkung mit der körperlichen Erfahrung

15 Freud verweist auf »Jenseits des Lustprinzips« (1920), Kapitel 4, wo er den entscheidenden Vergleich zwischen dem psychischen Apparat und der protoplasmatischen Blase einführt. Das System W-Bw, ähnlich dem zerebralen Ektoderm, wird dort als Schale beschrieben. Seine »Stellung zwischen außen und innen« ermöglicht ihm, »Erregungen« von beiden Seiten aus »zu empfangen« (GW, Bd. XIII, S. 28). Die bewußte »Schale« der Psyche erscheint also wie das, was die Mathematiker heute eine »Grenzfläche« nennen.

16 An anderer Stelle spricht Freud davon, daß das Ich eine innere Differenzierung des Es ist. Die Klinik bestätigt diese Vorstellung Freuds von einem verschmelzenden Zwischenraum zwischen dem Ich und dem Es (vgl. den Übergangsraum von Winnicott).

entwickelt. Mit einer sehr treffenden Formulierung, die verkürzt erscheinen mag, verdeutlicht er, aus welchen körperlichen Erfahrungen das Ich spezifisch entsteht: Die psychische Hülle entwikkelt sich auf Grundlage der körperlichen Hülle. Er spricht wörtlich vom »Berühren« und wählt für die Haut indirekt die Ausdrücke: »Oberfläche« und »eigentlicher Körper«:

»Auf die Entstehung des Ichs und seine Absonderung vom Es scheint noch ein anderes Moment als der Einfluß des Systems W hingewirkt zu haben. Der eigene Körper und vor allem die Oberfläche desselben ist ein Ort, von dem gleichzeitig äußere und innere Wahrnehmungen ausgehen können. Er wird wie ein anderes Objekt *gesehen*, ergibt aber dem *Getast* zweierlei Empfindungen, von denen die eine einer inneren Wahrnehmung gleichkommen kann« (GW, Bd. XIII, S. 253; Hervorhebungen von Freud).

Das Ich, in seinem ursprünglichen Zustand, entspricht bei Freud wohl dem, was nach meinem Vorschlag Haut-Ich genannt wurde. Eine genauere Prüfung der körperlichen Erfahrung, auf deren Grundlage das Ich entsteht, würde zur Berücksichtigung von mindestens zwei weiteren, von Freud vernachlässigten Faktoren führen: der Empfindungen von Wärme und Kälte, die ebenfalls von der Haut geliefert werden; und des Gasaustauschs in der Lunge, der mit einem Austausch über die Haut einhergeht und vielleicht als eine besondere Variante desselben angesehen werden kann. Von allen Organen mit sensorischer Funktion besitzt der Tastsinn ein Unterscheidungsmerkmal, welches ihn nicht nur am Ursprung der Psyche ansiedelt, sondern das es außerdem ermöglicht, daß der Psyche dauerhaft etwas zur Verfügung gestellt wird, was man genausogut mentalen Hintergrund nennen kann; dabei handelt es sich um den Hintergrund, auf dem sich psychische Inhalte als Figur abbilden, oder auch um die umfassende Hülle, die dafür sorgt, daß der psychische Apparat Inhalte aufnehmen kann. Aus dieser zweiten Perspektive würde ich – mit Bion (1967) – sagen, daß es zuerst Gedanken gibt und dann einen »Apparat, der die Gedanken denkt«; ich möchte hinzufügen, daß es für den Übergang der Gedanken zum Denken, d. h. die Entstehung des Ichs, die Grundlage einer doppelten Erfahrung gibt: nämlich einerseits die der Relation Behälter-Inhalt, die die Mutter durch ihre Beziehung zum Säugling herstellt, wie

Bion richtig gesehen hat; andererseits aber – und dies erscheint mir wesentlich – die Erfahrung der Relation des Enthaltens [*relation de contenance*] exogener Reize; eine Beziehung, die das Kind auf seiner eigenen Haut erfährt, die zuerst sicher durch die Mutter stimuliert wird). Das Taktile liefert tatsächlich gleichzeitig eine »äußere« und eine »innere« Wahrnehmung. Freud weist darauf hin, daß ich das Objekt, welches meine Haut berührt, gleichzeitig mit dem Gefühl, daß meine Haut von dem Objekt berührt wird, wahrnehme. Diese Bipolarität der Berührung wird übrigens – wie man weiß und sehen kann – für das Kind sehr schnell Objekt einer aktiven Untersuchung: Mit seinem Finger berührt es absichtlich Teile seines Körpers, es führt den Daumen oder den großen Zeh zum Mund und untersucht gleichzeitig die sich ergänzenden Positionen des Objekts und des Subjekts. Man kann auf den Gedanken kommen, daß die den Berührungsempfindungen inhärente Zweiteilung die reflexive Zweiteilung des bewußten Ich vorbereitet, das in der taktilen Erfahrung seine Wurzeln hat.

Dieses Kettenglied, welches ich gerade wieder einsetzte, überspringt Freud, um zu folgenden zwingenden Schlußfolgerungen zu kommen: »Das Ich ist vor allem ein körperliches, es ist nicht nur ein Oberflächenwesen, sondern selbst die Projektion einer Oberfläche« (GW, Bd. XIII, S. 253). Diesem Text wurde seit 1927 mit Freuds Genehmigung in der englischen Version folgende Fußnote hinzugefügt:

»Das heißt, das Ich leitet sich letztlich von körperlichen Gefühlen ab, hauptsächlich von solchen, die auf der Körperoberfläche entstehen. Es könnte deswegen als eine psychische Projektion der Körperoberfläche angesehen werden und nicht nur, wie wir oben gesehen haben, als Darstellung der Oberfläche des psychischen Apparats« (SE, Bd. XIX, S. 26, Anm. 1).

In der letzten Zeile des zweiten Kapitels von »Das Ich und das Es« findet sich erneut komprimiert dieselbe wesentliche Aussage: »Es ist, als würde uns auf diese Weise demonstriert, was wir vorhin vom bewußten Ich ausgesagt haben, es sei vor allem ein Körper-Ich« (GW, Bd. XIII, S. 255). Unser Kommentar: Das Bewußtsein erscheint auf der Oberfläche des psychischen Apparats; besser noch, es ist diese Oberfläche.

Verbesserungen des topischen Modells des psychischen Apparats

Das Schema von 1923 wird mit einigen Veränderungen aus den Jahren 1932/33 in der 31. Folge der *Neuen Vorlesungen zur Einführung in die Psychoanalyse* (GW, Bd. xv, S. 85) übernommen. Die zwei wesentlichen neuen Veränderungen führen zu wichtigen Konsequenzen. Die erste Veränderung ist die Einführung des *Über-Ichs*, welches im *Inneren* des Ichs seinen Platz findet, und zwar anstelle der »Hörkappe«, 1923 an derselben Stelle, jedoch außen plaziert. In beiden Fällen hat das Über-Ich Kontakt zur

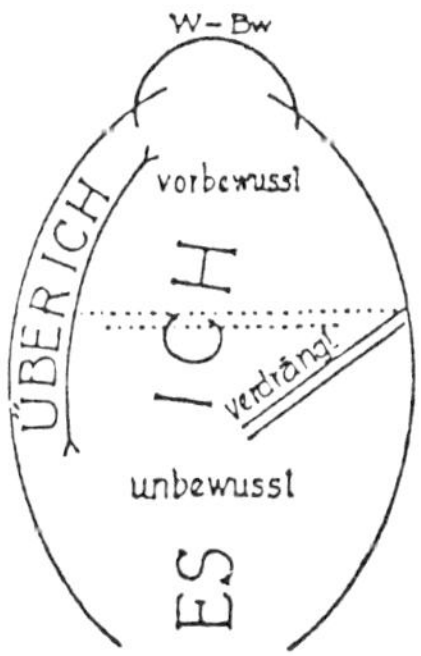

Grenze des Ichs, einmal von außen und einmal von innen her. Eine Idee bleibt bei Freud unausgesprochen, obwohl sie sowohl dem Text als auch dem Schema zu entnehmen war, nämlich daß die Verlegung des Über-Ichs nach außen bzw. nach innen, beide Male an der Peripherie des Ichs, verschiedenen Entwicklungsphasen des psychischen Apparats sowie unterschiedlichen Psychopathologien entspricht; das führt in der psychoanalytischen Kur zu unterschiedlichen Formen von Deutungen. Bemerkenswert ist auch ein weiterer topischer Aspekt des Über-Ichs: Es besetzt nur einen Kreisausschnitt des psychischen Apparats; das macht es möglich (und notwendig), in Fortführung der Intuition Freuds einen anderen psychopathologischen Organisationstyp zu beschreiben, bei dem das Über-Ich dazu neigt, die gesamte Ich-Oberfläche einzunehmen und an die Stelle des Ichs als psychische Hülle zu treten.

Die zweite, auf dem neuen Schema sichtbare Veränderung ist die Öffnung der Hülle nach unten, während sie 1923 den psychischen Apparat noch gänzlich umschloß. Diese Öffnung bringt den kontinuierlichen Übergang vom Es und seinen Triebanteilen zum Körper und den biologischen Bedürfnissen zum Ausdruck, allerdings zum Preis einer Unterbrechung der Oberfläche. Dies zeigt erneut, daß das Ich keine vollständige Hülle für die Psyche bilden kann (wie bereits 1923 bemerkt wurde). Diese Öffnung berücksichtigt eine antagonistische und vor allem archaischere Tendenz des Es, selbst ebenfalls zur umfassenden Hülle zu werden. Diese doppelte Spannung (zwischen der Kontinuität und der Diskontinuität der psychischen Oberfläche sowie zwischen den jeweiligen Tendenzen des Über-Ichs, des Ichs und des Es, die Oberfläche zu bilden) findet ihre Auflösung in einer Vielzahl klinischer Bilder und führt zu Deutungsstrategien, die sowohl dem Übermaß oder dem Mangel an Kontinuität oder Diskontinuität als auch der Ausdehnungstendenz der einen oder anderen Instanz Rechnung tragen. Diese Überlegungen sind zwar nicht ausdrücklich in Freuds Text zu finden, scheinen mir aber latent in diesem neuen Schema enthalten zu sein.

Auf dem bisherigen Weg habe ich auf einige Eigenschaften des psychischen Apparats hingewiesen, die Freud dank des Modells einer konkreten technischen Erfindung – des Wunderblocks oder der Wundertafel – im Jahr 1925 notieren konnte. Fassen wir diese Charakteristika zusammen:

– Die doppelblättrige Struktur des Ichs; das obere Blatt aus Zelluloid stellt den Reizschutz dar (vgl. den Panzer, das Leder, den Pelz); das untere Blatt aus Wachspapier entspricht der sensorischen Aufnahme exogener Reize und der Eintragung ihrer Spuren auf der Wachstafel.

– Die im Ich stattfindende Differenzierung zwischen der (bewußten) Wahrnehmung als wachsame und sensible Fläche (das Zelluloidblatt), welche allerdings nichts behält, und des (vorbewußten) Gedächtnisses (die Wachstafel), das die Eintragungen aufnimmt und konserviert.

– Die endogene, das heißt triebhafte Besetzung des Ich-Systems durch das Es; diese Besetzung ist »periodisch«, »schaltet« das Bewußtsein »ein und aus«, unterbricht dieses und liefert dem Ich eine primäre Vorstellung von der Zeit.

Ich möchte diese letzte Intuition Freuds mit dem Hinweis vervollständigen, daß das Ich das Gefühl seiner zeitlichen Kontinuität in dem Maße erwirbt, wie das Haut-Ich sich als eine Hülle ausbildet, welche sich in genügendem Umfang den Interaktionen der Umwelt anpaßt und das, was später zu psychischen Inhalten wird, enthält. Die sogenannten Borderline-Patienten leiden vor allem an Störungen des Gefühls der Selbstkontinuität, die Psychotiker unter einer Beeinträchtigung des Gefühls der Selbsteinheit und die Neurotiker unter dem Gefühl der Bedrohung ihrer sexuellen Identität. Die entsprechenden topischen Bilder müßten, ausgehend von Freuds Schema aus »Das Ich und das Es« und aus der »Notiz über den ›Wunderblock‹«, unter Berücksichtigung der Entwicklung und auch Veränderungen, die sich aus der Klinik ergeben, weiter ausgearbeitet und präzisiert werden.

Federn: Ichgefühle und Gefühle des Schwankens der Ich-Grenzen

Das Neue bei Federn

Jeder Psychoanalytiker hat einen oder zwei bevorzugte Bereiche für seine Selbstanalyse. Für Freud waren es die Nachtträume bzw. eher die Berichte, die er tagsüber für sich selbst oder für Fließ darüber schrieb: Auf diese Weise rekonstruierte er sie, um sie danach mit seinen Assoziationen zu entschlüsseln. Der Traum ist der Königsweg zum Unbewußten: Das sagte Freud, weil es für ihn ganz besonders zutraf. Ungefähr dreißig Jahre nach Freud begann Paul Federn (1871-1952) in Wien mit einer Reihe von Entdeckungen, die durch sein Interesse an Übergangszuständen bedingt waren und die er an sich selbst beobachtete: Er bezog sich nicht mehr auf den nächtlichen Traum oder Versprecher und Fehlleistungen im Wachzustand, sondern auf den Übergang zwischen Wach- und Schlafzustand, Schlaf- und Wachzustand sowie allgemeiner auf die verschiedenen Wachheitsgrade des Ichs. Welche Körperbilder entstehen im psychischen Apparat oder werden in ihm entstellt? Welches Selbstgefühl hat das psychische Ich? Wie unterscheidet sich das psychische Ich vom Körper-Ich oder wie verschmilzt es mit ihm? Die Beobachtung seiner eigenen

Halluzinationen beim täglichen Einschlafen und Erwachen, bei außergewöhnlichen Erfahrungen wie einer Narkose vor einer Operation oder auch (obwohl er sich nicht ausdrücklich darauf bezieht) einer schöpferischen Regression sowie der Vergleich mit dem von den Patienten mitgebrachten Material – nicht nur, wenn sie sich in ähnlichen Situationen befanden, sondern auch unter Hypnose oder in kritischen Momenten von Depersonalisation und Entfremdung – all das hat Federn allmählich einen anderen, vielleicht weniger »königlichen« Weg zum psychoanalytischen Verständnis und der Behandlung der Psychosen eröffnet.
Dies hatte Freud für unmöglich gehalten: So konnte sich Federn diesem Gebiet erst nach dem Tod des Meisters und nach seiner Emigration in die USA widmen. Freuds Anstrengungen galten dem Vergleich von Traum und Neurose. Nun ist der Nachttraum eine Halluzination, d. h. ein psychotisches Moment. Wie kommt es zu dieser Halluzination, und auf welche Weise entsteht sie im Übergangsstadium zum Schlaf? Welche Dissoziation setzt diese Halluzination im Inneren des Ichs und zwischen dem Selbst und der Außenwelt voraus, welche Stadien durchläuft das Subjekt beim Auftauchen aus dem Schlaf? Das ist der besondere Bereich der Selbsterfahrung, dem sich Federn zwischen 1925 und 1935 zuwendet.[17] Er ahnte, wie ein Mensch psychotisch werden kann,

17 Federn veröffentlicht seinen Artikel über das Ich-Gefühl gleichzeitig in Englisch und Deutsch im Jahre 1926. Seine Artikel über den Narzißmus, über die Variationen des Ich-Gefühls in den Träumen und beim Erwachen erscheinen zwischen 1927 und 1935. Sie wurden im Jahr 1952 mit seinen späteren Artikeln über die Behandlung der Psychose in einem Werk zusammengefaßt, das 1978 unter dem Titel *Ichpsychologie und die Psychosen* ins Deutsche und 1979 ins Französische übersetzt wurde. Federn interessiert sich für eine ganz besondere Art von Affekten, die Ich-Gefühle (bei denen es sich eher um psychische Zustände als um Affekte handelt). Parallel dazu widmet sich Paul Schilder (1886-1940), ein anderer Wiener Psychiater, der später zur Psychoanalyse kam, den Störungen des Selbstbewußtseins (1913), dem neurologischen Begriff des Körper-Schemas (1923), und veröffentlicht 1933 – nach seiner raschen Emigration in die USA (1930) – seinen bekannten Artikel »Das Körper-Bild« (vgl. Schilder 1950). Die beiden Forschungen liefen völlig unabhängig voneinander und ergänzten sich gleichzeitig: Schilder zeigt unbewußte Vorstellungen, Federn vorbewußte Gefühle.

wenn der psychotische Teil (Bion) der betreffenden Person in seinem psychischen Funktionieren die Oberhand gewinnt; und wie er auch wieder normal werden kann, wenn der nichtpsychotische Anteil wiederhergestellt und gefestigt wird. Viktor Tausk hatte, ebenfalls in Wien, ein reges Interesse an der Ausweitung der psychoanalytischen Theorie auf die Psychosen gezeigt. In seiner Studie mit dem Titel »Über die Entstehung des ›Beeinflussungsapparates‹ in der Schizophrenie« hatte Tausk (1919) den wesentlichen Unterschied zwischen psychischem Ich und Körper-Ich entdeckt. Allerdings beschäftigte ihn eher der Wahn als die Halluzination, und seine Überlegungen bezogen sich eher auf den Eintritt in die Psychose als auf die Prozesse einer eventuellen Lösung von der Psychose. Zweifellos hatte dieses Interesse seinen Ursprung in persönlichen Gründen, die letztlich 1919, einige Monate nach Erscheinen des erwähnten Artikels, zu einem schrecklichen Selbstmord führten.

Paul Federn ist ein Denker der Grenzen. Er denkt die Grenze nicht als Hindernis, Barriere, sondern als eine Bedingung, die es dem psychischen Apparat ermöglicht, Differenzierungen in sich selbst sowie zwischen dem vorzunehmen, was psychisch ist, und dem, was nicht psychisch ist, zwischen dem, was vom Selbst bzw. vom anderen abhängt. Federn nimmt den physikalisch-mathematischen Begriff von der Grenzfläche [*interface*] vorweg. Die durch diese Grenzfläche geschaffene Trennung ist notwendig, damit die örtlichen Systeme getrennt bleiben. Je nach Anzahl der Bereiche und abhängig von der Natur dieser Systeme ändert sich die Form der Grenzfläche. Bestimmte Veränderungen können »Katastrophen« sein (René Thom hat sieben mathematische Typen solcher Katastrophen definiert). Ausgehend von diesen Wirkungen der Grenzfläche wird eine allgemeine Wissenschaft von Ursprung, Entwicklung und Veränderung der Formen – eine Morphogenese – möglich (ebenfalls nach Thom). Federn hat dieses epistomologische Modell in bezug auf die Struktur des Ichs und des Selbst vorweggenommen, in der Nachfolge Freuds, der 1913 – wir wir gerade gesehen haben – dem Ich die Struktur einer zweiseitigen Oberfläche gibt und es zu einer Instanz mit spezifischen Funktionsprinzipien macht. Freuds zweite Topik bietet Federn den Rahmen, innerhalb dessen er seine eigenen Entdekkungen machen kann und der ihm als Stütze dient, dessen Grenzen er jedoch gleichzeitig in Frage stellt. Seine Treue zu Freud kann man in wenigen Worten so beschreiben: Er übernimmt, aber ergänzt.[18] Freud interessierte sich vor allem für den Kern, das Unbewußte als Kern der Psyche, den Ödipus-Komplex als Kern der Erziehung, der Kultur, der Neurose. Parallel zu Paul Schilder, der zur gleichen Zeit den Begriff des Körperbildes erarbeitete, richtete Federn seine Aufmerksamkeit auf die Schale, auf die Randphänomene. Freud erforschte die psychischen Primär- und Sekundärprozesse; Federn untersucht neben den Prozessen auch die Ich-Zustände, ohne deren Kenntnis und Verständnis die psychoanalytische Behandlung der narzißtischen Persönlichkeitsstörungen unvollständig und wirkungslos bleibt. Er hält sich dabei aber weiterhin an das von Freud (1914) in seinem Artikel »Zur Einführung des Narzißmus« vorgegebene Schema.

Nach Federn sind die Ich-Grenzen »ständig im Wandel begriffen«. Sie variieren von Individuum zu Individuum und bei ein und demselben Individuum je nach Tages- oder Nachtzeit, je nach Lebensphase und haben unterschiedlichen Inhalt. Diese Aussage kann meiner Meinung nach auch in bezug auf die psychoanalytische Kur verstanden werden: Der Psychoanalytiker soll während der Sitzung nicht nur dem Inhalt und der Form der freien Assoziationen Beachtung schenken, sondern auch den Schwankungen des Ichs des Patienten; er soll registrieren, wann es zu diesen Schwankungen kommt und beim Patienten ein ausreichendes (und die Analyse überdauerndes) Bewußtsein

18 Federn ist Mitglied der kleinen, ursprünglichen Gruppe, die sich ab 1902 um Freud scharte, der »Mittwochsgesellschaft«, welche 1908 zur Wiener psychoanalytischen Gesellschaft wurde. Federn ist, mit Hitschmann und Sadger, eines der wenigen Gründungsmitglieder, die bis 1938, als sie beim Anschluß von den Nazis aufgelöst wurde, in dieser Gesellschaft blieben. Als Freud an Krebs erkrankte, vertraute er Federn die Vizepräsidentschaft der Wiener psychoanalytischen Gesellschaft an. Als er in die Emigration ging, gab er Federn das Original der Protokolle der Wiener psychoanalytischen Gesellschaft. Federn nimmt das Manuskript mit ins amerikanische Exil und verwahrt es im Hinblick auf eine spätere Veröffentlichung, die inzwischen von seinem Sohn Ernst in Zusammenarbeit mit H. Nunberg vorgenommen wurde.

von den Veränderungen seiner eigenen Grenzen wecken. Davon hängen Zweckmäßigkeit und Wirksamkeit der Deutung ab: Nach Federn wirkt die Sprache durch das Zusammenbringen von zwei Ich-Grenzen, was wiederum Veränderungen des libidinösen Gleichgewichts nach sich zieht: Die triebhaften »statischen« Besetzungen können durch »bewegliche« Besetzungen ersetzt werden.

Die Ich-Gefühle

Das Ich-Gefühl ist nach Federns Auffassung vom Anfang des Lebens an vorhanden, jedoch in einer diffusen Gestalt und arm an Inhalten. Ich möchte ergänzen, daß das Gefühl der Ich-Grenze noch diffuser ist und daß es ein primäres Gefühl eines unbegrenzten Ichs gibt, das im Zustand der Depersonalisation oder in manchen mystischen Zuständen wieder erfahren wird. Dieses Gefühl der Unsicherheit der Grenzen habe ich auch bei der individuellen Regression-Dissoziation in der schöpferischen Ergriffenheit (der ersten Phase der Herstellung eines Werkes) oder bei der kollektiven Regression-Fusion der Gruppenillusion beschrieben (D. Anzieu 1980a). Die psychoanalytische Untersuchung des Liebespaares hat außerdem gezeigt, daß es dort zu einer Bindung der beiden Partner kommt, wo ihre psychischen Grenzen unsicher, ungenügend oder schwach sind.

Es gibt also ein Ich-Gefühl, das dem Subjekt beim normalen Funktionieren nicht bewußt ist, das aber bei Funktionsstörungen zum Ausdruck kommt. Das Ich-Gefühl ist ein primäres, dauerhaftes und veränderliches Gefühl. Das Ich – durch Freud eine Entität geworden – existiert: Der Mensch hat eine subjektive Empfindung davon – und keine Illusion –, denn die Empfindung entspricht einer Realität, die selbst subjektiver Natur ist. Das Ich [*Moi*] ist gleichzeitig Subjekt (mit dem Pronomen »Ich« [*Je*] bezeichnet) und Objekt (»Selbst« [*Soi*] genannt): »Das Ich ist demnach beides, Träger und Gegenstand des Bewußtseins. Als Träger des Bewußtseins heißt das Ich jetzt ›Ich-Selbst‹« (P. Federn 1978, S. 87).

Das Ich-Gefühl besteht aus drei Elementen, dem Gefühl einer zeitlichen Einheit (Kontinuität), dem Gefühl einer räumlichen

Einheit (genauer gesagt: einer Nähe) zum jeweiligen Zeitpunkt und schließlich dem Gefühl einer Kausalität. Federn schreibt dem Ich eine Dynamik und eine Flexibilität zu, die es bei Freud nicht hatte. Aber wie Freud stellt er das Ich topisch dar: Das Ich-Gefühl bildet den Ich-Kern und ist (abgesehen von schweren Pathologien) konstant. Das Gefühl der Ich-Grenzen liegt bei dieser Darstellung an der Peripherie: Im Gegensatz zu den Vorgängen im Kern ist dieses letztere Gefühl, zumindest im Normalzustand, das einer ständigen Fluktuation der Grenzen.

Für das System des Unbewußten gibt es keine Zeit (daher auch das Gefühl eines Ichs ohne Anfang und Ende, eines unsterblichen Ichs). Dagegen gibt es im System des Bewußten das Gefühl einer zeitlichen Einheit des Ichs, was ihm vor allem ermöglicht, die uns zustoßenden Ereignisse chronologisch zu ordnen (daher das Gefühl eines Übergangs von einem Früher zu einem Jetzt und auch die traditionelle Ordnung einer Erzählung). Im Vorbewußten ist das Gefühl der zeitlichen Einheit des Ichs sehr veränderlich, kann jedoch teilweise beibehalten werden; im Traum (mit Ausnahme des blitzlichtartigen, auf ein Bild begrenzten) ist das Gefühl der chronologischen Ordnung der Erlebnisse aufrechterhalten (dies erklärt, daß die Vielzahl der Personen die verschiedenen Anteile des Selbst widerspiegeln und daß kreative Menschen den Traum als Instrument der Entdeckung benutzen, weil er die Entschlüsselung sowohl von früher Gewußtem als auch jetzt Bewußtem ermöglicht). Schwindet das Gefühl der zeitlichen Einheit des Ichs im Wachzustand, führt dies zu Depersonalisations- und Déjà-vu-Phänomenen.

Bezüglich seines Inhalts unterteilt sich das Ich-Gefühl in ein seelisches und ein körperliches Gefühl. Normalerweise, wenn beide Gefühle zusammenkommen, spürt man von dieser Dualität nichts; schenkt man Prozessen wie dem Erwachen oder dem Einschlafen, bei dem beide Gefühle gesondert auftreten, nicht genügend Beachtung, versäumt man, diese beiden Gefühle zu unterscheiden (die Schwierigkeit liegt darin, in psychischen Zuständen herabgesetzter Wachheit genügend Aufmerksamkeit zu bewahren). Auch dann gibt es ein drittes Gefühl, das der beweglichen Grenzen zwischen dem psychischen Ich und dem Körper-Ich. Im Wachzustand erlebt man das psychische Ich im Inneren des Körper-Ichs. Indem sich das Körper-Ich auf die Periodizität der körperlichen Prozesse stützt, erwirbt es eine objektive Einschätzung der Zeit (eine bewußte und vorbewußte Einschätzung, die es uns zum Beispiel ermöglicht, pünktlich aufzustehen); die Intensität des psychischen Ichs in den Träumen, verbunden mit dem Mangel einer Zeiterfahrung im Unbewußten, erklärt die nicht normale Einschätzung der Geschwindigkeit und der erlebten Zeitdauer im Traum. Das seelische Gefühl des Ichs (oder Gefühl des psychischen Ichs) kann rational mit dem »Ich denke, also bin ich« gefaßt werden. Es sichert dem Subjekt den Erhalt und das Gefühl einer eigenen Identität. Häufig ist es mit dem Über-Ich verbunden und bleibt rein seelisch (denn das Über-Ich hat keinen Zugang zur Motilität, es kann zwar auf die Aufmerksamkeit, jedoch nicht auf die Willensintention einwirken). So kommen zum Beispiel die Zwangsimpulse und Zwangsgedanken aus dem Über-Ich und sind vom (durch die Quantität der unbewußten Besetzung veränderbaren) Gefühl begleitet, kurz vor einer motorischen Entladung zu stehen, zu der es aber nicht wirklich kommt (daher das so starke Gefühl des seelischen Ichs beim Zwangsneurotiker). Das seelische Ich-Gefühl ist das Gefühl eines »inneren Ichs«. Dieses Gefühl fluktuiert: Möglicherweise werden die psychischen Prozesse nicht mehr dem inneren psychischen Ich zugeschrieben, das heißt nicht mehr als seelisch betrachtet; bei der Hysterie werden sie in körperliche Phänomene umgewandelt (Konversion); in der Psychose werden sie auf die äußere Realität projiziert.

Das körperliche Ich-Gefühl ist »das einheitliche Gefühl von der Libido-Besetzung der sensorischen und motorischen Apparate« (P. Federn 1978, S. 31). Es ist ein »Gesamtgefühl«: es beinhaltet verschiedene Gefühle, ohne mit einem identisch zu sein; z. B. die motorischen und sensorischen Erinnerungen an die eigene Person; die Wahrnehmungseinheit unseres eigenen Körpers in bezug auf die somatische Organisation.

Der Mensch hat das unbewußte Gefühl einer Grenze zwischen dem psychischen Ich und dem Körper-Ich. Er hat außerdem das unbewußte Gefühl einer Grenze zwischen Ich und Über-Ich. Schauen wir uns – mit Federn – an, wie die Gefühle dieser Grenzen in den Übergangszuständen sind. Das *Einschlafen* sondert einerseits das seelische Ich-Gefühl vom körperlichen Ich-Gefühl und andererseits das Ich vom Über-ich:

»Bei der Zurückziehung der Besetzungen im raschen Einschlafen läßt sich aber dennoch in der Regel auch beobachten, daß das körperliche Ich-Gefühl früher schwindet als das seelische Gefühl des Ichs und des Über-Ichs. Das ›Körper-Ich‹[19] kann beim Einschlafen völlig geschwunden sein und vom noch wachen ›seelischen‹ Ich neu besetzt und wiedererweckt werden. Auf diese Art erfolgt das willkürliche Hinausschieben des Einschlafens. Bei – vermutlich – den meisten Menschen verliert das Über-Ich des rasch Einschlafenden früher die Besetzung als das Ich« (P. Federn 1978, S. 31).

Beim normalen *Erwachen*, erwachen (1) körperliches und seelisches Ich fast gleichzeitig, wobei das seelische Ich-Gefühl etwas früher einsetzt, ohne daß damit ein Gefühl von Befremdung verbunden wäre; man findet sich am anderen Morgen mit Freude wieder; und erwacht (2) das Über-Ich erst nach dem Ich. Beim Erwachen aus einem Traum jedoch erwacht das seelische Ich als erstes; das Körper-Ich ist von ihm gesondert; der eigene Körper kann sogar als fremde Gestalt halluziniert werden.

Bei der *Ohnmacht* ist die Sonderung der zwei Gefühle am ausgeprägtesten; diese Sonderung liegt der Illusion einer getrennten Existenz von Körper und Seele zugrunde.

Es gibt zwei Arten von vollständig und lebhaft erinnerten, *normalen Träumen:*

a) die Mehrzahl dieser Träume zeigt einen Mangel jedweden körperlichen Gefühls; das Ich im Traum ist dann nur das seelische Ich; die Libido wurde dem Körper entzogen, sie ist zum Es zurückgeströmt, sie wurde nicht wieder auf das Körper-Ich

19 Im Originaltext von Federn findet sich folgender Zusatz: »(Ich setze, um die Darstellung zu kürzen, fernerhin öfters ›Ich‹ statt ›Ichgefühl‹)«. (A.d.Ü.)

gerichtet; während der Regression trifft das Ich auf Objektvorstellungen, die von der libidinösen Besetzung aktiviert werden, was bis zur Illusion von Realität führt; der Träumer spürt trotz der Lebhaftigkeit seines Traumes nichts von seinem eigenen Körper;

b) im Gegensatz dazu gibt es manchmal Träume, in denen das seelische Ich-Gefühl fehlt, dann sind die lebhaften Empfindungen körperlich; das sind die »typischen« Träume vom Fliegen, Schwimmen und von Nacktheit; der Träumer stellt sich selbst dar, und es erscheinen allenfalls Teilobjekte in seinem Traum; hier sind die Details der Umgebung, der Landschaft, der Personen, das heißt die äußere Realität, das Lebhafte (Farbe, Licht).

Beobachtung von Edgar[20]

Im Traum reicht die libidinöse Besetzung nicht aus, um gleichzeitig das begehrte Objekt und den Körper darzustellen; wären beide Ich-Gefühle, das seelische und das körperliche, besetzt, würde der Träumer erwachen.

»Einen merkwürdigen Fall von Trennung von Körper-Ich und seelischem Ich berichtete mir ein Patient, der im Wachen nicht an Depersonalisation litt. Er hatte einen ungewöhnlich vollständigen und lebhaften sexuellen Traum mit lebhaftester Objektvorstellung und mit lustvollem sexuellen Ich-Gefühl. Der Traum spielte in seinem Zimmer, aber nicht in seinem Bette. Er wurde plötzlich aus dem Traume geweckt. Beim Erwachen fand er sich mit dem Zustand völliger Depersonalisation in seinem Bette und hatte das Gefühl, daß sein Körper als nicht zu ihm gehörig neben ihm liege. Es war also zunächst *nur* (Hervorhebung bei Federn, A.d.Ü.) das seelische Ich erwacht. Daß das körperliche Ich-Gefühl nicht mit dem seelischen Ich erwachen konnte, lag daran, daß im vorausgegangenen Traume alle Libido das sehr lebhaft geträumte Sexualobjekt besetzt hatte und keine narzißtische Besetzung des körperlichen Ichs, die zum Erwachen desselben nötig gewesen wäre, im Momente des plötzlichen Erwachens dafür übrig gewesen war. Dieser ungewöhnliche Vorgang zeigt in ungewöhnlicher Deutlichkeit, daß die Besetzung des Ichs und die eines sexuellen Objektes zueinander in dem Verhältnis der Korrelation stehen ...« (P. Federn 1978, S. 36).

20 So nenne ich diesen anonymen Patienten von Federn.

Die Gefühle des Schwankens der Ich-Grenzen

Kommen wir jetzt zu den Variationen der libidinösen Besetzung des Gefühls der Ich-Grenzen und zu den sich daraus ergebenden Konsequenzen, den Gefühlen von *Entfremdung* oder von *Ekstase.*

»Wir fühlen bei ihrem Wechsel die ›Grenzen‹ unseres Ichs. Wann immer ein Eindruck uns trifft, sei er somatisch oder psychisch, so trifft er in der Norm eine mit Ichgefühl besetzte Grenze unseres ›Ichs‹. *Wird unser Ichgefühl an dieser Grenze nicht hergestellt, so fühlen wir den betreffenden Eindruck entfremdet.* Wo aber die Ichgefühlsgrenze nicht durch einen Eindruck in Anspruch genommen wird, ignorieren wir den Umfang des Ichs. Wir können am ›Ichgefühl‹, und zwar sowohl beim seelischen als auch beim körperlichen, seine Aktivität oder seine Passivität angeben« (P. Federn 1978, S. 36).

Das Ich-Gefühl ist Ausdruck der ursprünglichen, narzißtischen Besetzung des Ichs. Diese hat anfangs kein Objekt. Später, wenn die libidinösen Objektbesetzungen die Grenze des Ichs mit der Außenwelt erreicht oder diese besetzt und sich dann wieder zurückgezogen haben, entsteht der sekundäre Narzißmus.

»Die Ausdehnung der das Ich ausmachenden Besetztheit wechselt; ihre jeweilige Grenze ist die Ich-Grenze und wird als solche bewußt. Wird eine Ich-Grenze stark libidinös gefühlt und nicht inhaltlich gewußt, so entsteht ein Gefühl von Ekstase, wird sie nur gewußt und nicht gefühlt, so werden die Eindrücke entfremdet« (P. Federn 1978, S. 88).

Verliert die äußere Grenze des Ichs ihre Besetzung, werden die äußeren Objekte, die weiterhin vom Subjekt deutlich wahrgenommen werden und sogar sein Interesse finden, als fremd, unbekannt und sogar als nicht wirklich vorhanden angesehen (was zum Verlust des Realitätssinnes führen kann). Während des Heilungsprozesses vergrößert sich die libidinöse Besetzung an der Grenze, was zu einer wärmeren und intensiveren Wahrnehmung der Objekte führt. Auch ohne die Hilfe der Realitätsprüfung wird ein Objekt dann als real erlebt, wenn es (a) sich außerhalb des Ichs befindet; und wenn (b) die von ihm hervorgerufenen Eindrücke auf eine gut besetzte Ich-Grenze treffen.

Verdrängung der Ich-Zustände

Die *Verdrängung* betrifft nicht nur die Phantasien. Sie wirkt sich auch auf die Ich-Zustände aus. Der unbewußte Teil des Ichs bestünde demnach aus Schichten von Ich-Zuständen. Diese Schichten können z. B. durch die Hypnose oder den Traum (sowie meiner Meinung nach durch die schöpferische Regression) aktiviert werden, und damit auch der entsprechende Komplex von Erfahrungen, Erinnerungen und Stimmungen.

Ist die Ich-Besetzung schwach, kann ein sehr entwickeltes und organisiertes Ich keine adäquate Besetzung all seiner Grenzen gewährleisten und wird vom Eindringen des Unbewußten mit seinen falschen Realitäten bedroht. Die Rückkehr zu einem früheren Ich-Zustand, der weniger an Ich-Besetzung verlangt, kann einen Abwehrmechanismus darstellen. Die Ich-Grenzen werden also diesem früheren Ich-Zustand wieder angepaßt. Dadurch kommt es zum Eindringen falscher Realitäten in das Denken und zum Verlust der Denkfähigkeit, beides wesentliche Merkmale der Schizophrenie.

Einen Psychotiker nach Federn zu behandeln bedeutet, ihm zu helfen, seine psychische Energie nicht zu verschwenden, sondern sie zu bewahren. Es heißt, seine Verdrängung nicht aufzuheben, sondern neue zu schaffen. Es heißt, keine Anamnese zu erheben, denn die Erinnerung an frühere psychotische Episoden können einen Rückfall mit sich bringen. Es heißt auch, die geschwächte Ich-Grenze zwischen psychischer Realität und äußerer Realität neu zu beleben, die falschen Realitäten zu berichtigen und den Kranken dazu zu bringen, die Realitätsprüfung richtig zu nutzen. Es heißt schließlich, ihm Klarheit über den dreifachen Status seines Körpers zu verschaffen: als Teil des Ichs, als Teil der äußeren Welt und als Grenze zwischen dem Ich und der Welt.

7. Funktionen des Haut-Ichs

Als Grundlage dienen mir zwei allgemeine Prinzipien. Das eine ist spezifisch für Freud: Jede psychische Funktion entwickelt sich auf der Basis einer körperlichen, deren Funktionsweise auf die psychische Ebene übertragen wird. Jean Laplanche (1970) empfiehlt, den Begriff der Anlehnung [*étayage*] ausschließlich für die Bezeichnung der Tatsache zu reservieren, daß die sexuellen Triebe den organischen Funktionen der Selbsterhaltung entspringen. Ich plädiere für ein weiteres Verständnis, denn der psychische Apparat entwickelt sich sprunghaft und bricht dadurch nach und nach mit seiner biologischen Basis; diese Bruchstellen ermöglichen einerseits, den biologischen Gesetzen zu entkommen, nötigen aber andererseits alle psychischen Funktionen dazu, sich an körperliche Funktionen anzulehnen. Das zweite, von Freud her ebenfalls bekannte Prinzip stammt von Jackson: Im Laufe der Evolution zeigt die Entwicklung des Nervensystems eine Besonderheit, die bei anderen organischen Systemen nicht zu finden ist und die darin besteht, daß das jüngste und der Oberfläche am nächsten gelegene Organ – der Cortex – dazu neigt, die Führung des Systems zu übernehmen, indem es die weiteren neurologischen Subsysteme integriert. Dies gilt in gleicher Weise für das bewußte Ich, welches dazu neigt, im psychischen Apparat die Kontaktfläche zur Außenwelt zu besetzen und das Funktionieren dieses Apparats zu kontrollieren. Es ist ebenfalls bekannt, daß die Haut (Körperoberfläche) und das Gehirn (Oberfläche des Nervensystems) der gleichen embryonalen Struktur (dem Ektoderm) entstammen.

Für mich als Psychoanalytiker ist die Haut besonders wichtig: Sie liefert dem psychischen Apparat diejenigen Vorstellungen, die zur Entstehung des Ichs und seiner Hauptfunktionen führen. Diese Feststellung paßt wiederum in den Rahmen der allgemeinen Evolutionstheorie. Der Übergang von den Säugetieren zum Menschen ist nicht nur durch eine Zunahme der Größe und Komplexität des Gehirns gekennzeichnet, sondern die Haut verliert auch ihre Festigkeit und ihr Fell. Die Haare bleiben fast nur auf dem Schädel erhalten, dessen Schutzfunktion für das Gehirn sie verdoppeln, und um die Körperöffnungen des Gesichts und des Rumpfes, deren Empfindlichkeit, sogar Sinnlichkeit, sie verstärken. Wie Imre Hermann (1930) gezeigt hat, ist beim Menschen der Anklammerungstrieb des Säuglings an seine Mutter schwieriger zu befriedigen, so daß der Mensch eine frühe und anhaltende, intensive Angst erleben muß, ohne das stützende Objekt den Schutz zu verlieren und in einer Art hilflos zu sein, die ursprünglich genannt wurde. Demgegenüber ist der Anklammerungstrieb beim menschlichen Säugling um so wichtiger, als die menschliche Kindheit im Vergleich zu der anderer Spezies länger dauert. Ziel dieses Triebes ist, die Signale der Mutter und später der sie ablösenden Familiengruppe zu erkennen; diese Signale – Lächeln, Zärtlichkeit des Kontaktes, körperliche Wärme bei der Umarmung, Klangvielfalt der Lautäußerungen, Festigkeit des Haltens, Wiegen, Bereitschaft zu füttern, zu pflegen und zu begleiten – geben einerseits Hinweise über die äußere Realität und den Umgang mit ihr, andererseits geben sie Aufschluß über die von der Partnerin empfundenen Affekte, vor allem als Reaktion auf die Affekte des Babys. Dabei handelt es sich nicht mehr um die Befriedigung der vitalen Bedürfnisse im Dienste der Selbsterhaltung (Nahrung, Atmung, Schlaf), an die sich die sexuellen und aggressiven Bedürfnisse zunächst anlehnen, sondern um die (präverbale und infralinguistische) Kommunikation, auf die sich dann später der sprachliche Austausch stützt.

Diese beiden Bereiche laufen oft parallel: Zum Beispiel ermöglicht das Stillen taktile, visuelle, auditive und olfaktorische Kommunikationen. Es ist bekannt, daß eine ausschließlich materielle Befriedigung der vitalen Bedürfnisse ohne sensorischen und affektiven Austausch zum Hospitalismus oder Autismus führen kann. Man kann ebenfalls feststellen, daß seitens des Babys und der Umwelt der Anteil der Kommunikation um der Kommunikation willen im Laufe des Wachstums zunimmt, unabhängig von den Aktivitäten, die der Selbsterhaltung dienen. Die ursprüngliche Kommunikation ist in der Realität – und noch mehr in der Phantasie – eine direkte, unmittelbare, von Haut zu Haut.

Freud hat in *Das Ich und das Es* (1923) gezeigt, daß nicht nur die Abwehrmechanismen und die Charakterzüge, sondern auch die psychischen Instanzen auf körperliche Aktivitäten zurückgehen, indem sie sich auf diese stützen und sie verändern: Die psychischen Triebe, die das Es bilden, gehen aus biologischen Instinkten hervor; was er das Über-Ich nennen wird, »hat akustische Wurzeln«; und das Ich entsteht zunächst aus der Erfahrung von Berührungen. Es erscheint mir notwendig, hinzuzufügen, daß es eine archaischere – vielleicht ursprüngliche – Topik mit dem Gefühl der Existenz des Selbst gibt: eines Selbst, das der auditiven und olfaktorischen Hülle entspricht, eines Selbst, um welches herum sich ein Ich auf der Basis der Berührungserfahrung differenziert, eines Selbst, auf dessen Äußeres sowohl endogene als auch exogene Reize projiziert werden. Die Organisation der zweiten Topik (Es, Ich, mit dem Ideal-Ich als Anhängsel, Über-Ich, das mit dem Ich-Ideal ein Paar bildet) setzt voraus, daß die visuelle Hülle – vor allem als Folge des primären Berührungsverbots – an die Stelle der taktilen Hülle getreten und damit zur wichtigsten Stütze des Ichs geworden ist; sie setzt weiterhin voraus, daß die (hauptsächlich visuellen) Sachvorstellungen in dem zu diesem Zeitpunkt entstehenden Vorbewußten sich mit (durch den Erwerb der Sprache gebildeten) Wortvorstellungen verbunden haben und daß schließlich die Differenzierung zwischen Ich und Über-Ich einerseits und zwischen von außen kommenden Reizen und Reizen triebhafter Herkunft andererseits erreicht worden ist.

In meiner ersten Veröffentlichung über das Haut-Ich (1974) schrieb ich diesem drei Funktionen zu: die Funktion einer umfassenden und vereinigenden Hülle für das Selbst, die Funktion einer Barriere zum Schutz der Psyche sowie eine Filterfunktion, die den Austausch und die Einschreibung der ersten Spuren regelt und damit Vorstellungen überhaupt erst möglich macht.

Diesen drei Funktionen entsprechen drei Bilder: die Tasche, die Leinwand, das Sieb. Die Arbeit von Pasche (1971) über *Le Bouclier de Persée* [Der Schild des Perseus] brachte mich dazu, eine vierte Funktion in Betracht zu ziehen: die des Spiegels der Realität.

Ich möchte noch systematischer die Parallele zwischen den Funktionen der Haut und den Ich-Funktionen ziehen, indem ich für jede einzelne Funktion folgendes verdeutlichen werde: die Art der Entsprechung zwischen dem Organischen und dem Psychischen, die Angstformen, die mit der Pathologie dieser Funktionen verbunden sind, und die Störungsformen des Haut-Ichs, wie sie klinisch in Erscheinung treten. Die von mir gewählte Reihenfolge unterliegt keiner strengen Klassifikation und diese Auflistung der Funktionen erhebt keinen Anspruch auf Vollständigkeit.

1. So wie die Haut eine Stützfunktion für das Skelett und die Muskulatur hat, dient das Haut-Ich dem Zusammenhalt [*fonction de maintenance*] der Psyche. Die biologische Funktion wird durch das beschrieben, was Winnicott (1965, S. 62) *holding* genannt hat, d. h. durch die Art, wie die Mutter den Körper des Babys hält. Die psychische Funktion entwickelt sich durch Internalisierung des mütterlichen *holding*. Das Haut-Ich ist ein internalisierter Teil der Mutter – dazu gehören besonders ihre Hände –, und dieser Teil erhält das Funktionieren der Psyche aufrecht, zumindest im Wachzustand, so wie die Mutter, die das Baby hält, seinen Körper zugleich in einem Zustand der Einheit und Festigkeit hält. Die Fähigkeit des Babys, den eigenen Körper zu halten, ist Bedingung für den Übergang zum Sitzen, später zum Stehen und zum Laufen. Indem sich das Baby auf den Körper der Mutter stützt, gewinnt es mit seiner Wirbelsäule innere Stütze, ein festes Rückgrat, das es ihm ermöglicht, sich aufzurichten. Einer der frühen Ich-Kerne besteht in der Empfindung und dem Bild eines inneren mütterlichen oder allgemeiner elterlichen Phallus, der – als Sieg über die Schwerkraft – eine erste vertikale Achse im psychischen Raum darstellt und die Erfahrung eines eigenen psychischen Lebens vorbereitet. Indem es sich auf diese Achse stützt, kann das Ich die archaischsten Abwehrmechanismen wie Spaltung und projektive Identifizierung benutzen. Verläßlich darauf stützen kann es sich jedoch nur, wenn es sich eines engen und stabilen körperlichen Kontakts zu Haut, Muskeln und Handflächen der Mutter (und der Personen seiner primären Umwelt) sicher ist und wenn sich die Randbereiche der eigenen und

mütterlichen Psyche wechselseitig einschließen – was Sami-Ali (1974) »gegenseitige Inklusion« [*inclusion mutuelle*] bezeichnet hat.

Blaise Pascal, der früh seine Mutter verlor, hat sich auf dem Gebiet der Physik, dann in der Psychologie und in der religiösen Apologetik sehr gründlich mit diesem Erschrecken vor der inneren Leere auseinandergesetzt; dieses Erschrecken wurde lange Zeit als natürlich angesehen und beruht auf dem Fehlen des stützenden Objektes, welches notwendig ist, damit die Psyche ihren Schwerpunkt findet. Francis Bacon malt in seinen Bildern zerfließende Körper, die durch Haut und Kleidung oberflächlich zusammengehalten werden, denen allerdings das Rückgrat fehlt, das den Körper und den Gedanken Halt gibt: Häute, eher mit flüssigen als mit festen Substanzen gefüllt, was dem Körperbild des Alkoholikers gut entspricht.[1]

Hier spielt nicht die phantasmatische Inkorporation der nährenden Brust eine Rolle, sondern die primäre Identifizierung mit einem stützenden Objekt, an das sich das Kind ankuschelt und von dem es gehalten wird; der Anklammerungstrieb bzw. der Bindungstrieb wird eher befriedigt als die Libido. Das körperliche Beisammensein mit der Mutter – von Angesicht zu Angesicht – ist mit sexuellen Triebimpulsen verbunden, die auf der oralen Stufe durch Stillen und Umarmung als Ausdruck der Liebe befriedigt werden. Die Liebenden entdecken in der Regel diese Art der Berührung wieder, um ihre sexuellen Triebimpulse auf der genitalen Stufe zu befriedigen. Im Gegensatz dazu setzt die primäre Identifizierung mit dem stützenden Objekt eine andere räumliche Anordnung voraus, die in zwei sich einander ergänzenden Varianten Ausdruck findet; Grotstein (1981), Bion-Schüler aus Kalifornien, hat sie als erster aufgezeigt: Rücken des Kindes gegen Bauch der als Stützobjekt dienenden Person (*background object*), Bauch des Kindes gegen Rücken dieser Person.

Im ersten Fall stützt sich das Kind mit dem Rücken auf das stützende Objekt, das sich wie eine Mulde anpaßt. Das Kind fühlt sich von hinten geschützt, der Rücken ist der einzige Teil des eigenen Körpers, den man weder berühren noch sehen kann.

1 Vgl. meine zwei Monographien »De l'horreur du vide à sa pensée: Pascal« und »La peau, la mère et le miroir dans les tableaux de Francis Bacon«, in *Le Corps de l'œuvre* (Anzieu 1981 a).

Der Alptraum – häufig bei fiebernden Kindern anzutreffen – von einer Fläche, die sich faltet, sich wellt, reißt und voller Erhebungen und Vertiefungen ist, zeigt bildlich die Bedrohung der Sicherheit gebenden Phantasie einer gemeinsamen Haut mit dem haltenden, stützenden Objekt: Diese in ihrer Funktion versagende Fläche kann vom Träumer als Schlangenbewegung gedeutet werden; es wäre allerdings falsch, sie nur als phallisches Symbol zu verstehen. Das Vorkommen mehrerer kriechender Schlangen hat nicht dieselbe Bedeutung wie das einer einzigen, sich aufrichtenden Schlange. Grotstein zitiert einen solchen Traum eines kleinen Mädchens, den ihm die Mutter, die bei ihm in Analyse war, erzählte.

»Ihre Tochter wurde mitten in der Nacht wach, als sie überall Schlangen sah, sogar da, wo sie ging. Sie lief ins Zimmer ihrer Mutter, kletterte auf sie und schmiegte ihren Rücken an den Bauch ihrer Mutter. Das war der einzige Ort, an dem sie Beruhigung finden konnte. Obwohl die Mutter die Patientin war und nicht das Kind, zeigten ihre Assoziationen zu diesem Ereignis, daß sie sich mit ihrem Kind identifiziert hatte. Sie war das kleine Mädchen, das sich auf mich legen wollte, um die ›Stütze‹ (*backing*), den Schutz und das ›Rückgrat‹ (*rearing*) zu finden, die sie bei ihren eigenen Eltern vermißt hatte.«[2]

Die zweite Position, die des liegenden Kindes, das sich mit dem Bauch am Rücken der stützenden Person anschmiegt, vermittelt ihm die Empfindung und das Gefühl, daß der wertvollste und empfindlichste Teil seines Körpers, nämlich sein Bauch, durch einen Schutzschild – den primären Reizschutz, gebildet durch den Körper des haltenden Gegenübers – geschützt ist. Diese Erfahrung beginnt in der Regel mit der Mutter oder dem Vater (eventuell mit beiden); sie kann ziemlich lange mit einem Geschwister fortgesetzt werden, mit dem das Kind das Bett teilt. (Bis zu seiner Analyse bei Bion konnte Samuel Beckett seine Angst vor Schlaflosigkeit nur dadurch bewältigen, daß er eng bei seinem älteren Bruder einschlief.) Eine meiner Patientinnen, die von gewalttätigen und zerstrittenen Eltern erzogen wurde, fand ihre innere Sicherheit bis zur beginnenden Pubertät nur dadurch, daß sie eng bei ihrer jüngeren Schwester einschlief, mit der sie das

2 Ich danke Annick Maufras du Chatellier, die mich auf diesen Text aufmerksam machte.

Bett teilte. Wer von den beiden am meisten Angst hatte, »bildete den Stuhl« (*faisait la chaise* war ihr Ausdruck), um den beruhigenden Körper des anderen anzunehmen und an sich zu drücken. Während einer ganzen Phase ihrer Analyse wollte sie mich in der Übertragung implizit dazu bringen, ein Stuhl für sie zu sein: Sie verlangte von mir, abwechselnd mit ihr frei zu assoziieren, meine Gedanken, Gefühle und Ängste zu äußern; sie schlug mir vor, sich mir körperlich anzunähern, und verstand nicht, warum ich es ablehnte, daß sie zu mir auf den Schoß kam. Es galt zunächst, die hysterische Verführung, in die ihre Bitte gekleidet war, als eine Schutz bietende Sexualisierung zu deuten; dann konnten wir ihre Angst, das stützende Objekt zu verlieren, herausarbeiten.
Grotstein führt charakteristische Beispiele anderer Art an: »Analysanden haben mir oft von Träumen berichtet, in denen sie ein Auto vom Rücksitz aus steuerten. Die Assoziationen zu diesen Träumen führen fast immer zu der Vorstellung, eine unzulängliche ›Stütze‹ (*backing*) zu haben, weshalb es Ihnen so schwer war, selbständig zu werden.« Grotstein schlägt ein Wortspiel vor, welches weder ins Französische noch ins Deutsche übertragbar ist: Da das stützende Objekt »hinten« oder »unten« *steht* (*he under stands*), liefert es das Paradigma des »Verstehens« (*understanding*).

2. Der Haut, die die ganze Körperoberfläche bedeckt und in die alle äußeren Sinnesorgane eingebettet sind, entspricht die *umfassende* Funktion [*la fonction contenante*] des Haut-Ichs. Diese Funktion wird hauptsächlich durch das mütterliche *handling* erfüllt. Die Empfindung und das Bild der Haut als Tasche wird beim Säugling durch die seinen Bedürfnissen angepaßte Körperpflege seitens der Mutter geweckt. Das Haut-Ich als psychische Vorstellung entspringt dem Spiel zwischen dem mütterlichen und kindlichen Körper sowie den Antworten der Mutter auf die Empfindungen und Gefühle des Babys. Diese Antworten bestehen aus Gesten und Lautäußerungen, denn zur taktilen Hülle gesellt sich die auditive Hülle hinzu; sie entstehen als Folge einer Wechselwirkung; die Echolalien und Echopraxien des einen ahmen die des anderen nach, und dadurch kann der Säugling allmählich diese Empfindungen und Gefühle als die eigenen wahrnehmen, ohne daß etwas in ihm zerstört wurde. René Kaës (1979a) unterscheidet zwei Anteile dieser Funktion: Das stabile

und unbewegliche »Beinhaltende« [*contenant*] im eigentlichen Sinne bietet sich zur passiven Aufnahme der Empfindungen-Bilder-Affekte des Babys an, die auf diese Weise neutralisiert und konserviert werden. Der »Behälter« [*conteneur*] entspricht dem aktiven Anteil der mütterlichen Träumerei (nach Bion), der projektiven Identifizierung, das heißt der Wirkung der Alpha-Funktion, welche die Empfindungen-Bilder-Affekte verarbeitet und dem Betroffenen zurückgibt, nachdem sie vorstellbar geworden sind.

Ähnlich der Haut, die den ganzen Körper umhüllt, liegt es im Bestreben des Haut-Ichs, den ganzen psychischen Apparat zu umhüllen, ein – wie sich später herausstellt, übertriebener – Anspruch, der jedoch am Anfang notwendig ist. Das Haut-Ich wird dann als Rinde dargestellt, das triebhafte Es als Kern, und jeder dieser beiden Begriffe bedarf des anderen. Das Haut-Ich ist erst dann Behälter, wenn es Triebimpulse beinhalten, diese in körperlichen Quellen lokalisieren und später differenzieren muß. Der Trieb wird erst dann als Drang, als motorische Kraft wahrgenommen, wenn er auf Grenzen und spezifische Eintrittspunkte in den psychischen Raum trifft, in dem er sich ausbreitet, und wenn seine Quellen auf Körperregionen projiziert werden, die eine besondere Erregbarkeit aufweisen. Diese Komplementarität der Rinde und des Kerns liegt dem Gefühl der Kontinuität des Selbst zugrunde.

Der Schwäche dieser Behälterfunktion des Haut-Ichs entsprechen zwei Angstformen. Die Angst vor einer diffusen, anhaltenden, auf viele Stellen verteilten, nicht lokalisierbaren, nicht identifizierbaren und nicht zu beruhigenden triebhaften Erregung ist Ausdruck einer psychischen Topik, die aus einem Kern ohne Rinde besteht; das Individuum sucht im körperlichen Schmerz oder in der psychischen Angst eine Ersatzrinde: Es umhüllt sich mit Schmerz. Im zweiten Fall gibt es zwar eine Hülle, allerdings ist sie durchlöchert. Es ist ein Haut-Ich-Sieb; die Gedanken und Erinnerungen werden nur schwer behalten; sie fliehen (vgl. die Beobachtung von Eleonore, S. 92 f.). Es gibt eine starke Angst vor der Entleerung des Inneren, besonders wenn es die zur Selbstbehauptung notwendige Aggressivität betrifft. Diese psychischen Löcher können eine Grundlage in den Hautporen finden: Die folgende Beobachtung von Getsemani weiter unten

(S. 232 ff.) beschreibt einen Patienten, der während der Sitzung schwitzt und auf diese Weise beim Psychoanalytiker eine stinkende Aggressivität freiläßt, die er weder bei sich behalten noch verarbeiten kann, solange seine unbewußte Vorstellung eines Haut-Ich-Siebs nicht gedeutet worden ist.

3. Die oberflächliche Schicht der Epidermis schützt ihre sensible Schicht (in der sich die freien Nervenendigungen und die Tastkörperchen befinden) und ganz allgemein den Organismus gegen physische Aggressionen, Strahlen und Reizüberflutung. Seit dem »Entwurf einer Psychologie« von 1895 hatte Freud parallel dazu auch dem Ich eine *Reizschutzfunktion* zugesprochen. In der »Notiz über den ›Wunderblock‹« (1925) präzisiert er, daß das Ich (ebenso wie die Epidermis, worauf Freud allerdings nicht hinweist) eine doppelblättrige Struktur hat. Im »Entwurf« von 1895 deutet er an, daß die Mutter für das Baby ein Hilfs-Reizschutz ist, und zwar – wie ich hinzufügen möchte – so lange, bis das wachsende Ich des Babys sich ausreichend auf das eigene Haut-Ich stützen kann, um diese Funktion zu übernehmen. Allgemein kann man sagen, daß das Haut-Ich bei der Geburt eine virtuelle Struktur ist, die sich im Laufe der Interaktion zwischen dem Säugling und der primären Umwelt realisiert; der eigentliche Ursprung dieser Struktur könnte sogar auf die ersten lebenden Organismen zurückgehen.

Sowohl erhöhter als auch mangelnder Reizschutz führen zu vielfältigen Bildern, Frances Tustin (1972) hat die beiden Körperbilder beschrieben, die zum primären bzw. sekundären Autismus gehören: die Ich-Krake (wenn keine der Funktionen des Haut-Ichs erworben wurde, d. h. weder die Stütz- noch die Behälterfunktion noch die Funktion des Reizschutzes, und wenn das doppelte Blatt nicht gebildet wurde), und das Ich-Krustentier, mit einer festen Kruste gepanzert, die den fehlenden Behälter ersetzt und die Ausbildung der weiteren Funktionen des Haut-Ichs verhindert. Die paranoide Angst vor einem psychischen Eindringen äußert sich in zwei Formen: (a) meine Gedanken werden geraubt (Verfolgung); (b) Gedanken werden mir eingegeben (Beeinflussungsapparat). Hier sind Reizschutz- und Behälterfunktion differenziert, jedoch unzureichend.

Die Angst vor dem Verlust desjenigen Objektes, das als Hilfs-Reizschutz fungiert, wird beim Kind dann am stärksten, wenn in der Vergangenheit die Mutter das Kind ihrer eigenen Mutter (d.h. der Großmutter mütterlicherseits des Kindes) überlassen hat und wenn diese sich qualitativ und quantitativ so perfekt um das Kind gekümmert hat, daß es für dieses weder möglich noch notwendig war, zu lernen, sich auf sich selbst zu stützen. Die Toxikomanie kann eine Lösung darstellen, zwischen dem Ich und den äußeren Reizen eine Barriere aus Nebel oder Rauch zu schaffen. Der Reizschutz kann sich anstatt auf der Epidermis auch auf der Lederhaut (Cutis) aufbauen: Es ist die zweite, muskuläre Haut (E. Bick), der Charakterpanzer (W. Reich).

4. Die Membran der organischen Zellen schützt deren Individualität, indem sie zwischen Fremdkörpern, denen sie den Zutritt verweigert, und den ähnlichen oder ergänzenden Substanzen, bei denen sie den Zutritt oder eine Verbindung zuläßt, differenziert. Durch die Beschaffenheit ihrer Oberfläche, durch Farbe, Struktur, Geruch, zeigt die menschliche Haut starke individuelle Unterschiede. Diese können narzißtisch, sogar sozial überbesetzt sein. Sie ermöglichen die Auswahl von Bindungs- und Liebesobjekten sowie die Selbstbehauptung als Individuum mit einer eigenen Haut. In gleicher Weise übernimmt das Haut-Ich eine *Individuationsfunktion* für das Selbst, die diesem das Gefühl gibt, ein einzigartiges Wesen zu sein. Die von Freud (1919, S. 229ff., vor allem S. 254) beschriebene Angst vor dem Unheimlichen ist mit einer Gefahr für die Individualität des Selbst verbunden, welche aus der Schwächung des Gefühls der Selbstgrenzen entsteht.

Bei der Schizophrenie stellt die Wahrnehmung der gesamten äußeren (von der inneren schlecht differenzierten) Realität eine Gefahr dar, und der Verlust des Realitätssinns ist unbedingte Gewähr für das Gefühl der Einzigartigkeit des Selbst.

5. Die Haut ist eine Oberfläche mit Taschen und Vertiefungen, in denen sich – abgesehen vom Tastsinn, welcher in der Epidermis selbst liegt – die übrigen Sinnesorgane befinden. Das Haut-Ich ist eine psychische Oberfläche, die Empfindungen verschiedener Art miteinander verbindet und sie als Figur auf dem von der taktilen Hülle gebildeten ursprünglichen Hintergrund erscheinen läßt: Es ist die Funktion der *Intersensorialität* des Haut-Ichs, die zur Bildung eines »gemeinsamen Sinnes« führt (des *sensorium commune* der mittelalterlichen Philosophie), der letztlich auf dem Tastsinn beruht. Der Schwäche dieser Funktion entspricht die

Angst vor Zerstückelung des Körpers, genauer gesagt, vor seiner Auflösung (Meltzer 1975), d. h. vor einer voneinander unabhängigen, anarchischen Aktivität der verschiedenen Sinnesorgane. Weiter unten werde ich die entscheidende Rolle des Berührungsverbots beim Übergang von der beinhaltenden taktilen Hülle zum intersensoriellen Raum, der die Symbolisierung vorbereitet, aufzeigen. In der neurophysiologischen Realität findet die Integration der Informationen aus den verschiedenen Sinnesorganen im Gehirn statt; die Intersensorialität ist also eine Funktion des Zentralnervensystems oder, allgemeiner gesagt, des Ektoderms (aus dem sowohl die Haut als auch das Zentralnervensystem hervorgehen). In der psychischen Realität ist diese Funktion dagegen unbekannt, und es existiert eine imaginäre Vorstellung von der Haut als Hintergrund, als originärer Oberfläche, auf der die sensorischen Querverbindungen zur Entfaltung kommen.

6. Die Haut des Babys wird von der Mutter libidinös besetzt. Das Füttern und die Pflege sind von in der Regel angenehmen Hautkontakten begleitet; diese bereiten den Autoerotismus vor und führen dazu, daß die Hautlust normalerweise den Hintergrund für die sexuelle Lust darstellt. Diese konzentriert sich auf bestimmte erektile Zonen oder auf bestimmte Öffnungen (Ausstülpungen und Taschen), an denen die oberflächliche Schicht der Epidermis dünner ist und der direkte Kontakt mit der Schleimhaut eine besonders große Erregung hervorruft. Das Haut-Ich stellt die *Grundlage der sexuellen Erregung* dar, es hat die Funktion einer Fläche, auf der bei normaler Entwicklung die erogenen Zonen ihren Platz finden können, auf der der Geschlechtsunterschied wahrgenommen wird und der Wunsch nach gegenseitiger Ergänzung der Geschlechter zum Ausdruck kommt. Diese Funktion kann sich selbst genügen; das Haut-Ich bindet auf seiner gesamten Fläche die libidinöse Besetzung und wird so zur Hülle einer globalen sexuellen Erregung. In diesem Bild liegt die wahrscheinlich archaischste infantile Sexualtheorie begründet, nach der sich die Sexualität auf den Lustgewinn beim Hautkontakt beschränkt und die Schwangerschaft das Ergebnis der einfachen körperlichen Umarmung und des Kusses ist. So kann diese Hülle der erogenen Erregung, wenn eine befriedigende Entladung fehlt, zur Angsthülle werden (vgl. auch die Beobachtung von Zénobie, S. 278 ff.).

Ist die Besetzung der Haut mehr narzißtisch als libidinös, kann die Hülle der Erregung durch eine strahlende narzißtische Hülle ersetzt werden, welche ihren Besitzer unverwundbar, unsterblich und zum Helden machen soll.

Gibt es keine ausreichend sichere Grundlage für die sexuelle Erregung, fühlt sich auch das erwachsen gewordene Individuum nicht sicher genug, um eine vollständige sexuelle Beziehung einzugehen, welche zur gegenseitigen genitalen Befriedigung führt.

Wenn die obengenannten Ausstülpungen und Öffnungen mit sexueller Bedeutung zum Ort schmerzhafter statt erogener Erfahrungen werden, verstärkt sich das Bild eines durchlöcherten Haut-Ichs, kommt es vermehrt zu Verfolgungsangst, und die Anfälligkeit für sexuelle Perversionen, die Schmerz in Lust verwandeln sollen, wird größer.

7. Es gibt eine Entsprechung zwischen der Haut als einer Fläche, deren sensomotorischer Tonus dauerhaft durch äußere Reize aufrechterhalten wird, und dem Haut-Ich mit seiner Funktion des *libidinösen Aufladens* der Psyche, der Erhaltung der inneren energetischen Spannung und ihrer ungleichen Verteilung auf die psychischen Subsysteme (vgl. die »Kontaktschranke« des Freudschen »Entwurfs« aus dem Jahre 1895). Die Störungen dieser Funktion führen zu zwei gegensätzlichen Formen von Angst: zur Angst vor Explosion des psychischen Apparats als Folge übermäßiger Erregung (z.B. die epileptische Krise, vgl. Beauchesne 1980); und zur Angst vor dem Nirwana, d.h. vor dem, was passierte, wenn der Wunsch nach völliger Spannungslosigkeit befriedigt würde.

8. Die Haut liefert mit ihren taktilen Sinnesorganen (für Berührung, Schmerz, Wärme, Kälte, dermatoptische Sensibilität) direkte Informationen für die Außenwelt (die später mit Hilfe des »gemeinsamen Sinnes« durch auditive, visuelle etc. Informationen bestätigt werden). Das Haut-Ich erfüllt die Funktion der *Einschreibung* der taktilen sensorischen *Spuren*, die piktogrammatische Funktion nach Piera Castoriadis-Aulagnier (1975) beziehungsweise die Funktion des Perseus-Schildes, welcher nach F. Pasche (1971) ein Abbild der Realität widerspiegelt. Diese Funktion wird seitens der mütterlichen Umwelt in dem Maße verstärkt, wie sie ihre Rolle als »Anbieterin des Objekts« für den

Säugling erfüllt (Winnicott 1965). Diese Funktion des Haut-Ichs entwickelt sich auf einer doppelten biologischen und sozialen Grundlage. Biologisch: Ein erstes Abbild der Realität erscheint auf der Haut. Sozial: Die Zugehörigkeit eines Individuums zu einer sozialen Gruppe zeigt sich an Schnitten, Hautritzungen, Bemalungen, Tätowierungen, Schminke, Haarschnitt und deren Doublette: den Kleidern. Das Haut-Ich ist das originäre Pergament, das wie ein Palimpsest die durchgestrichenen, weggekratzten und dann überschriebenen Entwürfe einer »ursprünglichen« präverbalen Schrift aus Hautspuren konserviert.

Auf diese Funktion bezieht sich eine erste Form der Angst: die Angst, beschämende und unauslöschliche Eintragungen aus dem Über-Ich – die Rötung, das Ekzem, die symbolischen Wunden nach Bettelheim (1954), die Höllenmaschine der *Strafkolonie* von Kafka (1914-1919), die auf der Haut des Verurteilten in gotischen Buchstaben den übertretenen Gesetzesparagraphen eingraviert, bis er daran stirbt –, könnten auf der Körper- und Ichoberfläche sichtbar werden. Im Gegensatz dazu steht die Angst vor der Gefahr, Eintragungen könnten durch Überladung gelöscht werden, bzw. die Angst vor dem Verlust der Fähigkeit, Spuren zu konservieren, wie das z. B. im Schlaf geschieht. Der Film, der die Träume entstehen läßt, vermittelt somit dem psychischen Apparat das visuelle Bild eines Haut-Ichs, welches seine Funktion als empfindliche Fläche wiedererworben hat.

9. Alle bisher erwähnten Funktionen stehen im Dienste des Anklammerungstriebes, später der Libido. Gibt es nicht auch eine negative Funktion des Haut-Ichs, sozusagen eine Anti-Funktion im Dienste des Thanatos, die die *Selbstzerstörung* der Haut und des Ichs zum Ziel hat? Die Fortschritte der Immunologie, ausgelöst durch die Beschäftigung mit den Abstoßungsreaktionen des Organismus nach Organtransplantation, zeigen uns an, aus welcher Richtung eine wirkliche Antwort auf diese Frage für den lebenden Organismus erwartet werden könnte. Die Inkompatibilitäten zwischen Organspendern und -empfängern haben bestätigt, daß es (außer eineiigen Zwillingen) nicht zwei identische Menschen auf der Erde gibt, und sie haben außerdem gezeigt, wie wichtig die molekularen Erkennungszeichen der »biologischen Persönlichkeit« sind; je ähnlicher diese Zeichen bei Spender und Empfänger sind, desto größer sind die Erfolgschancen der Trans-

plantation (Jean Hamburger); diese Ähnlichkeiten entstehen durch die Existenz unterschiedlicher Gruppen von weißen Blutkörperchen, und es scheint, daß diese Gruppen nicht nur Merkmale der genannten Blutkörperchen sind, sondern auch die gesamte Persönlichkeit kennzeichnen (Jean Dausset).
Die Biologen haben Begriffe benutzt – das Selbst, das Nicht-Ich –, ohne zu wissen, daß sie denen ähneln, die einige Nachfolger Freuds entwickelt haben, um sein zweites topisches Modell des psychischen Apparats zu vervollständigen. Bei zahlreichen Krankheiten wird das Immunsystem angeregt, wahllos irgendein Organ des eigenen Körpers anzugreifen, als ob es sich um ein fremdes Transplantat handelte. Es handelt sich dabei um Auto-Immunphänomene, was etymologisch bedeutet, daß der lebende Organismus die immunologische oder Immunreaktion gegen sich selber richtet. Die zelluläre Armee ist dazu da, fremdes Gewebe abzustoßen – das *Nicht-Selbst,* wie es die Biologen nennen; aber manchmal ist sie so blind, daß sie das *Selbst* angreift, obwohl sie es im gesunden Zustand absolut respektiert: Die Folge sind oft schwere Auto-Immunkrankheiten.
Als Analytiker beeindruckt mich die Analogie zwischen der Auto-Immunreaktion einerseits und der Wendung des Triebes gegen sich selbst, der negativen therapeutischen Reaktion sowie der Angriffe auf Verbindungen im allgemeinen und gegen den psychischen Behälter im besonderen. Ich stelle ebenfalls fest, daß die Unterscheidung zwischen Vertrautem und Fremdem (Spitz) oder zwischen Ich und Nicht-Ich (*me and not me,* nach Winnicott) biologische Wurzeln hat, die sogar bis auf die Ebene der Zelle zurückgehen, und ich stelle die Hypothese auf, daß die Haut als Körperhülle eine Übergangswirklichkeit darstellt zwischen der Zellmembran (die die Informationen über die – fremden oder nichtfremden – Eigenschaften der Ionen empfängt, sortiert und weitergibt) und der psychischen Grenzfläche [*interface*], dem System Wahrnehmung-Bewußtsein des Ichs.
Die Psychosomatiker haben die Umkehrung der Signale für Sicherheit und Gefahr bei der allergischen Struktur beschrieben: Das Vertraute wird nicht mehr als schützend und beruhigend erlebt, sondern als schlecht vermieden, und das Fremde beunruhigt nicht mehr, sondern wirkt anziehend: Daraus entsteht die paradoxe Reaktion des Allergikers und auch des Süchtigen, der

das, was ihm gut tun könnte, vermeidet und der von dem, was ihm schadet, fasziniert ist. Die Tatsache, daß die allergische Struktur sich in Form eines Wechsels von Asthma und Ekzem darstellt, ermöglicht eine Präzisierung der Gestalt des dazugehörigen Haut-Ichs. Ursprünglich geht es darum, die Unzulänglichkeiten der Haut-Ich-Tasche bei der Bildung eines inneren, mit Inhalt gefüllten psychischen Raumes auszugleichen, d.h. den Übergang von einer zweidimensionalen zu einer dreidimensionalen Vorstellung des psychischen Apparates zu ermöglichen (vgl. Houzel 1984a). Die beiden Krankheitsformen entsprechen den beiden Möglichkeiten, sich der Oberfläche dieses Raumes zu nähern: von innen und von außen. Das Asthma ist ein Versuch, die das Körper-Ich bildende Hülle von innen heraus zu erleben: der Kranke bläst sich mit Luft soweit auf, bis er von unten die Grenzen seines Körpers spürt und sich auf diese Weise erweiterte Grenzen seines Selbst sichert; um diese Empfindung eines Selbst als aufgeblasene Tasche zu bewahren, hält er die Luft an und geht das Risiko ein, den Atemrhythmus zu blockieren und auf diese Weise zu ersticken. Die Beobachtung von Pandora (vgl. S. 154ff.) veranschaulicht dies. Das Ekzem ist ein Versuch, diese Körperoberfläche des Ichs von außen zu spüren, in ihrem schmerzhaften Zerreißen und dem rauhen Kontakt mit ihr, mit ihrem beschämenden Aussehen und auch als Hülle, die wärmt und diffus erogen erregt.

In der Psychose, speziell bei der Schizophrenie, erreicht das Paradoxon, das in der Allergie zum Ausdruck kommt, seinen Höhepunkt. Das psychische Funktionieren wird dann von dem beherrscht, was Paul Wiener (1983) die antiphysiologische Reaktion genannt hat. Das Vertrauen in das natürliche Funktionieren des Organismus ist zerstört oder wurde nicht erworben. Was natürlich ist, wird als künstlich erlebt; das Lebendige wird mit dem Mechanischen gleichgesetzt; was für das Leben und im Leben gut ist, wird als Todesgefahr wahrgenommen. Wie in einem Teufelskreis verändert ein solches paradoxes psychisches Funktionieren die Wahrnehmung des körperlichen Funktionierens und wird dadurch wiederum in seiner Paradoxie verstärkt. Dabei führt die latente paradoxe Gestalt des Haut-Ichs dazu, daß grundsätzlich nicht unterschieden werden kann zwischen Wachzustand und Schlaf, zwischen Traum und Realität, zwischen belebt und unbelebt. Die Beobachtung von Eurydice (Anzieu 1982b) kann im begrenzten Maße als Beispiel gelten; es handelt sich dabei um eine nicht-psychotische Patientin, die sich aber von psychischer Verwirrung bedroht fühlt. Bei solchen Patienten besteht eine der wesentlichsten Aufgaben des Psychoanalytikers darin, das Vertrauen in ein natürliches und glückliches Funktionieren des Organismus wiederherzustellen (Voraussetzung dafür ist, daß dieser Organismus mit seinen Bedürfnissen in der Umwelt genügend Resonanz findet); das ist eine schwierige und immer wiederkehrende Aufgabe, weil die Patienten unbewußt versuchen, den in der paradoxen Übertragung gefangenen Psychoanalytiker zu lähmen (vgl. Anzieu 1975b) und ihn in ihr eigenes Scheitern mit hineinzuziehen.

Die unbewußten Angriffe auf den psychischen Behälter, die ihre Grundlage möglicherweise in Autoimmunphänomenen haben, scheinen mir Selbstanteilen zu entspringen, die mit Abkömmlingen des dem Es zugehörigen Selbstzerstörungstriebes verschmolzen sind. Diese Abkömmlinge wurden an die Peripherie des Selbst verschoben und sind in der oberflächlichen Schicht – dem Haut-Ich – eingekapselt. Dort greifen sie die Kontinuität des Haut-Ichs an, zerstören seinen Zusammenhalt und verändern seine Funktionen, indem sie deren Ziele umkehren. Die imaginäre Haut, mit der sich das Ich umhüllt, wird zu einer vergifteten, erstickenden, brennenden, zersetzenden Tunika. Man kann also von einer *toxischen* Funktion des Haut-Ichs sprechen.

Diese Aufzählung der neun psychischen Funktionen des Ichs – den biologischen Funktionen der Haut entsprechend – ist für mich weder endgültig noch erschöpfend. Sie stellt einen Rahmen dar, der anhand der Fakten zu überprüfen ist und für Verbesserungen offenbleibt, der jedoch die klinische Beobachtung und die psychopathologische Diagnostik, die Durchführung der Psychotherapien und die psychotherapeutische Deutungstechnik erleichtern soll.

Bei Berücksichtigung derjenigen Funktionen der Haut, die in meiner bisherigen Betrachtung fehlen[3], könnte man – die Syste-

3 Ich danke meinem Kollegen, dem Psychophysiologen François Vincent, der mich darauf aufmerksam gemacht hat.

matisierung fortführend – weitere entsprechende Funktionen des Ichs vorschlagen:

– die Speicherfunktion (z. B. der Fette) ist mit der Gedächtnisfunktion in Zusammenhang zu bringen: diese gehört jedoch zur vorbewußten Zone des psychischen Apparats und – wie Freud betont – nicht zur »Oberfläche« des psychischen Apparats, welche durch das Wahrnehmung-Bewußtsein-System charakterisiert ist;

– die generative Funktion (z. B. der Haare und der Nägel) ist mit der Bildung der Abwehrmechanismen durch die (ebenfalls vorbewußte, sogar unbewußte) Zone des Ichs in Zusammenhang zu bringen;

– die Ausscheidungsfunktion (z. B. von Schweiß, von Pheromon) ist mit der vorgenannten Funktion in Zusammenhang zu bringen, da die Projektion tatsächlich einer der archaischsten Abwehrmechanismen des Ichs ist; man sollte allerdings die Verbindung zu einer besonderen topischen Konfiguration herstellen, die ich als Haut-Ich-Sieb beschrieben habe (vgl. die Beobachtungen von Eleonore und Getsemani).

Zusätzlich kann man auch einige Tendenzen – nicht Funktionen – des Haut-Ichs mit Eigenschaften der Struktur (und nicht der Funktionen) der Haut in Zusammenhang bringen. So entspräche z. B. die Tatsache, daß die Haut die größte Fläche und das größte Gewicht aller Körperorgane aufweist, dem Anspruch des Ichs, den gesamten psychischen Apparat zu umhüllen und für sein Funktionieren von größter Bedeutung zu sein. Es scheint ebenfalls einen Zusammenhang zu geben zwischen der Tendenz zur Verschachtelung des äußeren und inneren Blattes des Haut-Ichs sowie der Verschachtelung der psychischen Hüllen (sensorische, muskuläre, rhythmische) einerseits und dem (auf Seite 29 beschriebenen) Gewirr der Schichten, welche die Epidermis, die Lederhaut und die Unterhaut bilden, andererseits. Die Komplexität des Ichs und die Vielzahl seiner Funktionen könnten ebenfalls den zahlreichen und wesentlichen Unterschieden in der Struktur und der Funktion verschiedener Hautareale (z. B. der Dichte verschiedener Drüsentypen, der Tastkörperchen etc.) entsprechen.

Ein Fall von perversem Masochismus

Beobachtung von Monsieur M.

Der ziemlich außergewöhnliche Fall von Monsieur M., über den Michel de M'Uzan (1972 und 1977) noch vor meinem ersten Artikel über das Haut-Ich (1974) berichtet hat, entspricht keiner Indikation für eine analytische Behandlung, und es fanden nur zwei Gespräche statt. Meine Ansicht über die neun Funktionen des Haut-Ichs ermöglicht im nachhinein ein neues Verständnis dieses Falles; dadurch wird deutlich, daß in schweren Fällen von Masochismus fast alle Funktionen des Haut-Ichs (eine indirekte Bestätigung meiner Auflistung) beeinträchtigt werden und wie notwendig die Entwicklung perverser Praktiken ist, um diese Funktionen wiederherzustellen.

Für Monsieur M., der von Beruf nicht zufällig Radioelektriker ist, wird die Stützfunktion künstlich aufrechterhalten durch die Einführung von Metall- und Glasstücken unter die gesamte Haut (es handelt sich also um eine zweite, nicht muskuläre, sondern metallische Haut), vor allem durch Einführung von Nadeln in die Hoden und den Penis, durch zwei Stahlringe an der Spitze des Gliedes bzw. am Anfang des Hodensackes, durch aus dem Rükken geschnittene Hautstreifen, an denen Monsieur M. an Fleischerhaken aufgehängt wird, während ein Sadist mit ihm anal verkehrt (Aktualisierung des Mythems des aufgehängten Gottes – vgl. S. 71 –, dargestellt im Zusammenhang mit dem griechischen Mythos von Marsyas).

Die Schwächen der beinhaltenden Funktionen des Haut-Ichs werden nicht nur in den zahlreichen, auf der gesamten Körperoberfläche verteilten Brand- und Schnittnarben sichtbar, sondern auch durch das Abhobeln bestimmter vorstehender Körperteile (abgerissene rechte Brust, mit einer Metallsäge abgeschnittener kleiner Zeh am rechten Fuß), durch das Zustopfen bestimmter Löcher (mit geschmolzenem Blei gefüllter Nabel), durch künstliche Erweiterung bestimmter Öffnungen (Anus, Spalte der Eichel). Die beinhaltende Funktion wird durch die wiederholte Bildung einer Schmerzhülle wiederhergestellt, und zwar dank der großen Vielfalt, des Einfallsreichtums und der Grausamkeit der Folterinstrumente und -techniken: Das Phantasma der abgerisse-

nen Haut muß beim perversen Masochisten ständig wiederbelebt werden, damit er sich ein Haut-Ich wiederaneignen kann.
Die Funktion des Reizschutzes wird bis zu dem irreversiblen Grenzpunkt überwältigt, an dem die Gefahr für den Organismus tödlich wird. Monsieur M. kehrte immer wieder unversehrt aus diesen Grenzbereichen zurück (schwere Krankheit oder Verrücktheit waren ihm unbekannt), aber seine junge Frau, mit der zusammen er die Entdeckung der masochistischen Perversionen machte, starb an Erschöpfung infolge der erlittenen Mißhandlungen. Monsieur M. geht aufs Ganze und spielt mit dem Tod.
Nur der körperliche Schmerz (die Folter) und der moralische Schmerz (die Demütigungen) erfüllen die Funktion der Individuation des Selbst; die systematische Einführung von nichtorganischen Substanzen unter die Haut, die Aufnahme von ekelerregenden Substanzen (Urin, Kot des Partners) zeigen die Brüchigkeit dieser Funktion; die Unterscheidung zwischen eigenen und fremden Körpern ist ständig in Frage gestellt.
Die Funktion der Intersensorialität ist wahrscheinlich am besten erhalten (was die ausgezeichnete berufliche und soziale Anpassung von Monsieur M. erklärt).
Die Funktion des Haut-Ichs, als Grundlage für die sexuelle Erregung zu dienen, und die Funktion des libidinösen Aufladens sind ebenfalls erhalten und aktiviert, jedoch um den Preis des gerade beschriebenen, bis an die Grenze gehenden Leidens. Monsieur M. ist nach seinen Sitzungen mit perversen Praktiken nicht geschwächt oder deprimiert oder einfach müde: Diese Sitzungen regen ihn an. Zur sexuellen Befriedigung kommt er nicht durch Penetrieren oder durch Penetriertwerden, sondern anfangs durch Masturbation, später bereits durch die Beobachtung perverser Inszenierungen (z. B. wenn seine Frau die Grausamkeit eines Sadisten erleidet), begleitet von einer Erregung seiner ebenfalls mißhandelten gesamten Haut. »Meine gesamte Körperoberfläche konnte durch Schmerz gereizt werden«. »Der Samenerguß kam in dem Moment, wo der Schmerz am stärksten war … Nach dem Samenerguß litt ich, ganz einfach« (de M'Uzan 1977, S. 133 f.).
Die Funktion der Einschreibung von Zeichen ist überaktiviert. Zahlreiche Tätowierungen bedecken – mit Ausnahme des Gesichtes – den gesamten Körper; z. B. auf dem Gesäß: »zum Rendezvous der schönen Schwänze«; auf dem Oberschenkel und auf

dem Bauch: »Es lebe der Masochismus«, »Ich bin ein lebendiges Scheißhaus«, »Benutzen Sie mich wie ein Weibchen, sie werden es genießen«, etc. (de M'Uzan 1977, S. 127). Alle diese Eintragungen weisen auf eine besondere Identifikation mit der weiblichen Anatomie hin, verbunden mit einer Erogenisierung der gesamten Hautfläche und der Einladung an den Partner, die verschiedenen Öffnungen (Mund, Anus) zu genießen, was ihm selber nicht möglich ist.

Zum Schluß erreicht die Funktion des Haut-Ichs, die ich toxisch (d. h. selbstzerstörerisch) genannt habe, einen Höhepunkt. Die Haut wird Quelle und Objekt des zerstörerischen Prozesses. Aber die Spaltung der Lebens- und Todestriebe ist nur von kurzer Dauer, im Gegensatz zur endgültigen Spaltung bei den Psychosen. In dem Moment, wo das Spiel mit dem Tod selbstmörderisch wird, hört der Partner mit seinen Mißhandlungen auf, die Libido kehrt »ungestüm« wieder, und Monsieur M. kann genießen.

Zumindest hat er immer genügend psychologisches Gespür gehabt, um sich solche Partner zu wählen: »Der Sadist macht im letzten Moment immer einen Rückzieher«, sagt er (de M'Uzan 1977, S. 137). Allmachtswünsche, kommentiert Michel de M'Uzan. Ich möchte hinzufügen: die Suche nach einer Allmacht in der Zerstörung ist für den perversen Masochisten Bedingung, um zur Vorstellung der erotischen Allmacht zu gelangen, welche für das Genießen notwendig ist: nein, die Haut ist nicht vollständig abgerissen, die Funktionen sind nicht irreversibel gestört, ihre Wiedererlangung *in extremis* gerade in dem Moment, da sie verlorengehen, führt zu einem »aufbäumenden Jubel«, der, weil gleichzeitig körperlich und psychisch, viel intensiver ist als das, was Lacan im Spiegelstadium beschrieben hat, aber dessen narzißtische Ökonomie genauso offensichtlich ist.

Ich hoffe, gezeigt zu haben, daß diese wohlbekannten Abwehrmechanismen (Triebspaltung, Wendung gegen das Selbst, Wiederkehr des Abgespaltenen, narzißtische Überbesetzung der geschädigten psychischen und organischen Funktionen) nur in einem besonderen Haut-Ich so gut funktionieren können, einem Haut-Ich, das vorübergehend die neun grundsätzlichen Funktionen erworben hat, das wiederholt das Phantasma einer abgerissenen Haut und den dramatischen Verlust fast aller dieser Funktionen wiederbelebt, um noch intensiver die leidenschaftliche Erregung ihrer Wiederkehr zu genießen. Das Phantasma, eine eigene Haut zu besitzen (notwendig zur Erlangung der psychischen Autonomie), bleibt grundsätzlich schuldbesetzt. Dies ist eine Folge der vorher entstandenen Phantasie, daß man, um die eigene Haut zu besitzen, sie dem anderen vorher rauben muß und daß es letztlich besser ist, sich die eigene Haut rauben zu lassen, um dem anderen damit Genuß zu ermöglichen, um schließlich auch selbst genießen zu können.

Der feuchte Umschlag: die Eispackung

Die Eispackung

Die Eispackung ist eine Behandlungstechnik für schwer psychisch Kranke und geht auf den feuchten Umschlag zurück, der in der französischen Psychiatrie des 19. Jahrhunderts angewandt wurde; es gibt Analogien zum afrikanischen Ritual des therapeutischen Begrabens oder zum eiskalten Bad der tibetischen Mönche. Die Eispackung wurde in Frankreich um 1960 vom amerikanischen Psychiater Woodbury eingeführt, der das eigentliche körperliche Einhüllen in Tücher dadurch erweiterte, daß der Kranke eng von der Gruppe der ihn Pflegenden umgeben wurde. Diese Erweiterung führt zu einer unerwarteten Bestätigung der am Anfang dieser Arbeit aufgestellten Hypothese einer doppelten Grundlage des Haut-Ichs: einer biologischen, auf der Körperoberfläche beruhenden, und einer sozialen, basierend auf dem gemeinsamen Interesse der Umwelt, aufmerksam zu verfolgen, welche Erfahrungen der Betroffene macht.

Der Kranke wird von den Pflegern, in Unterwäsche oder nackt – wie er will – in feuchte und kalte Tücher eingewickelt. Diese umschließen zunächst einzeln die vier Extremitäten, dann den ganzen Körper, die Extremitäten eingeschlossen, jedoch ohne den Kopf. Unmittelbar danach wird der Kranke in eine Decke gehüllt, die es ihm schneller oder langsamer ermöglicht, sich zu erwärmen. So bleibt er eine Dreiviertelstunde liegen, er kann über das, was er empfindet, sprechen oder auch nicht (nach Meinung der Pfleger, die selber diese Erfahrung gemacht haben, sind die Empfindungen-Affekte so stark und außergewöhnlich, daß sie durch Worte nur ungenügend ausgedrückt werden können). Die Pfleger berühren den Eingewickelten mit ihren Händen, schauen ihn fragend an, antworten ihm; ungeduldig sind sie darauf aus zu erfahren, was in ihm vor sich geht. Die Anwendung der Eispackung führt bei den beteiligten Pflegern zu einem so starken Gruppengefühl, daß es beim übrigen Personal sogar zu Eifersuchtsreaktionen kommt. Darin sehe ich eine Bestätigung für meine andere Hypothese, nach der die körperliche Hülle eine der unbewußten psychischen Organisatoren der Gruppe ist (Anzieu 1981 b). Nach einer relativ kurzen Phase der Angst, verbunden mit dem Gefühl, völlig von der Kälte eingehüllt zu sein, kommt es zu einem Gefühl von Omnipotenz, von physischer und psychischer Vollständigkeit. Dies verstehe ich als Regression auf dieses ursprüngliche unbegrenzte psychische Selbst, von dessen Existenz einige Psychoanalytiker hypothetisch ausgehen und das der Erfahrung einer Spaltung zwischen psychischem Ich und Körper-Ich entspräche, eine Erfahrung, die gelegentlich die Teilnehmer einer Gruppe, Mystiker oder Künstler machen (vgl. Anzieu 1980 a). Dieses Wohlbefinden ist zwar nicht von Dauer, hält jedoch länger an nach der Wiederholung der Eispackungen (die gesamte Behandlung kann sich nach dem Modell der Psychoanalyse mit einer Frequenz von drei Umschlägen pro Woche über Jahre erstrecken).

Die Eispackung vermittelt dem Patienten das Gefühl einer doppelten körperlichen Hülle: eine thermische Hülle (zuerst kalt, dann warm, als Folge der peripheren Vasodilatation als Reaktion auf die Kälte) – diese Hülle bestimmt die innere Wärmeregulation; eine taktile Hülle (die nassen und engen Tücher kleben auf der ganzen Haut). Dies führt zur vorübergehenden Wiederherstellung seines von den anderen getrennten und gleichzeitig mit ihnen verbundenen Ichs, wodurch eine der topographischen Eigenschaften des Haut-Ichs zum Ausdruck gebracht wird. In diesem Zusammenhang hat eine Anwenderin der Eispackung, Claudie Cachard (1981), von einer »Membran des Lebens« gesprochen (vgl. auch de Loisy 1981).

Die Eispackung kann ebenfalls bei psychotischen und bei taubblinden Kindern angewandt werden, die ausschließlich über taktile Empfindungen sinnvoll mit ihrer Umgebung kommunizieren können. Die Eispackung stellt ihnen strukturbildende »Hilfshüllen« zur Verfügung, welche für eine gewisse Zeit an die Stelle ihrer pathologischen Hüllen treten und durch die sie auf einen Teil ihrer Abwehr, die in motorischer und akustischer Unruhe zum Ausdruck kommt, verzichten können und sich als Einheit und bewegungslos erleben können. Zunächst jedoch gibt es einen Widerstand gegen das Eingewickeltwerden: will man sie ganz ruhig halten, kommt es bei diesen Kindern zu einer tödlichen Panik und außergewöhnlichen Gewaltausbrüchen.

Drei Bemerkungen

Die Erfahrung mit der Eispackung veranlaßt mich zu drei Bemerkungen. Erstens ist der Körper des Säuglings anscheinend auf die Erfahrung einer beinhaltenden Hülle programmiert; fehlt ihm das entsprechende sensorische Reizangebot, macht er dennoch diese Erfahrung, mit dem, was ihm zur Verfügung steht: Auf diese Weise entstehen pathologische Hüllen aus einer Barriere von inkohärenten Geräuschen und motorischer Unruhe; diese übernehmen nicht die kontrollierte Entladung des Triebes, sondern dienen dem Organismus lediglich zum Überleben. Zweitens sind die paradoxen Widerstände der Erzieher gegen diese Methode folgendermaßen zu verstehen: Sie resultieren aus dem Unterschied im Niveau der Körper-Ich-Strukturierung bei den Erziehern und den Kindern und aus der Gefahr, die eine Regression für erstere bedeuten würde; eine Regression, die diesen Unterschied aufheben und zu seelischer Verwirrung führen würde. Drittens zeigen die Therapien mit »Hilfshüllen« (Eispackungen, Grotten, aber auch die Massagen, Bioenergetik, Selbsterfahrungsgruppen) nur eine kurzfristige Wirkung. Weniger ausgeprägt ist dieses Phänomen auch bei normalen Menschen zu beobachten, die durch konkrete Erfahrungen von Zeit zu Zeit ihr Grundgefühl eines Haut-Ichs bestätigen müssen. Dies veranschaulicht auch die Notwendigkeit, bei schweren Mangelzuständen Ersatz- oder kompensatorische Strukturen zu entwickeln.

8. Störungen der grundlegenden sensomotorischen Differenzierungsfähigkeiten

In diesem Kapitel werde ich eine einzige grundlegende sensomotorische Differenzierung untersuchen, diejenige zwischen respiratorischer Leere und Fülle. Andere Gegensätze werden im dritten Teil behandelt. Außerdem weise ich den Leser auf meinen Artikel »Sur la confusion primaire de l'animé et de l'inanimé. Un cas de triple méprise« hin [Über die primäre Undifferenziertheit zwischen Belebtem und Unbelebtem. Ein dreifaches Mißverständnis] (Anzieu 1982 b).

Über die Verwechslung respiratorischer Fülle und Leere

Prometheus hatte dem Himmel das Feuer geraubt, um es den Menschen zur Verfügung zu stellen. Als Rache schickten die Götter des Olymps seinem Bruder Epimetheus Pandora, eine wunderbare Frau, sowohl im Hinblick auf ihre Schönheit als auch ihren Charme, ihre verführerische Sprache und ihre handwerkliche Geschicklichkeit; sie war nach dem Bild der Göttinnen geschaffen und sehr begabt und schlau. Epimetheus vertraut ihr eine mit Luft gefüllte Büchse an, in der alle Übel eingesperrt waren, mit der Warnung, sie verschlossen zu halten. Neugierig öffnete Pandora den Deckel, alle Übel entfliehen, und ihr Odem verbreitet sich auf der Erde. Nach diesem Mythos werde ich eine Patientin nennen, über die ich berichten möchte. Lehrt uns nicht dieser Mythos, wie notwendig es für einige Patienten ist, den Atem voller Haß in ihren Lungen anzuhalten, von dem sie glauben, daß er ihre Umgebung zerstören könnte? Dieser Haß gilt ursprünglich einer deprimierten und sprachlosen Mutter, mit der diese Patienten als Säuglinge weder den lebenswichtigen Austausch über das Atmen noch den über die Luft vermittelten Austausch durch Sprache erfahren konnten.

Außerdem ist bekannt, daß die Atmung bei der Geburt reflektorisch ausgelöst wird durch die Massage des ganzen kindlichen Körpers, hervorgerufen durch die Kontraktionen der Gebärmutter und die vaginale Umhüllung; dieser Reflex wird unterstützt durch die wiederholten Reize, die während des Stillens und der Pflege auf den gesamten Körper einwirken. Der Atemaustausch mit der physiologischen Umgebung ist abhängig vom Berührungsaustausch mit der menschlichen Umwelt. Diese Abhängigkeit verändert sich durch den akustischen Austausch, der die Luft als Träger der Sprache benutzt. Der Begriff einer »respiratorischen Introjektion« wurde – mit den unterschiedlichen Bedeutungen, die ich hier nicht untersuchen will – von Otto Fenichel 1931 und dann von dem Kleinianer Clifford Scott entwickelt. Die Selbsterhaltungsfunktion der Atmung dient als Grundlage für die Ausbildung einer ursprünglichen Kommunikationsfunktion und begleitet die anfängliche Bildung des Haut-Ichs. Ich zitiere ein Ergebnis, das Margaret Ribble (1944) aus der Beobachtung von sechshundert Neugeborenen gewonnen hat: »Die Atmung eines Neugeborenen ist in den ersten Wochen nach der Geburt oberflächlich, ungleichmäßig und unzureichend. Sie wird automatisch und endgültig angeregt durch das Saugen und den Körperkontakt mit der Mutter. Diejenigen Babys, die nicht stark saugen, werden auch nicht tief atmen, und diejenigen, die nicht genug in den Arm genommen werden, besonders wenn sie mit Hilfe der Flasche ernährt werden, zeigen häufig Störungen der Atmung und des Magen-Darm-Bereichs. Letztlich schlucken sie Luft und leiden an den sogenannten Koliken. Sie haben Verdauungsstörungen und erbrechen gelegentlich.«

Eine ausführliche, aber leider veraltete Auflistung der psychosomatischen und psychotherapeutischen Arbeiten über die Atemstörungen findet sich in dem Artikel von J. A. Gendrot und P. C. Racamier (1951): »Fonction respiratoire et oralité« [Respiratorische Funktion und Oralität]. Wahrscheinlich aus Gründen der psychoanalytischen Orthodoxie betonen diese beiden Autoren den Zusammenhang zwischen der nervösen Steuerung sowohl der Atmung als auch der Verdauung; sie schätzen die Bedeutung der oralen Beziehung zu hoch ein auf Kosten derjenigen des Berührungsaustausches und vernachlässigen den Einfluß der frühen Risse im körperlichen Ich-Vorläufer (den ich lieber Haut-Ich nenne) bei der Entstehung von Atemstörungen. Im Gegensatz dazu unterscheiden sie sehr richtig zwischen Störungen des Einatmens und des Ausatmens. Sie weisen daraufhin, daß die Hemmung des Ausatmens im Zusammenhang mit einem internalisierten bösen Objekt steht: »Der Asthmatiker ist dazu verurteilt, das, was er aggressiv in sich aufgenommen hat, nicht ausstoßen zu können« (S. 470). Sie zeigen, daß in allen Fällen hinter dem respiratorischen Einhalten das Bedürfnis steht, voll zu bleiben, sowie die Angst vor der Entleerung.

In seinem eher theoretischen als klinisch orientierten Werk *Le Stade du respir* wirft J. L. Tristani (1978) Freud vor, daß er die Atmung in seinen theoretischen Ausführungen vernachlässigt habe, obwohl er die respiratorischen Phänomene in seinen klinischen Beobachtungen richtig beschrieben habe (nervöses Husten von Dora, Wahrnehmung der Urszene gleichzeitig als Keuchen [*halètement*] und »Stillen« [*allaitement*]; Hinweis im »Entwurf« von 1895 auf den Schrei als erste zwischenmenschliche Verbindung). Tristani stellt mehrere interessante Hypothesen auf:

– Zusammen mit der Ernährung gehört die Atmung zu den Selbsterhaltungstrieben, d. h. zu den Ich-Trieben, als Grundlage des späteren Sexualtriebs (allerdings fehlt bei Tristani eine Beschreibung der Nasenschleimhaut als erogene Zone);

– die Weinerlichkeit entspricht in bezug auf die Atmung dem Lutschen bei der nährenden Oralität;

– einigen schweren Atemstörungen liegt das lebenswichtige Dilemma zugrunde: entweder ich oder der andere. (Tristani zitiert eine psychotische Patientin von F. Roustang: »Ich verbrauche so wenig Luft wie möglich, um meinen Eltern so wenig wie möglich wegzunehmen. Ich muß ersticken, damit sie atmen können«);

– es gibt zwei Arten von Verwechslung zwischen den Systemen der Atmung und der Verdauung. Das Einatmen entspricht der oralen Aufnahme und das Ausatmen dem analen Ausstoßen; allerdings finden Ein- und Ausatmung an derselben Öffnung statt, die als Ein- bzw. Ausgang dient (die Atmung funktioniert nach Art eines sich immer wiederholenden Hin und Her, während die Verdauung linear abläuft, Eingang und Ausgang liegen an entgegengesetzten Enden). Der erste Typ von Verwechslung ist das Erbrechen; das Verdauungssystem funktioniert wie die Atmung: der Mund nimmt die Nahrung auf und gibt sie dann wieder von sich, so als würde er die Nahrung einatmen. Der zweite Typ von

Verwechslung ist die Aerophagie; hier läuft die Atmung nach Art der Verdauung ab: die Luft wird gegessen, geschluckt und verdaut (daher auch Magenschmerzen, Koliken). In der Tat gibt es für die Atmung zwei Öffnungen, die Nase und den Mund: man kann mit einer Öffnung atmen oder auch einen Kreislauf herstellen, indem die eine Öffnung als Eingang, die andere als Ausgang dient (z. B. bei den Gewohnheitsrauchern).

Beobachtung von Pandora

Pandora schickt mir einen Brief, einen Hilferuf. Sie ist verzweifelt: Wenn ihr die Psychoanalyse nicht helfen kann, gibt es für sie keinen Ausweg. Sie lebt ihr eigenes Leben wie eine Fremde und hat sehr viel Angst vor ihren anfallsartig auftretenden Selbstmordimpulsen. Sie hat schreckliche Angstträume, in denen sie weiß, daß sie getötet wird und nichts dagegen tut, in denen sie vergewaltigt, erstickt und ertränkt wird.

Zum ersten Gespräch erscheint eine große, schöne Frau. Sie betrachtet mein Arbeitszimmer, das nicht sehr hoch ist, dessen Wände von Bücherregalen voll sind und das mit Akten überhäuft ist. Sie spricht von ihrem Gefühl des Eingeengtseins, »es mangelt an Volumen«, obwohl es an diesem Ort in einem übertragenen Sinne zuviel *volumes* [frz.: Bücher] gibt: So stellt sie gleich zu Anfang die Störung ihrer Fähigkeit dar, grundsätzlich zwischen Leere und Überfülle zu differenzieren. Sie schließt daraus, daß »es (mit mir) nicht gehen wird«. Offensichtlich bekommt sie keine Luft, aber sie drückt es nicht aus. Ich antworte sofort mit einer ziemlich langen, konstruierten Deutung: Sie erlebt in meinem Arbeitszimmer ihre erste enttäuschende Begegnung mit einer Person wieder, von der sie seinerzeit alles erwartete; wenn sie sich eingeengt fühlt, heißt das, daß die Person, die sich um sie kümmerte, als sie klein war, ihr entweder nicht genug Freiraum ließ oder an ihren Wünschen, Gedanken und Ängsten vorbeiging; so ist sie selbst seit langem auf der Suche nach Grenzen, in denen sie sich wiedererkennen und wiederfinden kann. Nach diesen Worten entspannt sich ihre Atmung, und sie bestätigt meine Deutung: die beiden Verhaltensweisen, die ich gerade erwähnt habe, sind beide richtig; die erste betraf die Großmutter, die zweite ihre Mutter. Am Ende des Gesprächs entscheidet sie sich dafür, mit mir zu arbeiten. Ich schlug eine psychoanalytische Psychotherapie mit einer Stunde pro Woche im Sitzen vor, was sie annimmt.

Während ihrer Sitzungen bleibt Pandora lange stumm und starr, die Augen abgewendet, aber plötzlich prüfend, ob ich sie ständig anschaue und ob meine Aufmerksamkeit weiterhin auf sie gerichtet ist. Wenn ich müde werde, wenn ich schweige – und damit aufhöre, ihr Hypothesen darüber mitzuteilen, was bei ihr nicht stimmt (Angstträume, berufliche Konflikte, Liebesenttäuschungen der vergangenen Woche), wenn ich sie nicht mehr anschaue und nicht mehr an sie denke, steht sie plötzlich auf, geht und schlägt die Tür hinter sich zu. Ich schließe daraus, daß die Mutter ihr gegenüber vermutlich gleichgültig war, daß sie weder Blicke noch Worte für sie hatte. Pandora bestätigt, daß die Mutter sie mit Hilfe ihrer eigenen Mutter (Pandoras Großmutter mütterlicherseits) gut ernährte und pflegte, berichtet aber auch, daß die Mutter in der übrigen Zeit nicht mit ihr kommunizierte, ihr den Rücken zuwandte und Stunden schweigend auf dem Balkon damit zubrachte, ins Leere zu schauen. Es scheint, daß die aktuelle Angst Pandoras in den Augenblicken, in denen sie von einer starken Selbstzerstörungslust fasziniert ist (mit Hilfe von Medikamenten, eines Revolvers ihres Onkels oder mittels spitzer Glasscherben, mit denen sie ihre Geschlechtsorgane verletzt) den damaligen Schrecken wiederholt, von ihrer Mutter ins Leere mitgezogen zu werden: »Unsagbares Erschrecken«, wie es Bion formuliert (1967); Identifikation mit der »toten Mutter« – André Green (1984, Kap. 6) – und Suche nach einer Vereinigung mit ihr in einer gegenseitigen Erfüllung nicht des Lebenstriebes, sondern des Nirwanaprinzips.

Pandora fordert mich heraus, sie zu verstehen, und versucht, mich in ein Dilemma zu bringen: Wenn ich schweige und warte, bis sie Material liefert, das mich weiterbringt, bin ich unfähig, zu erraten, was offensichtlich in ihr vor sich geht; spreche ich, wirft sie mir vor, immer ein bißchen daneben zu liegen. Trotzdem entwickelt sich das Arbeitsbündnis entsprechend ihrer zunehmenden Sicherheit, daß wir miteinander atmen und sprechen können.

Kann Pandora während einer Sitzung nicht sprechen, schreibt sie mir oder ruft mich an, um es zu erklären. Erst später werde ich verstehen, daß für sie die Luft Träger der abgespaltenen und projizierten bösen Anteile des Selbst ist: dann kann sie leichter schreiben als sprechen. Ich antworte auf ihre Briefe immer, entweder schriftlich oder mündlich in der nächsten Sitzung. Meine Vermutungen und Interpretationsversuche führen nach und nach dazu, daß die Patientin in Deutungen baden kann, die sie umhüllen, was mir für sie lebenswichtig erscheint, und manchmal treffen diese Deutungen sogar zu. Sie merkt das sofort, und anhand einer Erinnerung, eines Traumes oder des Berichtes einer neueren Enttäuschung zählt sie die lange Reihe der Traumata auf, die ihre frühe Kindheit geprägt und sie selber dazu gebracht haben, sich eine vollkommen glückliche, imaginäre Welt zu schaffen und die reale Welt gleichsam durch eine Scheibe und voller Haß zu betrachten, in die sie sich ab und zu mittels Provokation oder Spott einmischt. Während der Sitzung treten gehäuft Atemschwierigkeiten auf.

Die Physiologen betrachten das *Lachen*, das *Schluchzen* und das *Erbrechen* als Variationen der Atembewegungen. Die Beobachtung von Patienten in Psychotherapie bestätigt, wie wichtig diese Reaktionen als drei unterschiedliche Modalitäten der respiratorischen Identifizierung sind. Die Behandlung Pandoras zeigte mir die beiden ersten, wenngleich ich vermute, daß sie mir die dritte (das Erbrechen) vorenthalten hat. Am Ende einer Sitzung, in der Pandora mit Hilfe meiner Deutungen zuerst eine respiratorische Blockierung asthmatischer Art und dann eine Blokkierung des Sprechens mit Hilfe meiner Deutungen überwindet, bricht sie oft in Lachen aus; dann sagt sie mir zum Beispiel, daß sie sich richtig lebendig fühle, daß alle diese Blockierungen sie nicht daran hindern, ihren Körper, ihre Freundschaften und ihre künstlerische Freizeitbeschäftigung zu genießen, und daß ich mich nur zu sehr beeindrucken ließe etc. – ein Lachen, dem ich mich in der Regel anschließe, in der Entspannung eines wiedererlangten respiratorischen Gleichgewichts. Es handelt sich hier um eine Identifizierung des Patienten mit dem anderen, der für ihn Spiegel eines »natürlichen« psychophysiologischen Funktionierens ist; auf diese Weise kann der Patient Vertrauen in seine eigene Möglichkeit entwickeln, natürlich zu funktionieren. Kommen wir jetzt zum Schluchzen.

Im Laufe einer Sitzung, in der ich meine psychoanalytische Arbeit auf ihre Abwehr durch Rückzug aus der Kommunikation, durch Muskelstarre und durch Einmauerung ihrer Affekte richtete, schildert Pandora eine Konfliktszene mit ihrem Vater, über die sie schon früher knapp und gleichgültig berichtet hatte. Ich weise sie darauf hin, daß sie nur die Fakten wiedergibt und nicht die Gefühle, die sie dabei empfunden hat. Plötzlich: ein Weinen, an der Grenze zum Schluchzen. Sie findet die zwei beteiligten Affekte wieder: die intensive Demütigung, die sie damals empfunden hat, und das Gefühl, eine Mörderin zu sein – wegen des damals in ihrem Bewußtsein aufsteigenden Triebimpulses, den Vater zu töten. Dieses gefühlsbetonte Sich-Erinnern ist begleitet von einer Intensivierung der Übertragung. Pandora wirft mir vor, indem ich sie diese unerträglichen Affekte wiedererleben lasse, sie zu mißhandeln und sie dazu zu bringen, ein grundsätzliches Familienverbot zu übertreten: Es war den Kindern verboten zu weinen. Nichts ist also gefährlicher als die von der Psychoanalyse empfohlenen freien Assoziationen, denn sie können dem mörderischen Drang freien Lauf lassen, der somit wie der Inhalt der Büchse der Pandora ausgeleert werden und dann sein Unheil in der Umgebung anrichten kann. Andere Patienten schluchzen sogar. Nach meiner Erfahrung geht diese Reaktion mit der doppelten Phantasie einher, daß die Psychoanalyse für sie nur schädlich sein kann und daß die Luft ein geeignetes Medium darstellt, mörderische Impulse freizusetzen.

Nach und nach macht die Behandlung von Pandora Fortschritte. Es kommt zu einem psychotherapeutischen Prozeß. Allerdings gestalten sich die Sitzungen weiterhin schwierig. Im folgenden führe ich das Beispiel einer außergewöhnlichen »Sitzung« an, einmal wegen der dramatischen Intensität und auch wegen der Abweichung vom klassischen psychoanalytischen Rahmen, zu der ich greifen mußte. An einem Sonntagmorgen ruft mich Pandora von ihrem Ferienort aus an. Ihre Stimme ist kaum zu hören. Vor ihrer Abfahrt hatte sie mir mitgeteilt, daß sie am Anfang einer von ihr und ihrem Mann erwünschten Schwangerschaft stand (die Fortschritte in der Behandlung hatten ihr die Ehe und die Mutterschaft möglich gemacht). Wegen einer durch ihren Zustand bedingten Müdigkeit bekam sie vierzehn Tage Urlaub und den dringenden Rat, diese Tage in Luft und Sonne zu verbringen. Seit gestern allerdings litt sie an einem sich verstärkenden Asthmaanfall. Zu der Angst, keine Luft zu bekommen, kam die Angst hinzu, eine Entscheidung zu treffen: Ihr wurde von den Medikamenten, die sie üblicherweise in diesem Fall einnahm, abgeraten, da sie für die Gesundheit, ja sogar für das Leben des Babys ein Risiko darstellten; nahm sie sie jedoch nicht, war ihr eigenes Leben bedroht: sie würde ersticken. Der Arzt hatte sie in diesem Dilemma allein gelassen, jedoch drängte er sie, ins Krankenhaus zu gehen und empfahl ihr sogar, einen Schwangerschaftsabbruch zu erwägen. Sie war ratlos. Ich mußte sie diese Sätze wiederholen lassen, denn ich konnte sie kaum hören. Dann deutete ich die Situation des Dilemmas: »Entweder die Mutter oder das Kind«, »entweder sie überlebt und der andere stirbt, oder der andere lebt und sie ist diejenige, die stirbt« und stellte die Verbindung zu der Beziehung her, die sie als Kind zu ihrer Mutter gehabt hatte: »Wenn ich lebe, bewirke ich den Tod meiner Mutter«. Pandora berichtigt: »Es war umgekehrt. Jahrelang habe ich den Wunsch gehabt, an der Stelle meiner Mutter zu stehen, die ständig davon sprach, zu sterben. Ich dachte, wenn jemand sterben muß, dann will ich es sein, und daß ich zu sterben hatte, damit sie leben konnte.« Nicht zu atmen bedeutete also, ihrer Mutter die Luft zu lassen. So begann eine Sitzung am Telefon. Ich sage ihr das und weise sie darauf hin, daß ich zu ihrer Verfügung stehe (im Gegensatz zu ihre Mutter, die nicht verfügbar war). Ich erinnere mich daran, daß es bei ihrer eigenen Geburt Schwierigkeiten gegeben hatte, und setze dies in Beziehung zur zukünftigen Geburt ihres Kindes, ich teile ihr die Hypothese eines Wiederholungszwanges mit, dem sie als Mutter im Hinblick auf dieses gewünschte und ungeborene Kind unterliegt, nämlich zur Wiederholung des Widerstandes ihrer Mutter, ein Kind zu gebären, das sie sich nicht wünschte. Pandora antwortet: »Es stimmt. Nachts denke ich, daß ich noch nicht einmal in der Lage sein werde, es so gut zu machen wie meine Mutter, und daß ich unfähig sein werde, ein Kind zu gebären.« Ich ermuntere sie, mir in Einzelheiten das zu berichten, was sie von ihrer eigenen Geburt weiß. Sie erklärte, sie sei nicht in der Lage, jetzt noch länger zu sprechen. Ich ermutige sie und füge hinzu, daß es gerade in dem Moment zu einer Unfähigkeit zur Kommunikation mit mir kam, als sie über ihre Unfähigkeit zur Schwangerschaft in der Beziehung zur Mutter gesprochen hatte, Pandora, mit lauterer Stimme: »Ich werde es versuchen.«

Im Gegensatz zu ihrer sonstigen Gewohnheit berichtet sie ausführlich und liefert neue Einzelheiten über dieses von ihr bis jetzt nur in Andeutungen erwähnte Erlebnis. Sie wurde mit der Nabelschnur um den Hals geboren, man glaubte sie schon verloren, sie lief blau an und man mußte sie wiederholt heftig schütteln und schlagen, um endlich ihre Atmung in Gang zu bringen. Dieser Bericht ist eigentlich ein Dialog, in dem ich jeden ihrer Sätze wie ein Echo wiederhole und den ich immer wieder in Gang halte durch Schütteln und Anregungen, welche verbale Äquivalente der Berührungsreize darstellen, die ihr früh gefehlt haben (allerdings teile ich ihr diesen Zusammenhang nicht mit). Ich sage ihr, daß ihr Atemsystem bereit war, zu funktionieren unter der Voraussetzung, daß es die adäquaten Anregungen bekam, daß die Tatsache, daß sie überlebt hat, ein Beweis dafür ist, daß sie fähig war und immer noch fähig ist zu atmen, heute wie damals.

Im Laufe unserer Unterhaltung entspanne ich mich (muß ich erwähnen, daß mich ihr Anruf sehr beunruhigt hat), und ich spüre, daß auch sie sich entspannt. Während ich ihr weiterhin laut Deutungen gebe, kehre ich zu mir zurück, und ich phantasiere, daß ich eine Mutter bin, die ihre Tochter zur Welt bringt und ihr Luft zum Atmen schenkt.

Nach einer Stunde frage ich Pandora, wie es mit ihrer Atmung ist (»Ich atme besser«), ob wir aufhören können (»Ja«) und was sie machen wird (»Ich habe gerade meine Entscheidung getroffen. Vorsichtshalber werde ich ins Krankenhaus gehen, aber ich werde keine Medikamente einnehmen, die meinem Baby schaden könnten«).

Während ihrer Schwangerschaft kam es noch zu zwei oder drei akuten Episoden, in denen Pandora glaubte, sie nicht zu Ende führen zu können, aber ich verfügte über genügend Wissen, um meine Deutung zu wiederholen, zu entwickeln und zu vervollständigen, und zwar in folgende Richtungen: Sie gehorche dem mütterlichen Fluch, welcher ihr verbot, Frau und Mutter zu sein; sie verübe ein Majestätsverbrechen, indem sie ihrer Mutter gleich sein und diese ihrer Fruchtbarkeit berauben wolle; sie habe Angst, dem Drang ausgeliefert zu sein, ihr Kind auszustoßen, so wie ihre Mutter den Drang gehabt habe, sie als Kind auszustoßen. Diese Episoden mit Verfolgungsgedanken wurden durch Träume ausgelöst, und ich lernte schnell, sie zu erahnen, mir berichten zu lassen und ihren Inhalt zu deuten.

Es wurde eine leichte Geburt. Pandora erlebte mit ihrem Baby, welches sie stillte, echte Flitterwochen, getrübt durch plötzliche Gewitter, die ihr die schlimmsten Katastrophen ankündigten, aber die durch die hartnäckige Fortsetzung der psychotherapeutischen Arbeit jedesmal vertrieben wurden. Auch die Asthmaanfälle wiederholten sich, waren aber nicht so stark und weniger gefährlich, weil nicht soviel auf dem Spiel stand. Künftig verfügte ich über ein Deutungsraster. Die Übertragung bewegte sich von paranoidem Mißtrauen und schizoidem Rückzug in Richtung auf eine halb-narzißtische, halb-ödipale Verführung hin zur allmählichen und kontrastreichen Entstehung einer Übertragungsliebe, die über meine Person hinaus der väterlichen Imago galt.

Diese Behandlungssequenz veranschaulicht ein psychogenetisches Faktum: die Unzulänglichkeit der libidinösen und narzißtischen Besetzung des Säuglings durch die Mutter macht ihn, wenn sie in einer Vermeidung des körperlichen Kontakts zum Ausdruck kommt, anfällig für Atemstörungen; das Atemsystem ist bei der Geburt und im Lauf der ersten Wochen durch Reize auf der Haut des Säuglings nicht genügend angeregt worden. Die Beobachtung von Pandora veranschaulicht auch einen Punkt der Behandlungstechnik. Der Psychoanalytiker enthält sich des Berührens seiner Patienten und des Berührtwerdens durch sie[1], mit Ausnahme des üblichen Händedrucks. Allerdings soll er Worte finden, die symbolische Äquivalente des Berührens sind und die die Funktion des Körper-Ichs und des psychischen Ichs übernehmen, welche in der Vergangenheit nicht genügend Anregung bekamen, um sich zu entwickeln. Diese symbolische Wiederherstellung des ursprünglichen Berührungsaustausches ermöglicht dem Patienten, wieder Vertrauen in die Existenz einer Kommunikation zu finden, nicht mit jedem beliebigen Menschen, was einer Vorstellung von Omnipotenz und Austauschbarkeit gleichkäme, sondern mit Partnern, die er sich besonders aussucht und auf die er in angemessener Weise aktiv zugeht. In der Tat hat der Wiederholungszwang oft zur Folge, daß sich empfindliche Menschen an solche Partner binden, die ihnen gegenüber die Mängel,

1 In bestimmten Grenzfällen kann ausnahmsweise ein Minimum an Berührung für kurze Zeit zugelassen werden, um die Stützfunktion der Haut für das Ich wiederherzustellen; der Patient stützt z. B. kurz vor dem Weggehen seinen Kopf auf die Schulter des Psychoanalytikers (siehe die Behandlung von Mme. Oggi, von der R. Kaspi 1979 berichtet).

Traumata und Widersprüche wiederholen, die auch von der primären Umwelt ausgingen und die dadurch die ursprünglich pathogene Situation aufrechterhalten. Es ist nicht die Aufgabe des Psychoanalytikers, die narzißtischen Risse zu kitten oder ein reales Liebesobjekt anzubieten, sondern beim Patienten genug Bewußtsein von sich und den anderen zu entwickeln, damit er außerhalb der Analyse diejenigen Personen suchen, finden und halten kann, die seine körperlichen Bedürfnisse und seine psychischen Wünsche befriedigen können. Psychische Gesundheit, sagt Bowlby, heißt, sich dafür zu entscheiden, mit Menschen zu leben, die uns nicht krank machen...

9. Störungen der Struktur des Haut-Ichs bei narzißtischen und Borderline-Persönlichkeiten

Struktureller Unterschied zwischen narzißtischen und Borderline-Persönlichkeiten

Eine Schwierigkeit der psychoanalytischen Nosologie, Klinik und Technik liegt seit den sechziger Jahren in der Frage der Zweckmäßigkeit einer Differenzierung zwischen »narzißtischen Störungen der Persönlichkeit« (die selber mehr oder weniger mit den »Charakterneurosen« verwechselt werden) auf der einen Seite und »Borderline-Persönlichkeitsstörungen« (die manchmal mit »prä-psychotischen Organisationen« verwechselt werden). In den USA gab es um diese Frage eine heftige Auseinandersetzung zwischen Kohut (1971) und Kernberg (1975), einem Befürworter und einem Gegner dieser Unterscheidung.

Kurz zusammengefaßt, lief die Diskussion wie folgt.[1] Bei Borderline-Persönlichkeitsstörungen treten Regressionen auf, die vorübergehenden psychotischen Episoden entsprechen und die immer, aber oft nur sehr schwer, im Leben und/oder in den psychoanalytischen Sitzungen, durch die Begegnung mit einem Hilfs-Ich aufgefangen werden können. Dieses Hilfs-Ich erhält eine normale Ausübung der psychischen Funktionen aufrecht, welche durch die unbewußten Angriffe – dem eigenen Haß des

1 In Frankreich findet sich eine ausführliche Darstellung dieser Diskussion in zwei Werken von Bergeret (1974, S. 52f.; 1975, S. 283f.). Bergeret steht Kohut näher als Kernberg. Er zeigt, daß eine Borderline-Persönlichkeitsstörung nicht als »Neurose« (auch nicht als narzißtische Neurose) betrachtet werden kann und daß das narzißtische Defizit von der narzißtischen Persönlichkeit über die Borderline-Persönlichkeitsstörung bis zur präpsychotischen Organisation (das heißt eine noch nicht dekompensierte psychotische Struktur) größer wird. Für Bergeret ist die eigentliche Krankheit des primären Narzißmus die Psychose; die eigentliche Krankheit des (auf Beziehungen beruhenden) sekundären Narzißmus ist der Borderline-Zustand; in der Neurose gibt es natürlich auch narzißtische Schwächen, aber sie ist an sich keine »Krankheit des Narzißmus«. Ich danke Jacques Palaci für seine Hilfe bei der Klärung dieser Fragen.

Patienten entspringend – gestört oder sogar zeitweise zerstört sind; dabei werden diese Angriffe vom Patienten als selbstfremd erlebt. Das Gefühl der Ich-Kontinuität geht bei den Borderline-Persönlichkeitsstörungen leicht verloren.

Von den narzißtischen Persönlichkeitsstörungen ist ein reiferes Gefühl betroffen, nämlich das der Selbstkohäsion. Dieses hängt mit der ungenügenden Entwicklung des Selbst zusammen. Für Kernberg entsteht das Selbst aus der Internalisierung der frühen Objektbeziehungen. Für Kohut ist es das Ergebnis der inneren wechselvollen Schicksale des Narzißmus; dieser entwickelt sich ziemlich getrennt von den Objektbeziehungen und durchläuft eine besondere Struktur, nämlich die der Beziehungen zu »Selbst-Objekten«, in der die Differenzierung zwischen Selbst und Objekt ungenügend ist; diese Beziehungen sind narzißtisch besetzt (während die Objektbeziehungen libidinös besetzt sind); mit Hilfe der zwei spezifischen narzißtischen Übertragungstypen, der Spiegelübertragung und der idealisierenden Übertragung, sind sie analysierbar. Diese Patienten, die an narzißtischen Störungen leiden, bewahren ein relativ autonomes psychisches Funktionieren. Dazu gehören diejenigen Fähigkeiten, die zum Zeitpunkt der narzißtischen Verletzung verlorengegangen sind, aber besonders durch die Erfahrung von Empathie wiedererlangt werden können: einen Aufschub in der Bedürfnisbefriedigung zu ertragen, den psychischen Schmerz auszuhalten und sich mit dem Objekt zu identifizieren.

Im Gegensatz dazu unterscheidet Kernberg eine große Vielfalt von Borderline-Zuständen je nach der Schwere der Charakterpathologie. Diese verschiedenen Grade der Borderline-Zustände zeigen zusätzlich ebenfalls vielfältige narzißtische Störungen. Sie reichen vom normalen Narzißmus über die narzißtische Persönlichkeit und die narzißtischen Charakterneurosen bis hin zu pathologischen narzißtischen Strukturen, welche definiert sind als libidinöse Besetzung eines pathologischen Selbst, nämlich des Größenselbst – einer Verschmelzung der Ideal-Selbst-, der Ideal-Objekt- und der Real-Objekt-Repräsentanzen. Das Größenselbst hat eine Abwehrfunktion gegen die libidinös und aggressiv besetzten archaischen Phantasien von einer inneren Aufspaltung in ein zerstörerisches Selbst und ein verfolgendes Objekt in den frühen Objektbeziehungen.

Die topische Perspektive, unter der sich mein Konzept des Haut-Ichs einordnen läßt, liefert ein weiteres Argument zur Unterscheidung zwischen narzißtischen und Borderline-Persönlichkeitsstörungen. Das »normale« Haut-Ich umhüllt nicht den gesamten psychischen Apparat und bietet eine doppelte Oberfläche, eine äußere und eine innere, mit einem Abstand zwischen beiden, der einen gewissen Spielraum zuläßt. Diese Beschränkung und dieser Abstand haben bei narzißtischen Persönlichkeiten die Tendenz zu verschwinden. Der Patient möchte sich mit seiner eigenen psychischen Hülle begnügen, um mit dem anderen keine gemeinsame Haut zu haben, die seine Abhängigkeit von ihm offenbart und hervorruft. Dies zu erreichen, fehlen ihm jedoch die Möglichkeiten: zu Beginn seiner Strukturierung ist das Haut-Ich noch empfindlich. Es muß gestärkt werden. Dazu gibt es zwei Wege. Der erste besteht darin, den Abstand zwischen beiden Oberflächen des Haut-Ichs abzuschaffen, das heißt zwischen den äußeren Reizen und der inneren Erregung, zwischen dem Bild, das er von sich selber hat, und dem, das andere ihm spiegeln; seine Hülle wird fester, indem sie zum Zentrum, ja sogar zum doppelten Zentrum des Interesses wird: sowohl für sich selbst als auch für die anderen, und sie neigt dazu, die gesamte Psyche zu umhüllen. Auf diese Weise erweitert und gefestigt, vermittelt sie ihm Sicherheit, allerdings fehlt es ihr an Geschmeidigkeit, so daß sie bei der geringsten narzißtischen Verletzung reißt. Der andere Weg hat zum Ziel, dieses individuelle und jetzt gefestigte Haut-Ich durch eine symbolische mütterliche Haut äußerlich zu verdoppeln, entsprechend der Ägis des Zeus oder den Eindruck schindenden Klamotten, welche die jungen, oft magersüchtigen Mannequins anziehen, weil sie durch deren Glanz vorübergehend narzißtisch bestärkt werden, als Ausgleich für die unbewußte Bedrohung, die vom Zerfall des psychischen Behälters ausgeht. Im narzißtischen Phantasma behält die Mutter die gemeinsame Haut mit dem Kind nicht, sondern gibt sie ihm weiter, und das Kind trägt sie triumphierend; dieses großzügige Geschenk der Mutter (sie gibt ihre Haut hin, um dem Kind Schutz und Kraft im Leben zu sichern) stellt eine große Chance dar: das Kind hat die Phantasie, zum Heldentum berufen zu sein (was dann auch tatsächlich in Erfüllung gehen kann). Diese doppelte Hülle (die eigene, verbunden mit der mütterlichen) ist glanzvoll und ideal; sie führt zur narzißtischen Persönlichkeit mit der Illusion von Unverletzbarkeit und Unsterblichkeit. Sie wird im psychischen Apparat durch das Phänomen der »doppelten Wand« dargestellt, welches ich noch verdeutlichen werde. Im masochistischen Phantasma tut die grausame Mutter nur so, als ob sie ihre Haut dem Kind gibt; sie ist ein vergiftetes Geschenk mit der unheilvollen Absicht, dem Kind das an dieser Haut haftende eigene Haut-Ich wieder wegzunehmen und schmerzhaft zu entreißen, um so das Phantasma einer gemeinsamen Haut wiederherzustellen – und mit ihm Abhängigkeit, die sich daraus ergibt, und die darin wiedergefundene Liebe. Aber der Preis dafür ist hoch: er besteht im Verlust der Unabhängigkeit sowie in psychischen und körperlichen Verletzungen.

Bei den narzißtischen Persönlichkeiten bleibt aufgrund der Ausbildung eines doppelwandigen Haut-Ichs die Beziehung Behälter/Inhalt und das psychische Ich in das Körper-Ich integriert. Die Denkaktivität und die schöpferische psychische Arbeit sind weiterhin möglich.

Im Gegensatz dazu bleibt die Störung bei den Borderline-Persönlichkeiten nicht auf die Peripherie beschränkt; die Gesamtstruktur des Haut-Ichs ist beeinträchtigt. Die beiden Oberflächen des Haut-Ichs sind zu einer einzigen vereinigt, und diese ist verdreht wie der Ring, den der Mathematiker Möbius beschrieben hat und mit dem Lacan als erster das Ich verglichen hat[2]: das erklärt die Störung in der Differenzierung zwischen dem, was von innen kommt, und dem, was von außen kommt. Ein Teil des Wahrnehmung-Bewußtsein-Systems, normalerweise an der Grenzfläche zwischen Außenwelt und innerer Realität lokalisiert, wird von dieser Stelle entfernt und in die Position eines Außenbeobachters gebracht (der Borderline-Patient erlebt das Funktionieren seines eigenen Körpers und Geistes von außen, als desinteressierter Zuschauer seines eigenen Lebens). Aber der Teil des Wahrnehmung-Bewußtsein-Systems, der als Grenzfläche bestehenbleibt, sichert dem Subjekt eine Anpassung an die Realität, die ausreicht, um nicht psychotisch zu werden. Die Produktion von Phantasmen und ihre Verbreitung in der unmittelbaren Um-

2 Für Lacan hat das normale Ich diese Struktur, die es pervertiert und entfremdet. Nach meiner Erfahrung ist die Struktur des Möbiusbandes spezifisch für die Borderline-Persönlichkeitsstörungen.

gebung nehmen ab. Die Schwierigkeit, die Affekte als existentiellen Kern der Person in sich zu bewahren, führt (wegen der verdrehten Form des Haut-Ichs) zu einer Bewegung vom Zentrum zur Peripherie hin; dort nehmen sie teilweise den Raum ein, der durch die Verschiebung eines Teils des Wahrnehmung-Bewußtsein-Systems nach außen freigeworden ist; an dieser Stelle werden die Affekte unbewußt, kapseln sich ein und werden zu Teilen des verborgenen Selbst, dessen plötzliches Bewußtwerden wie das Erscheinen böser Geister gefürchtet wird. Daraus folgt ein zweites Paradoxon, das ebenfalls der Struktur des Möbiusbandes entspricht: so wie das Außen zum Innen und wieder zum Außen usw. wird, so wird das schlecht Enthaltene zum schlechten Behälter. Schließlich wird das Zentrum des Selbst, das von diesen ursprünglichen, übermäßig starken Gefühlen (Hilflosigkeit, Schrecken, Haß) verlassen wurde, zum Ort der Leere, und die Angst vor dieser inneren Leere ist Gegenstand der wesentlichen Klage dieser Patienten, es sei denn, es gelingt ihnen, diese Leere durch die imaginäre Anwesenheit eines Objektes oder eines Ideals (eine Sache oder eine Person, für die man sich engagiert, eine unerreichbare leidenschaftliche Liebe, eine Ideologie) zu füllen.

Ein literarisches Beispiel für die narzißtische Persönlichkeit: *Morels Erfindung* von Bioy Casares

Zur Verdeutlichung der narzißtischen Persönlichkeit wähle ich keinen klinischen Fall, sondern eine literarische Allegorie aus der Novelle *Morels Erfindung* (1984) des argentinischen Schriftstellers Bioy Casares, eines Freundes und Mitarbeiters von Borges. Der Erzähler, der auf eine unbewohnte Insel geflüchtet ist, notiert in seinem Tagebuch, was er über diese Insel gehört hat: »Sie ist der Herd einer bis heute ungeklärten Krankheit, die tödlich von außen nach innen frißt. Die Nägel fallen aus, die Haare, dann stirbt die Haut ab und die Hornhaut der Augen, und der Körper lebt acht bis vierzehn Tage. Die Matrosen eines Dampfers, der vor der Insel Anker geworfen hatte, waren hautlos, ohne Nägel – allesamt tot, als der japanische Kreuzer *Namura* sie auffand« (ebd., S. 8). Diese Krankheit der körperlichen Hülle befällt am Ende – in allen Bedeutungen dieses Wortes – den Erzähler. Auf der vorletzten Seite seines Tagebuches beschreibt er sie: »Ich kann immer weniger sehen; das Tastgefühl versagt mir den Dienst; die Haut löst sich ab; die Empfindungen sind undeutlich, schmerzhaft; ich bemühe mich, sie zu vermeiden. Im Angesicht des Spiegelschirms erkannte ich, daß ich bartlos, kahlköpfig, ohne Fingernägel, leicht gerötet bin« (ebd., S. 119). Die Auflösung erfolgt in zwei Schritten: zuerst auf der Oberhaut, später erreicht sie die Lederhaut.

Dies bestätigt meine Vorstellung von der Existenz einer doppelten psychischen Haut – einer äußeren und einer inneren, deren Beziehung im folgenden erläutert wird. Diese immer tiefergehende Auflösung der Haut bildet das Leitmotiv, um das es in der Novelle in einer Reihe von Variationen immer wieder geht. Erste Variation: Als Opfer eines Justizirrtums entging der Erzähler der lebenslangen Haft, indem er Zuflucht auf der kleinen, verlassenen Insel suchte, die ihm jetzt als ewiges Gefängnis dient. Er stellt sich als Verfolgter, als für immer Enthäuteter dar. Die Frustrationen und Traumata, die er an diesem unwirtlichen Ort erleidet, dringen ständig in sein empfindliches Haut-Ich vor. Die Insel selbst – und dies ist die zweite Variation – wird als eine unzulängliche symbolische Haut beschrieben, die nicht in der Lage ist, ihren Bewohner zu umhüllen, zu tragen, zu schützen: die Flut überschwemmt ihn, die Sümpfe lassen ihn versinken, die Mücken reizen ihn, die Bäume verfaulen, das Schwimmbecken ist voll von Vipern, Kröten und Wasserinsekten, die Vegetation zerstört sich selbst durch ihre verschwenderische Fülle, die Lebensmittel, die er – in dem von ihm so genannten – Museum (tatsächlich war es früher ein Hotel) findet, sind verdorben. Eine dritte Steigerung dieser Hautzersetzung, die allmählich das Leben im Inneren des Körpers und des Geistes bedroht, nimmt eine philosophisch-theologische Form an. Das Problem, mit dem sich der Erzähler in Gedanken beschäftigt, wenn diese nicht vom unmittelbaren Überlebenskampf in Anspruch genommen werden, ist das eines ewigen Überlebens: kann das Bewußtsein, das eigentlich Belebende des Körpers, nach dem Tod weiterleben, ohne daß zumindest ein Teil der Körperoberfläche erhalten bleibt? Wie kann man ihrer Zersetzung Einhalt gebieten?

In seiner Novelle stellt Bioy Casares eine Beziehung her zwischen diesem Angriff zuerst auf das äußere, dann auf das innere

Haut-Ich einerseits und einer Erfahrung von verstörender Vertrautheit andererseits, zu einer Wahrnehmungs- und Denkstörung beim Erzähler. Dieser glaubte sich auf seiner unbewohnten Insel in Sicherheit. Schon auf der ersten Seite seines Tagebuches – und das ist der Grund, warum er sich dazu entscheidet, es überhaupt zu schreiben – erlebt er schreckliche Überraschungen. Plötzlich ertönen auf der Insel aus einem unsichtbaren Phonographen alte Schlager. Das »Museum« bevölkert sich mit Bediensteten und ungewöhnlichen, snobistischen Sommergästen, die Kleider nach der Mode von vor zwanzig Jahren tragen. Mit ihren Spielen beleben sie das scheinbar unbenutzbare Schwimmbecken. Im hügeligen Teil der Insel flanieren sie umher. Der Erzähler versteckt sich vor ihnen, aber hört Teile ihrer Unterhaltungen und schreibt sie auf. Die ungastliche Insel und das ungewohnte Arrangement stehen fur den Erzähler im Widerspruch zum ungezwungenen und sicheren Auftreten dieser Männer und Frauen. Zuerst hat er Angst, von ihnen bemerkt, festgehalten und angezeigt zu werden. Jedoch kümmert sich scheinbar keiner um ihn. Dann befällt ihn ein viel tieferes Gefühl der Beunruhigung: trotz seines ungeschickten Verhaltens, durch das man auf ihn aufmerksam hätte werden müssen, trotz seiner Versuche, Kontakt zu einer Frau aufzunehmen, die wie eine Zigeunerin aussieht, sich von der Gruppe absondert und in die er sich verliebt, begegnen ihm alle diese Menschen, obgleich sie wirklich lebendig sind, nur mit Gleichgültigkeit. »Ihr Blick nahm mich nicht wahr, als sei ich unsichtbar« (ebd., S. 29). Je vertrauter sie ihm werden, desto unheimlicher werden sie ihm auch. Er glaubt an ihre Existenz, aber diese »Geister« glauben nicht an die seine, so daß er sich zu Mord oder Verrücktheit gedrängt fühlt.

Endlich versteht der Erzähler, daß es sich dabei um seine eigene Denkstörung handelt. »Jetzt habe ich den Eindruck, daß die Lage, so wie sie eigentlich beschaffen ist, nicht der Schilderung entspricht, die ich weiter oben gegeben habe, daß die Situation, an der ich teilgenommen habe, nicht dieselbe ist, an der ich teilzunehmen wähnte« (ebd., S. 66). In der Tat erlebt er eine Szene, in der Morel am Tag vor der Abreise den anderen seine Erfindung erklärt. Ohne ihr Wissen hatte er von ihnen Film- und Tonbandaufnahmen gemacht, indem er auf der Insel drei Arten von Geräten installieren ließ, um Bilder von ihnen aufzunehmen, zu konservieren und wieder zu projizieren – nicht nur visuelle und akustische Bilder wie im Kino oder im Fernsehen, sondern auch Bilder von Berührungen, Wärme, Geruch und Geschmack. Wenn, wie die englischen Empiristen behaupten, das Bewußtsein nichts anderes ist als die Summe unserer Empfindungen (ein Postulat, das mir Voraussetzung für Morels Überlegung zu sein scheint), dann werden diese Bilder, die die sensorische Gesamtheit eines Individuums wiedergeben, eine Seele bekommen. Nicht nur der Zuschauer, der die Vorführung erlebt, wird das betreffende Individuum als real wahrnehmen, sondern auch die auf diese Weise gefilmten Darsteller werden sich während der Vorführung gegenseitig lebendig und bewußt fühlen. Morel, die Frau, die er vergeblich geliebt hat, und ihre Begleiter während der Woche auf der Insel werden für die Ewigkeit leben. Jede große Flut wird wieder die Motoren aufladen, die in den unterirdischen Gängen des Museums sicher untergebracht sind, und die Projektion des Filmes von ihrem Aufenthalt in natürlicher Größe in Gang setzen. So waren die Erscheinungen, die den Erzähler so sehr beunruhigt hatten, nur die Bilder, die erschreckenden Abbilder realer Menschen, die Geister von Personen, die wahrscheinlich zur Zeit seiner Kindheit, das heißt vor zwanzig Jahren, gelebt hatten, mit einem Wort: es waren Idole.[3] Morels Erfindung stellt eine doppelte Allegorie dar. Eine literarische: Ist nicht auch ein Roman eine Maschine, die Personen fabriziert und sie mit solchen sinnlichen Eigenschaften ausstattet, daß der Leser sie für lebendig hält? Eine metapsychologische Allegorie: Morels Erfindung mit ihren drei Typen von Apparaten für die Wahrnehmung, die Aufnahme und die Vorführung ist eine metaphorische Variante des Freudschen psychischen Apparates: das System Wahrnehmung-Bewußtsein ist geteilt, die Aufnahme entspricht dem Vorbewußten, und das Unbewußte wurde... vergessen. Im Gegensatz zur empfindlichen, angreifbaren, durchlöcherten menschlichen Haut stellt Morels Maschine die Utopie einer unverletzbaren Haut dar. Fasziniert vom Ideal ihrer Abbilder, zieht

3 Die alten Griechen erklärten das Sehen so, daß sich ein unsichtbarer Film von den Dingen löste und ihre Gestalt bis zu den Augen trug, die auf diese Weise einen Eindruck bekamen. Das Idol (abgeleitet vom Verb *îdein*, sehen) ist dieses immaterielle Doppel des Objektes, welches es ermöglicht, daß es gesehen wird.

es der Erzähler vor, ausgestattet mit einem so empfindlichen Haut-Ich, anstatt der realen Menschen ihre Idole zu lieben – genau das nennt man Idolatrie.
Morels Maschine hat ihn und seine Begleiter eine Woche lang gefilmt und wird nun ewig das Geschehene vorführen. Allerdings nimmt diese Aufnahme den realen Personen das Lebendige und Bewußte und überträgt es auf die projizierten Abbilder. »Beiläufig fiel mir ein, daß der ängstlichen Scheu, die gewisse Völker davor haben, sich in Bilder dargestellt zu sehen, der Glaube zugrunde liegt, daß, sobald sich das Bild einer Person formt, die Seele in das Bild übergeht und die Person stirbt: scheint aus der Hypothese, daß die Bilder beseelt sind, mit Notwendigkeit zu folgen, daß die Sender ihre Seele verlieren, wenn sie von den Apparaten aufgenommen werden« (ebd., S. 110f.). Durch »Unvorsichtigkeit« (ebd., S. 108), wie er sagt, aber noch mehr durch eine aus seiner Überzeugung sich zwingend ergebende Konsequenz überprüft der Erzähler seine Vermutung an sich selbst. Er hält seine linke Hand vor den Aufnahmeapparat, und kurze Zeit später stirbt sie ab, während das Bild seiner intakten Hand in den Archiven des Museums aufbewahrt wird, wo er sie sich von Zeit zu Zeit vorführen läßt. Jetzt versteht er, wie Morel und seine Freunde gestorben sind: indem sie für die Ewigkeit aufgenommen worden sind. Morels Zynismus führte dazu, daß er der einzige in seiner Gruppe war, der davon wußte und es wollte: »Doch ist das eine Ungeheuerlichkeit, die anscheinend nicht mit der Natur des Menschen im Widerspruch steht: nämlich daß er in Verfolgung seiner Idee ein Massensterben organisiert und die Solidarität seiner samtlichen Freunde selbstverständlich für sich in Anspruch nimmt« (ebd., S. 111). Die Illusion der Unsterblichkeit wird – für mich nicht überraschend – von einer Gruppenillusion begleitet: Dank Morels Erfindung »wird der Mensch sich einen abgelegenen holden Ort erwählen, sich mit denen, die er am meisten liebt, zusammentun und in einem trauten Paradies ewige Dauer genießen. Ein einziger Garten wird, sofern die zur Dauer bestimmten Szenen in unterschiedlichen Augenblicken aufgenommen werden, unzählige Paradiese in sich fassen, deren Gemeinschaften, ohne voneinander zu wissen, zur gleichen Zeit, ohne aufeinander zu stoßen, und fast an denselben Stellen in Aktion treten werden« (ebd., S. 95 f.).

Der Erzähler, eine Doublette Morels, führt die Logik seiner Erfindung und dieser Illusion bis zum äußersten Ende fort. Er ist in eine unsterbliche Faustine verliebt, die ihn ihrerseits allerdings nicht mehr wahrnehmen kann. Daraufhin lernt er mit großer Mühe, die Maschine zu bedienen. Er projiziert die Szenen, in denen Faustine zu sehen ist, und nimmt sie erneut auf, wobei er sich selber dazwischenschiebt, so als ob er sie begleiten und mit ihr ein verliebtes Gespräch führen würde. Dadurch muß er jetzt ebenfalls sterben, und schon beginnt seine Haut abzufallen. Aber er legt diese Neuaufnahme anstelle der alten in die Projektmaschine ein, so daß diese von jetzt an für immer projiziert wird. Sein Tagebuch und sein Leben enden mit dem Wunsch, daß jemand eine vollkommen perfekte Maschine erfindet, durch die er einen Platz in Faustines Bewußtsein erhält – eine Maschine, die jeglichen Unterschied zwischen Wahrnehmung und Phantasma, zwischen äußeren und inneren Vorstellungen aufhebt.

Das Phantasma einer doppelten Wand

Illusion von Unsterblichkeit, Gruppenillusion, Liebesillusion, Illusion über die Wirklichkeit der Romanfiguren: wir sind mitten in der narzißtischen Problematik. Eine solche Überbesetzung der narzißtischen Hülle scheint wohl Abwehrcharakter zu haben und dient als Ausgleich für das Phantasma einer substanzlosen Haut: gerade dort, wo ständig Gefahren von außen und innen drohen, ist es notwendig, das Haut-Ich herauszuputzen, welches in seinen Funktionen als Reizschutz und psychischer Behälter ganz ungesichert ist. Die topische Lösung besteht also darin, den Abstand zwischen den beiden Seiten des Haut-Ichs, der Außen- und Innenseite, aufzuheben und sich die Grenzfläche als doppelte Wand vorzustellen. Solange diese Lösung imaginär im direkten Sinne des Wortes bleibt (d. h., solange sie ein täuschendes, aber beruhigendes Selbstbild hervorruft), gehört der Patient in den Bereich der Neurose; führt diese Lösung jedoch zu einer realen Änderung des Haut-Ichs, handelt es sich um Autismus oder – wie Annie Anzieu in *De la chair au verbe* (1978, S. 129) zu erklären versucht hat – um psychogenen Mutismus: »Die äußere

Hülle des Körpers ist tatsächlich von den Sinnesorganen sowie vom Anus und der Harnröhre ›durchlöchert‹. Man kann die Hypothese aufstellen, daß die Sensibilität dieser Öffnungen beim Säugling zu Verwirrung führt, da diese Sensibilität durch die Objekte, die diese Öffnungen passieren, nach außen orientiert ist: der innere Kontakt des Körpers und seiner Inhalte zu der ihn begrenzenden Haut ist nicht von äußeren Hautkontakten zu den umgebenden Objekten zu unterscheiden. Dies bedeutet, daß das Kind von den visuellen Bildern, von den Geräuschen und den Gerüchen penetriert wird, für die es zum Behälter und Durchgangsort wird; das gleiche gilt für die Fäzes, den Urin, die Milch oder den eigenen Schrei. Die innere Hülle kann also auch selbst von den Objekten der Wahrnehmung angegriffen und durchlöchert werden. Dieses phantasmatische Phänomen wird durch bestimmte Angstsituationen zu einem Gefühl ständiger Verfolgung, durch die das Körperinnere des Säuglings verletzt und in Aufruhr versetzt wird und gegen die er alle beherrschenden Öffnungen unbedingt schließen muß.«
Dennoch ist es merkwürdig, festzustellen, daß der Erzähler von *Morels Erfindung* wegen eines Differenzierungsmangels zwischen innerer und äußerer Oberfläche in der Illusion einer doppelten Wand lebt. Nachdem es ihm dank eines Oberlichtes gelungen war, den unterirdischen Maschinenraum zu lokalisieren, konnte er durch eine Spalte, die er mit einer Eisenstange geschaffen hatte, eintreten, obwohl der Raum hermetisch abgeschlossen war. Mehr noch als der Blick auf die stillstehenden Maschinen versetzte ihn etwas anderes in »wohlgefälliges und großäugiges Erstaunen. Die Wände, die Decke, der Boden bestanden aus lichtblauem Porzellan, ja selbst die Luft (...) war von jener ätherischen und tiefen Durchsichtigkeit, wie sie der Fall von Kaskaden hervorbringt« (ebd., S. 16). Nachdem er Morels Vorhaben erkannt hatte, kehrte er zu den Maschinen zurück, um ihre Funktionsweise zu verstehen und um sie zu beherrschen. Sobald sie sich in Gang setzen, untersucht er sie: Jedoch vergeblich, ihre Technik bleibt unerreichbar für ihn. Er schaut im Raum umher und ist plötzlich verwirrt. »Ich suchte nach dem Loch, das ich gebrochen hatte, es war nicht mehr da (...). Ich trat einen Schritt zur Seite, um zu sehen, ob es andauere (...). Ich befühlte ringsum die Wände. Ich las vom Boden Porzellanscherben auf, die herun-

tergefallen waren, als ich die Öffnung gebrochen hatte. Ich tastete an eben dieser Stelle die Wand lange und umständlich ab. Ich mußte mich mit der Tatsache abfinden, daß sie sich von selber wiederaufgebaut hatte« (ebd., S. 101 f.). Er benutzt erneut die Eisenstange, aber die Mauerstücke, die er herausbricht, fügen sich sofort wieder ein. »Dann erblickten meine Augen in einer Vision von solcher Schärfe und Deutlichkeit, daß es ans Blitzhafte und Übernatürliche grenzte, die himmelblaue Gleichmäßigkeit des Porzellans, die unversehrte Wand ringsum, den abgeschlossenen Raum« (ebd., S. 103). Es gibt keinen Ausgang mehr, er fühlt sich gehetzt, Opfer eines Zaubers, und er gerät in Panik. Dann begreift er: »Diese Wände sind (...) maschinell erzeugte Projektionen. Sie fallen mit den von Maurern aufgeführten Wänden zusammen (sind dieselben Wände, aufgenommen von den Maschinen und dann auf eben diese Wände projiziert). Da, wo ich die ursprüngliche Wand durchbrochen oder beseitigt habe, bleibt die projizierte bestehen. Da sie eine Projektion ist, vermag keine Macht der Welt sie zu durchstoßen oder zu beseitigen (solange die Motoren in Betrieb sind). (...) Morel hat wahrscheinlich diese Abschirmung mittels einer doppelten Mauer ersonnen, damit kein Mensch an die Maschinen herankommt, von denen seine Unsterblichkeit abhängt« (ebd., S. 104 f.).
Zu einer gründlicheren Untersuchung der narzißtischen Hülle und ihrer Funktion beim Piloten, Helden, Schöpfer weise ich den Leser auf die Arbeit von André Missenard (1979) »Narcissisme et rupture« hin.

Denkstörungen und Borderline-Zustände

Überzeugungen sind notwendig für das menschliche Leben. Man kann nicht leben, ohne überzeugt zu sein, daß man lebt. Man kann die äußere Welt nicht wahrnehmen, ohne an die eigene Realität zu glauben. Man wäre kein Mensch, glaubte man nicht an seine Identität und Kontinuität. Man ist nicht wach, wenn man nicht davon überzeugt ist, daß man wach ist. Natürlich sind diese Überzeugungen, die uns zeigen, daß wir an unserem Dasein haften und die es uns ermöglichen, unser Leben zu leben, kein sicheres Wissen. Untersucht man sie unter dem Gesichtspunkt von richtig oder falsch, scheinen sie widerlegbar, und die Philosophie, die Literatur, die Religionen und die Psychologie haben sich viel Mühe gegeben, diese Überzeugungen zu belegen beziehungsweise zu zeigen, daß sie unhaltbar sind.

Wenn der Mensch diese Überzeugungen besitzt, sollte er sie natürlich in Frage stellen. Wer sie nicht besitzt, sollte sie wenigstens erwerben, um sich als seiend bzw. wohl seiend zu empfinden. Derjenige, dem sie fehlen, leidet und klagt darüber. Dies wird an der Klinik nicht mehr der narzißtischen Persönlichkeiten, sondern der Borderline-Persönlichkeitsstörungen deutlich, der Depressionen und einiger psychosomatischer Desorganisationszustände (d. h. an Zuständen, die durch das häufige bzw. ständige Versagen des psychischen Behälters charakterisiert sind). Eine theoretische Aussage, die diesen Überzeugungsmangel verständlich macht, stammt von Winnicott (1969). Das psychische Ich entwickelt sich auf der Grundlage des Körper-Ichs, allerdings durch Differenzierung und Spaltung. Der Mensch besitzt eine Tendenz zur Integration, eine Tendenz »zur Herstellung einer Einheit von Psyche und Soma, einer Identität, die auf der gelebten Erfahrung zwischen Geist und Psyche einerseits und der Gesamtheit des psychischen Funktionierens andererseits beruht« (Winnicott 1969). Diese Tendenz, die schon am Anfang der Entwicklung beim Säugling latent vorhanden ist, wird durch die Interaktion mit der Umwelt verstärkt oder behindert. Auf einen primären, nicht integrierten Zustand folgt eine Integration: die Psyche zieht in das Soma ein, kommt in den Genuß einer psychosomatischen Einheit, die dem entspricht, was Winnicott das Selbst nennt. Fügen wir hinzu, daß der Säugling zu diesem Zeitpunkt eine dreifache Überzeugung entwickelt, die seiner permanenten Existenz, die seiner bewußten Identität und die vom natürlichen Funktionieren seines Körpers. Diese Überzeugung, der die primäre Lebenslust zugrunde liegt, folgt dem Lustprinzip. Eines der Charakteristika dieses Prinzips ist jedoch (wie Bion gezeigt hat), daß die Tendenz, Unlust zu vermeiden, unter bestimmten Bedingungen stärker wird als die Suche nach Lust; diese Bedingungen sind: Schwäche der angeborenen Ausstattung; eine Umwelt, die nicht ausreichend gut ist; frühe, extreme oder gehäufte Traumata. Das Subjekt bedient sich dann einer Abwehrspaltung gegen den Schmerz, der mit der Ohnmacht, mit der

Frustration oder der Hilflosigkeit einhergeht, auch wenn dadurch seine Grundüberzeugungen beeinträchtigt werden und der Betreffende seine primäre Lebenslust ganz oder teilweise verliert. Nach Winnicott ist also die psychosomatische Abspaltung beim Erwachsenen ein regressives Phänomen, bei dem die Reste der frühen Spaltung zwischen Psyche und Soma benutzt werden. Die Spaltung zwischen dem Psychischen und dem Somatischen schützt vor der Gefahr einer totalen Zerstörung. Für den psychosomatisch Kranken stellt das Gefühl, eine einheitliche Person zu sein, in der Körper und Psyche integriert sind, eine solche Gefahr dar, denn ein Angriff auf einen dieser beiden Anteile würde die Zerstörung der gesamten Person bedeuten. Im Notfall kommt es durch die Spaltung zu einem Verzicht; ein Anteil wird geopfert, um den anderen zu retten. Haben die Therapeuten dieser Abwehr erst einmal genügend Beachtung geschenkt, entsteht im psychosomatischen Patienten ein Gefühl innerer Beruhigung, welches ausreicht, die Tendenz zur Integration in ihm sichtbar und dann später wirksam werden zu lassen. Fehlt als Folge der Spaltung diese Überzeugung, erscheint die Angst vor der Leere.

Beobachtung von Sebastienne

Im Gegensatz zur narzißtischen Persönlichkeit in Bioy Casares' Novelle ist Sebastienne eine Borderline-Persönlichkeit; nach dem unglücklichen Ende einer ersten Analyse auf der Couch bei einem »Psychoanalytiker«, der mit Deutungen geizte und von allzu kurzen Sitzungen überzeugt war, ging es ihr in einer zweiten Analyse bei mir im Sitzen besser. Sie erscheint in einem Zustand schwerer Depression, die durch die gerade abgebrochene Behandlung zutage gefördert worden war und durch die plötzliche Entidealisierung ihres Psychoanalytikers noch verstärkt wurde. Im folgenden gebe ich Auszüge aus ihrer letzten Sitzung vor der gefürchteten Unterbrechung durch die großen Ferien, wieder, in der ihre Angst vor einem Riß in ihrer Selbstkontinuität wiederbelebt wurde.

»Etwas geschieht, beginnt und ... plumps! Gerade als ich anfange, daran zu glauben, kommen, wie zufällig, die Ferien ... Die Frage stellt sich auch umgekehrt: Es gibt Ferien ›gerade als ich anfange, daran zu glauben‹. Ich habe Angst. Mit wem spreche ich gerade? Was ist los? Was tut man mir gerade an? Das letzte Mal, als Sie mit mir über diese Episode aus meiner Kindheit sprachen, hatte ich den Eindruck, es sei alles Schwindel. [Es handelte sich um beängstigende sexuelle Spiele, die von einem älteren Halbbruder ausgingen und die sie über sich ergehen ließ, indem sie es sich verbot, Lust zu empfinden, und sich gleichsam aus ihrem Körper zurückzog.] Sie brachten mich dazu, etwas zu sagen, was ich nicht wußte, woran ich nicht beteiligt war [ich hatte den Schwindel erwähnt, in den sie die Empfindungen stürzten, die sie damals in sich verspürt hatte]. Und trotzdem, es gibt Schlimmeres. Indem ich das sage, sage ich es, ohne es zu sagen, ich hasse mich, ich hasse Sie. Ich habe die Nase voll (...) Warum ich hierbleibe? Wahrscheinlich aus dem Bedürfnis, daß Sie woanders sind als dort, wohin ich Sie im Moment mit Gewalt projiziere, um trotzdem mit Ihnen sprechen zu können. Damit Sie mir trotzdem antworten und ich leben kann.«

Ihre Schuldgefühle sind oberflächlich, ihre Scham ist groß und mit einem Haut-Ich verbunden, das seine Reizschutzfunktion nicht ausreichend erfüllt, durch dessen Risse die Empfindungen, Gefühle und Impulse, die sie gerne versteckt halten möchte, möglicherweise für die anderen sichtbar werden. Das Fallen in die innere Leere ist eine Möglichkeit, eventuellen Blicken zu entgehen. Die Erregung ist nicht mit ödipalen Phantasien verbunden; ihre sexuelle Bedeutung wird nicht nur nicht erkannt, sondern die Erregung wird als rein mechanisch und völlig sinnlos erlebt. Versuche, sie zu entladen, das heißt eine quantitative Lösung zu finden, führen zu Mißerfolgen: die Masturbation in der Adoleszenz und der Koitus jetzt führen zu Orgasmen, die jedoch die Spannung, die in ihrem Körper immer noch diffus verteilt bleibt, nicht mildern. Das Empfinden hat sich qualitativ verändert; das Angenehme der Empfindungen wurde von diesen getrennt und durch Aufspaltung in zahlreiche Fragmente zerstört. Sebastienne räumt der Vermeidung der Unlust den Vorrang ein vor der Suche nach Lust; sie verzichtet lieber auf die Lust, um ihre Libido von den Objekten abzulenken und sie in den Dienst der narzißtischen Ich-Ziele und des Selbstschutzes zu stellen. Diese Entscheidung gehört nach Bion zum psychotischen Teil des psychischen Apparates und ist weder der Umwelt noch dem Bewußtsein zugänglich. Durch die Abschirmung vor bestimmten Empfindungen gelingt es zwar nicht, die Gefühle von Unlust auszuschalten (ein Unwohlsein bleibt bestehen), jedoch kann man sie außerhalb des Systems Wahrnehmung-Bewußtsein halten. Es ist eine Leere, die vom psychischen Apparat im Dienste der Gesundheit geschaffen wurde, aber als Ersatz für eine haltende und umfassende Hülle, die das schwache Haut-Ich nicht bieten kann. Nachdem sie es zu einer solchen Empfindungsleere gebracht hat (die übrigen körperlichen und intellektuellen Funktionen blieben im wesentlichen bei ihr intakt), lebt Sebastienne zwar, jedoch ohne die Überzeugung, daß sie lebt, und ohne an ein natürliches Funktionieren zu glauben. Sie lebt neben sich selbst. Von weitem erlebt sie das mechanische Funktionieren ihres Körpers und ihres Geistes, welches nach drei Jahren Psychoanalyse bei mir im wesentlichen wieder einsetzte. Sie äußert mir gegenüber zunehmenden Haß, und zwar aus drei Gründen: Sie ist mit dieser Besserung unzufrieden, da sie nun automatisch und lustlos funktioniert und ihre früher großen intuitiven Fähigkeiten vermindert sind; ihre durch die Behandlung wiedererwachte Libido richtet sich auf die Objekte und besetzt wieder ihre erogenen Zonen, wodurch das durch die Leere erreichte Gleichgewicht, welches ihr so wichtig geworden war, gestört wird; schließlich führt die Entwicklung der Übertragung auf mich dazu, daß sie in mir nicht mehr die anaklitische Stütze einer genügend guten Umwelt finden kann, sondern daß sie mit dem bedrohlichen Bild eines verführenden und verfolgenden männlichen Penis konfrontiert wird. Gleichzeitig und im Gegensatz dazu steht die Hoffnung, auf andere Weise, nach dem Lustprinzip, zu funktionieren und glücklich werden zu können: die großen Sommerferien beginnen gerade, als sie anfängt, »daran zu glauben«. Jetzt ist es notwendig, den Wiederholungszwang zu deuten, das heißt ihre Erwartung, ja sogar die provokatorische Vorwegnahme der Wiederholung der seinerzeit entstandenen Enttäuschung durch die frühen Übergriffe und die paradoxen Forderungen seitens ihrer Mutter: Bezüglich der körperlichen Pflege und ihrer sehr starken Liebe für ihre Tochter war die Mutter großzügig und überstimulierend, zeigte aber ebenso plötzlich ein rigides, moralisierendes und ablehnendes Verhalten im Hinblick auf die von ihrem Kind zum Ausdruck gebrachten Ich-Bedürfnisse.

Aber das war nicht alles. Die Mutter, die streng die Gebote christlicher Nächstenliebe erfüllte, ohne Mitglied einer Kirche zu sein, engagierte sich in karitativen Einrichtungen. Während ihrer häufigen Abwesenheit ließ sie Sebastienne bei einer Nachbarin, einer robusten, einfachen und diensteifrigen Bäuerin, die ihre Hausarbeit tüchtig mit der rechten Hand erledigte, während sie links die Kleine mehr oder weniger gut gegen ihren Körper gedrückt festhielt. Außerdem trug diese Frau eine riesige, fettige Lederschürze, die nie gereinigt wurde und auf der die in Wollschuhchen gehüllten Füße des Babys abrutschten. Zur Angst, die Mutter zu verlieren, kamen also die verzweifelte Suche nach einem körperlichen Halt, nach einer wesentlichen Stütze hinzu und die Angst, das stützende Objekt zu verlieren. Ich brauchte eine gewisse Zeit, um eine Verbindung zur Wiederholung dieses Risses in der Übertragung herzustellen, der die erste Funktion des Haut-Ichs betraf: ich hatte tatsächlich den unangenehmen Eindruck, daß mir die Patientin, unabhängig von meinen Bemühungen und meiner Deutungsgabe, aus den Fingern glitt.

Lange machte mich Sebastiennes Körperhaltung stutzig: Sie setzte sich so, daß sich unsere Stühle gegenüberstanden, nicht aber unsere Körper; sie wandte sich nach rechts und in einem Winkel von ungefähr zwanzig Grad zu mir und behielt diese Position während der gesamten Sitzung bei; während sie mit mir sprach oder mir zuhörte, schaute sie mich nur mit dem linken Auge an. Mir fiel auf, daß sie eine »indirekte« Kommunikation zu mir herstellte, und auch meine Deutungen verstand sie oft nur auf Umwegen. Wenn ich mit ihr sprach, fühlte ich mich wie ein Billardspieler, der die rote Kugel nicht direkt, sondern über die Bande spielen sollte. Diese Haltung war tatsächlich überdeterminiert: ödipal gesehen stellte sie einen Schutz vor der Wiederbelebung der sexuellen Konfrontation mit ihrem älteren Halbbruder dar; narzißtisch gesehen drückte sie mit Hilfe ihres Körpers diese Drehung des Haut-Ichs aus, ähnlich dem Möbiusband, das ich bereits als typisch für die Borderline-Zustände beschrieben habe. Diese Drehung der vom Wahrnehmung-Bewußtsein-System gebildeten Grenzfläche führte bei ihr zu Fehlwahrnehmungen emotionaler und gestischer Signale seitens ihrer Umwelt, dann zu zunehmenden Mißverständnissen und Frustrationen und schließlich zu einem Wutausbruch, der sowohl sie als auch ihre Umgebung an den Rand der Erschöpfung brachte.

Sebastienne selbst hielt ihre Psychoanalyse an dem Tag für beendet, an dem sie sich mir gegenüber setzte und mir ihr Gesicht von vorn und nicht von der Seite zeigte, um mir die zwei Dinge zu sagen, die sie sich vorgenommen hatte: einerseits mußte sie mit dieser Psychoanalyse aufhören, weil sie zuviel Zeit und Geld kostete, sie in zuviel Leiden und Haß eintauchen ließ und weil sie dazu führte, daß sich ihre Vergangenheit zu sehr in die Gegenwart drängte und sie am Leben hinderte; andererseits verstand sie nun nicht mehr alles verkehrt, neue plötzliche Erkenntnisse hatten ihr Rückgrat wieder aufgerichtet, sie fühlte sich jetzt in der Lage, Verantwortung für ihre Reaktionen von Enttäuschung und Haß zu übernehmen, diese auf ein realistisches Ausmaß zu begrenzen und sich selber davon freizumachen.

Bei anderen Patienten fand ich die Möglichkeit einer plötzlichen Ich- und Selbstrestrukturierung bestätigt, die sich aus der Wiederherstellung einer direkten Kommunikation mit dem anderen in der Übertragung ergibt. Die Wiederherstellung der Behälterfunktion des Haut-Ichs reicht in der Regel bei der Behandlung der narzißtischen Persönlichkeiten aus. Wie das Beispiel von Sebastienne zeigt, bedarf es bei der Behandlung der Borderline-Persönlichkeiten zusätzlich der Wiederherstellung der Haltefunktion, der Reizschutzfunktion und der Funktion der libidinösen Wiederaufladung des Haut-Ichs.

10. Das doppelte Berührungsverbot, Bedingung der Überwindung des Haut-Ichs

Für die Hypothese eines Berührungsverbotes drängen sich mir vier Gründe auf. Ein historischer und epistomologischer Grund: Freud hat die Psychoanalyse (die Mittel zur Behandlung und die ödipale Genese der Neurosen) erst entdeckt, nachdem er sich selber in seiner Praxis diesem Verbot implizit unterzog (allerdings ohne die Theorie dazu zu entwickeln).
Ein psychogenetischer Grund: Die ersten Verbote, die das Kind seitens seiner Familie erfährt, wenn es die Fortbewegung (lokomotorisch) und die Kommunikation (infraverbal und prä-linguistisch) entdeckt, beziehen sich im wesentlichen auf die Berührung; als Folge dieser äußeren, veränderlichen und zahlreichen Verbote bildet sich ein inneres, ziemlich beständiges und autonomes Verbot, dessen doppelte Natur ich im folgenden verdeutlichen werde.
Ein struktureller Grund: Wenn es stimmt, daß das Ich – wie Freud sagt – eine Oberfläche (die des psychischen Apparates) und die Projektion einer Oberfläche (die des Körpers) ist, wenn das Ich also funktioniert, wie es der Strukturierung eines Haut-Ichs entspricht, wie kann es dann zu einer anderen Funktionsweise übergehen (nämlich der des Denkens, das zu einem psychischen Ich gehört, das sich vom körperlichen Ich unterscheidet und mit diesem auf andere Weise verbunden ist)? Bedeutet das nicht, daß – auch unter dem Einfluß des doppelten Berührungsverbotes – auf die Vorrangstellung des Lustgewinns mittels der Haut und später mittels der Hand verzichtet wird? Und setzt das nicht voraus, daß die konkrete Berührungserfahrung in Grundvorstellungen übersetzt werden muß, auf deren Hintergrund intersensorische Korrelationssysteme entstehen können (zunächst auf einer figurativen Ebene, die einen symbolischen Bezug zum Kontakt und zur Berührung aufrechterhält, dann auf einer rein abstrakten Ebene, ohne diesen Bezug)?
Zuletzt ein polemischer Grund: das Aufblühen der sogenannten »humanistischen« oder »emotionalen« Psychotherapie, die Konkurrenz durch die »Selbsterfahrungsgruppen«, die körperlichen

Kontakte zwischen den Teilnehmern nicht nur unterstützen, sondern sogar fordern, diese in den letzten Jahrzehnten entstandene Bedrohung für die strenge psychoanalytische Technik und ihre Abstinenzregel, erfordert von den Psychoanalytikern andere Antworten als die Gleichgültigkeit von Leuten, die nichts hören oder sehen wollen, oder entrüstete Mißachtung – oder aber leidenschaftliche Bekehrung zu den »neuen« Methoden (die oft nur Veränderungen und Variationen der voranalytischen Methoden der »Suggestion« darstellen).

Welche Wirkungen haben – nach den Organisationsmodi der psychischen Ökonomie – die Berührungsreize: narzißtische Wiederherstellung, erogene Erregung, traumatische Gewalt? Welche Bedeutung hat der Berührungsaustausch als Teil der primären Kommunikation? Wann ist ein solcher Berührungsaustausch denkbar, vielleicht sogar notwendig oder aber unnötig oder gar schädlich? Welche stimulierenden oder hemmenden Wirkungen auf das spätere Sexualleben sind Folge eines Gelingens bzw. eines Versagens des psychischen Apparats bei der Bildung eines Haut-Ichs und seiner Weiterentwicklung zu einem denkenden Ich? Warum wird bei den psychotherapeutischen Denkansätzen der Gegenwart so wenig die Behauptung von Freud (und der Klinik) beachtet, nach der das psychische Leben auf den Empfindungen basiert? Diese Fragen spielen bei der zwingenden Annahme eines Berührungsverbotes eine Rolle.

Ein implizites Berührungsverbot bei Freud[1]

Beim »tierischen Magnetismus« tritt Mesmer zu dem Patienten dadurch in »Beziehung«, daß er ihn mit der Hand, seinem Blick, der Stimme berührt, bis ein Zustand affektiver Abhängigkeit, Bewußtseinsausschaltung und Erregungsbereitschaft entsteht, in dem durch den direkten Kontakt der Hand mit dem Körper oder durch die indirekte Berührung eines magnetisierten Kübels mit-

1 In der vorliegenden Fassung dieses Abschnitts sind mehrere Bemerkungen von G. Bonnet (1985) berücksichtigt, die er zu meinem 1984 erschienenen Artikel über »Le double interdit du toucher« formuliert hatte.

tels eines Stocks ein kathartischer Schock eintritt. Später ahmt die Hand des Hypnotiseurs eine Berührung nur noch nach, indem sie vor den Augen des Kranken strichartige Bewegungen ausführt, während dieser sitzt oder liegt und dann in einen künstlichen Schlaf verfällt. Zur besseren Anwendung seiner Gegensuggestionstechnik zur Behandlung hysterischer Symptome verlangt Charcot von den Patienten, die er hypnotisiert, daß sie die Augen schließen. Es ist die Stimme des Hypnotiseurs, die durch ihre Wärme, ihre Eindringlichkeit und ihre Sicherheit das Einschlafen gebietet und die Symptome untersagt. Allerdings bleibt Charcots Hand beim Abtasten der hysterogenen Zonen eine ärztliche und gibt sich experimentell beim Auslösen der hysterischen Krise vor einem Publikum. Abgelöst von der Stimme und unter Umständen auch vom Auge – einem Auge, das nicht nur betrachtet, und einer Stimme, die nicht nur spricht, sondern einem Blick und einer Sprache, die umhüllen, ergreifen, streicheln, d.h. einem Auge und einer Stimme, die berühren können – hat die Hand des (in der Regel männlichen) Hypnotiseurs eine reale oder symbolische suggestive Wirkung auf Erwachsene, speziell auf junge und noch deutlicher auf hysterische Frauen, d.h. eine zusätzliche verführerische Funktion im Sinne eines sekundären Gewinns (oder besser Nachteils) der Operation.

In den zehn bis zwölf Jahren vor der Selbstanalyse seiner Träume und der Entdeckung der Psychoanalyse ist der Hypnotherapeut Freud eher ein Mann des Blickes und der Hand als ein Mann der Sprache. Ein Zwischenfall, der ihm im nachhinein Klarheit über das Mißgeschick Breuers mit Anna O. verschafft, weist ihn auf die Gefahren genau der Verführung hin. Eine Krankenschwester seiner Station, die Freud durch Hypnose von ihren Symptomen geheilt hat, wirft sich ihm an den Hals, um ihn zu küssen, und läßt sich fast in seine Arme fallen. Freud gibt dem nicht nach und erschreckt nicht: er entdeckt – wie er sagt – das Phänomen der Übertragung. Weil es für ihn selbstverständlich ist, teilt er nicht mit, daß sich der Psychotherapeut jegliche körperliche Annäherung an seine Patienten verbietet. Obwohl der Körperkontakt wegen der Gefahr einer Erotisierung verboten ist, tastet seine Hand dennoch die schmerzhaften Körperstellen ab – die Eierstöcke von Frau Emmy von N., den Schenkel von Fräulein Elisabeth von R. –, Stellen, an denen sich die Erregung mangels lustvoller Entladung staut. Als Freud den hypnotischen Schlaf zugunsten der psychischen Analyse aufgibt, wandert seine Hand von den hysterogenen Zonen, in denen die somatische Konversion stattfindet, hoch zum Kopf, wo die unbewußten pathogenen Erinnerungen wirksam sind. Er fordert seine Patienten dazu auf, sich hinzulegen, die Augen zu schließen und ihre Aufmerksamkeit auf diese Erinnerungen zu lenken (visuelle und natürlich auch auditive Erinnerungen, wenn es sich um Sätze handelt, die sich durch Symbolisierung wortgetreu im Körperlichen niedergeschlagen haben), sowie auf diejenigen Empfindungen, die als Antwort auf die Frage nach der Ursache ihrer Symptome entstehen. Kommt es zu Widerständen (dem Patienten fällt nichts ein), legt Freud seine Hand auf dessen Stirn und kündigt an, daß durch das Wegnehmen seiner Hand die gesuchten und verdrängten Bilder wieder erscheinen werden. Was der Patient dann in sich sieht und hört, braucht er nur noch auszusprechen, um befreit zu werden. Also immer noch die Suggestion, auch wenn sie örtlich begrenzt bleibt. Und immer noch dieselbe latente sexuelle Entladung. Den Beweis liefert der Traum eines meiner Patienten. Dieser junge Mann hat davon geträumt, daß ich ihn zu seiner Sitzung nicht in meinem Arbeitszimmer, sondern an einem Platz, den er für mein Ferienhaus hält, empfange und daß ich ihm gegenüber eine sehr freundliche Haltung einnehme. Ich setze mich in einen großen Rattansessel und lade ihn ein, sich auf meinen Schoß zu setzen. Dann überstürzen sich die Ereignisse, ich küsse ihn auf den Mund, schaue ihm direkt in die Augen, lege meine Hand auf seine Stirn und flüstere in sein Ohr: »Sagen Sie mir alles, was Ihnen dazu einfällt.« Der Patient wurde wach, ärgerte sich über meine Haltung, vielmehr über das Fehlen einer Haltung, und übersah dabei die Tatsache, daß es sich um seinen eigenen Traum handelte.

Die Patientin, von der der Hypnotherapeut Freud in bezug auf die wesentlichen Merkmale des zukünftigen analytischen Rahmens am meisten gelernt hat, ist wahrscheinlich Frau Emmy von N. Schon am 1. Mai 1889 beschwört sie ihn: »Seien Sie still! Reden Sie nichts! Rühren Sie mich nicht an!«, Beschwörungen, die sie später oft wiederholt (Freud 1895, S. 100). Eine andere Patientin, Irma, die Freud gemeinsam mit Fließ behandelte, läßt in ihm am 24. Juli 1895 seinen ersten Traum entstehen, den er selber analysiert. In diesem Traum tastet er ihren Hals, ihre Brust und ihre Vagina ab und stellt fest, daß die Wiederkehr ihrer Symptome mit einer »Injektion« zu tun hat, welche »leichtsinnig« gemacht worden ist und eine Substanz enthält, deren drei Bestandteile sich auf die sexuelle »Chemie« beziehen. Das Abhören des kranken Körpers und seiner schmerzhaften und hysterogenen Zonen durch den Arzt ist notwendigerweise ein physischer Vorgang. Das Abhören der erogenen Zonen durch den Psychoanalytiker kann nur psychisch und symbolisch sein. Freud (1900) nimmt diesen Hinweis ernst. Fortan verzichtet er auf die psychische Konzentration, erfindet den Begriff der Psychoanalyse und gründet die Methode der Behandlung auf die Regel, nichts auszulassen, sowie die Abstinenzregel, er verbietet jeglichen Berührungsaustausch mit dem Patienten zugunsten des alleinigen Austauschs von Worten – ein Austausch, der asymmetrisch ist, da der Patient frei sprechen soll, während der Analytiker nur zum richtigen Zeitpunkt spricht. Auf der visuellen Ebene ist die Asymmetrie noch deutlicher: Der Analytiker sieht den Patienten, der ihn seinerseits nicht sehen kann und darf (allerdings verlangt Freud von ihm nicht mehr, daß er die Augen geschlossen hält).

In dieser Situation beginnen seine Patienten mehr und mehr zu träumen – und Freud als Reaktion darauf ebenfalls. Die systematische Analyse seiner und ihrer Träume führt ihn im Oktober 1897 zu der so wesentlichen Entdeckung des Ödipuskomplexes. Die strukturierende Funktion des Inzestverbots konnte also erst klar formuliert werden, nachdem das Berührungsverbot implizit anerkannt worden war. In diesem Punkt spiegelt die persönliche Geschichte der Freudschen Entdeckung die universelle infantile Geschichte wieder. Betrachtet man die Berührung als einen Akt physischer Gewalt oder sexueller Verführung, dann steht das Berührungsverbot vor dem ödipalen Verbot: es ist sein Vorläufer und macht dieses Verbot, welches den Inzest und die Vatertötung untersagt, erst möglich.

Der verbale Austausch, der den Rahmen für die Behandlung bestimmt, kann nur wirksam sein, weil er auf einer neueren symbolischen Ebene auf das zurückgreift, was früher Inhalt des Blick und Berührungsaustausches war. Ein Beweis dafür ist eine Fußnote in den *Drei Abhandlungen zur Sexualtheorie* von Freud (1905, S. 126): Ein dreijähriger Junge, der in einem finsteren Zimmer Angst vor der Dunkelheit hatte, bat seine Tante, ihm etwas zu sagen; diese erwiderte, es werde ihm nichts nützen, da er sie nicht sehen könne; das Kind antwortete: »Wenn jemand spricht, wird es hell.« Und in einem anderen Zusammenhang, nämlich mit den verschiedenen Arten des sexuellen Vorspiels, bei denen Berührung und Blick eine Rolle spielen, sagt Freud noch deutlicher: »Ähnlich ist es mit dem letztlich vom Tasten abgeleiteten Sehen« (Freud 1905, S. 55). Die Berührung kann erst dann grundlegende Bedeutung erlangen, wenn sie zum richtigen Zeitpunkt verboten wird. Zur Vorschrift, alles zu sagen, gehört untrennbar nicht nur das Verbot zu handeln, sondern, spezifischer, das Verbot zu berühren. Das sowohl für den Patienten als auch für den Analytiker gültige Berührungsverbot wird von einem dem Patienten zusätzlich auferlegten Verbot zu schauen verstärkt: er soll weder versuchen, den Psychoanalytiker außerhalb der Sitzungen zu »sehen«, noch »Kontakt« mit ihm aufzunehmen.

Der psychoanalytische Rahmen trennt das Bedürfnis zu sehen von seiner körperlichen Grundlage, dem Blick (es geht darum, zu wissen [*savoir*], indem man auf das Sehen [*voir*] verzichtet); der Bemächtigungstrieb wird von seiner körperlichen Grundlage, der Hand, getrennt (es geht darum, mit dem Finger auf die Wahrheit zu deuten, und nicht mehr darum, mit ihm den Körper zu berühren, d. h. um den Übergang von der Dimension Lust-Unlust zur Dimension richtig-falsch). Diese beiden Triebtendenzen, die sich dem Drang nach Erkenntnis zugesellen, ermöglichen das Entstehen von »epistemischen Objekten« (Gibello 1984), die von den libidinösen Objekten getrennt sind.

Solch ein Verbot war für Freud um so angebrachter, als zu seinen Patienten vor allem junge, hysterische Mädchen und Frauen gehörten, die den Blick erotisierten (indem sie sich präsentierten und sexuelle Phantasien in Szene setzten) und den körperlichen Kontakt suchten (sie wollten berührt, gestreichelt, in den Armen gehalten werden). Bei ihnen war es daher erforderlich, die notwendige Distanz zu schaffen, die eine Beziehung über das Denken, einen psychischen Raum und die Abtrennung eines selbstbeobachtenden Ichanteils ermöglichte. Freud stößt auf andere Schwierigkeiten bei zwangsneurotischen Patienten, bei denen der psychoanalytische Rahmen die Objektbeziehung auf Distanz (ein Ausdruck, den Bouvet später benutzte) begünstigt, aber auch die

Spaltung zwischen psychischem Ich und Körper-Ich, die Erotisierung des Denkens, die Angst vor dem Kontakt, die Furcht vor Ansteckung und die Abscheu vor der Berührung.
Noch größer erscheinen uns die Schwierigkeiten von Patienten mit Borderline-Persönlichkeitsstörungen und narzißtischen Persönlichkeitsstörungen. Ihre Erfahrungen sind mehr von Schmerz als von Lust geprägt; die Vermeidung der Unlust treibt sie mehr an als die Suche nach der Lust; sie nehmen die schizoide Position ein, die die Entfernung vom Objekt, den Rückzug des Ichs, den Haß auf die Realität und die Flucht in die Phantasie steigert. Freud hielt sie nicht für analysierbar, denn sie ließen sich nicht auf den psychoanalytischen Prozeß ein, der durch die Übertragungsneurose und die Fortschritte in der Symbolisierung bestimmt ist. Daher sind bei ihnen oft Veränderungen des psychoanalytischen Rahmens erforderlich. Der Patient kann im Sitzen behandelt werden, was das Sehen, die Körperhaltung, die Mimik und die Atmung mit in den Dialog einbezieht: das Verbot zu sehen ist aufgehoben, das Berührungsverbot bleibt erhalten. Die psychoanalytische Arbeit bezieht sich nicht mehr auf die Deutung der Phantasmen, sondern auf die Rekonstruktion der Traumata, und die Einübung mangelhaft ausgebildeter psychischer Funktionen; diese Patienten brauchen die Introjektion eines hinreichend umfassenden Haut-Ichs, einer Gesamtoberfläche, auf deren Hintergrund die erogenen Zonen dann als Figuren entstehen können. Die psychoanalytische Technik, die ich anwende, besteht darin, die akustische Hülle wiederherzustellen, die ihrerseits die primäre Berührungshülle verstärkt; ich zeige dem Patienten, daß er mich emotional »berühren« darf, und helfe ihm, symbolische Äquivalente der unzulänglichen Berührungen zu entwickeln, indem ich ihn mit echten und gehaltvollen Worten »berühre«, sogar mit bedeutungsvollen Gesten nach Art der Scheinhandlung. Das Verbot, sich auszuziehen, sich nackt zu zeigen, den Körper des Psychoanalytikers zu berühren, von seiner Hand oder irgendeinem anderen Teil seines Körpers berührt zu werden, bleibt erhalten: das ist die psychoanalytische Mindestforderung. Niemand wird gezwungen, die Psychoanalyse zu praktizieren, und für jeden Patienten ist die am besten geeignete Therapieform zu suchen. Wenn allerdings die Psychoanalyse indiziert ist und wenn man sie anwenden will, sollte man auch

ihren Geist und ihre Regeln respektieren – hier das Berührungsverbot. Es stellt einen Mißbrauch dar, wenn sich einige Körpertherapeuten auf die Psychoanalyse berufen, um ihre Methoden zu untermauern, ohne gleichzeitig eine ihrer wesentlichen Regeln zu beachten.

Das ausgesprochene christliche Verbot

Die von Freud »entdeckten« (im Sinne eines in einem Versteck verborgenen Schatzes) Verbote waren schon früher bekannt; im kollektiven Bewußtsein vieler Kulturen waren sie bereits vorhanden: Sophokles, Shakespeare haben das ödipale Verbot als Triebkraft für ihre Dramen benutzt. Diderot hat es beschrieben. Freud hat dieses Verbot benannt und sich dabei auf diese »dunkle Wahrnehmung« der psychischen Realität gestützt, so wie sie in den Mythen, den Religionen, den großen literarischen und künstlerischen Werken enthalten ist. Könnte es mit dem Berührungsverbot nicht genauso sein? Man findet es, je nach Kultur unterschiedlich ausgeprägt, fast überall. Ist es nirgendwo ausdrücklich ausgesprochen worden?

Während eines Besuchs des Prado-Museums in Madrid halte ich stutzig und verwirrt vor einem Bild von Correggio inne, das er im Alter von 30 Jahren, um 1522/23, gemalt hat. Ein wellenförmiger Rhythmus, der sich den beiden Körpern, ihren Kleidern, den Bäumen, den Wolken, dem Licht des anbrechenden Tages im Hintergrund aufzwingt, verleiht dem Bild eine originelle Gestalt. Außer violett sind alle Grundfarben vorhanden: weiß das Metall der Gartengeräte, schwarz der Schatten, braun die Haare und blau die Toga des Mannes, die den weißen und blassen Oberkörper weitgehend freiläßt – aber ist es wirklich ein Mann? –, die Frau blond und mit blasser Haut, mit dem weiten goldenen Kleid, dem roten, kaum sichtbaren, nach hinten geworfenen Mantel, während der Himmel und die Vegetation alle Schattierungen von gelb und grün zeigen. Es ist kein Mann mehr und noch kein Gott. Es ist Christus, der den Tod besiegt hat und sich am Tag seiner Auferstehung im Garten von Golgotha erhebt. Er bereitet sich darauf vor, zum Vater aufzusteigen, den Zeigefinger der linken Hand zum Himmel gerichtet, die rechte Hand nach unten weisend, die Finger gespreizt und gestreckt, als Zeichen eines Verbots, allerdings mit einem Hauch von Zärtlichkeit und Verständnis, was durch gleiche Schwingungen der Körper und durch die harmonischen Farben der Landschaft noch verstärkt wird. Zu seinen Füßen kniet die Magdalena mit flehendem Gesichtsausdruck und von Rührung ergriffen; ihre rechte Hand, die Christus mit seiner Bewegung zurückstößt, biegt sich zur Hüfte zurück, die linke Hand hält an der anderen Hüfte einen Teil des Mantels bzw. hält sich an einer Falte fest. Die Aufmerksamkeit des Besuchers richtet sich auf den dreifachen Austausch: der Blicke, der Gesten und der Worte, die er aus der Bewegung der Lippen erraten kann; ein intensiver Austausch, der in diesem Bild wunderbar wiedergegeben wird. Der Titel, den der Maler seinem Bild gab, entspricht dem Satz, den Christus dann spricht: *Noli me tangere.*

Es ist ein Zitat aus dem Johannes-Evangelium (XX, 17). Am dritten Tag des Passahfestes, nach der Ruhe des Sabbats, erscheint Maria von Magdala bei Tagesanbruch; sie trägt den Namen des Dorfes am Ufer des Sees von Tiberias, aus dem sie stammt und der ihr den zweiten Vornamen Magdalena gab. Sie »kam zum Grab und sah, daß der Stein vom Grab weggenommen war«, sie war allein (nach Johannes), begleitet von einer anderen Maria, der Mutter von Jakob und Josef (nach Matthäus XXVIII, 1), von einer dritten Frau, Salome (nach Markus XVI, 1), von der ganzen Gruppe der heiligen Frauen (nach Lukas XXIV, 1-12). Sie fürchtet, der Leichnam würde weggenommen. Schnell läuft sie zu Simon-Petrus und Johannes, die, als sie in das Grab hineingehen, feststellen, daß es leer ist, und ahnen, daß Christus wiederauferstanden ist. Die beiden Männer kehren nach Hause zurück und lassen Maria, vor dem Grab weinend, allein zurück. Es erscheinen ihr zwei Engel, die sie befragen, und eine Gestalt, die sie für den Gärtner hält und der die Fragen wiederholt: »Frau, warum weinst du? Wen suchst du?« Sie fragt den vermeintlichen Gärtner, wohin er den Leichnam gelegt hat. Jesus sagte zu ihr: »Maria!« Da wandte sie sich ihm zu und sagte auf hebräisch zu ihm: »*Rabbuni*! (das heißt: Meister).« Hier sagte Jesus die Worte, die uns interessieren: *Noli me tangere.* Dann beauftragt er Maria von Magdala, die erste Person, der er nach seiner Auferstehung erscheint, seinen Jüngern die gute Nachricht zu verkünden.

Die Übersetzung der Aussage Christi, die auf lateinisch in der Vulgata steht, ist einfach und schwierig zugleich. Einfach, da wörtlich übersetzt, bedeutet sie: »Berühre mich nicht.« Schwer, wenn man den Sinn verstehen will. »Halte mich nicht fest« ist die Formulierung, die von den Verantwortlichen der sogenannten ökumenischen Bibelübersetzung gewählt wurde. Die französische Übersetzung ist (in dem Verlag Éditions du Cerf) mit folgender Anmerkung erschienen: »Jesus möchte Maria kundtun, daß die Veränderung, die in ihm auf seinem Weg zum Vater stattgefunden hat, zu einer neuen Art der Beziehung führen wird.« Ich stelle also fest, daß das Berührungsverbot, wie Christus es ursprünglich formulierte, einmal in Beziehung gesetzt wird zu der Trennung vom geliebten Objekt (»halte mich nicht fest«), dann zum Aufgeben der gestischen Sprache zugunsten einer spirituellen, allein auf Worten beruhenden Kommunikation (»Berühre mich nicht«, unausgesprochen: »Höre und sprich nur«). Der auferstandene Jesus ist kein menschliches Wesen mehr, dessen Körper berührt werden kann: er wird zu dem, was er vor seiner Inkarnation war: reines Wort. Bonnet (1984) bemerkt, daß das Neue Testament mit dem Aussprechen des Berührungsverbotes im Gegensatz zum Alten Testament steht, das dem Vorstellungsverbot Vorrang einräumt.

Tangere hat im Lateinischen die gleiche Vielzahl von körperlichen und affektiven Bedeutungen wie das französische Verb *toucher*, von »die Hand auf etwas legen« bis »rühren«. Während alle vier Evangelisten auf die Begegnung von Maria von Magdala und dem auferstandenen Christus hinweisen, ist Johannes der einzige, der den verbietenden Befehl von Jesus wiedergibt. Es ist sicher kein Zufall, daß das Berührungsverbot einer Frau – und nicht einem Mann – gegenüber ausgesprochen wird. Sicher ein sexuelles Verbot, das zu einer zielgehemmten Libido führt, zur »Sublimierung« der sexuellen Liebe für einen Partner in eine entsexualisierte Liebe für den Mitmenschen im allgemeinen. Ebenfalls eine Tabuisierung des Berührens: das Zitat aus dem Evangelium, mit dem ich mich hier beschäftige, könnte die von Freud vorgeschlagene Analogie zwischen Religion und Zwangsneurose bestätigen.

Das von Christus ausgesprochene Berührungsverbot ist allerdings keine eindeutige Sache. Es gibt viele Widersprüche, wobei der folgende nicht der geringste ist: kaum ausgesprochen, wird es übertreten, was man feststellt, wenn man dem Text von Johannes weiter folgt. Noch am Abend seiner Auferstehung erscheint Christus seinen heimlich versammelten männlichen Jüngern. Aber Thomas Didymos, der nicht unter ihnen war, weigert sich, an den auferstandenen Christus zu glauben, solange er diesen nicht mit seinen eigenen Augen gesehen und nicht seine Wunden mit seinen Fingern berührt hat. »Acht Tage darauf waren seine Jünger wieder versammelt, und Thomas war dabei.« Jesus erscheint wieder und sagt zu Thomas: »Strecke deine Finger aus – hier sind meine Hände! Strecke deine Hand aus und lege sie in meine Seite (...)« (Johannes XX, 27). Thomas, ein Mann also, wird dazu aufgefordert zu berühren, was Maria Magdalena, eine Frau, nur erblicken durfte. Nachdem Thomas überzeugt war, fügte Jesus hinzu: »Weil du mich gesehen hast, glaubst du. Selig sind die, die nicht sehen und doch glauben.« Die Exegeten äußern sich nicht dazu, daß in dieser Schlußfolgerung das Berühren und das Sehen verwechselt werden. Im Gegensatz dazu entscheiden sie sich für die folgende: »Der Glaube beruht nun nicht mehr auf dem Sehen, sondern auf dem Zeugnis derjenigen, die gesehen haben.« Das latente epistemologische Problem könnte folgendermaßen formuliert werden: Ist die Wahrheit sichtbar, greifbar oder hörbar? Ich weise auf eine Frage hin, die ich allerdings nicht kompetent beantworten kann: Ist das Berührungsverbot nicht spezifischer für die christlichen Zivilisationen als für die übrigen? Auf jeden Fall hat sich die psychoanalytische Praxis vor allem in Ländern christlicher Kultur entwickelt: gemeinsam mit dieser Kultur teilt sie die Überzeugung, daß die Kommunikation mit Hilfe der Sprache der Kommunikation von Körper zu Körper überlegen ist.

Drei Problemfelder des Berührens

Die Überlieferung hat mit dem Vornamen Maria Magdalena drei verschiedene Frauen aus dem Neuen Testament bezeichnet.

Maria von Magdala ist eine alte besessene Frau, die von Jesus geheilt wurde, indem er ihr »sieben Teufel« austrieb (Lukas VIII, 2; Markus XVI, 9); seitdem begleitet sie ihn mit der Gruppe der heiligen Frauen und der der zwölf männlichen Jünger überall hin.

Maria von Betanien, die mit ihrer Schwester Martha aus Anlaß der Auferweckung ihres Bruders Lazarus ein Mahl bereitet, salbt während dieser Mahlzeit Jesu Füße und Haare mit kostbarem Nardenöl. Judas beklagt die Verschwendung, und Martha beschwert sich darüber, daß ihre Schwester ihr die ganze Arbeit überläßt. Jesus antwortet, daß Maria, indem sie seinen Körper im Voraus einbalsamiert, seinem Tod (und unausgesprochen auch seiner Auferstehung) vorgreift und daß sie sich, zu seinen Füßen sitzend, um seine Worte zu hören, für den besten Weg entschieden hat (Johannes XII, 3; Lukas X, 38-42).

Eine unbekannte Sünderin, ebenfalls aus Betanien, tritt in den Raum ein, in dem Simon, ein Pharisäer, zu Ehren von Jesus, der ihn von der Lepra geheilt hatte, ein Essen gibt; sie weint, und ihre Tränen fallen auf Jesu Füße, sie trocknet sie mit ihren Haaren, küßt sie und salbt sie mit Öl; der Gastgeber ist erstaunt darüber, daß Jesus nicht weiß, daß diese »Frau, von der er sich berühren läßt«, eine Prostituierte ist; Jesus erwidert, daß sie ihn tiefer verehrt als er, daß sie sehr viel Liebe zeigt und daß er ihr deshalb ihre Sünden vergibt (Lukas VII, 37-47). Indem diese reuige Kurtisane mit Maria von Magdala gleichgesetzt wird – wofür es keinen stichhaltigen philologischen noch theologischen Grund gibt –, folgt die Überlieferung dem Volksglauben, wonach eine Berührung zwischen zwei Personen unterschiedlichen Geschlechts zwangsläufig auch eine sexuelle Bedeutung hat.

Tatsächlich sind durch diese drei Frauen in den *Evangelien* die drei Problembereiche des Berührens dargestellt: die Problematik der sexuellen Verführung durch die Sünderin; die Problematik der Pflege des Körpers als Bestandteil des Haut-Ichs und des Autoerotismus durch Maria von Betanien; die Problematik des Berührens als Beweis für die Existenz des berührten Objektes durch Maria von Magdala.

Das ödipale Verbot (Du sollst deine Mutter nicht heiraten, du sollst deinen Vater nicht töten) entsteht durch metonymische Ableitung aus dem Berührungsverbot. Dieses Berührungsverbot bereitet das ödipale Verbot vor und ermöglicht es erst, indem es ihm eine präsexuelle Grundlage bereitstellt. Die psychoanalytische Behandlung macht in besonderem Maße begreiflich, wie hoch der Preis dafür in jedem einzelnen Fall ist: welche Schwierigkeiten, welche Fehler, welche Gegenbesetzungen oder Überbesetzungen diese Ableitung mit sich bringt.

Die Verbote und ihre vier Dualitäten

Jedes Verbot hat von Natur aus doppelten Charakter. Es stellt ein System von Spannungen zwischen entgegengesetzten Polen dar; diese Spannungen entwickeln im psychischen Apparat Kraftfelder, die manche Funktionen hemmen und andere zu Veränderungen zwingen.

Erste Dualität: das Verbot bezieht sich gleichzeitig auf die Sexualität und die Aggression. Es kanalisiert die Triebstärke; es begrenzt die körperlichen Triebquellen, es führt zur Reorganisation der Triebobjekte und -ziele; es strukturiert das Verhältnis zwischen den beiden wesentlichen Triebanteilen. Das alles gilt offensichtlich für das ödipale Verbot. Das Berührungsverbot bezieht sich ebenfalls auf die beiden wesentlichen Triebkomponenten: Berühre nicht die unbelebten Objekte, die du zerbrechen könntest oder an denen du dir wehtun könntest; übe keine zu starke Kraft auf den Körper anderer Personen aus (dieses Verbot dient dazu, das Kind vor eigener und fremder Aggressivität zu schützen). Berühre nicht zu sehr die lustempfindlichen Zonen deines eigenen und fremder Körper, denn die Erregung, die du nicht verstehen und befriedigen kannst, würde dich überfordern (dieses Verbot dient dem Schutz des Kindes vor der eigenen und vor fremder Sexualität). In beiden Fällen warnt das Berührungsverbot vor der Maßlosigkeit der Erregung und der daraus folgenden Konsequenz, dem Auflodern des Triebes.

Beim Berührungsverbot sind Sexualität und Aggressivität nicht strukturell differenziert, sondern sie werden als Ausdruck grundsätzlicher triebhafter Gewalt gleichgesetzt. Dagegen kommt es beim Inzestverbot zu einer Differenzierung, die zu einer reziproken und nicht mehr zu einer symmetrischen Beziehung der beiden Triebanteile führt.

Zweite Dualität: Jedes Verbot hat zwei Seiten; eine ist nach außen gerichtet (sie erhält, nimmt auf, filtert die von der Umwelt ausgehenden Einschränkungen[2]); die andere Seite ist auf die innere Realität gerichtet (dabei geht es um die Vorstellungs- und Affektrepräsentanzen der Triebregungen). Das innerpsychische Verbot geht auf äußere Einschränkungen zurück, welche dann zwar den Anlaß, nicht aber den Grund seiner Entstehung darstellen. Der Grund ist ein innerer: es ist das Bedürfnis des psychischen Apparats nach Differenzierung. Das Berührungsverbot trägt zur Festlegung einer Grenze bei, einer Grenzfläche zwischen dem Ich und dem Es. Das ödipale Verbot führt zur endgültigen Festlegung einer Grenze, einer Grenzfläche zwischen dem Ich und dem Über-Ich. In diesem Sinne scheint es mir hilfreich, die beiden Zensuren, die Freud in seiner ersten Theorie in Betracht zog (die eine zwischen unbewußt und vorbewußt und die andere zwischen vorbewußt und bewußt), wieder aufzugreifen.

Die ersten Berührungsverbote, von der Umwelt ausgesprochen, stehen im Dienste der Selbsterhaltung: berühre nicht das Feuer, die Scheren, den Dreck, die Medikamente – sonst gefährdest du die Integrität deines Körpers oder sogar dein Leben. Logischerweise führen sie zu Vorschriften, was Kontakte angeht: Laß die Hand nicht los, wenn du dich aus dem Fenster lehnst, wenn du über die Straße gehst. Diese Einschränkungen beziehen sich auf die äußeren Gefahren; die Verbote signalisieren innere Gefahren. In beiden Fällen wird vorausgesetzt, daß schon zwischen innen und außen unterschieden werden kann (sonst macht das Verbot keinen Sinn) und daß diese Unterscheidung durch das Verbot verstärkt wird. Jedes Verbot stellt eine Grenzfläche zwischen zwei Bereichen des psychischen Raumes mit unterschiedlichen psychischen Eigenschaften dar. Das Berührungsverbot trennt den Bereich des Vertrauten, einen geschützten und schützenden Bereich, von dem des beunruhigenden und gefährlichen Fremden. Dieses Verbot ist meiner Meinung nach der eigentliche Organisator dieser Veränderung, die um den neunten Lebensmonat herum auftritt und die Spitz auf die vereinfachte Unterscheidung zwischen vertrautem und fremdem Gesicht reduziert hat. Bleibe

2 Im französischen Originaltext erscheinen die Begriffe »interdit« und »interdiction«, die beide »Verbot« bedeuten; die Differenzierung in »Verbot« (übergeordnet) und »Einschränkung« (im einzelnen von den Personen der Umgebung auferlegt) scheint uns sinnvoll. (A.d.Ü.)

nicht am Körper deiner Eltern haften, traue dich, einen getrennten Körper zu haben, um die äußere Welt zu entdecken: dies scheint die ursprünglichste Form des Berührungsverbots zu sein. Aber auch – im Sinne einer Weiterentwicklung: Berühre mit den Händen nicht unvorsichtig unbekannte Gegenstände, du weißt nicht, zu welchen Schäden das führen kann. Das Verbot ermuntert dazu, andere Dinge als die vertrauten und in der Familie gewohnten zu berühren, um sie besser kennenzulernen. Die Einschränkung schützt vor den Gefahren durch Unwissenheit und Impulsivität: man berührt nicht irgend etwas irgendwie. Nach einem Gegenstand zu greifen ist in Ordnung, wenn es darum geht, zu untersuchen, wie er sich verhält – aber nicht, um ihn in den Mund zu stecken und zu schlucken, weil man ihn so sehr liebt, nicht um ihn kaputtzumachen und damit das Verhaßte in Stücke zu schlagen, was man im eigenen Bauch wähnt. Die Ordnungsprinzipien der Realitäten, die bei der primären Berührungserfahrung von Körper zu Körper noch vermischt sind, werden mit Hilfe des Berührungsverbots differenziert: dein Körper ist von den anderen Körpern getrennt; der Raum existiert unabhängig von den Objekten, die in ihm sind; die belebten Objekte verhalten sich anders als die unbelebten.

Das ödipale Verbot kehrt den Grundgedanken des Berührungsverbotes ins Gegenteil um: das Vertraute – im ursprünglichen Sinne von familiär – wird nun durch die doppelte, libidinöse und aggressive Besetzung gefährlich; die Gefahren sind die des Inzests und der Vatertötung (oder der Brudertötung), die aneinander gekoppelt sind; der Preis dafür ist die Kastrationsangst. Allerdings hat der Junge, wenn er groß ist, das Recht, unter bestimmten Bedingungen sogar die Pflicht, gegen – bezüglich der Familie, der Gruppe und der Nation – fremde Männer zu kämpfen und sich eine fremde Frau zu wählen.

Dritte Dualität: Jedes Verbot entsteht in zwei Schritten. Das ödipale Verbot, nach Freuds Verständnis auf die Drohung der genitalen Kastration zentriert, setzt den Liebesbeziehungen nach Geschlechtern und Generationen Grenzen. Melanie Klein untersuchte ein früh-ödipales, prägenitales Stadium, das dem ödipalen Verbot vorausgeht und seiner Vorbereitung dient: in diesem Stadium gibt es ein antikannibalistisches Verbot, die begehrenswerte Brust zu essen; das Phantasma, die Rivalen (Kinder/Fäzes) und

den Penis des Vaters im Bauch der Mutter zu zerstören, die Erfahrung, für den Wunsch nach Verschlingen durch Abstillen bestraft zu werden. Das Berührungsverbot hat eine doppelte Wirkung. Zwei Qualitäten der Berührungserfahrung sind zu unterscheiden; a) der Kontakt bei körperlicher Umarmung, der eine große Hautfläche einbezieht, zu dem auch Druck, Wärme oder Kälte, Wohlbefinden oder Schmerz, kinästhetische und vestibuläre Empfindungen gehören, ein Kontakt, der das Phantasma einer gemeinsamen Haut einschließt; und b) die Berührung mit der Hand, die den Körper des Säuglings hält und welche später zur einzigen Form des Kontaktes wird, wenn das Kind auf Objekte zeigen und sie ergreifen kann und wenn, als Folge der Erziehung, der Kontakt von Haut zu Haut für zu kindisch oder zu erogen oder zu brutal gehalten wird und deshalb auf kontrollierte Äußerungen von Zärtlichkeiten und dosierte Kraftübungen beschränkt wird. Es gibt also, ineinander geschachtelt, ein erstes Verbot des globalen Kontaktes, d. h. der Anklammerung, der Verschmelzung und des Durcheinanders der Körper; und ein zweites Verbot, das sich auf die Berührung mit der Hand bezieht – die Geschlechtsorgane, allgemeiner: die erogenen Zonen und ihre Produkte, dürfen nicht berührt werden; Menschen und Dingen soll durch Berührung keine Gewalt angetan werden, das Berühren soll auf Handlungen beschränkt bleiben, die der Anpassung an die Außenwelt dienen, und die dabei entstehende Lust darf nur durch Unterordnung unter das Realitätsprinzip erhalten bleiben. Je nach Kulturkreis wird das eine oder das andere Verbot verstärkt oder abgeschwächt. Das jeweilige Alter, in dem ein Verbot wirksam wird, und die Wirkungsbereiche der Verbote unterscheiden sich erheblich. Man findet aber keine Gesellschaft ohne Verbote. Die Strafen für Übertretungen unterscheiden sich ebenfalls stark. Sie reichen von körperlicher Züchtigung bis zu ihrer Androhung beziehungsweise zur einfachen moralischen Mißbilligung, die sich im Ton der Stimme ausdrückt.
Die durch die biologische Geburt geschaffenen Tatsachen werden durch das primäre Berührungsverbot auf die psychische Ebene übertragen. Es zwingt dem entstehenden Individuum eine eigenständige Existenz auf. Es verbietet die Rückkehr in den mütterlichen Schoß, die nur noch phantasiert werden kann (dieses Verbot ist beim Autisten nicht entstanden, so daß er psy-

chisch im mütterlichen Schoß weiterlebt). Unausgesprochen vermittelt die Mutter dieses Verbot, indem sie aktiv eine physische Distanz zum Kind schafft: sie entfernt sich von ihm, sie entfernt es von sich, indem sie es abstillt, indem sie ihr Gesicht, nach dem das Kind greifen will, abwendet, indem sie es in sein Bettchen legt. Falls die Mutter dieses Verbot nicht befolgt, findet sich immer jemand in ihrer Umgebung, der sich zum Sprecher dieses Verbotes macht, jetzt auf verbaler Ebene. Der Vater, die Schwiegermutter, die Nachbarin, der Kinderarzt, sie alle erinnern die Mutter an ihre Pflicht, sich körperlich von dem Baby zu trennen, damit es einschlafen kann, damit es nicht zu sehr erregt wird, damit es keine schlechten Gewohnheiten annimmt, damit es lernt, allein zu spielen, damit es läuft, anstatt sich tragen zu lassen, damit es wachsen kann und damit es seiner Umwelt Zeit und Raum läßt, auch für sich zu leben. Das primäre Berührungsverbot steht spezifisch im Gegensatz zum Bindungs- bzw. Anklammerungstrieb. Die Androhung der entsprechenden körperlichen Strafe führt möglicherweise zu einem Phantasma: die gemeinsame Hautfläche zwischen Baby und Mutter (oder einer Ersatzperson, die der Vater sein kann) könnte zerreißen und zu einer offenen Wunde führen, ein Zerreißen, das, wie wir gesehen haben, in den Mythologien und Religionen dargestellt ist.

Das sekundäre Berührungsverbot betrifft den Bemächtigungstrieb: man darf nicht alles berühren, an sich nehmen, beherrschen. Das Verbot wird mit Gesten oder Worten vermittelt. Die familiäre/vertraute Umwelt setzt dem Kind, das etwas anfassen möchte, ein ausgesprochenes bzw. durch eine Kopf- oder Handbewegung ausgedrücktes »Nein« entgegen. Der unausgesprochene Sinn ist folgender: man nimmt nicht, sondern man fragt zuerst, man soll lernen, das Risiko einer Ablehnung oder eines Aufschubs zu ertragen. Noch deutlicher kommt das im Erwerb einer hinreichenden Beherrschung der Sprache zum Ausdruck, die gerade durch dieses Verbot gefördert wird: man zeigt nicht mit dem Finger auf die interessanten Gegenstände, sondern nennt sie mit ihrem Namen. Die dem sekundären Berührungsverbot entsprechende korperliche Strafe könnte in der Familie und im sozialen Umfeld mit folgenden Worten angedroht werden: die stehlende, schlagende, masturbierende Hand wird festgebunden oder abgeschnitten.

Vierte Dualität: Jedes Verbot wirkt bilateral. Es trifft in gleicher Weise denjenigen, der das Verbot ausspricht, wie denjenigen, dem es gilt. Auch wenn bei den Eltern die inzestuösen und feindseligen ödipalen Wünsche wiederbelebt werden, wenn ihre Kinder die Geschlechtsreife erlangen, dürfen sie diese Wünsche mit ihnen nicht befriedigen. Ebenso soll, um die Restrukturierung des psychischen Funktionierens zu bewirken, das Berührungsverbot von den Eltern und Erziehern respektiert werden. Schwere und wiederholte Verstöße dagegen führen zu einem kumulativen Trauma mit ernsten pathologischen Folgen.

Beobachtung von Jeannette

Dies traf bei Jeannette zu, die ich seit mehr als 15 Jahren mal in Psychoanalyse, mal in Psychotherapie hatte. Jahrelang war ich mit ihren sehr starken Verfolgungsängsten konfrontiert. Weder in ihrem Körper noch in ihrem Haus fühlte sie sich sicher. Durch Telefonanrufe brach sie zu jeder Tages- und Nachtzeit, an Wochentagen oder am Wochenende in mein Haus ein, sofort wollte sie einen Termin haben, und am Ende mancher Sitzungen weigerte sie sich, mein Zimmer zu verlassen. Die allmähliche Herstellung eines beständigen psychotherapeutischen Rahmens und die Rekonstruktion der wesentlichen Traumata ihrer Kindheit und Adoleszenz ermöglichten ihr nach und nach die Bildung eines Haut-Ichs; sie fand zu einer beruflichen Tätigkeit, die sie von ihren Eltern unabhängig machte, und in ihrer Freizeit setzte sie mit dem Verfassen literarischer Texte die symbolische Verarbeitung ihrer Konflikte fort. Den verbalen Austausch, den sie bei mir erfahren hat, überträgt sie auf einen fiktiven Menschen und beschreibt dessen Worte wie Hände, die sie gehalten, festgehalten, umfaßt haben, die ihr ein Gesicht wiedergegeben haben und ihr wieder ermöglicht haben, ihre Schmerzen zu spüren: aus großer Entfernung, hoch über dem Abgrund, streckt sich ihr eine Hand entgegen, der es gelingt, ihre Hand zu fassen (obwohl wir in der Realität außer dem üblichen Händedruck keinen körperlichen Kontakt gehabt haben), gleich einer Brücke über die Zeit; eine Hand, die ihre Hände erwärmt, eine Hand, die sich dann entfernt, wobei diese Person mit ruhiger Stimme erklärt, daß sie jetzt weggehen muß und daß sie wiederkommen wird; als Jeannette sieht, wie sich diese Person entfernt, kann sie zum ersten Mal seit langer Zeit heftig schluchzen. Eine andere bedeutsame Stelle findet sich am Ende einer Novelle, in der die weibliche Hauptfigur auf dem Heimweg von einem Auto überfahren wird. Während sie im Sterben liegt, hält eine Stimme neben ihr sie noch einige Zeit am Leben, indem sie viermal und in vier Variationen sagt: »Berühren Sie sie nicht.« Dann tritt sie in die Sonne ein – die Todessonne, die den psychischen Tod meiner Patientin infolge so vieler Übergriffe darstellt, aber auch die Sonne der Wahrheit. Das, was sie ungeschützt und nur indirekt durch ihre Verrücktheit zum Ausdruck bringen konnte – nämlich daß man sie nicht berühren solle –, wird endlich in deutlicher, ruhiger und bestimmter Form benannt, gleich einem unzerstörbaren Gesetz des psychischen Universums; Verstöße können dieses Gesetz zwar gelegentlich ausblenden, dennoch bleibt seine grundsätzliche strukturierende Realität erhalten.

Vom Haut-Ich zum denkenden Ich

Zwei Besonderheiten sind zu erwähnen. das Berührungsverbot begünstigt die Restrukturierung des Ichs nur dann, wenn es zur genügenden Ausbildung des Haut-Ichs gekommen ist; auch nach dieser Restrukturierung bleibt das Haut-Ich als Hintergrund für die Denkfunktionen erhalten. Die Zusammenfassung einer Science-Fiction-Erzählung eignet sich als Einführung für meine Gedanken zu diesen beiden Punkten: *Les Yeux de la nuit* [Die Augen der Nacht] von John Varley.[3] Ein Amerikaner, Aussteiger und des Lebens in der Industriegesellschaft überdrüssig geworden, wandert in den Südstaaten umher. Zufällig stößt er auf eine wundersame Gemeinschaft, die zu diesem Zeitpunkt fast ausschließlich aus Taubblinden besteht. Ihre Mitglieder heiraten untereinander und pflanzen sich fort; sie produzieren und bauen das an, was sie zum Leben brauchen, und beschränken die Außenkontakte auf einige unbedingt notwendige Tauschbeziehun-

3 Es ist die letzte Novelle in einem Band mit dem Titel *The Persistence of Vision* (1978). Ich bedanke mich bei Françoise Lugassy, die mich auf diesen Text aufmerksam gemacht hat.

gen. Der Reisende wird von einem vierzehnjährigen Mädchen empfangen, das wie alle Bewohner dieses von einem warmen Klima begünstigten Landes nackt ist. Es ist eines der wenigen Kinder, das sehend und hörend zur Welt gekommen ist und sprechen lernte, bevor seine sensorisch behinderten Eltern hierher einwanderten. Sie dient dem jungen Mann als Übersetzerin der englischen Sprache, die dieser beherrscht, in die Sprache der Berührung, die in der Gemeinschaft verwendet wird. Das Gebiet ist von Verkehrswegen durchzogen, die durch Tast-Signale markiert sind. Der Informationsaustausch findet mittels Berührung statt, und die große Empfindlichkeit der Einheimischen für die Schwingungen in der Umgebung ermöglicht es ihnen, das Eintreten fremder Personen oder ungewöhnlicher Ereignisse zu spüren. Die Mahlzeiten werden dicht aneinandergedrängt in einem gemeinsamen Eßraum eingenommen und bieten die Gelegenheit, Nachrichten zu sammeln und auszutauschen. Spät am Abend findet in einem großen Wohn-Schlafraum eine nonverbale, intensivere, persönlichere, gefühlsbetontere Kommunikation statt, bevor sich jede Familie dann in ihren privaten Bereich zurückzieht. Jeder klammert sich am Körper eines oder mehrerer Partner fest, um ihn zu befragen, ihm zu antworten, ihm seine Eindrücke oder Gefühle auf eine unmittelbare und sofort verständliche Art zu vermitteln. So ist auch die notwendige Nacktheit der Bewohner zu verstehen. Und daraus erklärt sich auch ihre unausgesprochene Philosophie: Unter der Voraussetzung, daß ihre Sensibilität schon früh gefördert wurde, daß weder Kleidung noch moralische Vorurteile ihre Entwicklung hemmen, besitzt die Körperoberfläche eine beachtliche Fähigkeit, nämlich die, dem anderen direkt seine eigenen Affekte, Gedanken, Wünsche und Vorhaben mitzuteilen. Will ein Dritter wissen, was zwei sich sagen, schaltet er sich ganz selbstverständlich durch Auflegen seiner Hand oder eines Körperteils ein. Allerdings kann er, wenn er dabei stört, vorübergehend ausgeschlossen werden. Wenn das, was zwei sich zu sagen haben, in den Bereich der Liebe fällt, ist es ganz natürlich, daß sie es dann auch vollziehen, in einer innigen und fröhlichen Bindung, zu der das junge Mädchen, das diese beiden Sprachen beherrscht – weit entfernt davon, naiv zu sein – auch den Fremden einlädt. Die Freiheit und Gegenseitigkeit, mit der ab der Pubertät jeder mit jedem verkehrt, läßt – zumindest in der Theorie dieser Gemeinschaft – keinen Platz für Frustrationen oder Eifersucht. Die Liebe zwischen zwei Individuen stellt allerdings nur eine Stufe zur höchsten Liebe dar, welche die Gemeinschaft auf sich selber richtet. Einmal im Jahr, am Ende des Sommers, trifft sich die gesamte Gemeinschaft, Männer, Frauen und Kinder, auf einer zu diesem Zweck angelegten Wiese; sie schmiegen sich alle eng aneinander, um einen einzigen Körper zu bilden und – es ist hier schwer zu beschreiben, denn der Erzähler, der nur zu Gast war, durfte nicht daran teilnehmen – um an den gleichen Idealen oder Glaubensinhalten oder Empfindungen auf greifbare und ekstatische Weise teilzuhaben.

Mehr und mehr angetan von dieser Gesellschaft, erlernt der Erzähler dank der Lektionen seiner Initiatorin die taktile Sprache. Er stößt aber an Grenzen, die aus seiner früheren Erziehung herrühren. Was er in Worten denkt, kann er in Berührung übersetzen, und was man ihm taktil mitteilt, kann er für sich verbal formulieren. Er kann einige geläufige Affekte wie Zärtlichkeit, Angst, Unzufriedenheit direkt ausdrücken und auch verstehen. Die tieferen Feinheiten der taktilen Sprache – und wer könnte es ihm besser erklären als seine junge Geliebte –, die der abstrakten Entitäten und der psychischen Grundempfindungen, bleiben ihm verschlossen. Der für ihn gewohnte Umgang mit der verbalen Sprache wird hier zu einer geistigen Behinderung, die die sensorisch Behinderten dieser Gemeinschaft nicht kennen. Derjenige, von dem man es glaubt, ist nicht immer auch in Wirklichkeit der am stärksten Behinderte... Letztlich wurde dem Fremden die Aufnahme in diese Gemeinschaft verweigert. Seine Partnerin, wegen ihrer Zweisprachigkeit schuldig geworden, entscheidet sich, nur noch auf taktile Weise mit ihm zu kommunizieren. Aber auch, wenn er sich die Augen und das Trommelfell zerstechen würde, es wäre ohnehin zu spät: Nie wird er die Einfachheit und Vollkommenheit der ursprünglichen, ausschließlich taktilen Kommunikation erlangen. Er verläßt diese Gemeinschaft, und in seinem Herzen bleibt eine unauslöschliche Sehnsucht zurück.

Die »wissenschaftlichen« Einwände gegen diese »märchenhafte« Erzählung sind von geringer Bedeutung: Es fehlt die olfaktorische Welt; der von der Liebe abgespaltene Haß wird verleugnet; eine taktile Sprache für Taubblinde kann nur von Menschen erfunden worden sein, die durch ihr Sehen und Hören eine gewisse

Beherrschung der symbolischen Dimension erworben haben etc. Der Reiz der Science Fiction liegt darin, daß sie quasi experimentell eine Variable isoliert, aus der dann möglichst viele logische und psychologische Konsequenzen gezogen werden. Hier ist die Variable folgende: Es gibt eine frühe Kommunikation von Haut zu Haut; die Haut ist das erste Organ eines bedeutungsvollen Austausches; Echopraxien und Echolalien entwickeln sich nur auf der ursprünglichen Grundlage von Echorhythmien, Echothermien und Echotaktilismen. Sicher handelt es sich in Varleys Novelle um eine phantasmatische Abwehrkonstruktion, um einen Roman über die Ursprünge der Kommunikation, den er im nachhinein und im Zuge einer antiödipalen Bewegung geschrieben hat, wobei der Zugang zu weiterentwickelten semiotischen Systemen schon besetzt worden ist. Diese Besetzung wurde inzwischen durch die Verdrängung der primären taktilen Kommunikationsformen möglich und notwendig, eine Verdrängung, die mit dem Berührungsverbot einsetzte.

Was passiert, wenn dieses Berührungsverbot fehlt? Wie hoch ist der Preis für seine Übertretung? Varleys Erzählung enthält Hinweise zu diesen beiden Punkten. Einerseits entsteht dort, wo das Berührungsverbot, bezogen auf die Berührung von Körper zu Körper, nicht eingeführt worden ist, auch kein ödipales Verbot, das die genitale Sexualität und die soziale Ordnung regelt. Andererseits führt die Androhung der phallischen Kastration – im Falle der Übertretung des Inzestverbots von physischer und psychischer Bedeutung – logischerweise zur Annahme einer Angst vor sensorischer Kastration im Falle eines Verstoßes gegen das Berührungsverbot. Der manifeste Inhalt von Varleys Novelle besagt, daß die Bewohner dem Berührungsverbot entgehen, weil sie taub und blind sind. Der latente Inhalt muß umgekehrt verstanden werden: Weil sie dem Berührungsverbot entgehen, sind sie taub bzw. blind. Da, wo beide Verbote, Berührungsverbot und auch Inzestverbot, fehlen, entsteht tendenziell für das Individuum ein Zustand von ständiger Verschmelzung in Liebe und für die Gemeinschaft ein Zustand ständiger Gruppenillusion.

Es ist allerdings nicht so, daß die verdrängten, primären taktilen Kommunikationsmuster verschwunden wären (außer in pathologischen Fällen), sondern sie treten als Hintergrund in Erscheinung, auf dem sich die intersensorischen Beziehungssysteme abbilden; sie bilden einen ersten psychischen Raum, in den sich andere sensorische und motorische Räume einpassen können; sie bilden eine imaginäre Fläche, auf der die Ergebnisse der späteren Denkoperationen ihren Platz finden. Die Kommunikation über Entfernung hinweg mit Hilfe von Gesten, später mit Worten, setzt nicht nur den Erwerb spezifischer Codes voraus, sondern auch den Erhalt dieser ursprünglichen echotaktilen Kommunikationsgrundlage sowie ihre Reaktualisierung, mehr oder weniger häufig ihre Wiederbelebung. Der Hegelsche Begriff *Aufhebung* scheint mir besonders geeignet zur Beschreibung des Stellenwertes dieser echotaktilen Spuren, welche gleichzeitig verneint, überschritten und bewahrt werden.

Das Inzestverbot, welches dazu dient, Liebes- und sexuelle Wünsche auf Personen außerhalb der Familie zu richten, kann, wenn es zu früh oder gewaltsam durchgesetzt wird, über dieses Ziel hinausschießen und zu einer Hemmung jeglicher heterosexueller genitaler Befriedigung mit jedem Partner führen; ebenso kann das primäre Berührungsverbot durch zu frühes oder zu strenges Verbieten enger Kontakte statt einer Verdrängung, die in bestimmten sozial geregelten Situationen bei Sexualität, Spiel oder Sport etc. relativ leicht aufgehoben werden kann, eine schwere Hemmung bei jeglicher körperlichen Annäherung entstehen lassen: das führt zu wesentlichen Schwierigkeiten im Liebesleben, beim Kontakt mit Kindern sowie bei der Fähigkeit, sich gegen Aggressionen zu wehren...

Umgekehrt entwickelt sich im Fall schwerer Kommunikationsstörungen, die mit erheblicher psychischer (Autismus) oder körperlicher (angeborene Taubblindheit) Behinderung einhergehen, die semiotische Funktion auf ihrer ursprünglichen Grundlage, dem Kontakt von Körper zu Körper und dem echotaktilen Austausch. Das ist, wie wir gesehen haben, der Fall bei der Methode der Eispackungen (S. 148 ff.).

Im Gegensatz zum ödipalen Verbot fordert das Berührungsverbot keinen endgültigen Verzicht auf ein Liebesobjekt, sondern einen Verzicht auf den echotaktilen Austausch als Hauptkommunikationsform. Diese echotaktile Kommunikation bleibt als ursprüngliche semiotische Quelle erhalten und wird reaktiviert bei der Empathie, der schöpferischen Arbeit, der Allergie sowie der Liebe.

Das Erreichen der Intersensorialität und die Ausbildung des Gemeinsinns

Erst nach dem Erwerb seiner Grundorganisation als Haut-Ich kann das Ich zu einer neuen Struktur gelangen, indem es mit dem Primat der taktilen Erfahrung bricht und sich als intersensorischer Eintragungsraum konstituiert, als *sensorium commune* (der »Gemeinsinn« der empiristischen Philosophen). Diese Restrukturierung ist weder durch ein Integrationsbestreben des Ichs (Luquet 1962) ausreichend erklärt noch durch den Wunsch, zu wachsen und sich anzupassen – als Korrelat fortschreitender Reifung. Für das Postulat der Wirksamkeit des Berührungsverbots als Vorläufer und Vorbote des Ödipuskomplexes gibt es meiner Meinung nach drei Gründe: die theoretische Stimmigkeit, die klinische Beobachtung und die Genauigkeit der Behandlungstechnik.

Nach einer ziemlich ausführlichen Übersicht über die psychoanalytische Literatur bezüglich der Funktion der frühen körperlichen Erfahrungen für die Genese der Denkstörungen zieht Stanley Grand (1982) aus New York den Schluß, daß sich hinter der Denkstörung bei der Schizophrenie eine schwere Störung der Organisation [*articulation*] des Körper-Ichs verbirgt. Diese Störung ist Folge eines frühen Versagens beim adäquaten »Artikulieren« (Verknüpfen) der zahlreichen sensorischen Daten (also bei der Bildung des eben von mir erwähnten multisensorischen Raumes, zu dem notwendigerweise das Ineinanderpassen der verschiedenen besonderen sensorischen Hüllen gehört) sowie eine Störung bei der Integration dieser sensorischen Daten in koenästhetische und für das Gleichgewicht sorgende Erfahrungen, die die Grundlage des Orientierungssinnes bilden und den Kern der Realitätserfahrung ausmachen (es handelt sich dabei also ursprünglich um ein Versagen der ersten Funktion des Haut-Ichs, nämlich des »holding« oder Haltens). Weil ein organisiertes Gefühl vom Zusammenhalt und der Grenzen des Körpers fehlt, kann zwischen innerer und äußerer Erfahrung, zwischen dem Selbst und den Objektrepräsentanzen nicht klar unterschieden werden. Die eigentliche Erfahrung sowohl des Selbst als auch der persönlichen Identität kann nicht vollständig von der Erfahrung der dualen Mutter-Kind-Einheit differenziert werden. Der Schizophrene ist nicht in der Lage, das durch sein Einwirken auf die Außenwelt entstandene Feedback im Sinne selbstkorrigierender Erfahrungen zu nutzen; das kann nur jemand, der sich selbst auch als Initiator seiner eigenen Handlungen erlebt. Ein Ich zu besitzen bedeutet in der Tat, über die Macht zur Initiative zu verfügen, nicht nur auf ein einziges Ereignis bezogen, sondern auf eine Reihe von Ereignissen, die entweder hintereinander oder in wechselseitiger Abhängigkeit ablaufen. Die versagende Integration des Körper-Ichs, vor allem in den Bereichen der koenästhetischen und thermischen Sinneserfahrung, kann zum Teil durch Kompensationsmechanismen ausgeglichen werden: diese stützen den Zusammenhalt des psychischen Apparats und verhindern dessen totale Auflösung während der regressiven Episoden.

Die Psychoanalyse ist nur unter Beachtung des Berührungsverbotes möglich. Alles darf gesagt werden, wenn man Worte findet, die zur Übertragungssituation passen und die Gedanken ausdrücken, die dem tatsächlichen Leiden des Patienten entsprechen. Die Worte des Analytikers symbolisieren, übersetzen und schaffen erneut Berührungskontakte, ohne daß diese konkret werden müßten: die symbolische Realität dieses Austausches ist wirksamer als seine physische Realität.

Dritter Teil
Die wesentlichen Ausdrucksformen

11. Die Lauthülle

Parallel zur Ausbildung der Grenzen und Begrenzungen des Ichs als einer zweidimensionalen Grenzfläche, welche auf Berührungsempfindungen basiert, entsteht das Selbst durch Introjektion der akustischen Welt (und ebenso der Welt des Geschmacks und des Geruchs) als vor-individueller, psychischer Höhle, die schon andeutungsweise eine Einheit darstellt und Identität besitzt. Die akustischen Wahrnehmungen sind bei der Produktion von Lauten mit respiratorischen Empfindungen verbunden, die dem Selbst das Gefühl eines sich leerenden und füllenden Hohlraums vermittelt. Diese akustischen Wahrnehmungen bereiten die Strukturierung des Selbst durch Einführung der dritten Dimension (die Orientierung, die Entfernung) und der Zeitdimension vor.

Die angelsächsische psychoanalytische Literatur hat dem im Laufe der letzten Jahrzehnte drei wichtige Begriffe hinzugefügt. W. R. Bion (1962) hat gezeigt, daß der Übergang vom Nicht-Denken zum »Denken« oder, anders ausgedrückt, von den Beta- zu den Alpha-Elementen auf einer Fähigkeit beruht, die der Säugling für seine psychische Entwicklung notwendigerweise real erfahren muß; dabei handelt es sich um die Fähigkeit der mütterlichen Brust, die auf die entstehende Psyche einwirkenden Empfindungen, Affekte und Erinnerungsspuren in einem begrenzten psychischen Raum zu »behalten«; die Behälterbrust stoppt die aggressiv-destruktive Retroprojektion der ausgestoßenen und zersplitterten Selbstanteile mit der Möglichkeit ihrer bildlichen Darstellung, Bindung und Introjektion. H. Kohut (1971) hat versucht, zwei gegensätzliche, einander abwechselnde und ergänzende Bewegungen zu unterscheiden: Einmal entsteht das Selbst durch Projektion auf – und nachfolgende Veränderung [*diffraction*] durch – Objekte, mit denen es parzellenartige, narzißtische Verschmelzungen (»Selbstobjekte«) bildet; zum anderen realisiert das Selbst mit einem Ideal-Objekt eine »grandiose« Verschmelzung. D. W. Winnicott (1971) beschreibt im Rückgriff auf das Lacansche Spiegelstadium, in dem sich das Ich in dem Spiegelbild des eigenen einheitlichen ganzen Körpers als getrennt erkennt, eine noch frühere Phase, in der das mütterliche Gesicht und die Reaktionen der Umwelt den ersten Spiegel für das Kind darstellen, welches sein Selbst auf der Grundlage des Gespiegelten aufbaut. Ebenso wie Lacan legt auch Winnicott den Schwerpunkt auf die visuellen Signale. Ich möchte aufzeigen, daß es noch davor einen akustischen Spiegel gibt – eine auditiv-phonische Haut –, die beim Erwerb der Fähigkeit, Objekten Bedeutung beizumessen, später beim Erwerb der Symbolisierungsfunktionen für den psychischen Apparat eine Rolle spielt.[1]

Beobachtung von Marsyas

Ich berichte von zwei bedeutungsvollen Sitzungen einer psychoanalytischen Behandlung. Den Patienten nenne ich Marsyas, in Erinnerung an den von Apoll enthäuteten Silen.

Marsyas ist seit mehreren Jahren in Analyse. Während der einstündigen Sitzungen sitzt der Patient, nachdem es im Liegen zu einer negativen therapeutischen Reaktion kam. Unter diesen Bedingungen wurde es wieder möglich, psychoanalytisch zu arbeiten, und es kam zu einigen Verbesserungen im Leben des Patienten; nach wie vor ertrug er aber die Unterbrechung der Behandlung während der Ferien schlecht.
Es handelt sich um die erste Sitzung nach den kurzen Frühjahrsferien. Marsyas, eher deprimiert, beschreibt sich als leer. Als er wieder anfing zu arbeiten, hatte er beim Kontakt mit anderen das Gefühl, abwesend zu sein. Er findet, auch ich sei abwesend. Er habe mich verloren. Dann bemerkt er, daß die beiden langen Depressionsphasen während der Behandlung in den großen Ferien lagen, auch wenn die eine unmittelbar nach einem beruflichen Mißerfolg auftrat, von dem er sehr betroffen war. Zu Ostern konnte er selbst für ein verlängertes Wochenende wegfahren. Er fuhr in den Süden, lebte in einem komfortablen Hotel mit einem beheizten Schwimmbad am Strand eines wunderschönen Meeres. Er schwimmt sehr gerne und macht gerne Ausflüge. Aber es lief schlecht. Er hatte eine schlechte Beziehung zu den Leuten der kleinen Gruppe, mit der er verreist war, Freunden oder Arbeitskollegen beiderlei Geschlechts, mit denen er sonst häufig die Wochenenden verbringt. Er fühlte sich vernachlässigt, verlassen und verstoßen. Seine Frau mußte mit ihrem Kind, das krank gewesen war, zu Hause bleiben. Die Wanderungen

1 Siehe G. Rosolato, »La voix«, in *Essais sur le symbolique* (1969, S. 287-305).

machten ihn müde, und vor allem die gemeinsamen Aufenthalte im Schwimmbad wurden immer schlimmer für ihn: Er kam ganz außer Atem, fand nicht mehr seinen Bewegungsrhythmus, strengte sich unkoordiniert an, hatte Angst vor dem Springen, die Empfindung der Nässe machte ihm den Kontakt zum Wasser unangenehm, er fror, obwohl die Sonne schien; zweimal rutschte er sogar beim Laufen auf den feuchten Kacheln am Rand des Schwimmbeckens ab und stieß sich ziemlich schmerzhaft am Kopf.

Mir fällt auf, daß Marsyas zu seinen Sitzungen kommt, nicht so sehr, um von mir gefüttert zu werden – was ich zu tun glaubte, seit ich ihn unter unseren neuen Rahmenbedingungen empfing –, sondern um von mir getragen, erwärmt, angefaßt zu werden, um dadurch die Möglichkeiten seines Körpers und seines Denkens wieder nutzen zu können. Zum ersten Mal spreche ich von seinem Körper als Raum im Raum, als Quelle von Bewegungsempfindungen, als Angst vor dem Fallen, ohne von Marsyas mehr als eine höfliche Bestätigung dafür zu erhalten. Dann entschließe ich mich zu einer direkten Frage an ihn: Wie hat seine Mutter ihn – nicht gestillt, sondern gehalten, als er klein war? Sofort erwähnt er eine Erinnerung, die er schon zwei- oder dreimal angedeutet hat und die ihm seine Mutter gerne erzählte. Kurz nach seiner Geburt fühlte sich Marsyas' Mutter, die schon genug mit ihren vier ersten Kindern – einem ältesten Sohn und drei Mädchen – zu tun hatte, zwischen dem Neugeborenen und dem ein Jahr zuvor geborenen Mädchen, welches gerade schwer erkrankt war, hin- und hergerissen. Sie überließ Marsyas einem Dienstmädchen, das eher zur Hausarbeit als zur Säuglingspflege taugte; allerdings bestand sie darauf, diesen Jungen, über dessen Geburt sie sich sehr gefreut hatte, selber zu stillen. Gerne gab sie ihm die Brust, aber in Eile, und stürzte, kaum daß das Baby fertig gestillt und in die Hände des Dienstmädchens gelegt worden war, zu Marsyas' Schwester, die wochenlang so krank war, daß man sogar zeitweise um ihr Leben fürchtete. In der Zeit zwischen diesen Stillbesuchen, während derer Marsyas begierig saugte, wurde er von dem Dienstmädchen gleichzeitig beaufsichtigt und vernachlässigt; sie war eine tüchtige, ernste, prinzipientreue alte Jungfer, die aus Pflichtgefühl heraus handelte und nicht, um Lust zu haben oder zu geben; zur Hausherrin hatte sie eine sadomasochistische Beziehung. Der Körper von Marsyas interessierte sie nur als Objekt vorzeitiger Dressur oder mechanischer Pflege: Sie spielte nicht mit ihm. Marsyas war sich selbst in einem passiv apathischen Zustand überlassen. Nach einigen Monaten bemerkte man, daß er nicht normal reagierte, und das Dienstmädchen meinte sagen zu müssen, er höre schlecht und sei schon zurückgeblieben auf die Welt gekommen. Die Mutter, erschreckt über diese Aussage, packt Marsyas, schüttelt, bewegt, erregt ihn, und der kleine Marsyas schaut, lächelt, lallt, freut sich, zur Zufriedenheit seiner Mutter,

die wegen seiner Normalität beruhigt ist. Mehrmals wiederholte sie das und entschied sich kurz darauf, das Dienstmädchen zu wechseln.
Diese Schilderung ermöglicht es mir, verschiedene Zusammenhänge herzustellen, die ich Marsyas teilweise nach und nach mitteile. Erstens wartet er auf seine Sitzungen bei mir, so wie er sich nach den Stillbesuchen seiner Mutter sehnte: Mit Angst beim Gedanken an eine Verspätung oder Absage meinerseits, mit Angst, seine Mutter werde nicht mehr kommen, und er selbst müsse, wie seine Schwester, um die man bangte, dahinsiechen.
Der zweite Zusammenhang war mir bereits am Anfang der Sitzungen aufgefallen und bestätigte sich jetzt: Er war ausreichend ernährt worden; von mir erwartete er das, was das Dienstmädchen ihm nicht gegeben hatte, nämlich ihn zu stimulieren, und seine Psyche anzuregen (es gab bei ihm Augenblicke der Verarmung seines Innenlebens, die den Eindruck hervorriefen, er sei psychisch tot). Seitdem ich im Sitzen mit ihm arbeite, kommt es häufig zu Dialogen, wichtigen Blickkontakten und einem Austausch über Mimik und Körperhaltung. Über die Distanz hinweg und mittels dieses Austauschs kommt es mir vor, als würde ich ihn aufheben, tragen, erwärmen, in Bewegung bringen, ihn notfalls auch schütteln, sowie reagieren, gestikulieren und sprechen lassen: Das sagte ich ihm.
Drittens begreife ich besser, wie Marsyas' Körperbild aussieht. Für seine Mutter stellte er eine an beiden Enden erotisierte überbesetzte Speiseröhre dar (bei der geringsten Aufregung verspürt er einen starken Harndrang, und eine seiner Befürchtungen ist, beim Geschlechtsverkehr urinieren zu müssen). Sein Körper als Gesamtheit der Sinne, als Raum und als Bewegung wurde von dem Dienstmädchen nicht besetzt. Daher seine Angst vor der Leere.
Über diese drei Themenbereiche kommt es zu einem aktiven, lebhaften und warmherzigen Austausch. Beim Weggehen drückt er mir fest die Hand anstelle seines sonst üblichen schlaffen Händedrucks. Meine Gegenübertragung ist von dem guten Gefühl bestimmt, meine Aufgabe erfüllt zu haben.
Um so größer ist meine Enttäuschung bei unserer nächsten Sitzung. Marsyas kommt deprimiert an, und zu meiner großen Überraschung beklagt er sich von Anfang an über den negativen Charakter der letzten Sitzung, die mir im Gegensatz dazu für ihn sehr fruchtbar erschienen war (und was tatsächlich für mich zutraf, weil ich soviel von Marsyas verstanden hatte). Ich lasse mich von einem Gefühl der Enttäuschung tragen, das seinem entspricht, aber von dem ich ihm natürlich nichts sage. Ich denke, nach einem Schritt vorwärts macht er zwei Schritte zurück, er verleugnet die Fortschritte, die er macht. Ich neige dazu, aufzugeben. Dann fange ich mich. Ich verstehe, daß er, sobald er auf der einen Seite gewinnt, Angst hat, auf der anderen zu verlieren; ich teile ihm das mit und er-

wähne das Alles-oder-Nichts-Gesetz, über das ich mit ihm bereits gesprochen hatte, als bestimmend für seine inneren Reaktionen. Ich präzisiere: In der letzten Stunde hatte er mit mir den »körperlichen« Kontakt, der ihm bei seiner Kinderfrau gefehlt hatte; sofort hat er das Gefühl, den anderen, bisher zwischen uns üblichen Kontaktmodus verloren zu haben, den Kontakt beim kurzen und intensiven Stillen durch die Mutter. Meine Worte wirken sofort: In seiner Psyche beginnt es wieder zu arbeiten. Er bringt dieses Entweder-Oder in Zusammenhang mit seiner lange bestehenden Angst – die er bisher noch nie so deutlich ausgedrückt hatte – die Psychoanalyse könne ihm etwas wegnehmen – überhaupt nicht im Sinne der Kastration, wie er spontan bemerkt –, könne ihn seiner psychischen Fähigkeiten berauben. Marsyas' Problem betrifft in der Tat seine unzureichende narzißtische Libido und die Auswirkungen der Mängel seiner primären Umwelt bei der Befriedigung seiner Ichbedürfnisse, in dem Sinne, wie Winnicott sie von den Körperbedürfnissen unterscheidet. Aber wo in der Sequenz, die ich gerade beschrieben habe, werden die Ichbedürfnisse deutlich?

Das wiederentstandene therapeutische Bündnis zwischen Marsyas und mir ermöglicht uns, die analytische Arbeit fortzusetzen, und deckt eine andere Dimension seiner Empfindlichkeit bei Frustration (d. h. bei narzißtischer Verletzung) auf: Es zählt nicht, wenn er das, was er bei seiner Mutter entbehrt hat, von jemand anderem erhält, seine Mutter hätte es ihm geben müssen. In seinem Kopf kommt es so zu einem ständigen, nicht zu Ende geführten Gedankengang: Seine Mutter und der Psychoanalytiker sollen endlich das Unrecht bekennen, das sie von Anfang an ihm begangen haben! Marsyas ist nicht psychotisch, da sein psychisches Funktionieren in seiner Kindheit im allgemeinen gewährleistet war: Immer war jemand da, sein Bruder oder seine Schwestern, die verschiedenen Kindermädchen, später Pfarrer, um diese Funktion zu übernehmen, und Marsyas erwähnt zum ersten Mal eine Nachbarin, die er, als er sprechen konnte, und noch vor der Einschulung, fast täglich besuchte. Mit ihr unterhielt er sich pausenlos und ganz frei, was bei seiner Mutter unmöglich war, da sie viel zu beschäftigt war und außerdem verlangte, daß man nur das sagte, was mit ihren moralischen Vorstellungen und ihrem Ideal vom vollkommenen kleinen Jungen übereinstimmte. Mit mir, so stellt Marsyas fest, gehe es ihm manchmal wie mit der Nachbarin und manchmal wie mit der Mutter.

Er hat zu seiner Beziehung zu mir zurückgefunden. Er findet, daß ich ihm viel bringe, er empfindet mehr Lebensfreude, und um nichts auf der Welt würde er seine Sitzungen verpassen. Aber dennoch bleibt zwischen uns eine wichtige Schwierigkeit bestehen: Oft versteht er nicht, was ich ihm sage. Das letzte Mal war es besonders ausgeprägt, er erinnerte sich an nichts, er »hörte« mich sogar nicht im wörtlichsten Sinne. Und außerdem, wenn er zwischen den Sitzungen über seine Probleme nachdenkt und ihm ein interessanter Gedanke kommt, kann er ihn mir nicht mitteilen. Also bleibt er stumm, sein Kopf ist leer.

Zunächst überrascht mich dieser Widerstand. Dann drängte sich mir die Verbindung zu der Frage an ihn auf: Wie sprach seine Mutter mit ihm, als er klein war? Er beschreibt eine Situation, über die er in den Jahren seiner Psychoanalyse nicht ein einziges Mal gesprochen hatte und die ich abends, beim Abfassen des Berichts über die Sitzung, folgendermaßen bezeichnete: Bad in negativen Worten.

Einerseits mischten sich in die Stimme seiner Mutter rauhe und harte Töne, die häufigen, plötzlichen und nicht vorhersehbaren Ausbrüchen schlechter Laune entsprachen: Die Verbindung zwischen dem Baby Marsyas und der mütterlichen Melodie, die ja eine so umfassende Bedeutung hat, war also unterbrochen, abgeschnitten, genauso wie der intensive und befriedigende körperliche Austausch beim Stillen durch die mechanische Pflege seitens der Kinderfrau unterbrochen wurde. Die beiden grundlegenden Voraussetzungen dafür, daß etwas bedeutsam werden kann (die infralinguistische Basis, die durch die Pflege und die Körperspiele geschaffen wird, die prälinguistische Basis, die durch das globale Hören der Phoneme entsteht) waren also auf gleiche Weise gestört worden.

Dazu kam, daß Marsyas' Mutter ihre Gefühle und Wünsche nicht gut ausdrücken konnte. Das irritierte ihre Umgebung, oder man spottete darüber. Wahrscheinlich war sie auch nicht in der Lage zu spüren, was ihre Mitmenschen empfanden, und konnte ihnen nicht helfen, es auszudrücken. Sie war auch nicht in der Lage gewesen, mit ihrem jüngsten Sohn in einer Sprache zu sprechen, in der dieser sich hätte wiedererkennen können. Daher hatte Marsyas den Eindruck, sowohl seine Mutter als auch ich sprächen eine Fremdsprache.

Die Sequenz dieser beiden Sitzungen bestätigt folgendes: Werden die Ichbedürfnisse seitens der frühen Umwelt unzulänglich befriedigt, führt dies zu einem Mangel an Stimulierung bestimmter psychischer Funktionen von außen, d. h. an einer Fremdstimulierung, die im Fall einer genügend guten Umwelt durch introjektive Identifikation die Selbststimulierung dieser Funktionen ermöglicht. In diesem Fall ist das Ziel der Behandlung also: a) diese Fremdstimulierung durch entsprechende Veränderungen des analytischen Settings herzustellen – durch die Bereitschaft des Psychoanalytikers, anstelle des Patienten zu symbolisieren, jedesmal, wenn dieser sich leer im Kopf fühlt; b) die frühen Risse im Selbst und die Unsicherheiten bezüglich des Zusammenhalts und der Grenzen des Ichs in der Übertragung sichtbar werden zu lassen, und zwar so, daß beide Partner daran analytisch arbeiten können (allerdings wird ein Patient, der nicht neurotisch ist, sondern unter Entbehrungen gelitten hat, in jedem Fall sehr unzufrieden mit der Psychoanalyse und dem Psychoanalytiker sein; jedoch ermöglicht ihm die symbiotische Bindung zwischen dem echten Anteil seines Selbst und dem Psychoanalytiker, in seiner Unzufriedenheit nach und nach bestimmte, umschriebene, spezifische, klar bestimmbare und benennbare, unter neuen Umweltbedingungen überwindbare Defizite zu erkennen.

Hören und Lautbildung beim Säugling

Es erscheint jetzt notwendig, die bekannten Ergebnisse in bezug auf das Hören und die Lautbildung beim Säugling[2] in Erinnerung zu rufen; diese stimmen in folgender Schlußfolgerung überein: das Baby ist mit seinen Eltern über ein wirklich audiphonisches Kommunikationssystem verbunden; die Mund-Rachen-Höhle gerät, da sie die notwendigen Grundlagen für die Kommunikation schafft, schon recht früh unter den Einfluß der am Anfang ihrer Entwicklung stehenden Psyche und spielt gleichzeitig eine wesentliche Rolle beim Ausdrücken von Gefühlen.
Abgesehen von den spezifischen Geräuschen beim Husten und bei der Nahrungsaufnahme bzw. Verdauung (diese Geräusche machen aus dem eigentlichen Körper eine akustische Höhle, in der sie um so beunruhigender sind, als der Ort ihrer Entstehung für den Säugling nicht lokalisierbar ist), ist der Schrei schon bei der Geburt die charakteristischste Lautäußerung des Säuglings. Durch die physikalische Analyse der akustischen Parameter kam

2 Eine Zusammenfassung der im wesentlichen angelsächsischen, aber auch deutschen und französischen Arbeiten findet man in H. Herren, »La voix dans le développement psychosomatique de l'enfant« (1971). Ich verdanke ihm viel. Die Autorenangaben auf den nächsten Seiten beziehen sich auf die Bibliographie dieses Artikels. – Siehe auch P. Oléron, »L'acquisition du langage« (1976).

der Engländer Wolff 1963 und 1966 dazu, beim drei Wochen alten Säugling vier strukturell und funktionell unterschiedliche Arten von Schreien zu unterscheiden: den Hungerschrei, den Wutschrei (z. B. wenn er ausgezogen wird), den Schmerzschrei – sowohl beim Schmerz von außen (z. B. bei einer Blutentnahme an der Ferse) als auch von innen –, und den Schrei als Antwort auf Frustration (z. B. beim Wegnehmen eines aktiv gesaugten Schnullers). Diese vier Schreie zeigen eine zeitliche Entwicklung, eine bestimmte Frequenzlänge sowie besondere Eigenschaften bezüglich des Frequenzspektrums. Der Hungerschrei (der nicht notwendigerweise an den physiologischen Hungerzustand gebunden ist) scheint grundsätzlicher Natur zu sein; er folgt jeweils im Anschluß an einen der drei anderen Schreie, die wiederum Varianten des Hungerschreis darstellen könnten. Alle diese Schreie sind als reine physiologische Reflexe anzusehen.
Diese Schreie führen bei den Müttern – die übrigens schon sehr früh versuchen, sie zu unterscheiden – mit Varianten, die der Erfahrung und dem Charakter der Mütter entsprechen, zu spezifischen Reaktionen mit dem Ziel, das Schreien zu beenden. Am besten wirkt dabei die mütterliche Stimme: ab der zweiten Woche unterbricht sie das Schreien des Babys viel wirkungsvoller als irgendein anderer Laut oder die visuelle Wahrnehmung des menschlichen Gesichts. Ab der dritten Woche kommt es, zumindest in der normalen familiären Umwelt, zum »falschen Notschrei, um die Aufmerksamkeit auf sich zu lenken« (Wolff): es handelt sich um ein Stöhnen, das im Schreien endet; seine physikalische Struktur ist ganz anders als bei den vier Grundarten des Schreiens. Es stellt die erste bewußte Lautäußerung dar oder, anders ausgedrückt, die erste Kommunikation. Im Alter von fünf Wochen unterscheidet das Baby die mütterliche Stimme von anderen Stimmen, obwohl es zu dieser Zeit das mütterliche Gesicht von anderen noch nicht differenziert. Schon vor dem Ende des ersten Lebensmonats entsteht die Fähigkeit, die Bedeutung der akustischen Interventionen der Erwachsenen zu entschlüsseln. Es handelt sich um die erste beobachtbare Rückkopplungs-Reaktion, die noch viel früher einsetzt als die visuelle und psychomotorische und die als Beginn, vielleicht sogar als Prototyp des späteren differenzierenden Lernens gelten kann.
Zwischen dem dritten und dem sechsten Lebensmonat ist das

Baby ganz mit Lallen beschäftigt. Es spielt mit den Tönen, die es hervorbringt. Am Anfang steht »Glucksen, Schnalzen mit der Zunge, Krächzen« (Ombredane). Allmählich übt es sich im Differenzieren und willentlichen Produzieren und findet heraus, welche Phoneme aus dieser reichhaltigen Auswahl zu seiner Muttersprache gehören werden. Auf diese Weise erwirbt das Baby das, was der Linguist Martinet die zweite Artikulation der Sprache nennt (die Artikulation des Lautbildes zu bestimmten Lauten bzw. besonderen Lautkombinationen). Manche Autoren meinen, daß der Säugling spontan fast alle möglichen Töne produziert und daß die Anpassung an die Umwelt zu einer Verminderung dieser Vielfalt führt. Im Gegensatz dazu betrachten andere Autoren die Lautäußerungen in diesem Stadium als nachgeahmtes Material und glauben, daß die Entwicklung dadurch stattfindet, daß nach und nach weitere Laute dazukommen. Sicher ist, daß sich ungefähr im dritten Lebensmonat als Folge der Reifung der Fovea centralis die visomotorische Rückkopplung ausbildet: Die Hand greift nach der Flasche. Aber auch nach der mütterlichen Stimme! In diesem Stadium kann das Kind nur diejenigen Bewegungen wiederholen, die es bei sich selbst beobachtet hat (also diejenigen der Extremitäten), auf der audiphonologischen Ebene ist jedoch die Nachahmung wesentlich vielseitiger: Mit seinem Lallen ahmt das Baby in gleichem Maße das, was es von anderen hört, nach, wie es sich selber imitiert; im Alter von drei Monaten erscheint der ansteckende Schrei.

Zwei Experimente erscheinen erwähnenswert. Es ist schwer, herauszufinden, was der Säugling hört, weil es keine beobachtbare Reaktion gibt, welche anzeigt, daß er gehört hat. Dieses methodologische Problem wurde von Caffey (1967) und Moffit (1968) auf elegante Art gelöst. Sie zeichneten Elektrokardiogramme von zehn Wochen alten Säuglingen auf, denen sie, nach Gewöhnung an bestimmte phonetische Signale, welche sie selber produzieren konnten, Signale vorspielten, die entweder verdichtet waren oder die dem phonetischen Repertoire des Erwachsenen angehörten. Die Ergebnisse bestätigten einen beachtlichen Wahrnehmungsreichtum des Säuglings, der seine phonetische Äußerungsfähigkeit deutlich übertraf. Dies entspricht dem bekannten und erst einige Monate später beobachtbaren zeitlichen Vorangehen des semantischen Verstehens vor der sprachlichen Ausdrucksfähigkeit.

Butterfield (1968) löste das Problem auf andere Weise: Einige Tage alte Babys saugen zur Stillzeit intensiver an einem Musik spielenden Schnuller als an einem normalen. Nach ihrem Eifer zu urteilen, zeigen einige Babys sogar eine Vorliebe für klassische Musik oder Volksmusik oder für ein bestimmtes Lied! Nach einigen solchen Übungen können diese Babys, schon eine Stunde vor ihrer Mahlzeit und im Wachzustand – d. h. unabhängig von der Nahrung als einem Verstärker – das Ein- und Ausstellen der Musik kontrollieren, die mit der ihnen zur Verfügung stehenden leeren Flasche verbunden ist. Diese Arbeiten bestätigen wohl Bowlbys Theorie, nach der ein primärer Bindungstrieb sich gleichzeitig mit und unabhängig vom oralen Sexualtrieb entwikkelt. Sie führen aber auch zu einer Ergänzung bzw. zu einer wichtigen Korrektur: Das erste Objekt für die geistigen Fähigkeiten stellt akustisches Material dar (ich neige dazu, hinzuzufügen: wahrscheinlich auch olfaktorisches Material). Dies macht die in Frankreich vorherrschende These Henri Wallons unwahrscheinlich, nach der die Differenzierung der Gesten und der Mimik – d. h. der Faktoren Tonus und Haltung – den Ursprung der sozialen Kommunikation und der geistigen Vorstellungsfähigkeit bildet. Es ist offenkundig, daß schon viel früher Feedbacks zwischen dem Baby und seiner Umgebung entstehen: Sie sind audiphonologischer Art, beziehen sich zuerst auf die Schreie, später auf die Lautbildung (jedoch mit offensichtlichen funktionalen und morphologischen Analogien zwischen beiden) und stellen die erste Ausbildung semiotischen Verhaltens dar. Anders ausgedrückt: Der Erwerb des prälinguistischen Sinngehalts (der Schreie und später der Laute beim Lallen) steht vor dem Erwerb des infralinguistischen Sinngehalts (der Mimik und der Gesten).

Jedoch setzt diese zeitliche Abfolge keine strukturelle Verbindung voraus: Die Koordination zwischen Stimme und motorischer Entwicklung sowie die visomotorische Koordination besitzen, jede für sich, ihre relative Autonomie und ihre Spezifität; die erste bereitet den Erwerb der zweiten Artikulation (nämlich der Signifikanten zu den Lauten) vor, die zweite den Erwerb der ersten Artikulation (nämlich der Signifikanten zu den Signifikaten). Man kann sich sogar vorstellen, daß die Entwicklung der linguistischen Funktion und die anfängliche Aneignung des Codes der menschlichen Muttersprache im Laufe des zweiten Lebensjahres von einer Toleranz gegenüber Strukturunterschieden zwischen der vokalen und der gestischen Kommunikation abhängt und voraussetzt, daß diese Strukturunterschiede durch die Bildung einer komplexeren und abstrakteren Symbolisierungsstruktur überschritten werden. Das erste Problem für die entstehende Intelligenz betrifft die differenzierende Organisation der Körpergeräusche, der Schreie und der Phoneme; die phonischen Verhaltensweisen stellen im Laufe des ersten Lebensjahres einen Grundfaktor der geistigen Entwicklung dar.

Eine letzte Tatsache soll dies veranschaulichen. Zwischen dem achten und elften Lebensmonat nehmen die vokale Aktivität, die Nachahmung der gehörten Lautbilder und die Häufigkeit des Lallens ab. Es ist das Alter, in dem das Kind Angst vor fremden Personen (ihrem Gesicht und ihrer Stimme) hat; ebenfalls in diesem Alter, ca. im zehnten Lebensmonat, kann das Kind nach dem Erwerb der Gegenüberstellung von Daumen und Zeigefinger in Anwesenheit eines äußeren Vorbildes Gesten wiedergeben, ohne sich selbst bei der Ausführung zu beobachten; es kann sich außerdem Gegenstände oder Ereignisse vorstellen, die außerhalb seines Wahrnehmungsfeldes stehen. Etwa zur gleichen Zeit und vielleicht als Folge davon untersucht das Kind mehr das phonische Verhalten der anderen als das eigene.

Der Laut bei Freud

Der Begriff eines Bades von Worten aus der mütterlichen Umgebung ist bei Freud nicht zu finden. Allerdings weist er im *Entwurf einer Psychologie* von 1895 (GW, Nachtragsband, S. 410, 426, 457) dem Schreien des Babys eine wichtige Rolle zu. Zuerst stellt der Schrei eine rein motorische Entladung der inneren Erregung dar, nach dem Reflexschema, welches die primäre Struktur des psychischen Apparates darstellt. Dann wird er vom Baby und seiner Umgebung als Appell und erstes Kommunikationsmittel wahrgenommen; dies führt zur zweiten Struktur des psychischen Apparates, bei der das Signal Teil einer Rückkoppelung ist, primäre Kommunikationsform. »Diese Abfuhrbahn gewinnt so die höchstwichtige Sekundärfunktion der *Verständigung*« (Hervor-

hebung bei S. F.; ebd., S. 410). Der nächste Komplexitätsgrad des psychischen Apparates stellt bekanntlich die Ebene des *Wunsches* dar, der sich auf das Erinnerungsbild des befriedigenden Objektes bezieht. Es handelt sich um ein visuelles oder motorisches Bild (und es geht nicht mehr um Laute); dieses Erinnerungsbild stellt die Grundlage für den primären psychischen Prozeß der halluzinatorischen Wunscherfüllung dar (es handelt sich um eine Erfahrung von Selbstbefriedigung im Gegensatz zur früheren, von der Umgebung abhängigen Befriedigung); und schließlich stellt die Verbindung zwischen geistigen Bildern und Triebimpulsen die erste Form der Symbolisierung dar (damit ist die Ebene des einfachen Signals verlassen). Diese dritte Struktur des psychischen Apparates gewinnt wiederum an Komplexität durch die Verknüpfung von verbalen Spuren (oder Wortvorstellungen) mit den Sachvorstellungen, wodurch die sekundären psychischen Prozesse und das Denken ermöglicht werden. Interessant erscheint mir, daß Freud genau das beschreibt, was ich den Punkt Null dieser Verknüpfung nennen würde, die Verknüpfung von Lauten zu Wahrnehmungen. »Erstens finden sich Objekte – Wahrnehmungen –, die einen *schreien* machen, weil sie Schmerzen erregen (...) Wo man sonst vor Schmerz keine guten Qualitätszeichen des Objektes erhielt, dient die *eigene Schreinachricht* zur Charakteristik des Objektes.« (ebd., S. 457). Daraus folgt, daß die ersten bewußten Erinnerungen Unlust hervorrufen.
Jetzt kann ich Stellung beziehen und die Grenzen meiner Übereinstimmung mit Freud[3] verdeutlichen sowie angebrachte Ergänzungen machen: 1. Mit der Ausbildung der ersten Artikulation der Sprache (Erwerb der lexikalischen, grammatikalischen und syntaktischen Regeln) beginnt das archaische, sadistische Überich sich in ein Überich zu verwandeln, das die Gedanken und das Verhalten reguliert. 2. Vorher hat sich, angelehnt an die Haut, das Ich als relativ autonome Instanz gebildet, sowohl durch den Er-

3 Die Probleme der Stimme und des Hörens haben die Kommentatoren Freuds wenig interessiert. Die Herausgeber der *Standard Edition* haben in ihrem Stichwortverzeichnis noch nicht einmal die Worte Stimme, Lautäußerung, Hören erscheinen lassen. Sie haben nur die Hinweise auf den Schrei und die Lautähnlichkeiten gegeben, die in Versprechern und Wortspielen vorkommen. Der Laut bei Freud bedarf noch der Untersuchung.

werb der zweiten Artikulation (Festlegung der Phoneme, welche die Muttersprache bilden, aus dem Kontinuum der vokalen Äußerungen) als auch durch die Verlegung des Objekts nach außen. 3. Noch früher entsteht das Selbst als Lauthülle in der Erfahrung des Geräuschbades, welche die Stillerfahrung begleitet. Dieses Geräuschbad ist ein Vorbild für das Haut-Ich und für seine zwei Seiten, sowohl die nach innen als auch die nach außen gewandte, da die Lauthülle aus Lauten besteht, die abwechselnd von der Umwelt und vom Baby geäußert werden. Das Zusammenspiel dieser Laute bildet also: a) ein gemeinsames Raum-Volumen, das wechselseitigen Austausch ermöglicht (während das Stillen und das Verdauen nur in einer Richtung ablaufen); b) ein erstes (räumlich-auditives) Bild vom eigenen Körper und c) eine Verbindung nach Art einer realen Verschmelzung mit der Mutter (ohne diese wäre die spätere, imaginäre Verschmelzung mit ihr nicht möglich).

Die Semiophonie

Die technischen Spielereien sowie der Erfindungsreichtum von Mythologie und Science Fiction liefern zusätzliche Beweise.
Die Idee, sprachgestörte Kinder noch vor jeder Behandlung in ein Bad von Lauten einzutauchen, wurde in Frankreich unter dem Namen Semiophonie[4] in die Praxis umgesetzt. Der Patient wird in eine geräumige, schalldichte Zelle mit Mikrofon und Kopfhörer eingeschlossen, in ein regelrechtes »phantasmatisches Ei«, in das er sich narzißtisch zurückziehen und regredieren kann. In einer ersten, rein passiven Phase, spielt er frei (malt, legt Puzzles etc.) und hört dabei eine halbe Stunde lang gefilterte, an schrillen Obertönen reiche Musik; in der nächsten halben Stunde

4 I. Beller, *La Sémiophonie* (1973). Die Autorin geht von der Untersuchung von Birch und Lee (1955) aus: Beschallt man beide Ohren von Aphasikern mit einer expressiven Störung (als Folge einer ständigen kortikalen Läsion) für 60 Sekunden mit auditiven Reizen von 60 dB, führt das zu einer sofortigen Verbesserung ihrer Sprachfähigkeit für fünf bis zehn Minuten. Die Autorin wurde auch durch das elektronische Ohr von Tomatis angeregt, dessen Grundgedanken sie veränderte.

hört er eine gefilterte Stimme vom Band. Er befindet sich also in einem Bad von Lauten, begrenzt auf den Rhythmus, die Melodie und die Modulation. Die zweite Behandlungsphase betrifft die zweite Artikulation; der Patient muß nach dem Hören der gefilterten Musik ebenfalls vom Band abgespielte Signifikanten aktiv wiederholen; diese Signifikanten werden sanft gefiltert, so daß die Stimme ganz deutlich hörbar ist und der Bereich der hohen Obertöne bevorzugt wird; während er das Wort wiederholt, hört sich der Patient selbst im Kopfhörer, er entdeckt seine eigene Stimme und erfährt das Feedback zwischen Hören und Lautbildung. Die nächste, in einer solchen Behandlung üblichere Phase besteht im Wegnehmen sowohl des musikalischen Bades als auch der gefilterten Laute sowie in der Wiederholung von zu einer Geschichte zusammengestellten Sätzen. Wenn das Kind schlecht wiederholt, wenn es absichtlich frei erfundene oder grobe Varianten bringt, erfolgt kein Kommentar und noch weniger eine Strafe. Außerdem kann es weitermalen, während es zuhört und spricht. Sollte man nicht, um einen Code zu erlernen, zuerst mit ihm spielen und auch die Freiheit haben, ihn zu übertreten? »So lernt das Kind, während es glaubt, mit dem anderen einen Dialog zu führen, sehr schnell, sich mit sich selbst zu unterhalten, mit diesem anderen Teil von sich selbst, den es verkannte und den es gerade auf andere projizierte, was jegliche Möglichkeit zu einem echten Dialog verhinderte« (Beller 1973, S. 64).

Die Autorin verharrt in einer rein didaktischen Position, sie berücksichtigt weder die Übertragung und die Deutung noch das Erkennen und Verstehen der Rolle der Unzulänglichkeiten der Umwelt für die linguistischen Defizite des Kindes. Allenfalls versucht sie, eine Behandlungsmaschinerie in Gang zu setzen. Ihre anfängliche Intuition ist jedoch fruchtbar.

»In der ersten, sogenannten passiven Periode der Behandlung, in der äußere Laute sehr stark gefiltert werden und bedeutungslos geworden sind, könnte das Erleben des Subjekts als ein angenehmes Gefühl von Fremdheit bezeichnet werden ... Dieses Gefühl führt zu einer Hochstimmung, die in der Person selbst wahrgenommen wird, d. h. in der Vorstellung, die das Subjekt von sich selber hat« (ebd., S. 75). Das Fremde ist nur da beunruhigend, wo die Umwelt das psychische Erleben des Subjektes nicht »hält« (im Sinne von Bion).

Der Laut-Spiegel

Das, was der Säugling vom anderen hört, öffnet ihm die Welt der Illusion unter der Voraussetzung, daß das Gehörte das Selbst in Harmonie einhüllt (welches Wort würde hier besser passen als ein Begriff aus dem Bereich der Musik?) und daß es ein Echo zu den Äußerungen des Säuglings darstellt und diese anregt. Winnicott (1951) betrachtete das Lallen als Übergangsphänomen, stellte es aber auf die gleiche Stufe mit anderen, gleichartigen Verhaltensweisen. Indem sich das Baby selber zuhört, regt es sich erst zu diesen Lautäußerungen an, vorausgesetzt, die Umwelt hat es durch ein frühzeitiges Eintauchen in ein klangvolles und umfangreiches Bad von Lauten darauf vorbereitet. Noch bevor der Blick und das Lächeln der nährenden und pflegenden Mutter dem Kind ein visuell wahrnehmbares Bild von sich selbst wiederspiegelt, das es zur Verstärkung seines Selbst und zur Entstehung seines Ichs internalisiert, stellt ihm das melodische Bad (die mütterliche Stimme, ihre Lieder, die Musik, die sie das Kind hören läßt) einen ersten Spiegel von Klängen zur Verfügung, den es zum eigenen Gebrauch übernimmt, zuerst durch sein Schreien (auf das hin die Mutter ihn beruhigt), dann durch sein Lallen und schließlich durch seine phonematischen Spiele.

Die griechische Mythologie hat wohl das Ineinanderwirken des visuellen Spiegels und des Laut-Spiegels bei der Entstehung des Narzißmus aufgedeckt. Die Sage von der Nymphe Echo ist nicht zufällig mit der von Narziß verbunden. Der junge Narziß weckt bei zahlreichen Nymphen und jungen Mädchen Leidenschaften, die ihn gleichgültig lassen. Auch die Nymphe Echo verliebt sich in ihn, ohne etwas von ihm zurückzubekommen. Verzweifelt zieht sie sich zurück, verliert den Appetit und magert ab; von der schwindenden Person bleibt bald nur noch eine klagende Stimme, die die letzten Silben der Worte, die man sagt, wiederholt. In dieser Zeit übt Nemesis für die von Narziß verachteten Mädchen Rache. Nach einer Jagd an einem sehr heißen Tag beugt sich Narziß, um seinen Durst zu stillen, über eine Quelle und entdeckt im Wasser sein Bild, welches so schön ist, daß er sich in es verliebt. In Entsprechung zu Echo und ihrem Klangbild löst sich Narziß von der Welt, indem er sich nur noch über sein Spiegelbild beugt und dabei verkümmert. Noch bei der Totenfahrt über den Styx versucht er noch, seine eigenen Züge zu sehen... Diese Legende zeigt, daß der Laut-Spiegel zeitlich vor dem visuellen Spiegel entsteht, zeigt aber auch den primär weiblichen Charakter der Stimme und die Verbindung zwischen der Lautäußerung und der Suche nach Liebe. Sie gibt ebenfalls Hinweise für ein pathogenetisches Verständnis: Wenn der (Laut- oder visuelle) Spiegel dem Subjekt nur sich selber wiederspiegelt, d.h. seine Bedürftigkeit, seine Hilflosigkeit (Echo) oder seine Suche nach einem Ideal (Narziß), führt das zu einer Triebentmischung, die die Todestriebimpulse freisetzt und ihnen einen ökonomischen Vorrang vor den Impulsen des Lebenstriebes sichert.

Bekanntlich erkennt man die Mutter eines Schizophrenen häufig an dem Unbehagen, das ihre Stimme bei dem Arzt, den sie aufsucht, auslöst: Eine einförmige (falscher Rhythmus), metallische (ohne Melodie), rauhe Stimme (mit besonderer Betonung der tiefen Töne, die beim Zuhörer den Eindruck eines Durcheinanders der Töne hervorruft und das Gefühl, daß sie in ihn eindringen). Eine solche Stimme stört die Entstehung des Selbst: Die Laute sind nicht mehr umhüllend, sie wirken unangenehm (in der Terminologie des Haut-Ichs würde man sagen: rauh), sie sind durchlöchert-löchernd. Außerdem hat dies alles noch Folgen beim Erwerb der ersten Artikulation der Sprache: Die Beeinträchtigung des logischen Denkens des Kindes durch widersprüchliche Befehle seitens der Mutter und die Entwertung der Aussagen des Kindes über sich selbst (siehe Anzieu 1975 b). Erst das ausgeprägte Zusammenwirken beider Störungen, der phonematischen und der semantischen, führt zur Schizophrenie. Bei nur leichter Ausprägung beider Störungen hätte man es mit einer narzißtischen Persönlichkeit zu tun. Liegt nur die erste ohne die zweite Störung vor, ergibt sich eine Anfälligkeit zu psychosomatischen Reaktionen. Im Falle der zweiten Störung ohne die erste kommt es zu einer großen Anzahl von schulischen, intellektuellen und sozialen Anpassungsstörungen.

Die Charakteristika des pathogenen Lautspiegels sind:

– seine Diskordanz: seine Wirkung ist zeitlich nicht abgestimmt auf die Empfindungen, Erwartungen oder Äußerungen des Babys;

– seine Plötzlichkeit: mal ist er zu schwach, mal zu stark, er wechselt, für das Baby willkürlich und unverständlich, von einem Extrem zum anderen; er führt zu Mikrotraumatisierungen des entstehenden Reizschutzes (nach einem Vortrag über die »Lauthülle des Selbst« kam ein Zuhörer auf mich zu und erzählte mir von seinen Problemen mit »dem Einbrechen von Lauten in das Selbst«);

– seine Unpersönlichkeit: Der Laut-Spiegel gibt dem Baby weder Auskunft über die eigenen Empfindungen noch über die Empfindungen der Mutter für das Baby. Dieses bekommt keine Selbstsicherheit, wenn es für die Mutter eine Maschine ist, die in Gang gehalten, die programmiert werden muß. Außerdem führt die Mutter oft in seiner Anwesenheit, aber ohne daß es dabei um das Baby geht, Selbstgespräche, entweder hörbar oder schweigend mit inneren Worten, so daß das Baby durch dieses Bad von Worten bzw. von Schweigen das Gefühl bekommt, für die Mutter bedeutungslos zu sein. Der Laut-Spiegel – und später der visuelle Spiegel – bilden zuerst eine Struktur für das Selbst, dann für das Ich, vorausgesetzt, daß die Mutter dem Kind gleichzeitig etwas von sich selbst und von ihm mitteilt und daß diese Mitteilung zu den primären psychischen Eigenschaften, die das entstehende Selbst des Babys empfindet, in Beziehung steht.

Der Raum der Laute stellt den ersten psychischen Raum dar: Schmerzhafte – wenn sie plötzlich und stark auftreten – äußere Geräusche, beunruhigendes Knurren aus dem Körperinneren, das aber nicht als von innen kommend wahrgenommen wird, das automatische Schreien nach der Geburt, später der Hunger, der Schmerz, die Wut, das Wegnehmen des Objekts, das allerdings begleitet ist von einem aktiven motorischen Bild. Alle diese Geräusche bilden etwas, was Xenakis wahrscheinlich durch die musikalischen Variationen und die Lichtspiele der Laserstrahlen seines »Polytops« ausdrücken wollte: ein strukturloses Netz in Raum und Zeit, gebildet von primär psychisch wahrnehmbaren Signalen oder, wie der Philosoph Michel Serres es auszudrücken versuchte, des Fließens, der Streuung, der Unordnung der ursprünglichen Wolke, in der Nebel brennen und Spuren hinterlassen. Vor diesem Geräuschhintergrund können die Melodien einer eher klassischen oder eher volkstümlichen Musik entstehen, bestehend aus vollen und harmonischen Tönen, Musik im eigentlichen Sinne, gesprochene oder gesungene menschliche Stimme mit ihren Schwingungen und Eigenarten, die sehr schnell als Kennzeichen eines Individuums erkannt werden. Augenblick und Zustand erster Harmonie für das Baby (in der Ahnung eigenständiger Einheit als Selbst durch die Vielfältigkeit seiner Empfindungen) und seines ersten Entzückens (Illusion eines Raumes ohne Unterschied zwischen Selbst und Umwelt, in dem sich das Selbst auf die Anregung und die Ruhe der Umwelt, mit der es vereint ist, verlassen kann). Der Raum der Laute hat – um es mit einer Metapher anschaulich zu machen – die Form einer Höhle. Ein hohler Raum wie die Brust, die Mund-Rachen-Höhle. Ein geschützter, aber nicht hermetisch abgeschlossener Raum. Ein Hohlraum, in dessen Innerem Rauschen, Echos und Resonanzen kreisen. Es ist sicher kein Zufall, daß der Begriff der akustischen Resonanz sowohl den Wissenschaftlern als Modell für physikalische Resonanz jeglicher Art diente als auch den Psychologen und Gruppen-Psychoanalytikern als Modell für die unbewußte zwischenmenschliche Kommunikation. Die später entstehenden Räume des Kindes, der visuelle Raum, dann der viso-taktile, später der motorische und schließlich der graphische Raum ermöglichen das Unterscheiden zwischen dem Eigenen und dem Nichtvertrauten, zwischen Selbst und Umwelt, ein Unterscheiden sowohl im Inneren des Selbst als auch in der Umwelt. Sami-Ali hat mit seinem Buch *L'Espace imaginaire* (1974) die Untersuchung darüber vorangetrieben. Allerdings beeinträchtigen die ursprünglichen Mängel der Lauthülle des Selbst die Entwicklung dieser Reihe.

Beobachtung von Marsyas (Schluß)

Wie sich eine solche Beeinträchtigung bei diesem Patienten auswirkte, konnte einige Monate nach den beiden oben zusammengefaßten Sitzungen geklärt werden, und zwar mit Hilfe fester Orientierungspunkte, die diese Sitzungen geliefert hatten und auf die ich mich mehrmals ausdrücklich berufen konnte (dies ist ein Beweis dafür, daß diese Beeinträchtigungen zum großen Teil durch die Psychoanalyse gemildert werden können, wenn man sich Zeit nimmt, den Willen hat, den angemessenen Raum-Zeit-Rahmen schafft und die Deutungen aus einer korrekten Theorie heraus entwickelt).

Trotz unbestreitbarer innerer und äußerer Fortschritte, die er wohl zur Kenntnis nehmen mußte, machte Marsyas eine neue große Krise durch, weniger durch depressive Angst als durch Skepsis bedingt: Nie würde er die notwendigen Veränderungen schaffen, er fühle sich zu sehr anders als die anderen, er war mutlos, er glaubte, ich halte ihn für unfähig, seine Psychoanalyse abzuschließen, und wäre eigentlich dafür, sie einvernehmlich abzubrechen. Marsyas konnte nicht mit Sicherheit zwischen dem unterscheiden, was in seinem Selbst war, und dem, was in seiner Umwelt vorging. Oft drangen die Affekte seiner Angehörigen in ihn ein und führten dort zu Unordnung; er versuchte, sich von diesen Affekten zu distanzieren, durch große Selbstkritik versperrte er sich jedoch jede konkrete Möglichkeit dazu; seine Gefühle behielt er entweder für sich und beklagte sich über das Unverständnis der Umwelt, oder er drückte sie so heftig aus, daß er heftige Reaktionen provozierte. Und immer das gleiche Ergebnis: Ich, Marsyas, soll mich verändern und kann es doch nicht. In der Übertragung konnte ich ihm deuten, daß er seine Beziehungen sowohl im Privaten und Beruflichen als auch mit mir nach dem Modell einer unlösbaren Diskordanz zwischen dem Selbst und der Umwelt gestaltete, und ich schlug vor, diese grundlegende Diskordanz mit folgenden Worten auszudrücken: Das Glück des einen ist das Unglück des anderen.

Ein anderer Patient, der in bezug auf die Geschichte seiner frühen Kindheit und die Risse im Selbst und dem Ich Ähnlichkeiten mit Marsyas aufwies, kam zum entgegengesetzten Ergebnis: Er glaubte, nur die Umwelt und der Psychoanalytiker sollten sich ändern und seien dazu nicht in der Lage. Im wesentlichen bleibt das Problem das gleiche: Die Differenzierung zwischen dem sensorischen und affektiven Erleben des Subjekts und dem der Umwelt findet dann nicht oder nicht zur rechten Zeit statt, wenn das Subjekt nicht die ursprüngliche Erfahrung machen konnte, daß die Umwelt auf seine Lust mit Lust reagiert, auf seinen Schmerz mit Beruhigung, auf seine Leere mit Fülle und auf seine Fragmentierung mit Harmonisierung. Darüber soll der Psychoanalytiker sprechen – ohne den Patienten in eine semiophonische Zelle zu tauchen –, um so eine Umwelt zu schaffen, die sowohl stimmlich als auch sinnlich Resonanz bietet.
Roland Gori hat, parallel zu meinen Überlegungen und im häufigen gegenseitigen Kontakt, Begriffe geprägt, die den meinen nahekommen: »Spiegelbild von Lauten«, »Mauer von Lauten«, »körperliche Verankerung der Worte«, »Abhängigkeit des Sub-

jekts vom Code«. Er machte mich mit einer Science-Fiction-Novelle von Gérard Klein *(La Vallée des échos,* 1966) bekannt, in der dieser Laut-Fossilien phantasiert: »Auf dem Planeten Mars suchen Forscher in der Wüste nach Spuren verschwundenen Lebens. Eines Tages treten sie zwischen gezackten Felswänden hindurch, die ansonsten in den erodierten Landschaften auf diesem Sandplaneten nicht zu finden waren ... und sie finden das Echo: ›Ich hörte eine Stimme oder besser das Murmeln einer Million Stimmen. Der Aufruhr eines ganzen Volkes, das unglaubliche, unverständliche Worte spricht, [...] der Klang überwältigte uns in wiederkehrenden, kreisenden Wellen.‹ (...) In diesem Tal des Echos sind die Laute eines verschwundenen Volkes versammelt; es ist der einzige Ort der Welt, an dem die Fossilien keine Mineralien sind, sondern klingende Materie. Einer der Forscher geht voller Entdeckungslust unvorsichtig weiter, und die Stimmen werden leiser, bis zum Verstummen in Agonie, ›denn sein Körper bildete einen Schirm. Er war zu schwer, zu körperlich, als daß diese leichten Stimmen seinen Kontakt ertragen hätten.‹« (Gori 1975, 1976). Schöne Metapher einer klangvollen, dem konkreten Körper fremden Materie, die sich mit Hilfe des eigenen und doch vergeblichen Wiederholungszwangs selbst erhält, die eine prähistorische Erinnerung und tödliche Bedrohung darstellt, durch ein audiophones, zerschlissenes Leichentuch, das nicht umhüllt und das dem Selbst weder psychisches Leben noch Sinn gibt.

12. Die thermische Hülle

Die Wärmehülle

Von Bedeutung ist eine ziemlich verbreitete Beobachtung bei Entspannungsübungen. Der Patient, der zu früh gekommen und noch allein im Zimmer ist, beginnt mit der Übung. Ziemlich rasch und als sehr angenehm empfindet er die Wärme in seinem ganzen Körper. Sobald der Therapeut, auf den er wartet, erscheint, verschwindet die Wärmeempfindung. Der Patient teilt dies dem Therapeuten, der auch Psychoanalytiker ist, mit, und dieser versucht, indem er den Dialog weiterführt, die Ursache für dieses Verschwinden herauszufinden und es rückgängig zu machen; jedoch vergeblich. Daraufhin entscheidet sich der Psychotherapeut zu schweigen und sich selber zu entspannen; damit ermöglicht er dem Patienten – nach Winnicotts (1958) Beschreibung – die Erfahrung, allein zu sein, und zwar in Anwesenheit einer Person, die sein Alleinsein respektiert und es gleichzeitig durch seine Nähe schützt. Allmählich findet der Patient wieder zu der globalen Wärmeempfindung.

Wie ist diese Beobachtung zu verstehen? Der Patient, allein in einem vertrauten und für ihn besonders bedeutungsvollen Zimmer, erlebt eine Ausweitung und Hochstimmung des Selbst, die mit einer Erweiterung der Grenzen des Körper-Ichs bis an die Grenzen des Raumes einhergeht. Das Wohlgefühl, ein Haut-Ich zu besitzen, das sowohl erweitert ist als auch ihm selbst gehört, stellt eine Wiederbelebung der ursprünglichen Erfahrung einer Wärmehülle dar. Das Eintreten des Psychotherapeuten stellt einen traumatischen Einbruch in diese zu weite und zu empfindliche Hülle dar (die Wärmebarriere ist ein unzureichender Reizschutz). Da die Wärme verschwunden ist, sucht der Patient in der Interaktion mit dem Psychotherapeuten eine neue Grundlage für das Funktionieren seines Haut-Ichs. Könnte das das archaische Phantasma einer beiden Partnern gemeinsamen Haut sein? Aber der Therapeut spricht, anstatt den Körper zu berühren, und auch der Patient widersteht einer solchen Regression. Er findet zur umhüllenden Wärmeempfindung zurück, sobald die Angst vor dem Einbrechen verschwunden ist und sich die Grenzen seines Körper-Ichs den Grenzen des eigenen Körpers wieder angenähert haben. Die unaufdringlich beschützende Anwesenheit des Therapeuten (ähnlich der wohlwollenden Neutralität des schweigenden Psychoanalytikers) ermöglicht es dem Patienten, sich wieder ein Haut-Ich anzueignen, durch Identifikation mit dem Therapeuten, der sich selbst seines eigenen Haut-Ichs sicher ist. Der Patient entgeht dem dreifachen Risiko, die Haut des anderen zu rauben, sich seine eigene Haut rauben zu lassen oder sich mit der Haut des anderen als einem vergifteten Geschenk zu bedekken, die ihn daran hindern würde, eine eigene Haut zu erwerben. Das Wärmegefühl breitet sich vom Körper-Ich zum psychischen Ich aus und umhüllt das Selbst.

Die Wärmehülle zeugt (natürlich nur solange sie temperiert bleibt) von einer ausreichenden narzißtischen Sicherheit und Besetzung des Bindungstriebes, um sich auf einen Austausch mit dem anderen einzulassen unter der Bedingung gegenseitigen Respekts der Einzigartigkeit und der Autonomie des anderen: Bezeichnenderweise kennt die Alltagssprache den Begriff des »warmen Kontaktes«. Die Hülle begrenzt einen friedlichen Raum, versehen mit Grenzstationen, an denen Reisende ein- und ausreisen können und nur auf böse Absichten oder Waffen hin geprüft werden.

Die Kältehülle

Das vom Körper-Ich körperlich empfundene Gefühl von Kälte, verbunden mit der Kälte im moralischen Sinne, mit der das psychische Ich auf Kontaktangebote antwortet, dient dazu, eine hermetisch abgeschlossenere, mehr narzißtisch schützende Schutzhülle wieder aufzubauen, einen Reizschutz, der den anderen auf Distanz hält. Das Haut-Ich besteht, wie ich bereits sagte, aus zwei mehr oder weniger voneinander getrennten Schichten, die eine äußeren Reizen zugewandt, die andere auf innere Triebreize gerichtet. Das Schicksal ist nicht dasselbe, je nachdem, ob die Kältehülle nur die äußere Schicht, nur die innere Schicht oder beide betrifft; letzteres kann zur Katatonie führen.

Ich beschränke mich auf den Fall des Schriftstellers. Die erste

Phase der schöpferischen psychischen Arbeit ist nicht nur eine Phase der Regression auf eine unbewußte Empfindung/Erregung, ein unbewußtes Bild, das spätere Hauptthema oder der Hauptzug des Werkes; sie ist auch eine Phase des »Erschauerns«. Seine Metapher ist ein Eintauchen in die Kälte, ein winterlicher Aufstieg, eine erschöpfende Wanderung durch den Schnee (vgl. der Schwan von Mallarmée, der an der Eisfläche eines Sees festgefroren ist), begleitet von Zittern, körperlicher Krankheit und Fieber, notwendig, um sich wieder zu erwärmen, all das verbunden mit dem tödlichen Gefühl, die Orientierung in der Weiße des Rauhreifs zu verlieren, mit dem »Erfrieren« der freundschaftlichen und Liebesbeziehungen.[1] Die äußere Seite des Haut-Ichs wird zu einer kalten Hülle, die die Beziehungen zur äußeren Realität aufhebt, indem sie diese erstarren läßt. Die innere, auf diese Weise geschützte und überbesetzte Seite des Haut-Ichs ist weitgehend in der Lage, die normalerweise verdrängten, sogar noch nicht einmal symbolisierten Triebrepräsentanzen zu »erfassen«, deren Verarbeitung die Originalität des Werks ausmacht.
Der Gegensatz zwischen Warm und Kalt führt zu einer grundlegenden Unterscheidung, die mit Hilfe des Haut-Ichs möglich wird und die eine wichtige Rolle spielt bei der Anpassung an die äußere Realität, beim Hin und Her zwischen Annäherung und Entfernung sowie bei der Fähigkeit, selber zu denken. Ich erinnere den Fall einer paradoxen Übertragung (über den ich in meinem Artikel über dieses Thema berichtet habe: siehe Anzieu 1975 b), in der die Stimmungsschwankungen, das sture, masochistische Festhalten an einem unbefriedigenden Eheleben, einige Zusammenbrüche des Denkens durch die psychoanalytische Arbeit vor allem mit einer früheren Beeinträchtigung der Unterscheidung zwischen Warm und Kalt in Verbindung gebracht werden konnten.

1 Eine genauere Beschreibung dieses Erfassens in der Kälte habe ich in meinem Buch *Le Corps de l'œuvre* (1981 a, S. 102-104) gegeben.

Es handelt sich um eine Frau, für die ich im Hinblick auf die Häufigkeit und traumatische Intensität, mit welcher ihr als Kind und oft noch als Erwachsene entgegengehalten wurde, daß das, was sie empfand, falsch war, kein besseres Pseudonym fand als Erronée.[2] Als Kind wurde sie nicht gemeinsam mit ihrem jüngeren Bruder gebadet, was unanständig gewesen wäre, sondern kurz vorher. Damit das Wasser für den Jungen richtig temperiert war, bereitete man für Erronée ein kochend heißes Bad, in das sie mit Gewalt eingetaucht wurde. Beklagte sie sich über die zu große Hitze, entgegnete ihr die Tante, die sich, da beide Eltern arbeiteten, um die Kinder kümmerte, sie sei eine Lügnerin. Schrie sie, weil es ihr so schlecht ging, sagte die Mutter, die zu Hilfe gerufen wurde, sie stelle sich an. Und wenn sie krebsrot, schwankend und kurz vor dem Zusammenbruch aus der Badewanne stieg, warf ihr der Vater, der in der Zwischenzeit dazugerufen worden war, vor, weder Haltung noch Charakter zu haben. Erst an dem Tag, an dem sie ohnmächtig wurde, wurde sie ernstgenommen. Sie mußte viele ähnliche Situationen erleben, die der Eifersucht dieser die Kinder mißbrauchenden Tante, der distanzierten Gleichgültigkeit einer von ihrer Berufstätigkeit besessenen Mutter und dem Sadismus des Vaters entsprangen. Hier noch eine Begebenheit, die *Double-bind*-Charakter hat: Ihr, die als kleines Mädchen von Tante und Mutter zu heißen Bädern gezwungen worden war, wurde, als sie größer wurde, von ihrem Vater das Baden verboten – mit dem Hinweis, warme Bäder würden sowohl den Körper als auch den Charakter verweichlichen –; sie wurde zu kalten Duschen gezwungen, die sie sommers wie winters in einem nicht beheizten Keller des Hauses nehmen mußte, in dem das Gerät absichtlich installiert worden war. Der Vater kam, auch noch als seine Tochter in der Pubertät war, zur Kontrolle an Ort und Stelle.

Häufig erlebte Erronée in ihren psychoanalytischen Sitzungen die Schwierigkeit wieder, mir ihre Gedanken und Gefühle mitzuteilen, verbunden mit der Angst, ich würde ihrer Wahrheit widersprechen. Plötzlich überkam sie auf der Couch ein Gefühl eisiger Kälte. Häufig stöhnte sie und brach impulsiv in Tränen aus. Mehrmals erlebte sie während einer Sitzung einen Übergangszustand zwischen Halluzination und Depersonalisation: Die Realität war nicht mehr die Realität, ihre Wahrnehmung der Dinge wurde verschwommen, die drei Dimensionen des Raumes kamen ins Schwanken; sie selbst lebte zwar weiter, allerdings von ihrem Körper getrennt, außerhalb von ihm. Nachdem sie diese Erfahrung in allen Einzelheiten geschildert hatte, konnte sie sie selber als Wiederho-

2 *Erronée*, frz.: falsch, fehlerhaft. (A.d.Ü.)

lung der als Kind erlebten Situation im Badezimmer verstehen, als ihr Organismus der Ohnmacht nahe war.

Ich glaubte, bei Erronée auf die paradoxe Übertragung verzichten zu können: Dabei wurde ich selber fehlerhaft [*erroné*]. Ziemlich schnell kam sie in eine positive Übertragung zu mir, und, auf dieser aufbauend, konnte ich ihr das paradoxe System aufzeigen, in das ihre Eltern sie gebracht hatten und von dem sie mir dauernd erzählte. Diese positive therapeutische Bindung führte zu glücklichen Veränderungen in ihrem sozialen und beruflichen Leben und in der Beziehung zu ihren Kindern. Aber sie blieb überempfindlich und anfällig: Schon die geringste Bemerkung eines Menschen aus ihrer alltäglichen Umgebung oder von mir stürzte sie in diese Verwirrung, in der sie sich ihrer eigenen Empfindungen, Gedanken und Wünsche nicht mehr sicher war und in der die Grenzen ihres Ichs verschwammen. Plötzlich kippte sie in die paradoxe Übertragung und lokalisierte ihre Schwierigkeit in der Behandlung bei mir, erlebte mich als denjenigen, der ihr nicht zuhören wollte und dessen Deutungen (die sie mir unterstellte und deren Sinn sie verzerrte) das Ziel hatten, ihre Existenz systematisch zu verneinen. Ihre Behandlung lief erst dann weiter:

– nachdem ich ganz und gar akzeptierte, Objekt einer paradoxen Übertragung zu sein;

– wenn sie den Beweis dafür hatte, daß sie mich gefühlsmäßig treffen konnte und ich trotzdem bei meinen Überzeugungen blieb.

Indem sie bestritten, daß das Kind tatsächlich empfindet, was es empfand – »Deine Empfindung, daß es dir zu heiß ist, ist falsch, es ist zwar das, was du sagst, aber es ist nicht wahr, daß du es empfindest; die Eltern wissen besser als die Kinder, was diese empfinden; weder dein Körper noch deine Wahrheit gehören dir« – befanden sich die Eltern nicht mehr im moralischen Bereich von Gut und Böse, sondern im logischen Bereich der Verwirrung bzw. von Wahr und Falsch, und ihre Paradoxien zwangen das Kind dazu, das Wahre und das Falsche miteinander zu vertauschen. Daraus entstand eine Reihe von Störungen bei der Entstehung der Ich-Grenzen und der Realität, bei der Mitteilung des eigenen Standpunkts dem anderen gegenüber. Und so bildete sich, was Arnaud Lévy in einem unveröffentlichten Vortrag als eine Subversion der Logik, als Pervertierung der Gedanken beschreibt, eine neue Form perverser Pathologie, die zu den sexuellen Perversionen und der moralischen Perversion hinzukommt.

13. Die Geruchshülle

Die Absonderung von Aggressivität durch die Hautporen

Beobachtung von Getsemani

Ich verwende dieses Pseudonym nach dem Namen des Ölbergs (aramäisch: Getsemani), wo Jesus, nach Angaben des dritten Evangelisten (der dieses Detail als einziger erwähnt), in der Nacht vor seiner Festnahme Blut geschwitzt hatte. Seine Jünger sind eingeschlafen. Vergeblich bittet er Gott, seinen Vater, ihm die letzte Prüfung, den Tod, zu ersparen. Er leidet unter einer tiefen »Traurigkeit«. »Und er betete in seiner Angst noch inständiger, und sein Schweiß war wie Blut, das auf die Erde tropfte« (Lukas XXII, 44).

Getsemani ist italienischer Abstammung. Zweisprachig erzogen, macht er seine Psychoanalyse in französisch. Er hat den Plan, das Priesterseminar zu besuchen, aufgegeben und mit einem Ingenieur-, dann mit einem Jurastudium begonnen. Die Beziehungen zu seinen Kollegen in dem multinationalen Unternehmen, in dem er arbeitet, sind ziemlich konfliktbeladen, und er fühlt sich nicht wohl in seiner Haut.
Wenn ich mich auf den manifesten Inhalt seiner Assoziationen und Affekte in den Sitzungen beschränke, kann ich sagen, daß Getsemani in den ersten drei Jahren seiner Behandlung ausschließlich aggressive Gefühle zum Ausdruck bringt: zuerst gegen eine Frau reifen Alters, eine Lehrerin für Naturwissenschaften an einem berühmten Privatgymnasium, in das er, aus einfachen Verhältnissen stammend, mit einem Stipendium aufgenommen worden war (diese Frau drohte mit seinem Schulverweis, was eine Katastrophe bedeutet hätte); dann gegen eine autoritäre alte Frau, die er als seine Patentante bezeichnete und die bis zu ihrem Tod im Haushalt seiner Eltern gelebt hatte; und schließlich gegen einen jüngeren Bruder, der Getsemani die Liebe und Pflege seiner Mutter wegnahm; unter anderem wurde der Bruder gestillt, was bei meinem Patienten nicht zutraf und bei ihm ein tiefes Gefühl von Ungerechtigkeit hinterließ. Getsemani sprach über diese drei Bereiche seiner Vergangenheit mit großer Betroffenheit. Ich verfolgte, wie er, langsam voranschreitend, mehr und mehr Aggressionen äußerte und zu immer archaischeren Haßobjek-

ten regredierte. Ich zeigte ihm Zusammenhänge auf. Ich hatte den Eindruck, daß der Patient nur Vorwürfe machte, und fühlte mich wie ein Behälter, in dem er diese ablegen mußte. Seine berufliche Situation wurde besser, und seine Ehe mit einer Französin stabilisierte sich. Sie hatten inzwischen ein erwünschtes Kind bekommen (über das er mit mir jedoch erst nach dessen Geburt sprach). Dabei handelte es sich allerdings eher um psychotherapeutische als psychoanalytische Wirkungen. Der persistierenden Rachsucht draußen entsprach, daß er in den Sitzungen weiterhin angepaßt blieb, er war voll guten Willens, suchte respektvoll um meine Deutungen nach und bestätigte sie sofort, vorbehaltlos und ohne sich die Zeit zu lassen, überhaupt darüber nachzudenken. Das war also die Realität im Hier und Jetzt seiner Psychoanalyse: Eine positive, idealisierende Übertragung in Abhängigkeit, aber keine echte Übertragungsneurose. Es gab zwar eine andere, bezüglich ihrer sinnlichen Stärke allgegenwärtige Äußerung, jedoch wußte ich nicht, wie ich als Psychoanalytiker damit umgehen sollte: Getsemani roch manchmal stark, und dieser Geruch war um so unangenehmer, als er sich mit dem Duft der Eau de Toilette mischte, das er auf die Haare schüttete, wahrscheinlich – so vermute ich – um die Zeichen eines starken Schwitzens zu überdecken. Diese Eigenart meines Patienten führte ich einmal auf seine biologische Konstitution, dann auf seine soziale Herkunft zurück. Dies war mein erster Gegenübertragungswiderstand: nämlich zu meinen, daß das allergegenwärtigste Material der Sitzungen nichts mit der Psychoanalyse zu tun habe, da es weder verbalisiert wurde noch sichtbaren Kommunikationswert hatte.

Mein zweiter Gegenübertragungswiderstand war Langeweile. Getsemani roch immer stärker und wiederholte immer wieder die gleichen Geschichten über die Verfolger seiner Kindheit. Mein Kopf, angefüllt mit seinen Worten und seinem Geruch, war wie gelähmt. Mir fielen keine Deutungen mehr ein. Gleichzeitig fühlte ich mich schuldig, weil ich mich so wenig für ihn interessierte. Ich versuchte, mich zu rechtfertigen, indem ich mir sagte, daß er in der Übertragung eine Situation aus seiner Kindheit wiederherstelle, in der er zu einem vernachlässigten und ungeliebten Sohn geworden war.

Durch die Hilfe eines Dritten erlangte ich meine Denkfähigkeit wieder. Eine Patientin, die nicht regelmäßig kam und die ich gelegentlich unmittelbar nach Getsemani empfing, bedeutete mir eines Tages, daß sie nicht in meinem Sprechzimmer bleiben wolle. Sie machte mir Vorwürfe wegen ihres Vorgängers, der die Luft im Zimmer verpeste, und fragte mich ironisch, ob dies ein Erfolg der Psychoanalyse sei. Durch diesen Zwischenfall kam ich wieder zu mir selbst und bemerkte, daß ich diesen Patienten kaum noch ... riechen konnte. Im doppelten Sinn des Wortes. Könnte es nicht die Übertragungsneurose sein, die sich hinter diesen stinkenden, mir gegenüber versteckt aggressiven Absonderungen verbarg und sich in diesen ausdrückte? Mit einem Mal interessierte ich mich wieder für diese Behandlung. Aber wie konnte ich seinen Geruch ansprechen, ohne selber aggressiv bzw. kränkend zu sein? In meiner Ausbildung und in der psychoanalytischen Literatur hatte ich nichts über die olfaktiven Formen der Übertragung gelernt, abgesehen vom Begriff der »Urhöhle« des Mund-Nase-Raumes, die Spitz (1965) beim Säugling beschreibt.

Ich fand eine ziemlich allgemeine Übergangsdeutung, die erste Deutung, die sich ausschließlich auf die Gegenwart bezog und die ich während einiger Sitzungen in verschiedenen Varianten wiederholte: »Sie erzählen mir mehr von Ihren Gefühlen als von Ihren Empfindungen«; »es scheint mir, daß Sie nicht nur mit Ihren aggressiven Gefühlen, sondern auch mit einigen sensorischen Eindrücken in mich eindringen möchten«. Daraufhin erwähnte Getsemani spontan ein Ereignis aus seiner Vergangenheit, von dem bisher noch nicht die Rede gewesen war. Seine Patentante stand in dem Ruf, nicht sehr sauber zu sein. Sie stammte vom Land und wusch sich, mit Ausnahme von Gesicht und Händen, nur selten. Bevor sie ihre Wäsche wusch, stapelte sie diese wochenlang im Badezimmer, in das mein Patient heimlich ging, um den starken Geruch ihrer Unterwäsche einzuatmen, was ihm das narzißtisch beruhigende Gefühl gab, vor allem, sogar vor dem Tod, geschützt zu sein. Das entsprechende Phantasma enthüllte sich also als dasjenige eines verschmelzenden Kontakts mit der stinkenden und schwitzenden Haut der Patentante. Gleichzeitig erfuhr ich, daß seine Mutter sehr um Sauberkeit bemüht war und sich reichlich mit Eau de Cologne parfumierte. Also – aber das behielt ich noch für mich – stellten die zwei widersprüchlichen Gerüche, die meine Praxis erfüllten, den phantasmatischen Versuch dar, die Haut der Patentante und die der Mutter in sich zu vereinen. Hatte er also keine eigene Haut? Ich regte ihn an, auf die dramatischen Ereignisse bei seiner Geburt zurückzukommen, die ihm häufig erzählt worden waren und die er in den Vorgesprächen kurz erwähnt hatte. Es ging nicht voran. Die Hebamme und die Patentante lehnten es ab zu helfen, und zwar im Namen eines christlichen Gebotes und unter dem Vorwand, die Mutter solle unter Schmerzen gebären. Der spät gerufene Arzt gab dem Vater zu verstehen, man müsse zwischen dem Leben der Frau und dem des Kindes entscheiden, dann versuchte er einen aussichtslos scheinenden Eingriff mit der Zange, welcher gelang. Getsemani kam zur Welt mit einer Haut, die an verschiedenen Stellen verletzt war und blutete, schwebte mehrere Tage lang zwischen Leben und Tod. Die Patentante, die ihn zu sich ins Bett legte, hatte ihn angeblich gerettet. Dies alles regte meine Gedanken an und ermutigte mich, genauer zu deuten.

Da er als erster vom schlechten Geruch gesprochen hatte, fühlte ich mich berechtigt darauf zurückzukommen. An den Tagen, an denen er wieder

stark schwitzte, betonte ich, wie wichtig der Geruch überhaupt für ihn sei. Nach meiner dritten oder vierten Bemerkung dieser Art veränderte er zum ersten Mal in seiner Psychoanalyse seine Sprechweise (bisher drangen seine überschwenglichen, nicht enden wollenden und ausdrucksstarken Worte in mich hinein und ließen mir keinen Raum für Deutungen), und mit leiser, abgehackter Stimme, nicht mehr fordernd, wie im vertraulichen Zwiegespräch, teilte er mir mit, es sei ihm mir gegenüber sehr peinlich, wenn er während der Sitzungen schwitze, eine Reaktion, die übrigens jedesmal dann auftrete, wenn er zu sehr bewegt sei; er schäme sich, mir beim Abschied eine feuchte Hand zu geben. In der Übertragungsneurose war ich also für ihn nicht nur die gehaßte, sondern auch die schützende Patentante, mit der er bis zu seinem Wegzug aus Italien eine verschmelzende Kommunikation aufrechterhalten hatte. Nun entdeckte ich bei mir einen weiteren Gegenübertragungswiderstand: Mein Ich hatte es unbewußt abgelehnt, die Rolle einer nicht nur die Kinder mißbrauchenden und symbiotischen, sondern auch noch stinkenden Bäuerin zu spielen. Während ich sein Symptom in Verbindung zu seiner Vergangenheit brachte, um es besser zu verstehen und um mich besser davor zu schützen, lebte Getsemani dieses Symptom im Hier und Jetzt, spaltete aber die von seinem psychischen Ich empfundenen Gefühle von denen von seinem Körper-Ich wahrgenommenen Empfindungen ab, was ich ihm erst später mitteilte. Indem er seine jetzige Erfahrung fragmentierte, machte er es mir schwer, sie in ihrer Gesamtheit zu erfassen. Meine psychoanalytische Arbeit mit ihm bezog sich nicht nur darauf, gedankliche Verbindungen zwischen Vergangenheit und Gegenwart herzustellen, sondern als erstes darauf, diese Verbindungen zwischen den Fragmenten in seiner Gegenwart herzustellen.
Einige Sitzungen später teilt mir Getsemani mit, daß er sehr aufgeregt sei. Ich erinnere ihn an den Zusammenhang, den er selber zwischen Aufregung und Schwitzen aufgezeigt hat, und frage ihn, welche Gefühle diese Schwitzreaktion mit sich bringt. Getsemani bemüht sich – was für ihn ganz neu ist –, sein psychisches Ich vom Körper-Ich getrennt zu denken und sein Körper-Ich vom psychischen Ich beobachten zu lassen. Er antwortet, daß er aggressiv wird, wenn er frustriert ist. Ich ergänze sofort die Deutung und lege dabei den Schwerpunkt auf den psychischen Inhalt: »Um nicht unter dieser Aggressivität zu leiden, schwitzen Sie sie über die Haut aus.«

Ungefähr ein Jahr lang haben wir daran gearbeitet, die Besonderheiten seines Haut-Ichs sichtbar zu machen. Es scheint, daß dieses Haut-Ich auf dem Phantasma einer gemeinsamen Haut zwischen dem kleinen Jungen und seiner Patentante beruht, einer Haut, die ihm das Leben gerettet hat und die ihn weiterhin vor dem Tod schützt. Im allgemeinen stützt sich das Haut-Ich auf eine Hülle überwiegend aus Berührung und Lauten. Bei Getsemani ist diese Hülle vor allem eine Hülle von Gerüchen: Diese gemeinsame Haut verbindet die besonderen Gerüche der genitalen und analen Öffnungen mit denen der Hautabsonderungen. Ein Kollege, Psychophysiologe, erläuterte mir, daß der von den Schweißdrüsen abgesonderte Schweiß selbst geruchlos ist, daß er jedoch auf der Haut milchige und riechende Absonderungen der apokrinen Drüsen verteilt, Drüsen, die durch sexuelle Erregung und emotionalen Streß beeinflußt werden. Danach verstehe ich, daß sich bei Getsemani die (thermische und hygrometrische) Reizschutzfunktion des Schweißes mit der emotionalen Signalfunktion der riechenden Absonderung vermischt.[1] Eine solche Riechhülle macht aus der Haut und den erogenen Zonen ein undifferenziertes Ganzes. Sie vereint außerdem gegensätzliche triebhafte Charakteristika: der Kontakt zum Körper der Patentante ist einerseits narzißtisch beruhigend und libidinös anziehend, andererseits beherrschend, eindringend und verwirrend. Es ist die gleiche Ambivalenz – jedoch die einer Tochter gegenüber dem Vater – die im Märchen *Peau d'âne* beschrieben wird und dessen erneute Lektüre mir noch mehr Klarheit über meinen Patienten gab. Dieses vor allem olfaktive Haut-Ich stellt eine Hülle dar, die weder geschlossen noch fest ist. Sie ist durchlöchert an zahlreichen Stellen, die den Hautporen entsprechen und die mit kontrollierbaren Sphinktern versehen sind; durch diese Löcher schwitzt das Zuviel an innerer Aggressivität durch eine reflektorische, automatische Entladung, die dem Denken keinen Raum läßt, um sich einzuschalten; es handelt sich also um ein Haut-Ich-Sieb.

Diese Hülle von Gerüchen ist außerdem konturlos, unbestimmt,

1 Die Psychophysiologen sprechen von vier Arten von Geruchssignalen: die sexuelle Begierde, die Angst, die Wut und das Wissen um den eigenen Tod bei Menschen, die sterben müssen. Mir gelang es nicht, bei Getsemani zwischen diesen vier Signalen zu unterscheiden, entweder weil die Riechwelt bei mir stark unterdrückt ist oder weil die global verschmelzende Kommunikation zwischen Getsemani und seiner Patentante ihm nicht erlaubte, sie zu unterscheiden. Es kann sein, daß Intuition und Empathie des Psychoanalytikers vor allem auf einer olfaktiven Grundlage beruhen, die schwer zu untersuchen ist.

porös; sie ermöglicht nicht die sensorischen Unterscheidungen, die Grundlage des Denkens sind. Durch diese Entladung auf der Ebene des Körper-Ichs und diesen Mangel an Differenzierung auf der Ebene des psychischen Ichs bleibt Getsemanis bewußtes Ich unbehelligt von jedem Verdacht einer Komplizenschaft mit seinen aggressiven Triebimpulsen. Die Aggressivität war für Getsemani ein bewußter Gedanke, über den er endlos sprechen konnte. Aber er wußte nichts über die Natur der gleichzeitig körperlichen und psychischen Hülle, die nicht in der Lage war, dem aggressiven Drang Einhalt zu gebieten. Daraus entstand folgender Widerspruch: Er hatte ein Bewußtsein von dem, was in der Tiefe funktionierte (dem Trieb), und unbewußt blieb ihm, was an der Oberfläche funktionierte (ein durchlöcherter psychischer Behälter). Die Absonderung von schlechten Gerüchen während der Sitzungen hatte direkt aggressiven, aber auch verführerischen Charakter, erkennbar ohne jegliche symbolische Entschlüsselung: Er provozierte mich, er suchte mich, beschmutzte mich. Aber da es »ohne Absicht« geschah, ersparte es ihm einerseits Denkarbeit, andererseits zu starke Schuldgefühle.

Im Laufe der weiteren Behandlung nahm das Schwitzen ab, es trat nur noch unter belastenden Lebensumständen wieder auf, die ich dann als Wiederholungen bestimmter früherer Traumata deutete, an die er sich dann unter einem beträchtlichen Aufwand an Aufmerksamkeit, Erinnerungs- und Urteilsfähigkeit wieder erinnern konnte. In der Tat mußte er den psychischen Sekundärprozeß erst erlernen, was ihm bis jetzt aufgrund der automatischen Triebentladung erspart geblieben war und was die allmähliche Strukturierung seines Haut-Ichs als anpassungsfähigeren und stabileren psychischen Behälter jetzt ermöglichte. Zusätzlich mußte er noch Schuldgefühle und mörderische Haßgefühle zuerst gegen seine Mutter, dann gegen seinen Vater aushalten, verbunden mit intensiver Angst in Form von Herzschmerzen. Auf diese Weise überwand er nach und nach die Spaltung zwischen psychischem Ich und Körper-Ich, die am Anfang seiner Behandlung den analytischen Prozeß gelähmt hatte.

Bei Freud und Bion finden sich einige kurze Beobachtungen von Patienten, welche die Integrität ihrer eigenen Haut zerstörten, indem sie ihre Pickel ausdrückten oder Mitesser entfernten: nach Meinung dieser Autoren Ausdruck eines archaischen Kastrationskomplexes, der die Unversehrheit der Haut als Ganzes und nicht nur die Genitalien bedroht. Die an vielen Stellen durchlöcherte Geruchshülle von Getsemani unterscheidet sich davon. Zunächst führt sie die grundsätzliche Mangelhaftigkeit des Behälters vor Augen. Zweitens dient sie der Verstärkung des Kastrationskomplexes, wie die weitere Entwicklung der Behandlung deutlich zeigen wird.

Die Bearbeitung seines olfaktiven Haut-Ichs, von Getsemani und mir aktiv betrieben, nimmt mehrere Wochen in Anspruch. Jetzt bin ich wieder sehr bei der Sache. Getsemani schwitzt nicht mehr so oft und auch weniger stark. Kurz bevor es dazu kommt bzw. wenn es ihm passiert ist, teilt er es mir mit, und gemeinsam suchen wir nach der zugrundeliegenden Gefühlsregung.

Was meine Person betrifft, mache ich mir Gedanken über meine damalige Gegenübertragung, und ich glaube folgendes deutlich machen zu können: 1. ein persönlicher Widerstand, der mit medizinischen Eingriffen an der Nase während meiner Kindheit zusammenhängt, die zur Abstumpfung und zum Entzug von Besetzung meiner olfaktiven Sensibilität führten; 2. ein epistemologischer Widerstand, beruhend auf dem Fehlen einer psychoanalytischen Theorie der Geruchswelt, auf die ich mich hätte beziehen können; 3. ein Widerstand gegen ein Übertragungsangebot des Patienten mit dem Ziel, mich in eine gemeinsame Geruchshülle einzuschließen, so wie er selber sich in einer gemeinsamen Geruchshülle mit seiner Patentante eingeschlossen hatte.
Wie konnte ich mich von dieser Gegenübertragung befreien? Zuerst, indem ich mir klarmachte, daß es sich um eine Gegenübertragung handelte. Dann durch die Bildung eines notwendigen Teilstücks einer psychoanalytischen Theorie, nämlich der Auffassung von einer geschlossenen, aufdringlichen, porösen, absondernden, ambivalenten Geruchshülle als einer besonderen Variation dieses Begriffes vom Haut-Ich, den ich – ebenfalls als Antwort auf Gegenübertragungsprobleme bei Patienten mit Borderline-Persönlichkeitsstörungen – entwickelt hatte.

Im darauffolgenden Sommer fährt Getsemani mit dem Auto zu seiner Herkunftsfamilie nach Italien, um dort die großen Ferien zu verbringen. Während der gesamten Fahrt überfällt ihn eine große Angst: ihn quält die

Befürchtung, er könne einen Unfall provozieren, bei dem er oder seine Frau und ihr Sohn sterben würden. Auf dem Rückweg dieselbe Qual. Jedoch nimmt die Angst hinter der Grenze ab, und letztlich ist er froh, eine solche Prüfung bestanden zu haben. Soweit sein Bericht in der ersten Sitzung nach seiner Rückkehr.

Hier muß ein Zusammenhang aufgezeigt werden. Als der Patient ungefähr 18 Monate alt war, hatte seine schwangere Mutter einen Unfall, von dem er schon oft gesprochen hatte. Getsemani auf ihren Armen tragend, ging sie die Steintreppe von der Wohnung zur Straße hinunter und rutschte aus. Sie hatte die Wahl, das Kind hinfallen zu lassen, verbunden mit dem Risiko, daß es mit dem Kopf auf die Steine schlagen und sterben würde, oder selber auf den Rücken zu stürzen, auf diese Weise mit ihrem Körper eine das Kind schützende Unterlage zu bilden, verbunden jedoch mit dem Risiko, sich selber zu verletzen und eine Fehlgeburt auszulösen. Blitzschnell hatte sie sich für die zweite Lösung entschieden. Getsemani hatte überlebt, aber – verstärkt durch den wiederholten mütterlichen Bericht – mit dem Gefühl, sein Überleben dem Zufall zu verdanken. Die Mutter hatte tatsächlich eine Fehlgeburt gehabt, und als Folge des Sturzes hinkte sie. Erst einige Jahre später brachte sie einen Jungen zur Welt, Getsemanis gehaßten Rivalen. Getsemanis Angst auf der Fahrt, entweder sich oder aber seine Frau und sein Kind zu töten, ist eine Wiederholung des mütterlichen Dilemmas beim Unfall auf der Treppe: Entweder tötet sie ihren schon lebenden Sohn, oder sie verletzt sich selbst und tötet das entstehende Kind. Getsemani fühlt sich schuldig, weil er überlebt hatte: er hat dem anderen sein Leben geraubt; der andere hätte an seiner Stelle leben sollen. Die spätere Geburt des Bruders und seine Eifersucht ihm gegenüber hatten den Konflikt wiederbelebt und ihn unerträglich intensiv werden lassen. Er war also derjenige, der den anderen töten konnte und der es in diesem Phantasma auch tun mußte, um zu überleben. Das war die furchtbare Situation, der Getsemani damals durch die Entscheidung entkommen war, seine Patentante zu längeren Aufenthalten auf das Land zu begleiten. Ein solcher Konflikt ist die Grundlage dessen, was Jean Bergeret (1984) unter dem Begriff elementare Gewalt [*violence fondamentale*] untersucht hat. Die Mitteilung dieses Zusammenhangs verstärkt Getsemanis Angst, anstatt sie zu mildern. Er erschrickt, als er gewahr wird, daß er nur auf Kosten eines anderen oder der andere nur auf seine Kosten leben kann. Seine Reaktion stört mich, und ich weiß nicht, was ich noch deuten soll. Ich rechne damit, daß er wieder anfangen wird zu schwitzen und zu stinken. Bei dieser Assoziation wird mir plötzlich etwas klar. Ich frage ihn, ob er in den Ferien geschwitzt hat. Er ist überrascht. In der Tat hat er den ganzen Sommer über nicht geschwitzt. Vor meiner Frage war ihm das nicht aufgefallen. Es war um so erstaunlicher, als die Fahrt auf der Autobahn bei knallender Sonne stattfand. Jetzt kann ich ihm die Erklärung geben, die mir dazu einfällt. Vor den Sommerferien haben wir seine unbewußte Reaktion, Aggressivität durch Hautoberfläche abzusondern, aufgeklärt. Auf diese Reaktion kann er also nicht mehr zurückgreifen, um sich von seinen Aggressionen zu befreien, deshalb sind diese jedoch noch lange nicht verschwunden. Im Gegenteil, sie sind für sein Bewußtsein beängstigend geworden, da er sich jetzt selbst damit auseinandersetzen muß, anstatt sich eines automatischen körperlichen Auslaßventils zu bedienen. Er hat Angst, diesen Aggressionen keinen Einhalt mehr gebieten zu können, da sein Denken darin nicht genügend geübt ist. Aber man könnte sich fragen, füge ich hinzu, ob sein Denken nicht besser als seine Haut die Aggressionen ausschwitzen kann. Anstatt diesen belastenden, quantitativen Überfluß an Aggressivität zu entladen, soll er sich jetzt qualitativ über diese Aggressivität Gedanken machen, soll sich seines eigenen Anteils bewußt werden und diesen vom Anteil seiner Mutter, seiner Patentante und seines jüngeren Bruders trennen. Diese lange Deutung bringt Getsemani sofortige Erleichterung. Die weiteren Inhalte zeigen, daß Getsemani das Bild des Vaters dazu benutzte, um zum Denken seiner eigenen Gedanken zu gelangen: von allen Mitgliedern der Familie vertrug der Vater Getsemanis Wutanfälle und Provokationen am besten.

Dieser Wechsel von der Haut zum Ich, was den Umgang mit der Aggressivität angeht, ermöglichte mir, den Entstehungsprozeß des Haut-Ichs zu verdeutlichen, der durch Anlehnung und zugleich durch Veränderung gekennzeichnet ist. Bezüglich aggressiver Triebimpulse blieb Getsemanis Ich so eng mit seiner Haut verschmolzen, daß es als reines Körper-Ich, ohne Einsatz des Systems Wahrnehmung-Bewußtsein funktionierte. Durch Trennung seines Ichs von seiner Haut in der psychoanalytischen Arbeit war es Getsemani möglich, die Funktion des psychischen Behälters, welche ihrerseits Voraussetzung für das Funktionieren des Systems Wahrnehmung-Bewußtsein ist, auf der Grundlage der Haut zu entwickeln. Diese Befreiung des Ichs zu der Fähigkeit, sich etwas bewußt zu machen, zu bewahren, zu verschieben, zu verstehen (und gleichzeitig die Angst auszuhalten, die durch aggressive Vorstellungen entsteht), war nur möglich durch einen Wechsel des Funktionsprinzips des Ichs, durch einen Verzicht auf die automatische Entladung der Triebanspannung zugunsten der Herstellung einer Verbindung zwischen Triebimpuls und psychischen Repräsentanzen sowie einer Verbindung zwischen Affekten und Vorstellungen.

Getsemani wurde sich, unterstützt durch meine Deutungen, der Spaltung zwischen seinem psychischen Ich und seinem Körper-Ich bewußt: Was auf der Ebene seiner Haut und allgemeiner in seinem Körper ablief, entging ihm, und er mußte seine ganze Aufmerksamkeit darauf konzentrieren, es wahrzunehmen; eine Anstrengung, die er auf sich nehmen wollte, die er aber erst lernen mußte (das erinnert an die Aussage Freuds, nach der der psychische Sekundärprozeß, d. h. das Denken, bei der Aufmerksamkeit beginnt). Das war die Voraussetzung für ihn, damit zu beginnen, sich seine Aggressivität vorzustellen und über sie nachzudenken, anstatt sie durch Schwitzen loszuwerden.
Es folgt eine Periode, in der Getsemani sich Gedanken über seine Übertragung macht. Allmählich entdeckt er seine negative Übertragung auf die Analyse und nicht nur auf den Psychoanalytiker: von seiner Psychoanalyse, erwartet er, wie er sagt, nichts Gutes; die zum Vorschein kommenden Gefühle gegenüber seinen Eltern sind gefährlich; außerdem habe er von Anfang an geahnt, daß die Analyse ihm schaden werde. Ich gebe ihm folgende Deutung: Unbewußt denkt er, daß die Analyse ihn töten wird. Diese Deutung führt bei ihm zu einer beträchtlichen emotionalen Erregung, die aber nicht mehr in Form von Schweiß, Tränen oder als Herzsymptom Ausdruck finden muß. Das Unbehagen befindet sich von jetzt an ganz in seinen Gedanken. Mehrere Wochen lang lebt Getsemani in dieser Angst vor einer Analyse,. die für ihn tödlich enden könnte. Dann akzeptiert er, als Folge meiner Hinweise, daß es sich um ein Phantasma handelt. Dann kann er herausfinden, wie es entstanden ist. Seine Eltern hielten nichts von psychologischen Betrachtungen. »Nicht jede Wahrheit muß gesagt werden«, bemerkten sie häufig. Getsemanis Entscheidung, eine Psychoanalyse zu beginnen, hatten sie abfällig kommentiert: »Das wird Dir nichts Gutes bringen.« Seither stand die Psychoanalyse Getsemanis unbewußt unter dem Zeichen der imaginären Realisierung dieser Drohung: Er werde Wahrheiten entdecken, die ihn verletzen, die ihn töten werden.

Man sieht, wie es zu der Verknüpfung zwischen dem äußeren und dem inneren Ursprung seiner Übertragungsneurose kam. Den inneren Ursprung bildet die Wendung seines Todeswunsches gegenüber seiner Mutter und ihren möglichen Kindern gegen sich selbst. Der äußere Ursprung, nämlich die antipsychologische Aussage der Eltern, lieferte den manifesten Wortlaut (ähnlich der Bedeutung der Tagesreste für den nächtlichen Traum), der für den latenten Gedanken einen Ausweg darstellt. Solange die spezifische Verknüpfung mit der individuellen Geschichte des Patienten nicht verstanden und analysiert wird, bleibt die Übertragungsneurose im Verborgenen wirksam, und die Analyse geht nicht wirklich voran. Die analytische Behandlung von Getsemani war also insgesamt in einer negativen therapeutischen Reaktion gefangen.

Jetzt verstand ich eine Besonderheit meiner Gegenübertragung besser. Der Gedanke, daß die Psychoanalyse im allgemeinen schlecht sein könnte, und im besonderen, daß sie Getsemani töten könnte, verletzte mich in meiner Identität und mein Ideal als Psychoanalytiker so tief, daß ich ihn wochenlang verdrängte, bevor ich soweit war, ihn als eines der Hauptphantasmen meines Patienten anzusehen.

Einige Monate später zentrierte sich die Analyse Getsemanis auf die sexuellen Phantasmen während seiner Pubertät, was mit großer Angst und starken Schuldgefühlen im Wechsel mit Episoden stinkenden Schwitzens einherging. In diesen Phantasmen versuchte er nicht mehr, wie er es früher als kleiner Junge getan hatte, sich vorzustellen, was zwischen seiner Mutter und seinem Vater im Bett ablief. Er überließ dem Vater jetzt seine Frau. Allerdings stellte er sich vor, von seiner Patentante eingeweiht zu werden, einem unausgesprochenen Vertrag mit dem Vater folgend: ich überlasse dir meine Mutter, dafür überläßt du mir meine Patentante (diese Frau war ursprünglich die Patentante des Vaters, wurde aber von der ganzen Familie die »Patentante« genannt). Dieses Phantasma wurde auch ansatzweise realisiert. War er durch einen bösen Traum aufgewacht und konnte nicht wieder einschlafen, ging Getsemani für den Rest der Nacht in das Bett seiner Patentante und unternahm vorsichtige Berührungen. Aber ein weiteres Phantasma, das vor kurzem durch einen Traum, den er in der Analyse erzählte, aufgedeckt wurde, hatte ihn damals davon abgehalten, weiterzugehen. Die weiblichen Genitalien erschienen ihm gefährlich wie ein gieriger und verschlingender Mund. Aus eigenem Antrieb unterwarf er sich eines Tages als Adoleszent dem Inzestverbot, suchte das Bett seiner Patentante nicht mehr auf und bedauerte, daß es dazu nicht durch die deutliche Initiative des Vaters gekommen war.

Indem Getsemani mich mit seinem Geruch umgab, signalisierte er mir nicht nur: Vorsicht, Streßgefahr, in Verbindung mit der Aggressivität; vielmehr hüllte er mich auch in den Duft sexueller Verführung ein, den er der Wäsche seiner Patentante zuschrieb und den er selber auslöste, wenn er zu ihr ins Bett stieg. Ich spürte, daß es mit der Gegenübertragung immer weiter geht; indem ich meine Nase und meinen Verstand vor diesem zu kon-

kreten, sensorischem Signal verschloß, leistete ich Widerstand gegen das Bewußtwerden der – mich anekelnden – Vorstellung von einem Adoleszenten, der versucht, mich in einer Mischung zweifelhafter Gerüche »anzumachen« und mir die Rolle einer lüsternen alten Jungfer zuzuweisen; dann verstand ich, daß er damit die sekundäre Erotisierung des Kontaktes mit dem primären stützenden Objekt darstellte, dem ursprünglichen Garanten der Sicherheit, leben zu können.
Für diese Lehre über die vielfältigen Formen der Gegenübertragung und ihren unendlichen Trickreichtum bin ich Getsemani zu Dank verpflichtet; außerdem hat er mich die Besonderheiten des olfaktorischen Haut-Ichs entdecken lassen.

14. Die Vertauschung der Geschmackseigenschaften

Die Vorliebe für das Bittere und die Vertauschung von Speise- und Luftröhre

Beobachtung von Rodolphe

Rodolphe, der wie ein Adliger aussieht und sich einbildet, von einer tödlichen Gefahr bedroht zu sein, macht bei mir eine zweite Analyse. In seiner ersten Psychoanalyse ging es hauptsächlich um seine ödipalen Probleme. Zu mir kommt er mit seinen narzißtischen Rissen, die ihren Ausdruck zum Teil in psychosomatischen Symptomen finden. Übelkeit und Erbrechen können in einen Zusammenhang gebracht werden zu einer widersprüchlichen Beziehung zu den Eltern: Das Bittere wurde ihm als etwas Gutes aufgedrängt und von ihm verschlungen, bis es zu einer reflektorischen Ausstoßung durch den Organismus kam; zwischen dem Wein, dem Blut und dem Erbrochenen wurde nur unzureichend unterschieden; vor dem zu Süßen wurde er als etwas Schlechtem gewarnt. Dadurch kam es bei Rodolphe schon frühzeitig und wiederholt zu einer Mißachtung der für den Organismus natürlichen Geschmackswahrnehmungen (vgl. S. 81). Rodolphe leidet aufeinanderfolgend an Denk- und Kommunikationsstörungen. Seine Traumszenen finden im Nebel statt. In seiner Arbeit bringt er häufig die Fragen, die ihm gestellt werden, durcheinander: Er macht Nebel und Rauch, hinter denen die Probleme verschwimmen. Außerdem raucht er viel. Es hat den Anschein, daß das Rauchen für ihn eine Möglichkeit darstellt, die paradoxen Anweisungen zu vernebeln, die ihm seine Eltern besonders in der Küche aufzwangen, die vom Dampf kochender Wäsche und brutzelnder Speisen erfüllt war.

In einer Sitzung spricht er über ein berufliches Vorkommnis – eine Konfusion, die durch einen Übermittlungsfehler entstand –, und dies kann in Verbindung zur Übertragung gebracht werden. In der vorangehenden Sitzung hatte Rodolphe in der Tat einen Traum erzählt, zu dem er nach allen Richtungen hin assoziierte, ohne mich zum Deuten, noch nicht einmal zum Denken kommen zu lassen. Ich deute ihm, daß er mir die Sicht genommen hat [*brouillé*], indem er zwischen uns eine Nebelwand [*brouillard*] aufgebaut hat. Er fügt hinzu, daß er sich auf diese Weise mit mir verkracht hat [*il s'est brouillé*], aber anstatt sich dessen bewußt zu werden, verkracht er sich am nächsten Tag mit einem Kollegen. Die Sitzung geht weiter. Er fühlt sich weniger benebelt, klarer, zum Denken fähiger. Allerdings mußte er vor der Sitzung eine Zigarette rauchen. Er drückt seinen Konflikt folgendermaßen aus: Entweder denkt er und spürt dann eine große Angst; oder er tut etwas Lustvolles (er raucht eine Zigarette oder nimmt ein Beruhigungsmittel) und denkt nicht mehr. So war es in seiner ersten Psychoanalyse.

Ich deute ihm, daß es keinen Rauch ohne Feuer gibt, daß Rauchen (verbunden mit Atem- und Verdauungsstörungen, über die er klagt, vor allem ein schmerzhaftes Brennen in der Lunge) für ihn bedeutet, einen Teil für das Ganze zu opfern. Damit es dem übrigen Körper gut geht, muß er ein Organ opfern, eine tödliche Bedrohung unter Kontrolle bringen, indem er sie an einer bestimmten Körperstelle lokalisiert.

Einige Sitzungen später kommt Rodolphe noch einmal auf das Symptom des Rauchens zurück und setzt es mit den seine Ernährung betreffenden Symptomen in Beziehung; er füllt seine Lungen mit Rauch und hält diesen ein, ohne weiter atmen zu können. Das ist eine Möglichkeit, die andere besteht darin, die Nahrung nicht bei sich behalten zu können und sie mit dem Ausatmen auszustoßen. Daher sein Erbrechen, das von einem Schluckauf begleitet ist. Seine Beschreibung des Erbrechens ist so realistisch und lebendig, daß ich gegen den in mir aufsteigenden Ekel ankämpfen muß. Ich versuche, dieses von ihm in mir induzierte Symptom zu den Umständen, unter denen es bei ihm auftrat, in Verbindung zu bringen: Sein Vater stand vom Tisch auf, um in das Spülbecken zu erbrechen und zu urinieren; der Fernseher dröhnte, die Küchengerüche umgaben Rodolphe mit einer übelriechenden Hülle, das Ganze wurde noch verstärkt durch den »Anschiß«, den er dann häufig noch bekam. Ich deute ihm seine Identifikation mit dem erbrechenden Vater und seinen Versuch, bei mir das gleiche Gefühl hervorzurufen, das er gehabt hatte.

Beim Sprechen über einen Teller Spaghetti mit Tomaten, an dem er sich vor kurzem überfressen hatte und der zu einer Magenverstimmung geführt hatte, wurde Rodolphe sich eines Irrtums bewußt, dem er in seiner Kindheit unterlegen war: Er dachte, sein Vater spucke Blut, tatsächlich waren es aber Tomaten. Ich weise ihn auf den starken Säuregehalt der Tomaten hin sowie auf die Unsicherheit bezüglich der Grenzen zwischen dem Selbst und dem anderen, symbolisiert durch die Form der Spaghetti.

Rodolphe kommt auf die erste von mir hier erwähnte Sitzung zurück. Er füllt den Raum der Sitzungen so sehr aus, daß ich weder einen klaren Gedanken fassen noch zu Wort kommen kann, und dies, obwohl er sich so sehr nach meinem Wort sehnt. Er füllt sich selber mit Luft und stößt Nahrung aus.

Ich deute die Verwechslung zwischen Luft- und Speiseröhre und veranschauliche ihm sein Körperbild: Plattgedrückt, durchzogen von dieser einzigen Röhre, muß er sich mit Luft und Rauch aufblasen, um an Fülle, an Volumen zu gewinnen, um von der Zwei- zur Dreidimensionalität zu gelangen.
Rodolphe fällt daraufhin ein, daß er als Kind beim Essen Luft schluckte, daß seine Eltern von Aerophagie sprachen und daß ihm das auch heute noch passiert. Er betont die erogene Wirkung des Rauches in den Lungen: Das Brennen, das er spürt, spricht von seinem Verstand her für die Gefahr einer Lungenerkrankung (und für die Notwendigkeit, mit dem Rauchen aufzuhören); für seine Sinne jedoch ist es eine angenehme Empfindung: »das hält micht im Inneren warm«.
Ich deute ihm sowohl die Verschiebung der Lust, etwas in sich aufzunehmen, vom Magen (wo diese Lust unbefriedigt bleibt) auf die Lungen (wo er sie selbst kontrollieren und herbeiführen kann), als auch den Widerspruch, etwas als gut zu empfinden, was für seinen Organismus schlecht ist; schließlich zeige ich einen Zusammenhang zwischen diesen beiden Aussagen auf: Wenn ihn seine Mutter reichlich, aber schlecht ernährte, hielt ihn das Bild der Mutter, das er mit der Nahrung in sich aufnahm, innerlich nicht warm.
Rodolphe ergänzt, daß dies auch auf seinen Vater zutrifft und daß er jetzt seine eigene Übelkeit versteht: Der Vater zwang ihn, Spinat zu essen, dessen Bitterkeit Rodolphe verabscheute, verbunden mit dem Argument, daß der Spinat gesund sei, Eisen enthalte und ihn stärken würde.
Ich: – Was Ihr Körper spontan als schlecht empfand, nämlich die Bitterkeit dieser Speise, wurde Ihrem Verstand als gut angepriesen. Daraus ergibt sich Ihre Neigung, Lust auf unnatürlichem Wege zu suchen. Kinder empfinden das Süße als gut und das Bittere als schlecht. Das Salzige steht dazwischen: zu Anfang schmeckt es ihnen schlecht, dann gewöhnen sie sich bis zu einem gewissen Grade daran.
Rodolphe antwortet, daß für ihn der grundsätzliche Gegensatz bei den Geschmacksempfindungen der zwischen süß und salzig sei; er hasse ihre Mischung. Dennoch ißt er noch heute viele bittere Speisen, die ihm schmecken und die für ihn – das wird ihm erst jetzt bewußt – schlecht sind: daher seine Anfälle von Übelkeit, Magenverstimmungen und Erbrechen in öffentlichen Verkehrsmitteln, während Einladungen bei Freunden und sogar manchmal in den Sitzungen bei mir.
In den folgenden Sitzungen kommt Rodolphe auf das Thema des Nebels zurück. Nicht nur seine Verdauung ist gestört, sondern er trägt auch einen Kern von Nebel in sich, den er als seinen verrückten Kern bezeichnet. Dieser scheint in Beziehung zu einem Phantasma der Urszene zu stehen: im Zusammenhang mit einem Traum erinnert (Deckerinnerung?)

Rodolphe eine häufig erlebte Szene, in der sein Vater, ein alter und eifersüchtiger Mann, seine junge Frau überwacht, die er verdächtigt, mit einem Nachbarn durch das Fenster zu flirten. Rodolphe ist Zeuge dieser Szene und möchte die Mutter beschützen. Der Vater beobachtet alles durch die undurchsichtige Scheibe der Küchentür oder durch einen Vorhang von Rauch bzw. Wasserdampf, den die Mutter beim Kochen oder Bügeln erzeugt. Der Vater ist verrückt, er hält ein Küchenmesser in der Hand: so erblickt ihn Rodolphe durch den Nebel des Traumes, einen Nebel, der ihn im doppelten Sinne des Wortes abschirmt: Er bildet sowohl eine Wand als auch eine Projektionsfläche. Ich unterstreiche die Verbindung der beiden Bedeutungen von *brouillé*, die er nacheinander in der Übertragung wiedererlebt hatte: er *störte* meine Sicht, und er *verkrachte* sich mit mir. Diese Verbindung folgt auf die Bearbeitung eines ödipalen Phantasmas: sein Vater »sah« durch den Nebel hindurch die Untreue seiner Frau und auch die inzestuösen Wünsche Rodolphes, der in seiner Vorstellung mit der Mutter einen Körper gegen den Vater bildete; und durch den Nebel konnte Rodolphe dann die tödliche Drohung seines Vaters »sehen«: der Vater könnte sie töten (manifester Inhalt); er könnte ihn töten (latenter Inhalt).
Mehrere Sitzungen sind dann der Analyse von Rodolphes »verrücktem« Kern gewidmet: verrückt, indem sich in ihm eine narzißtische und eine ödipale Problematik vereinen, vermischen, verwickeln, jede mit ihrer eigenen »Logik« oder »Verrücktheit«.

Die schon früh erlebten Widersprüche bezüglich der Geschmacksempfindungen und der Atmung werden in Rodolphes späterer Kindheit durch semantische Widersprüche verstärkt, die er nach wie vor hörte, ohne sich bislang ihres Ursprüngs bewußt zu sein (Bestätigung der Freudschen Hypothese von der akustischen Wurzel des Über-Ichs). Diese akustischen Widersprüche, verbunden mit den früheren, Geschmacksempfindung und Atmung betreffenden Widersprüchen, verdichteten noch den Nebel um sein logisches Denken und weiteten diese Störung des primären perzeptorischen Denkens auf das sekundäre verbale Denken aus. Die doppelte narzißtische Überbesetzung des logischen Denkens und des Selbstbildes, das er seinem Gegenüber beim vielen Reden und Diskutieren anbot, übernahm – mit unterschiedlichem Erfolg – die Funktion, eine narzißtische Unsicherheit auszugleichen, eine Unsicherheit der Ich- und Über-Ich-Grenzen einerseits, der Grenzen zwischen psychischem Ich und Körper-Ich andererseits.

In der Zwischenzeit erfolgte eine Auseinandersetzung mit der ödipalen Problematik (Rodolphe hat sich ihr gestellt und sie mit Hilfe der ersten Behandlung größtenteils überwunden), diese Auseinandersetzung wurde jedoch durch seine narzißtischen Risse deutlich beeinträchtigt und teilweise behindert. Die Wahrnehmung einer übermäßigen triebhaften – sexuellen und aggressiven – Gewalttätigkeit bei seinen Eltern hat die Wahrnehmung und den Gebrauch eigener triebhafter Kräfte beeinträchtigt. Weil ihm ein Haut-Ich fehlte, dessen Behälterfunktion ausreichte, um sich diese Kräfte anzueignen, stand ihm nur eine schützenden Nebelhülle zur Verfügung, um sich vor dieser Gewalttätigkeit zu schützen. Daher sein Erschrecken vor den Triebimpulsen, die er als eine Gefahr, verrückt zu werden, empfindet. Anstelle seiner eigenen inzestuösen bzw. tödlichen Wünsche der Mutter bzw. dem Vater gegenüber sieht Rodolphe im Nebel (d.h. in einem schlecht abgegrenzten Selbst) die verrückte Verliebtheit seiner Mutter und die mörderische Verrücktheit seines Vaters (d.h. die Triebimpulse der anderen und nicht seine eigenen).

Dieses Teilstück aus Rodolphes Behandlung veranlaßt mich zu drei Bemerkungen: 1. Analysieren bedeutet immer, den Ödipuskomplex zu analysieren, aber nicht ausschließlich. Jede ödipale Problematik ist eingebunden, verwickelt in eine narzißtische Problematik. Früher oder später ist es notwendig, sie zu unterscheiden. Entweder gelingt es mit Hilfe von Deutungen, die flexibel die Ebene wechseln (wenn die wesentlichen postödipalen Identifikationen bereits erworben sind), oder in verschiedenen Phasen (wenn die narzißtischen Risse beträchtlich waren und weiter fortbestehen). Im letzteren Falle muß man sich die Zeit nehmen, die der Patient braucht, um zu diesen Rissen zu regredieren, und die notwendig ist, sie aufzuspüren und zu bearbeiten, bevor der Patient dann von sich aus zu einer ödipalen Übertragung kommt, entweder von einer Spiegelübertragung aus (bei narzißtischen Persönlichkeiten) oder von einer idealisierenden Übertragung aus (bei Borderline-Persönlichkeitsstörungen). Der Dogmatismus bestimmter Psychoanalytiker, alles auf eine ödipale Problematik zurückzuführen, bedeutet, den Pflug vor den Ochsen zu spannen. Indem sie die narzißtische Übertragung ihrer Patienten als einen Widerstand gegen den Ödipuskomplex deuten (was auch zutrifft und gedeutet werden soll, aber zu seiner Zeit), projizieren sie ihren eigenen Widerstand gegen die Bearbeitung der von Rosolato (1978) so genannten narzißtischen Achse der Depressionen auf den Patienten. Eine Wendung in dieser zweiten Behandlung von Rodolphe vollzog sich, als er sich mit Hilfe meiner topischen (und nicht nur ökonomischen und genetischen) Deutungen der besonderen Gestalt seines Haut-Ichs bewußt wurde: eine Nebelhülle, ein plattgedrückter, zerquetschter innerer Raum, ein Mangel an Differenzierung zwischen Speiseröhre und Luftröhre.

2. Rodolphe hat gute Hautkontakte und einen bedeutungsvollen Austausch von Berührungen mit seiner Mutter erlebt, er hat die Grundstruktur des Haut-Ichs erworben. Was fehlte, war Folge der schlechten Verknüpfung der Berührungshülle mit der Geschmackshülle und der Lauthülle. Das wesentliche Ergebnis seiner zweiten Psychoanalyse war, bessere Verknüpfungen wiederherzustellen.

3. Die ödipalen Drehbücher sind – wie die allermeisten Phantasmen – visueller Art. Der Übergang von der narzißtischen zur ödipalen Problematik bedeutet, von der Berührung, dem Geschmack, dem Geruch, der Atmung zum Visuellen überzugehen (das Gehörte betrifft in jeweils unterschiedlicher Form beide Ebenen): dieser Übergang setzt das Einsetzen des von mir oben so genannten doppelten Berührungsverbotes voraus

15. Die zweite, muskuläre Haut

Esther Bicks Entdeckung

Die englische Psychoanalytikerin und Schülerin von Klein und Bion, Esther Bick, stellte in einem kurzen, 1968 veröffentlichten Artikel die Hypothese einer »zweiten, muskulären Haut« auf. Dabei stützte sie sich auf systematische Beobachtungen von Säuglingen nach einer von ihr selbst entwickelten Methode. Sie zeigt, daß die Teile der Psyche in ihrer ursprünglichsten Form noch nicht von den Körperteilen differenziert sind und daß ihnen die Bindungskraft (*binding force*) fehlt. Sie müssen mit Hilfe der Haut, welche eine äußere Begrenzung darstellt, passiv zusammengehalten werden. Die innere Funktion, die Teile des Selbst zusammenzuhalten, ist Folge der Introjektion eines äußeren Objekts, welches die Körperteile halten kann. Dieses enthaltende Objekt wird vom Säugling normalerweise beim Stillen auf zweifache Weise erfahren: einmal durch die Erfahrung der mütterlichen Brust in seinem Mund und gleichzeitig durch die Erfahrung seiner eigenen Haut, die von der Haut der Mutter, die seinen Körper hält, von ihrer Wärme, ihrer Stimme, ihrem vertrauten Geruch gehalten wird. Das enthaltende Objekt wird konkret als eine Haut erlebt. Wird die enthaltende Funktion introjiziert, kann das Baby eine Vorstellung vom Inneren des Selbst bekommen und zu einer Trennung zwischen Selbst und Objekt – jedes in seiner eigenen Haut – gelangen. Wird die haltende Funktion von der Mutter nicht adäquat ausgeübt oder durch zerstörerische phantasmatische Angriffe des Babys geschädigt, wird sie von diesem nicht introjiziert: statt der normalen Introjektion entsteht eine andauernde pathologische projektive Identifikation, die zu Identitätsverwirrungen führt. Die Zustände von Nicht-Integration bestehen weiter. Das Baby sucht verzweifelt nach einem Objekt – Licht, Stimme, Geruch etc. –, das ihm die Einheit seiner Körperteile gewährleistet und es dem Baby ermöglicht, zumindest für einen Moment, die Erfahrung eines Zusammenhaltens der Teile des Selbst zu machen. Das schlechte Funktionieren der »ersten Haut« kann das Baby zur Bildung einer »zweiten Haut«

veranlassen, einer Prothese, einem Ersatz aus Muskeln, wodurch die normale Abhängigkeit vom haltenden Objekt durch eine Pseudo-Unabhängigkeit ersetzt wird.
Diese »zweite Haut« erinnert an die muskuläre Charakterpanzerung, die Wilhelm Reich so wichtig war. Die »erste Haut« von Bick entspricht meinem eigenen Begriff des Haut-Ichs. Ich habe ihn 1974 formuliert, also später als sie, erfuhr von ihrem Artikel aber erst, nachdem meiner veröffentlicht worden war: Beweis für die Richtigkeit der Tatsache, die von zwei unabhängig voneinander arbeitenden Forschern betrieben wurde. Ich fasse einige der von Bick gemachten Beobachtungen zusammen.

Beobachtung von Alice

Alice ist das erste Baby einer jungen, unreifen und ungeschickten Mutter; ungestüm stimuliert sie das Baby, schafft es jedoch allmählich im Laufe der ersten drei Monate, die Funktion der ersten enthaltenden Haut zu übernehmen; als Folge davon nehmen die Zustände von Nicht-Integration bei ihrer Tochter ab, ebenso die Begleiterscheinungen: Zittern, Niesen und unkoordinierte Bewegungen. Am Ende des dritten Monats zieht die Mutter in ein noch nicht fertiges Haus um. Sie reagiert mit einem Verlust der Fähigkeit zu halten (*holding*) und zieht sich vom Baby zurück. Sie zwingt Alice zu einer verfrühten Muskelbeherrschung (sie muß alleine aus einer Tasse mit einem Deckel trinken, sich in einem Laufgestell bewegen) und zu einer Pseudo-Selbständigkeit (die Mutter bestraft nächtliches Weinen und Schreien hart). Sie zeigt erneut ihr früheres überstimulierendes Verhalten, fördert und bewundert Alices Hyperaktivität und Aggressivität und nennt sie aufgrund ihrer Angewohnheit, mit der Faust in das Gesicht der anderen zu schlagen, »Boxer«. Anstatt in ihrer Mutter eine echte enthaltende Haut zu finden, findet Alice in ihrer eigenen Muskulatur einen Ersatzhalt.

Beobachtung von Mary

Mary ist eine kleine Schizophrene; in der Analyse, die sie im Alter von 3½ Jahren begann, zeigte sie eine schwere Trennungsintoleranz, die im Zusammenhang mit den Beeinträchtigungen in ihrer frühen Geschichte steht: schwierige Geburt, Faulheit beim Trinken an der Brust, mit vier Monaten Ekzem, an dem sie kratzte, bis es blutete; extremes Anklammern an die Mutter; das Warten auf die Nahrung ertrug sie schlecht und zeigte einen allgemeinen Entwicklungsrückstand. Zu den Sitzungen erscheint sie in gebeugter Haltung mit ungelenken Bewegungen und bietet das groteske Bild eines »Kartoffelsacks«, wie sie es später selber ausdrükken konnte. Dieser Sack drohte ständig seinen Inhalt zu verlieren: projektive Identifikation mit einem mütterlichen Objekt, das es ihr kaum ermöglichte, die Teile ihres eigenen Selbst zusammenzuhalten; es bestand die Vorstellung, die eigene Haut sei überall durchlöchert. Eine relative Selbständigkeit und die Fähigkeit, sich aufrechzuerhalten, erreichte Mary, indem sie aus ihrer zweiten muskulären Haut das beste machte; diese war durch die Behandlung kräftiger und gleichzeitig beweglicher geworden.

Im Zusammenhang mit einem neurotischen erwachsenen Patienten beschreibt Bick zwei einander abwechselnde und sich gegenseitig ergänzende Formen der zweiten, muskulären Haut. Einmal bezeichnet sich der Analysand als »Nilpferd« (das ist, von außen gesehen, die zweite Haut: er ist aggressiv, tyrannisch, bissig, egozentrisch), ein andermal wie ein »Sack voller Äpfel« (es handelt sich um eine Frucht mit einer feinen und empfindlichen Haut, die üblicherweise die Brust symbolisiert; dieser Sack stellt das Innere des Selbst dar, von der zweiten Haut geschützt und zugedeckt; diese zweite Haut hält die verletzten psychischen Anteile zusammen, Folge einer archaischen Periode mit Ernährungsstörungen; in diesem Zustand ist der Patient empfindlich, besorgt, braucht Zuwendung und Lob und befürchtet Katastrophe und Zusammenbruch).

Diese sehr dichten und manchmal etwas abwegig scheinenden Beobachtungen von Esther Bick veranlassen mich zu mehreren zusätzlichen Bemerkungen:

1. Die zweite, muskuläre Haut ist anormal stark entwickelt, wenn sie eine extreme Schwäche des Haut-Ichs ausgleicht und die Brüche, Risse und Löcher der ersten enthaltenden Haut verschließen muß. Jedoch braucht jeder eine zweite muskuläre Haut als aktiven Reizschutz, der den passiven Reizschutz, bestehend aus der äußeren Schicht eines normal gebildeten Haut-Ichs, verstärkt. Sport und Kleidung haben oft damit zu tun. Es gibt Patienten, die sich vor der psychoanalytischen Regression und vor der Entblößung verletzter und/oder schlecht miteinander verbundener Teile des Selbst schützen, indem sie vor oder nach ihrer

Sitzung eine Stunde Gymnastik machen oder indem sie ihren Mantel anbehalten oder sich sogar in eine Decke hüllen, wenn sie auf der Couch liegen.

2. Die spezifische Triebbesetzung des muskulären Apparates und also der zweiten Haut entspringt dem Aggressionstrieb (das primäre taktile Haut-Ich beruht auf dem Bindungstrieb, dem Anklammerungstrieb oder dem Selbsterhaltungstrieb). Angriff ist ein wirksames Mittel zur Verteidigung, schnelles Handeln stellt einen Schutz dar, durch den man die Gefahr auf Abstand hält.

3. Die psychische Anormalität der zweiten, muskulären Haut besteht in der Vertauschung der Reizschutzfunktion der Hülle mit der Funktion der Hülle als Einschreibungsfläche: daher die Kommunikations- und Denkstörungen. Die Erklärung dazu scheint mir folgende: Wenn die Reize seitens einer hypertonischen Mutter und/oder der primären Umwelt zu stark, unzusammenhängend, zu plötzlich gewesen sind, versucht der psychische Apparat eher, sich quantitativ zu schützen, als diese Reize qualitativ zu differenzieren. Waren diese äußeren Reize zu schwach, weil sie von einer deprimierten, in sich selbst zurückgezogenen Mutter stammten, gibt es kaum etwas zum Differenzieren, was die Suche nach inneren Reizen notwendig macht. In beiden Fällen ist die zweite, muskuläre Haut von Nutzen, entweder um den Schutz nach außen oder aber die Anregungen aus dem Inneren zu verstärken.

Zwei Novellen von Sheckley

Das Phänomen der zweiten, muskulären Haut als eine schützende Prothese, als Ersatz für ein Haut-Ich, das ungenügend entwickelt ist, um seine Funktionen – Herstellung von Kontakten, Differenzierung beim Austausch und Speicherung von Kommunikationen – zu erfüllen, veranschaulicht eine Science-fiction-Novelle von Robert Sheckley: »Early Model« (1956).[1] Bentley, die Hauptperson, ist ein Astronaut, der von den irdischen Machthabern zum Planeten Tels IV geschickt wird, um zu den Bewoh-

1 Diese Novelle erschien in der amerikanischen Zeitschrift *Galaxy Science Fiction*, Nr. 43 (1956), S. 46-66. Ich danke Roland Gori, der mich auf sie aufmerksam machte. Siehe R. Gori und M. Thaon (1975).

nern dieses Planeten einen freundschaftlichen Kontakt zu knüpfen. Die Satire über die amerikanische Wirtschafts- und Technologiepolitik ist offensichtlich: dieser freundschaftliche Kontakt soll andere Interessen überdecken: die an der Unterzeichnung vorteilhafter finanzieller Verträge mit den Einheimischen sowie an der praktischen Erprobung der von Bentley mitgenommenen Ausrüstung. In der Tat hat Professor Shiggert den *Protect* entwickelt, einen Apparat, der die Raumfahrer vor jeglicher Gefahr schützen soll: Beim geringsten Alarm erzeugt er automatisch ein undurchdringliches Kraftfeld um denjenigen, der ihn auf seinem Rücken trägt und der auf diese Weise unverletzbar wird. Allerdings ist der Apparat schwer (40 kg) und sperrig und verleiht Bentley bei seiner Landung eine seltsame Gestalt, die zu den Beschreibungen der zweiten muskulären Haut paßt, welche Esther Bick bei Kindern beobachtete, die die Gestalt eines Nilpferdes bzw. eines Apfelsacks hatten. Tatsächlich beschreibt Sheckley seinen Helden einmal als eine Festung, einmal als einen Mann, der einen Affen auf dem Rücken trägt, oder als »einen sehr alten Elefanten mit zu engen Schuhen«. Als die Tels-Bewohner diese unheimliche und unförmige Person in einer Aufmachung sehen, die kaum eine Identifizierung zuläßt, werden sie trotz ihrer Offenherzigkeit und ihres Wohlwollens mißtrauisch. Der Protect nimmt die Zeichen dieses Mißtrauens auf und beginnt zu arbeiten. Automatisch wehrt er sich gegen die freundlichen Annäherungsversuche der Tels-Bewohner, während sie weiterhin mit ausgestreckten Händen dastehen und ihre heiligen Lanzen und Nahrungsmittel anbieten. Der Protect vermutet hinter diesen unbekannten Geschenken mögliche Gefahren. Seine Schutzfunktion konzentriert sich jetzt auf Bentley, der dadurch nicht den geringsten körperlichen Kontakt zu den Einheimischen aufnehmen kann. Diese, zunehmend erstaunt über das seltsame Verhalten des irdischen Astronauten, kommen zu dem Schluß, es handele sich um einen Teufel. Sie organisieren eine Zeremonie zur Teufelsaustreibung und umschließen den Protect mit einem Flammenvorhang, so daß dieser ständig aktiviert wird und sein Kraftfeld schließlich nur noch auf seinen Träger richtet. Dadurch ist Bentley in einer licht- und sauerstoffundurchlässigen Sphäre gefangen. Blind und fast erstickt, wehrt er sich. Vergeblich fleht er den Professor Shiggert, mit dem er mit Hilfe eines im Ohr implantierten Mikrofons in ständiger Verbindung steht (Verwirklichung des von Freud erwähnten akustischen Über-Ichs), an, ihn vom Protect zu befreien. Die Stimme drängt ihn, seinen Auftrag im Interesse der Wissenschaft ohne Veränderung der experimentellen Bedingungen weiterzuführen: Es kommt nicht in Frage, sagt sie, »Fremden zu vertrauen (...) mit einer Ausrüstung auf dem Rücken, die eine Milliarde gekostet hat«. Mit letzter Anstrengung (und wegen des *happy ends*) kann Bentley die Riemen, die ihn mit dem Protect verbinden, durchtrennen und sich befreien. Er kann die Freundschaft der Telsbewohner erwidern, und er versteht, daß sie nicht gegen ihn als Menschen, sondern gegen die Teufelsmaschine eingestellt waren, die einen gemeinsamen Körper mit ihm bildete, aber nicht wirklich er war. Sie schenkten ihm ihre Freundschaft in dem Moment, als sie eine erste menschliche Geste bei ihm sahen: Befreit von dem Protect, macht Bentley einen Schritt zur Seite, um ein kleines Tier nicht zu zertreten.

Dieses Thema der falschen Haut wurde schon in einer anderen Novelle von Sheckley, »Hunting problem« (1935) behandelt. Außerirdische Wesen gehen mit dem Ziel, ihrem Chef die Haut eines irdischen Bewohners zu bringen, auf die Jagd. Auf einem Asteroid bemerken sie ein solches Wesen, fangen es, enthäuten es und kehren an ihre Ausgangsbasis zurück. Das Opfer bleibt jedoch gesund und unversehrt, da sie ihm nur seinen Raumanzug weggenommen haben. Kehren wir noch einmal zum »Early Model« zurück – folgende Themen, charakteristisch für Patienten, die diese falsche Haut als Ersatz für ein schwaches Haut-Ich tragen, sind in dieser Novelle latent vorhanden: ein Phantasma von Unverletzbarkeit; das automatische Verhalten eines Maschinen-Menschen; eine halb menschliche, halb tierische Gestalt; der schützende Rückzug in eine dichtgeschlossene Schale; das Mißtrauen gegenüber dem, was andere für gut halten, was sich aber als schlecht erweisen könnte; die Aufspaltung in Körper-Ich und psychisches Ich; ein Bad von Worten, das keine Lauthülle von Verständnis darstellt, sondern sich auf die immer wiederkehrende Stimme eines Über-Ichs beschränkt, welches seine Befehle dem Ohr eingibt; die qualitative und quantitative Unzulänglichkeit der Kommunikationsäußerungen; die Schwierigkeit, herauszufinden, wie man mit solchen Subjekten in Kontakt treten kann.

Gérard ist ein dreißigjähriger Sozialarbeiter. Einen Wendepunkt in seiner Psychoanalyse bei mir markiert ein Angsttraum, in dem es ihm, vom Wildwasser mitgerissen, nur knapp gelingt, sich an einem Brückenbogen festzuklammern. Bis dahin klagt er zu Recht sowohl über mein Schweigen, das ihn orientierungslos machte, als auch über meine Deutungen, die zu ungenau und allgemein waren, als daß sie ihm hätten helfen können. Gérard bringt selbst das Wildwasser aus dem Traum mit der beim Stillen überquellenden Brust seiner freigiebigen Mutter in Verbindung. Ergänzend erinnere ich ihn daran, daß ihm diese Mutter, was seine oralen Wünsche angeht, zuviel gegeben hatte (sie stimulierte ihn, was zur Überflutung durch orale Lust und zu übermäßiger Gier führte) und ihm, bezüglich seiner Hautbedürfnisse, zuwenig gegeben hatte. Sie sprach mit ihm über ihn nur vage und allgemein (was sich in der Übertragungs- und Gegenübertragungsbeziehung wiederholte); aus Sorge, er wachse zu schnell aus ihnen heraus, kaufte sie ihm immer zu große Kleider. Weder die Hülle des Körper-Ichs noch die Hülle des psychischen Ichs waren richtig dimensioniert. Kurz darauf erinnerte sich Gérard, daß er sich in seiner Jugend Hosen kaufte, die eine Nummer zu klein waren, um die Übergröße der von der Mutter gekauften Kleider (und damit der enthaltenden Haut) auszugleichen. Der Vater, ein guter Techniker, aber ein verschlossener Mensch, hatte ihm beigebracht, mit unbelebtem Material umzugehen, ihn jedoch nicht gelehrt, wie man mit belebten Wesen kommuniziert: Im ersten Teil seiner Analyse hatte er auf mich dieses Bild eines Vaters übertragen, der eine solide Technik besaß und schwieg, bis zum Wildwassertraum, bei dem die Übertragung zur mütterlichen Seite kippte.

Je mehr er darüber in der Analyse erfuhr, desto größer wurde das Bedürfnis nach intensiven körperlichen Aktivitäten außerhalb der Analyse mit dem Ziel, seine Atmung zu trainieren (die durch zu gieriges Saugen behindert war) und auch um seine Muskulatur zu stärken (anstatt durch zu enge Kleider behindert zu sein). Schließlich trainierte er, auf dem Rücken liegend, immer schwerere Gewichte zu heben. Lange fragte ich mich, was er mir damit über sein Liegen auf meiner Couch sagen wollte, und meine Schwierigkeit wurde noch dadurch verstärkt, daß ich für körperliche Glanzleistungen dieser Art nicht viel übrig hatte. Gérard gelang es schließlich, eine Verbindung zu der ältesten, angstbesetzten Erinnerung aus seiner frühen Kindheit herzustellen, von der er bisher zu vage und allgemein gesprochen hatte, als daß wir ihren Sinn hätten verstehen können. Er lag in seinem Bettchen und brauchte sehr viel Zeit, bis er einschlafen konnte, denn auf der Anrichte gegenüber sah er einen Apfel, und er wünschte sich, daß man ihm den gab, ohne diesen Wunsch

äußern zu müssen. Seine Mutter machte keine Anstalten und ließ ihn weiterweinen, bis er vor Erschöpfung einschlief, da sie dieses Weinen nicht verstand. Ein gutes Beispiel für das, was passiert, wenn das Berührungsverbot zu konfus und das Gehaltenwerden durch die Mutter zu unzuverlässig geblieben ist, als daß die Psyche des Kindes – sicher in seinem Haut-Ich – ohne weiteres mit Erfolg auf den Berührungsaustausch zugunsten einer sprachlichen Kommunikation als Grundlage gegenseitiger Verständigung verzichten kann. Das Trainieren mit Gewichten bedeutete für ihn, seine Arme zu stärken und so wachsen zu lassen, daß er selbst nach dem Apfel greifen konnte: Das war das unbewußte Drehbuch, das dieser (auf einen Körperteil begrenzten) Entwicklung der zweiten muskulären Haut zugrunde lag.
Ob zu Recht oder Unrecht, ich hielt es nicht für sinnvoll, ihm das Festklammern am Brückenbogen in seinem Traum zu deuten. Ich wollte weder, daß meine Worte durch einen Überfluß an Deutungen zu einem Schwall anwuchsen, noch das Gérard zu früh die Stütze des Pfeilers, die ich für ihn darstellte, verlöre. Vielleicht wurde er, ohne daß wir darüber sprachen, durch meine Zurückhaltung dazu ermutigt, seine zweite muskuläre Haut noch zu verstärken. Die Angst, sich nicht an das Bindungsobjekt (oder an den Brust-Haut-Behälter) anklammern zu können, wird um so deutlicher, als es im Gegensatz dazu eine intensive Befriedigung des libidinösen Triebes in der Objektbeziehung Brust-Mund gab. Mir schien eine ziemlich beständige und wichtige Deutungsarbeit bezüglich der anderen Aspekte auszureichen, um bei Gérard die Fähigkeit wieder zu wecken, einen Brust-Haut-Behälter zu introjizieren. Soweit es überhaupt möglich ist, die Ergebnisse einer Analyse zu beurteilen, scheint dies später durch eine spontane Ich-Veränderung erreicht worden zu sein, ähnlich der oben bei Sébastienne beschriebenen (vgl. S. 174 ff.).

16. Die Schmerzhülle

Die Psychoanalyse und der Schmerz[1]

Der physische Schmerz weckt aus zwei Gründen mein Interesse. Der erste Grund wurde von Freud im *Entwurf einer Psychologie* (1895) bereits aufgezeigt. Ein intensiver und dauerhafter Schmerz bringt, wie jeder bei sich erleben kann, den psychischen Apparat in Unordnung, gefährdet die Integration der Psyche in den Körper, beeinträchtigt das Begehren und die Denkaktivität. Der Schmerz ist nicht das Gegenteil oder die Umkehrung der Lust: vielmehr ist ihre Beziehung asymmetrisch. Die Befriedigung ist eine »Erfahrung«, das Leiden ist eine »Prüfung«. Die Lust geht einher mit der Befreiung von einer Spannung und der Wiederherstellung eines ökonomischen Gleichgewichts. Der Schmerz sprengt das Netzwerk der Kontaktschranken, zerstört die Bahnungen, durch die die Wege der Reize festgelegt sind, er führt zu einem Kurzschluß bei der Umschaltung von Quantität in Qualität, hebt Differenzierungen auf, nivelliert die Unterschiede zwischen den psychischen Subsystemen und neigt zu Ausstrahlungen in alle Richtungen. Mit Lust wird ein ökonomischer Prozeß bezeichnet, der gleichzeitig die Ichfunktionen bewahrt und die Ichgrenzen durch Fusion mit dem Objekt erweitert: – ich habe Lust, und das um so mehr, als ich dir welche bereite. Der Schmerz bewirkt eine topische Störung, erzeugt durch Rückkopplung das Bewußtsein, daß die grundlegenden und strukturbildenden Unterscheidungen zwischen psychischem Ich und Körper-Ich, zwischen Es, Ich und Über-Ich aufgehoben werden, und macht das Ganze dadurch noch schmerzhafter. Der Schmerz ist nicht teilbar, es sei denn, er wird erotisiert, in einer sadomasochistischen Beziehung. Jeder steht dem Schmerz allein gegenüber. Er nimmt den gesamten Raum ein, und ich existiere nicht mehr

1 Der Schmerz war bisher kaum ein Thema in der psychoanalytischen Literatur. Zusätzlich zu den in diesem Kapitel zitierten Arbeiten weise ich auf die Werke von Pontalis (1977) und McDougall (1978) hin, die diesem Thema jeweils ein Kapitel widmen.

als Ich: der Schmerz existiert. Die Lust ist die Erfahrung der Komplementarität der Unterschiede, eine Erfahrung, die dem Konstanzprinzip unterliegt und darauf zielt, ein stabiles Energieniveau (mit gewissen Schwankungen) aufrechtzuerhalten. Der Schmerz stellt den Beweis der Entdifferenzierung dar: Er mobilisiert das Nirwanaprinzip, das Prinzip der Reduktion von Spannungen – und Unterscheidungen – auf den Punkt Null: lieber sterben als weiter leiden. Sich der Lust hinzugeben setzt die Sicherheit einer narzißtischen Hülle, den früheren Erwerb eines Haut-Ichs, voraus. Wenn es nicht gelingt, den Schmerz durch Heilung zu beenden und/oder ihn zu erotisieren, droht er die Struktur des Haut-Ichs zu zerstören, d. h. sowohl den Abstand zwischen seiner äußeren und inneren Seite, als auch den Unterschied zwischen seiner Reizschutzfunktion und seiner Funktion als Einschreibungsort signifikanter Spuren aufzuheben.

Der zweite Grund für mein Interesse liegt in der Tatsache, daß der körperliche Schmerz des Säuglings am ehesten und am genauesten von der Mutter wahrgenommen wird, auch wenn sie beim Aufspüren und Entziffern der Anzeichen anderere sinnlicher Wahrnehmungen beim Säugling unaufmerksam ist oder Fehler macht. Anders ist es nur im Fall psychisch kranker Mütter oder bei der Wiederholung eines genealogischen Schicksals mehrerer Kinder, die von Generation zu Generation[2] sterben – in einem solchen Fall hat das Kind wenig Chancen zu überleben. Die Mutter übernimmt nicht nur die angemessene praktische Pflege: Sie legt das Baby hin, ruft den Arzt, gibt Medikamente, behandelt Verletzungen, außerdem hält sie das Kind, das schreit, weint, keine Luft bekommt, in ihren Armen, sie drückt es an ihren Körper, wärmt es, wiegt es, sie spricht mit ihm, lächelt es an, beruhigt es; kurz, sie befriedigt seine Bedürfnisse nach Bindung, Schutz und Anklammerung; sie optimiert die haltenden und umschließenden Hautfunktionen, damit das Kind die Mutter als stützendes Objekt genügend reintrojiziert, sein Haut-Ich wiederherstellt, seinen Reizschutz verstärkt, den dadurch erträglich gewordenen Schmerz aushält und an eine mögliche Heilung glaubt. Teilbar ist nicht der Schmerz, sondern die Abwehr gegen

2 Vgl. die Untersuchung von Odile Bourguignon bei Familien, in denen mehrere Kinder starben: *Mort des enfants et structures familiales* (1984).

ihn: Das Beispiel des Schmerzes bei einem Verletzten mit schweren Verbrennungen wird dies verdeutlichen. Wenn die Mutter normalerweise, sei es aus Gleichgültigkeit, Unwissen oder Depressivität, nicht mit dem Kind kommuniziert, kann der Schmerz zu der Karte werden, auf die das Kind alles setzt, um ihre Aufmerksamkeit zu erlangen und um von ihrer Pflege und ihren Liebesbeweisen eingehüllt zu werden. Genau wie Patienten, die, kaum da sie auf der Couch liegen, eine Litanei hypochondrischer Klagen herunterbeten oder eine ganze Reihe körperlicher Beschwerden heftig spüren. Sich selbst mit einer realen Schmerzhülle zu umgeben stellt im Extremfall einen Versuch dar, die umschließende Funktion der Haut, die von der Mutter oder der Umwelt nicht übernommen wurde, wiederherzustellen – wie wir später ebenfalls noch sehen werden: ich leide, also bin ich. In diesem Fall wird, wie Piera Aulagnier (1979) bemerkt, der Körper erst im Schmerz zu einem realen Objekt.

Die Verletzten mit schweren Verbrennungen

Bei ihnen geht es um einen massiven Angriff auf die Haut; ist mehr als ein Siebtel der Hautoberfläche betroffen, besteht für ca. drei bis vier Wochen bis zum Ende der immunologischen Reaktion, welche zu einer Septikämie führen kann, eine beträchtliche Lebensgefahr. Als Folge der jüngsten Fortschritte bei der Pflege können Schwerverletzte überleben, der Verlauf jeder Verbrennung ist jedoch komplex und unvorhersagbar und kann zu bösen Überraschungen führen. Die Pflege ist schmerzhaft und für den Patienten und das Pflegepersonal schwierig. Alle zwei Tage – in kritischen Phasen und in den besten Abteilungen täglich – wird der Verletzte zur Wunddesinfektion nackt in ein stark gechlortes Bad eingetaucht. Dieses Bad führt zu einem Schockzustand, vor allem wenn es, was manchmal notwendig ist, teilweise unter Anästhesie angewandt wird. Die Pflegepersonen reißen die abgestorbenen Fetzen der Haut ab, damit sich diese vollkommen regeneriert, was eine unbewußte Wiederholung des griechischen Mythos von Marsyas darstellt. Bei jedem Betreten der überhitzten Behandlungsräume müssen sie sich, selbst wenn sie diese nur für einige Minuten verlassen hatten, selber ausziehen, umziehen und die sterile Kleidung anlegen, unter der sie selbst normalerweise fast nackt sind. Die Regression des Kranken in die schutzlose Nacktheit des Neugeborenen, den Aggressionen der Außenwelt und der möglichen Gewalt der Erwachsenen ausgesetzt, ist schwer zu ertragen, nicht nur für die Verletzten selber, sondern auch für die Pflegepersonen; eine ihrer Abwehrmechanismen besteht in der verbalen Erotisierung der Beziehung untereinander, ein anderer besteht in der Vermeidung der Identifizierung mit Kranken, die keinerlei Lust empfinden können.

Die Verbrennung entspricht der experimentellen Situation, in der einige Hautfunktionen aufgehoben oder beeinträchtigt sind und die es ermöglicht, die jeweiligen Folgen für bestimmte psychische Funktionen zu beobachten. Nach dem Verlust seiner körperlichen Grundlage zeigt das Haut-Ich dann bestimmte Schwächen, die man jedoch zum Teil mit Hilfe psychischer Mittel beheben kann.

Einer meiner Doktorandinnen, Emanuelle Moutin, gelang es, für eine gewisse Zeit als klinische Psychologin in eine solche Abteilung aufgenommen zu werden. Was hat, so entgegnete man ihr, eine Psychologin da zu suchen, wo es um rein körperliche Krankheiten und ihre Pflege geht? Systematisch wurde sie von Ärzten und Pflegepersonal entwertet, die eine latente Aggressivität, welche eigentlich den Patienten galt, auf sie richteten und paranoid auf die Tatsache reagierten, daß ihre Abteilung von einem Fremden beobachtet wurde. Allerdings hatte sie völlig freie Hand, was den psychologischen Kontakt zu den Patienten anging. Häufig konnte sie lange, unter Umständen wiederholte Gespräche mit mehreren Schwerverletzten führen und den Sterbenden beistehen. Das ihr auferlegte Verbot betraf die Kontakte zum Pflegepersonal, das in seiner Arbeit nicht »gestört« werden sollte: Die »psychische« Pflege sollte hinter der körperlichen Pflege zurückstehen. Es war sehr schwer, diesem Verbot nachzukommen, denn die dramatischen Spannungen, denen die Patienten ausgesetzt waren und die den Fortschritt ihrer Behandlung gefährdeten, traten immer bei der körperlichen Pflege als Folge einer Unstimmigkeit in der psychologischen Beziehung zwischen Arzt oder Pflegepersonal und Patient auf.

Hier eine erste Beobachtung, für die ich Emmanuelle Moutin, die sie mir zur Verfügung stellte, danke:

Eines Tages betrat ich das Zimmer eines Patienten, zu dem ich einen regelmäßigen und guten Kontakt hatte. Dieser Mann, im besten Alter, war ein Gefangener, der versucht hatte, sich selber zu verbrennen. Mit Verbrennungen mittleren Grades war sein Leben zwar nicht mehr in Gefahr, jedoch machte er gerade eine sehr schmerzhafte Phase durch. Als ich ihn kennenlernte, konnte er nur über seine starken körperlichen Schmerzen klagen, welche ihm keine Ruhe ließen. Er rief die Krankenschwester und flehte sie an, ihm eine zusätzliche Dosis von Beruhigungsmitteln zu geben, da die Wirkung der vorherigen abgeklungen war. Dieser Patient klagte nicht grundlos, also kam sie seiner Bitte nach, jedoch erschien sie, abgehalten durch einen Notfall, erst eine halbe Stunde später. In der Zwischenzeit war ich bei ihm geblieben, und spontan und warmherzig führten wir ein Gespräch über sein vergangenes Leben und seine persönlichen Probleme, die ihm am Herzen lagen. Als die Krankenschwester dann mit den schmerzlindernden Medikamenten kam, wollte er sie nicht mehr haben und sagte lächelnd: »Es ist nicht mehr nötig, ich habe keine Schmerzen mehr.« Er war selber darüber erstaunt. Das Gespräch lief weiter, und nachher schlief er ruhig und ohne Hilfe von Medikamenten ein.

Die Anwesenheit einer jungen Frau, die nichts von seinem Körper wollte, sondern sich nur um seine psychischen Bedürfnisse kümmerte, das lebhafte und ziemlich lange Gespräch zwischen beiden, die wiedererlangte Fähigkeit zur Kommunikation mit dem anderen (und daher auch mit sich selbst) ermöglichte diesem Patienten die Wiederherstellung eines Haut-Ichs; dieses Haut-Ich reichte aus, damit seine Haut trotz Verletzung ihre Reizschutzfunktion gegenüber äußeren Aggressionen und ihre Behälterfunktion für schmerzhafte Gefühle wiedererlangen konnte. Das Haut-Ich hatte mit der Haut seine biologische Stütze verloren. An ihrer Stelle hatte der Patient durch das Gespräch, durch die innere Sprache und durch die darauffolgende Symbolisierung eine andere, soziokulturelle Grundlage gefunden (das Haut-Ich lehnt sich in der Tat an mehrere Stützen an). Die Haut von Worten hat ihren Ursprung in einem Bad von Worten für den Säugling, zu dem seine Umwelt spricht und für den sie ein Lied summt. Später, einhergehend mit der Entwicklung des verbalen Denkens, ist die Haut von Worten symbolisches Äquivalent der Zartheit, Geschmeidigkeit und Stimmigkeit des Kontakts, dann,

wenn auf das Berühren verzichtet werden muß, weil es unmöglich, verboten oder schmerzhaft ist.
Die Bildung einer Haut aus Worten, die den Schmerz eines Verletzten mit schweren Verbrennungen lindern kann, ist unabhängig von Alter und Geschlecht des Patienten. Hier eine zweite Beobachtung – wieder von Emmanuelle Moutin –, diesmal ein junges Mädchen betreffend.

Beobachtung von Paulette

Ich war beim Baden einer Jugendlichen anwesend, die geringe Verbrennungen hatte, aber sehr empfindlich war. Dieses schmerzhafte Bad fand in einer beruhigenden Atmosphäre statt. Wir waren nur zu dritt: die Kranke, die Krankenschwester und ich. Die bestimmte, dennoch beruhigende und warmherzige Art der Schwester hätte normalerweise die Pflege erleichtern müssen. Darum bemüht, sie bei der Arbeit nicht zu stören und voller Vertrauen in diese Pflegerin, die ich besonders schätzte, mischte ich mich kaum ein. Paulette jedoch ging es nicht gut, durch ihre große Unruhe vergrößerte sie ihre Schmerzen. Plötzlich warf sie mir, fast aggressiv vor: »Siehst Du nicht, daß es mir weh tut? Bitte sag' irgend etwas, egal was, aber sag' was!« Aus Erfahrung kannte ich bereits den Zusammenhang zwischen einem Bad von Worten und dem Aufhören der Schmerzen. Diskret bat ich die Schwester zu schweigen und brachte das Mädchen dazu, von sich zu sprechen, lenkte ihre Aufmerksamkeit auf das, worin sie Trost finden konnte: ihre Familie, ihre Umwelt, kurz, ihre emotionalen Stützen. Dieser etwas verspätete Versuch war nur zum Teil erfolgreich, führte aber immerhin dazu, daß das Bad ohne Probleme und fast ohne Schmerzen verlief.

Eine Abteilung mit Patienten mit starken Verbrennungen kann psychologisch nur funktionieren, wenn gegen das Phantasma der abgerissenen Haut, das in einer solchen Situation zwangsläufig bei jedem entsteht, kollektive Abwehrmechanismen gebildet werden. In der Tat gibt es nur einen fließenden Übergang zwischen dem Abziehen abgestorbener Hautfetzen zu Heilungszwecken und dem Enthäuten bei lebendigem Leib aus purer Grausamkeit. Die sexualisierte Überbesetzung der Beziehungen innerhalb des Pflegepersonals dient dazu, den Unterschied zwischen Phantasma und Realität – einer gefährlichen, dem Phantasma nahekommenden Realität – aufrechtzuerhalten. Was die

Patienten angeht, kann durch Anhören ihrer Geschichte und ihrer Probleme in einem lebendigen Dialog der Abstand zwischen dem Phantasma eines grausamen Enthäutens und der Vorstellung eines therapeutischen Abziehens der Haut gewährleistet werden. Das Phantasma dieser Patienten, man lasse sie absichtlich leiden, fügt ihren bereits beträchtlichen körperlichen Schmerzen noch psychische hinzu, wobei alles um so schwerer erträglich wird, als die psychische Behälterfunktion für die Affekte sich nicht mehr auf die Behälterfunktion einer unversehrten Haut stützen kann. Jedoch kann die Haut von Worten zwischen dem Verletzten und einem verständnisvollen Gesprächspartner symbolisch eine umfassende psychische Haut wiederherstellen, die in der Lage ist, den Schmerz durch eine Verletzung der realen Haut erträglicher zu machen.

Vom schmerzenden Körper zum Schmerzkörper

Micheline Enriquez[3] hat die beiden wesentlichen Charakteristika der masochistischen Hülle aufgezeigt; von ihr übernehme ich den Ausdruck einer Schmerzhülle.

1. Das Mißlingen der Identifikation: mangels einer ausreichenden identifikatorischen Lust beim frühen Austausch mit der Mutter ist der Affekt, der die Psyche des Babys am Leben erhält, eine »Schmerzerfahrung«: sein Körper kann allenfalls ein Körper sein, der »aus Schmerzen« besteht.

2. Die Unzulänglichkeit der gemeinsamen Haut: »Kein Subjekt kann ohne ein Minimum an Orientierungen in einer gemeinsamen Sprache leben, Orientierungen, die vom anderen bestätigt und als wertvoll erachtet werden. Das Subjekt könnte allenfalls überleben, dahinvegetieren und *in Schmerzen verharren*. Es könnte sich nicht selbst besetzen und würde zu niemandem gehören.« Sein Körper würde dann zu einem Körper, der »aus Schmerzen besteht, unfähig, Lust zu empfinden und Vorstellungen zu entwickeln, stillgelegt, unbewohnt, dessen Bedeutung für

3 »Du corps en souffrance au corps de souffrance«, in: *Aux carrefours de la haine* 1984, 2. Teil, Kapitel 4.

den anderen (in der Regel für die Mutter oder ihren Ersatz) ihm (...) mehr als rätselhaft bleibt.« Das führt zum ständigen Wechsel seiner Identifikationen und zur Anwendung ungewöhnlicher Initiationsriten, unter anderem dem des körperlichen Schmerzes (a. a. O., S. 179).

Der schmerzende Körper erscheint in der Behandlung bestimmter Borderline-Persönlichkeitsstörungen. Er füllt den ganzen Raum aus, gehört niemandem: Der Psychoanalytiker soll ihn, wenn möglich, wieder zum Leben erwecken und ihn dem Patienten zurückgeben. Die Behandlung offenbart eine Mutter, die sich aus Pflicht und nicht aus Lust um den Körper kümmerte. Der Körper ist stillgelegt und beschränkt auf ein mechanisches Funktionieren, das zum Selbstzweck wird, ohne Befriedigung hervorzurufen. Der andere ist Erzeuger von Macht und Mißbrauch, nie von Lust. Der Patient ist nur ein Körper von Bedürfnissen, mit denen schlecht umgegangen wurde. Folge: Er kann das körperliche Funktionieren nicht als sein eigenes, ihm zugehöriges betrachten, d. h., er kann es sich nicht als mögliches Objekt von Wissen und Genießen aneignen. Die Unterscheidung zwischen dem, was ihm, und dem, was der Umwelt gehört, wurde nicht erworben; es gibt nur ein Klagen, noch nicht einmal die Beschuldigung einer Sache, eines Verantwortlichen, oder die Anklage eines Verfolgers; da sie zwangsläufig zu einem unüberwindbaren Identifikationskonflikt führen würden, kann der Patient keine Vorstellungen und kein Phantasma von eigenen Wünschen und eigener Lust entwickeln.

Gleichzeitig sucht der Patient beim anderen nach dem geringsten Zeichen von Anerkennung, selbst wenn er, um es zu erhalten, Gewalt und Sklaverei hinnehmen muß: daher die perversen masochistischen Drehbücher seines Sexuallebens. Die körperlichen Spuren der Gewalt führen nicht nur zu einem sicheren Genuß, sondern auch zu dem Gefühl einer Selbstaneignung; erst aus der Position eines scheinbar schutzlosen Opfers kann er seinen Körper selber beherrschen. Der sekundäre Masochismus ermöglicht es ihm, durch die Erfahrung eigenen Schmerzes, den er genießen und den anderen genießen lassen kann, seinen Körper wieder zu bewohnen, d. h., der Schmerz ermöglicht es ihm, seinen schmerzenden Körper mit Objekt-Libido zu besetzen. Allerdings bleibt der latente primäre Masochismus weiterhin wirksam: Unfälle,

schwere Krankheiten und chirurgische Noteingriffe hinterlassen beeinträchtigende und schmerzhafte Spuren sowie sichtbare Narben. Diese Schmerzen und Zeichen werden vom Patienten als narzißtisches Attribut gierig vereinnahmt. Der schmerzende Körper wird mit narzißtischer Libido besetzt.
Um den Übergang vom schmerzenden Körper zum *Schmerzkörper* zu verstehen, muß, so präzisiert Micheline Enriquez, betont werden, daß der Körper in Liebes- und Identitätsnot nicht einem Gesetz (des Wunsches und der Lust), sondern der willkürlichen Macht eines Gegenübers unterliegt. Dieser schmerzende Körper birgt zwei Möglichkeiten in sich:
– ein »Verfolgungspotential« (Piera Aulagnier) widersprüchlicher Natur: Damit sich das Subjekt als lebendig erlebt, bedarf es der Besetzung eines verfolgenden Objekts, seiner Anwesenheit und Bindung an dieses Objekt; gleichzeitig weist ihm das Subjekt die Macht und den Willen zu, es (das Subjekt) zu töten;
– eine exzessive Fähigkeit, den Schmerz erscheinen zu lassen, ihn darzustellen und zu verkörpern. Diese Verkörperung ist ein Leidensweg, ein Opfergang, eine Passion. Es bedeutet aber auch, diese Erfahrung im eigenen Namen zu machen.

Beobachtung von Fanchon

Ich fasse die lange, von Micheline Enriquez veröffentlichte Falldarstellung zusammen.

Nach der Geburt ausgesetzt und von Adoptiveltern erzogen, wird Fanchon wiederholt sowohl mit der Erzählung eines grandiosen und beunruhigenden Familienromans über ihre Herkunft als auch mit der leidenschaftlichen und ausschließlich ihr geltenden körperlichen Pflege durch ihre Adoptivmutter konfrontiert: Der ideale Körper muß immer sauber sein; das führte zu Wasch- und Reinigungsritualen, welche der Lust wenig Raum lassen (und ich füge hinzu: auch der Sicherheit, eine saubere Haut und überhaupt die eigene Haut zu haben). Dieser geschlossene mütterliche Raum (den ich mit dem von Meltzer beschriebenen *claustrum* in Zusammenhang bringe) bot dem Phantasma kaum Entwicklungsmöglichkeit, außer auf dem vom Herkunftsroman gezeigten Weg. So lebte Fanchon mit unvollkommenem Körper und unvollkommener Identität und litt auch nicht darunter: Ihre Passivität und Trägheit er-

sparten ihr Konflikte sowie Todes- und Trennungsängste, abgesehen von einigen Anfällen von Zerstörungswut. Mit Beginn der Pubertät wird sie psychotisch, entwickelt ein großes Leiden, verbunden mit schmerzhaften Symptomen, wodurch die bequeme Abhängigkeitsbeziehung zu ihrer Mutter zerbricht: Es kommt zu Eßstörungen und Gewichtsschwankungen, die ihr Aussehen völlig verändern, die jedoch Hinweise auf die Beherrschung ihres Körpers und die orale Lust sind; es kommt zur Verstümmelung einer Brust, zu akustischen Halluzinationen, die ihr sagen: »Schlampe«, »(Du kommst) aus der Gosse«.
Dann verkörpert sie (wie in der Sage von Marsyas) einen Wiedergeburtsmythos. Sie gibt sich einen neuen Vornamen (diese Handlung bringe ich mit der Arbeit des Künstlers in Zusammenhang, der die innere Anordnung des Werkes verkörpert und der die Schaffung seines Werkes als die Wiederschaffung seinerselbst durch Autogenese erlebt). Fanchon entwickelt ein Reinigungsritual, das jedes Objekt oder Wäschestück betrifft, mit dem ihre beschmutzende Haut in Kontakt kommt, und tilgt damit den Makel ihrer Herkunft und die ursprüngliche Sünde ihrer leiblichen Mutter. Sie wäscht und kratzt sich, bis ihre Haut blutig wird; sie schädigt ihre Haare, indem sie sie mit Haarwasser und Shampoo einreibt und abreißt.

Mit 16, 17 Jahren rettet sie sich in das Ritual des Schreibens als Ersatz. Um gegen den Wahn und die Selbstmordgedanken anzugehen, schreibt sie jeden Morgen nach dem Aufwachen entweder festgelegte Sätze mit konkreten Angaben über aktuelle Körperfunktionen (Ernährung, Sauberkeit) oder frei formulierte Sätze nach Art eines Tagebuchs mit Beurteilungen, Deutungen und Bedeutungen auf. »Die Entstehung und Entwicklung dieses Tagebuchs war allerdings nur mit Hilfe der Struktur des unveränderlichen Textteils möglich, welcher Raum und Zeit ordnete und eine Grenze zwischen Selbst und Nicht-Selbst schuf.« Auf diese Art wird ein Raum für die Vorstellung und das Denken abgegrenzt, »durch Schriftspuren, die sich um ein Textkorpus ordnen« (ich führe den Vergleich weiter: der Text stellt für den Künstler oft einen Ersatz für den eigenen, ihm fehlenden Körper dar). Diese »Sätze« kann sie ihren verfolgenden Stimmen entgegenhalten. (Ich weise darauf hin, daß solche Aussagen über den Körper eine Bestätigung für die Existenz eines Haut-Ichs, seiner Kontinuität, Stabilität und Beständigkeit sind; auf dem Hintergrund dieses auf die primäre Wahrnehmung beschränkten körperlichen Haut-Ichs kann ein psychisches Ich als Subjekt entstehen, das »Ich« sagt und zu geistigen Funktionen fähig ist: damit das psychische Ich zu sich finden und seine Identität wiedererkennen kann, muß es diesen Körper bewohnen und die Erfahrung seiner Beständigkeit machen).

Im Hinblick auf die übertriebene Reinigung der Haut möchte ich folgendes ergänzen: (1) eine quantitative Bemerkung: das Übermaß in Richtung Zerstörung stellt eine umgekehrte Wiederholung, d.h. ein Annullieren, ein Ausgleichen des durch mütterliche Leidenschaft bedingten Zuviels an Pflege dar; (2) eine qualitative Bemerkung: Fanchon steckt in einer Haut, die nicht die ihre ist, in der Haut einer anderen, einer idealen, von ihrer zweiten Mutter gewollten, gegebenen, aufgezwungenen Haut; sie muß reiben bis zum vollständigen Abziehen dieser Tunika, dieses vergifteten Geschenks einer mißbrauchenden Adoptivmutter, die sie einengt und abhängig macht. Anstelle dieser aufgezwungenen Haut kann sie eine Haut von Schmerzen, von Häßlichkeit und Schande finden, welche die gemeinsame Haut mit ihrer ersten Mutter darstellt, und nur die kann Fanchon als Grundlage eines eigenen Haut-Ichs dienen.

Aus Micheline Enriquez' Bericht geht hervor, daß es in der psychoanalytischen Behandlung im Sitzen zur Dramatisierung und in der Übertragung zur Wiederholung der psychotischen Episode der Adoleszenz kommt: Eines Nachts reißt sich Fanchon die Hälfte ihrer Haare aus und entwickelt im Gesicht Zeichen einer Hautkrankheit mit eiternden Pikkeln, welche sie aufkratzt und die sie entstellen: erneut hört sie Stimmen, welche ihr sagen: »Sie ist so böse, daß man es ihr am Gesicht ansehen kann. Sie hat Lepra (...). Sie wird isoliert und eingesperrt ... Fanchon gehört nicht mehr zur menschlichen Spezies. Sie ist ein Monster, sie muß vernichtet werden.«

Fanchon bringt jedoch ihre Psychoanalytikerin, die diese Erzählung sehr mitgenommen hatte, auf den richtigen Weg; sie ist dabei, für die Sünden ihrer ersten Mutter zu büßen, einer unsoliden Frau, die man nur verachten und hassen kann, ein unmenschliches Monster, das sich hinter der von den Adoptiveltern erfundenen Behauptung verbirgt, sie sei ein besserer Mensch. Anstatt wie im Märchen auf ihre Rückkehr zu warten (schön, intelligent und strahlend würde sie eines Tages Fanchon in ihre ursprüngliche Umgebung zurückholen), kann Fanchon diese erste Mutter spüren, sich ihre Geschichte in mehreren möglichen Versionen ausmalen und sich vorstellen, daß diese Mutter unter der Zeugung, der Geburt und der Aussetzung des Kindes leiden konnte.

Gleichzeitig mit dieser neuen ersten Mutter nimmt auch Fanchon wieder Gestalt an; sie ist in der Lage, sowohl einen Friseur zu wählen, der ihre Haare wieder in Ordnung bringt und ihr eine passende Perücke empfiehlt, als auch einen taktvollen und warmherzigen Dermatologen aufzusuchen, der ihre Wunden ohne viel Aufhebens behandelt. Ein ganzes Jahr lang klammert sich Fanchon an eine schmerzhafte psychoanalytische Arbeit. Nachdem ihr Gesicht wieder menschlich aussieht, unternimmt sie im darauffolgenden Sommer eine Auslandsreise, um Freunde aus ihrer Kindheit zu treffen. Sie kehrt mit einer regelrecht neuen Haut zurück, »ihre Gesichtshaut hatte sich geschuppt und einer glatten, frischen Haut, wie der eines Kindes, Platz gemacht.« Daraus schloß sie, daß sie die Sünden ihrer ersten Mutter jetzt vollständig verbüßt hatte und zu einem eigenen Urteil über sie kommen und ihren Verlust akzeptieren konnte. Sie fühlte sich wieder »normal«.

Nach Micheline Enriquez bezog sich die psychoanalytische Arbeit auf drei Themen: (1) den Verzicht auf die primäre, wahnhafte Sexualtheorie, die von den Adoptiveltern vermittelt worden war, und den Zugang zu den allgemeinen Phantasmen über ihre Herkunft; (2) den Widerstand gegen das Einbrechen der mütterlichen Stimme, deren Bedeutung und Klang nicht zusammenpaßten, die die Empfindungen und Wünsche des Kindes entwertete, die Gefühle nicht benannte und unfähig war, das zu bilden, was ich die Lauthülle des Selbst nenne; (3) die Bildung eines Haut-Ichs, zuerst durch die unzulänglichen Versuche, den Körper und seine Inhalte zu beherrschen (Aktivitäten des Leerens bzw. Füllens: Anorexie, Bulimie, Verstopfung, Durchfall: das heißt die Bildung dessen, was ich Haut-Ich-Tasche genannt habe, einer Behälterhaut); dann durch die Einschreibung der Schmerzen in ihre körperliche Hülle (so erwirbt das Haut-Ich die Funktion, die ich als Einschreibungsfläche für Wahrnehmungen bezeichnet habe).

Diese den Blicken präsentierte und beim Betrachter Faszination und Entsetzen hervorrufenden Schmerzen ermöglichen ihr, sich von der Bindung an die Mutter zu lösen, sich eine unantastbare Hilfe zu schaffen und ein Gefühl von basaler Sicherheit in der eigenen Haut zu erwerben. Diese Hülle kann dann auch autoerotisch besetzt werden und die Berührungslust entdecken. Fanchon geht ins Schwimmbad und schwimmt gerne; sie kauft sich Kleider, die sie aus einer großen Tasche hervorholt, um sie der Psychoanalytikerin zu zeigen; bevor sie sich hinsetzt, berührt sie den Sessel und die Gegenstände im Zimmer; sie atmet den Duft der Blumen ein und kommentiert die Kleider und Parfums der Psychoanalytikerin; sie weint: »Es ist sehr schön zu fühlen, wie die warmen und salzigen Tränen über mein Gesicht rollen ...« (dies bestätigt, daß sich das Ich bei seiner Entstehung an taktile Empfindungen anlehnt). Dieses Haut-Ich ermöglicht es Fanchon (begünstigt durch die sitzende Position), sensorische Informationen mitzuteilen und aufzunehmen, bedingt durch das Entdecken der Objekte und die Erfahrung von Befriedigung.

Micheline Enriquez schließt mit der Feststellung, daß der Übergang vom schmerzenden Körper zum Schmerzkörper der »Preis ist, der zu bezahlen ist, um für den anderen zu *sein* und etwas für sich zu *haben*«: dies ist die erste identifikatorische Position, die sich auf die Polarität Inklusion-Exklusion bezieht und die die späteren Identifikationen (Spiegelidentifikationen, narzißtische und ödipale Identifikationen) bedingt. In der später folgenden Beobachtung von Zénobie (S. 278 ff.) werde ich zeigen, inwiefern der Traum ein Ausweg aus der Schmerzhülle sein kann.

17. Der Film des Traumes

Der Traum und sein Schutzfilm[1]

Ein Film (Häutchen) steht im engeren Sinne des Wortes für eine feine Membran, die bestimmte Teile pflanzlicher oder tierischer Organismen schützt und umhüllt; im weiteren Sinne ist damit eine in jedem Falle feine Schicht aus festem Material auf der Oberfläche einer Flüssigkeit oder auf der äußeren Schicht eines festen Körpers gemeint. Außerdem ist im Bereich der Fotografie der Film ein dünnes Blatt, das als Träger der lichtempfindlichen Schicht dient. So ist der Traum ein Film in dieser doppelten Bedeutung. Der Traum bildet einen Reizschutz, welcher die Psyche des Schlafenden umhüllt und ihn vor der latenten Aktivität der Tagesreste (den unbefriedigten Wünschen des Vortages in enger Verbindung mit unbefriedigten Kindheitswünschen) sowie den Reizen schützt, die Jean Guillaumin (1979) »Nachtreste« genannt hat (Lichtempfindungen, akustische, thermische, taktile, koenästhetische Empfindungen, Körperbedürfnisse etc., die im Schlaf wirksam sind). Dieser Reizschutz ist eine feine Membran, die die Außenreize und die inneren Triebimpulse einander angleicht, indem er ihre Unterschiede abschwächt (es handelt sich also nicht um eine Grenzfläche, die – wie das Haut-Ich – in der Lage ist, zwischen innen und außen zu trennen); es handelt sich um eine empfindliche, leicht reißbare und auflösbare Membran (daher das angstvolle Erwachen), um eine vergängliche Membran (sie hält nur einen Traum lang, jedoch kann man voraussetzen, daß das Vorhandensein dieser Membran den Schläfer soweit beruhigt, daß er – nachdem er sie unbewußt introjiziert hat – sich in diese Membran einhüllt, auf den Zustand des primären Narzißmus regrediert, in dem Glückseligkeit, Spannungslosigkeit und Tod eins sind und er in einen tiefen traumlosen Schlaf sinkt) (vgl. Green 1984).

Andererseits ist der Traum ein Film, der belichtet werden kann, der psychische, in der Regel visuelle Bilder aufnimmt, vielleicht

1 *Pellicule* bedeutet im Französischen sowohl »Häutchen«, »Schutzfilm« als auch »Film« im fotografischen Sinne. (A.d.Ü.)

wie ein Stummfilm mit Untertiteln oder wie ein Tonfilm, manchmal wie ein Einzelbild in der Fotografie, öfter jedoch in der Art einer Bildfolge, die, wie in den Kinofilmen, eine lebendige Entwicklung zeigt, oder – dieser moderne Vergleich trifft besser – wie in einem Videoclip. Dabei ist wohl eine Funktion des Haut-Ichs aktiviert, nämlich die, eine empfindliche Oberfläche darzustellen, die Spuren und Einschreibungen aufzeichnet. Wenn schon nicht das Haut-Ich, dann bildet zumindest das derealisierte und zweidimensionale Körperbild die Leinwand für den Traum, auf der Gestalten entstehen, welche die konflikthaften Kräfte und psychischen Instanzen symbolisieren oder verkörpern. Der Film kann schlecht sein, die Spule kann sich verklemmen oder (falsch) belichtet werden, und der Traum wird gelöscht. Geht alles gut, kann man beim Erwachen den Film entwickeln, ihn sich (beim Schneiden) ansehen, ihn anders schneiden, ihn sogar vorführen, indem man ihn jemand anderem erzählt.
Damit überhaupt ein Traum entstehen kann, muß ein Haut-Ich gebildet worden sein (Babys und Psychotiker träumen im engeren Sinne des Wortes nicht; sie können nicht sicher zwischen Wachzustand und Schlaf, zwischen Realitätswahrnehmung und Halluzination unterscheiden). Umgekehrt stellt der Traum unter anderem den Versuch dar, das Haut-Ich wieder in Ordnung zu bringen, weil es sich im Schlaf auflösen könnte, und vor allem, weil es durch die traumatischen Eindrücke während des Tages mehr oder weniger durchlöchert worden ist. Diese lebenswichtige Funktion des Traumes, die alltägliche Rekonstruktion der psychischen Hülle, erklärt meiner Meinung nach, warum jeder oder fast jeder jede Nacht oder fast jede Nacht träumt. Diese Funktion, von der ersten Freudschen Theorie des psychischen Apparates zwangsläufig außer acht gelassen, gehört unausgesprochen der zweiten Theorie an: Ich will versuchen, dies zu verdeutlichen.

Die Faszination seiner leidenschaftlichen Freundschaft mit Fließ und die Begeisterung über die Entdeckung der Psychoanalyse brachten Freud dazu, in der Zeit zwischen 1895 und 1899 die Nachtträume als imaginäre Wunscherfüllung zu verstehen. Die psychische Arbeit im Traum ordnet er den drei Ebenen zu, die zu dieser Zeit in seinen Augen den psychischen Apparat bildeten. Eine unbewußte Aktivität verbindet Sachvorstellungen und Affekte mit Triebregungen, die dadurch vorstellbar werden. Eine vorbewußte Aktivität verknüpft diese Vorstellungs- bzw. Affektrepräsentanzen einerseits mit Wortrepräsentanzen, andererseits mit Abwehrmechanismen; auf diese Weise werden sie zu symbolischen Bildern und Kompromißbildungen. In der Folge stattet das System Wahrnehmung Bewußtsein diese Bilder mit einer sensorischen und affektiven Lebhaftigkeit aus, die ihnen den Anschein von Realität gibt. Während des Schlafes verschiebt dieses System den Schwerpunkt seiner Tätigkeit vom progressiven Pol der motorischen Entladung zum regredierenden Pol der Wahrnehmung. Die Traumarbeit gelingt, wenn der Traum nacheinander das Hindernis der beiden Zensuren überspringt, zuerst die Zensur zwischen Unbewußtem und Vorbewußtem, dann zwischen Vorbewußtem und Bewußtem, d. h. es gibt zwei Möglichkeiten für Fehlschläge. Wenn sich die zweite Zensur durch die veränderte Gestalt, in der sich der verbotene Wunsch zeigt, nicht täuschen läßt, kommt es zum angstvollen Erwachen. Wenn die unbewußten Vorstellungen nicht den Umweg über das Vorbewußte machen, sondern direkt ins Bewußtsein dringen, kommt es zum nächtlichen Erschrecken, dem Alptraum.
Bei der zweiten Theorie des psychischen Apparates hat Freud sich nicht die Zeit genommen, die ganze Traumtheorie aus seiner neuen Perspektive umzuarbeiten; er beschränkte sich auf punktuelle Veränderungen, welche allerdings die Richtung einer umfassenden Systematisierung anzeigten.
Der Traum erfüllt die Wünsche des Es und schließt die gesamte Triebpalette in ihrer erweiterten Form, so wie Freud sie zu dieser Zeit sah, ein: sexuelle, autoerotische, aggressive und selbstzerstörerische Wünsche; der Traum erfüllt diese Wünsche nach dem Lustprinzip, dem das Es unterliegt und das die sofortige und

bedingungslose Befriedigung der Triebregungen fordert; außerdem kommt im Traum die Tendenz zur Wiederkehr des Verdrängten zum Ausdruck. Er erfüllt die Forderungen des Über-Ichs: danach stellen bestimmte Träume eine Wunscherfüllung dar, andere muten eher wie eine Drohung an. Der Traum erfüllt den Wunsch des Ichs – nämlich den, zu schlafen – als Diener zweier Herren: er verschafft dem Es und gleichzeitig dem Über-Ich imaginäre Befriedigung. Außerdem erfüllt der Traum den Wunsch des Ideal-Ichs – wie einige Freudianer es genannt haben –, die ursprüngliche Verschmelzung zwischen Ich und Objekt wiederherzustellen und den glückseligen Zustand der intra-uterinen organischen Symbiose zwischen dem Säugling und seiner Mutter wiederzuerleben. Im Wachzustand gehorcht der psychische Apparat dem Realitätsprinzip, er hält Grenzen zwischen Selbt und Nicht-Selbst, zwischen Körper und Psyche aufrecht, akzeptiert die Begrenztheit seiner Möglichkeiten und behauptet seinen Anspruch auf individuelle Autonomie. Im Gegensatz dazu verlangt der psychische Apparat im Traum nach Allmacht und bringt sein Streben nach Grenzenlosigkeit zum Ausdruck. In einem seiner Märchen, *Cité des immortels* [Stadt der Unsterblichen] beschreibt Borges, wie diese Unsterblichen sich ihre Zeit mit Träumen vertreiben. Träumen heißt in der Tat verleugnen, daß man sterblich ist. Ist das tägliche Leben ohne diesen nächtlichen Glauben an die Unsterblichkeit zumindest eines Teils des Selbst überhaupt erträglich?

In den posttraumatischen Träumen, die Freud (1920) zu seiner zweiten psychischen Topik geführt haben, erlebt der Träumer die Umstände wieder, welche dem Unfall vorausgingen. Dabei handelt es sich um Angstträume, die allerdings immer kurz vor der Vorstellung von dem Unfall aufhören, so als ob dieser im nachhinein aufgehoben und im letzten Moment verhindert werden konnte. Im Vergleich zu den früheren erfüllen diese Träume vier neue Funktionen; sie sollen

– die narzißtische Wunde schließen, die durch das Erleiden eines Traumas entstanden ist;

– die durch den traumatischen Einbruch zerrissene psychische Hülle wiederherstellen;

– die das Trauma auslösenden Umstände im nachhinein unter Kontrolle bringen;

– das Lustprinzip als Funktionsprinzip für den psychischen Apparat wiedereinführen, nachdem es durch das Trauma zu einer Regression auf die Funktionsweise des Wiederholungszwangs gekommen war.
Ich frage mich: Sollte das, was für die die traumatische Neurose begleitenden Träume gilt, lediglich als Sonderfall betrachtet werden? Oder – das ist zumindest meine Meinung – handelt es sich dabei nicht um ein allgemeines Phänomen, das jedem Traum zugrunde liegt, wobei das Trauma nur als Vergrößerungsglas wirkt? Der Triebimpuls dringt (unabhängig von seinem Ziel und seinem Objekt) immer wieder, sowohl im Wachzustand als auch im Schlaf, in die psychische Hülle ein und provoziert Mikrotraumata, welche durch ihre qualitative Vielfalt und quantitative Anhäufung ab einer bestimmten Schwelle zu dem führen, was Masud Khan (1974) als kumulatives Trauma bezeichnet hat. Der psychische Apparat muß diese Überlastung durch Entladung loswerden und die Integrität der psychischen Hülle wiederherstellen.
Unter der Vielzahl von Möglichkeiten sind die beiden folgenden – oft gekoppelten – am direktesten wirksam: die Bildung einer Angsthülle und die Bildung eines Traumfilms. Der psychische Apparat wurde beim Trauma vom plötzlichen Auftauchen äußerer Reize überrascht, welche den Reizschutz durchbrochen haben, nicht nur, weil sie zu stark waren, sondern auch, weil, wie Freud (1920) betont, der psychische Apparat unvorbereitet war und mit diesem Auftauchen nicht rechnete. Der Schmerz ist Zeichen für dieses Einbrechen. Ein Trauma setzt einen Niveauunterschied zwischen innerer und äußerer Energie voraus. Sicher gibt es so schockierende Traumata, bei denen, unabhängig von der Einstellung des Subjekts, die physische Beeinträchtigung und das Reißen des Haut-Ichs unvermeidlich sind. Im allgemeinen ist der Schmerz jedoch dann geringer, wenn der Einbruch nicht überraschend stattfindet und wenn sich sehr schnell jemand findet, der für den Verletzten (darunter verstehe ich sowohl das Opfer einer narzißtischen als auch einer physischen Verletzung) mit seinen Worten und seiner Fürsorge zum Hilfs- oder Ersatz-Haut-Ich wird. In *Jenseits des Lustprinzips* (1920) beschreibt Freud diese Abwehr des Traumas mit Hilfe energetischer Gegenbesetzungen von entsprechender Intensität, mit dem Ziel, die Besetzung mit innerer Energie an die Quantität der äußeren Energie, die der

entstandenen Erregung zugrundeliegt, *anzugleichen*. Dies führt zu bestimmten Konsequenzen; die ersten drei sind ökonomischer Art, und vor allem mit ihnen hat sich Freud beschäftigt; die vierte ist topisch und topographisch: Freud hat sie nur geahnt, sie bedarf noch der Ausarbeitung.

(a) Diese Gegenbesetzungen bedingen eine Verarmung der übrigen psychischen Aktivität, insbesondere des Liebeslebens und/oder der intellektuellen Fähigkeiten.

(b) Führte das physische Trauma zu einer dauerhaften Verletzung, ist das Risiko, eine traumatische Neurose zu entwickeln, vermindert, da diese Verletzung eine narzißtische Überbesetzung des betroffenen Organismus bewirkt, wodurch das Zuviel an Erregung gebunden wird.

(c) Je größer die Besetzung eines Systems ist und je fester eine Energie gebunden ist (d. h. ruht), desto stärker ist die Bindungsfähigkeit des Systems, d. h. seine Widerstandsfähigkeit dem Trauma gegenüber. Daher kommt es zur Bildung der – von mir so genannten – Angsthülle als letzter Abwehrfront des Reizschutzes: durch Überbesetzung des Wahrnehmungssystems bereitet die Angst die Psyche darauf vor, das mögliche Auftauchen des Traumas vorauszusehen und eine innere Energie freizusetzen, welche den äußeren Reiz soweit wie möglich ausgleicht.

(d) Aus einer jetzt topographischen Sicht besteht der Schmerz infolge des Einbruchs weiter – eingekreist und abgedichtet durch eine dauernde Gegenbesetzung – als ein unbewußtes psychisches Leiden, lokalisiert und eingekapselt an der Peripherie des Selbst; es besteht ein Zusammenhang mit dem Phänomen der »Krypta«, die von Nicolas Abraham (1978) beschrieben wurde, und zum Winnicottschen Begriff eines »verborgenen Selbst«.

Die Angsthülle (als erste Abwehrform und eine Abwehr mit Hilfe des Affekts) bereitet das Entstehen des Traumfilms (als zweiter Abwehrform und Abwehr mit Hilfe der Vorstellung) vor. Die Löcher im Haut-Ich, seien sie nun Folge eines starken Traumas oder der Anhäufung von Mikrotraumata vom Vortag oder erst während des Schlafs entstanden, werden durch die Vorstellungsarbeit auf eine Bühne verlagert, auf der sich dann die Drehbücher des Traumes entwickeln können. Auf diese Weise werden die Löcher mit einem Film von im wesentlichen visuellen Bildern verschlossen. Zu Anfang ist das Haut-Ich eine Hülle von

Berührungen, verstärkt durch eine Laut- und eine Geschmacks-Geruchs-Hülle. Die muskuläre und die visuelle Hülle entstehen erst später. Der Traumfilm stellt einen Versuch dar, die unzureichende Hülle von Berührungen durch eine dünnere, zartere, aber auch empfindlichere visuelle Hülle zu ersetzen: Die Reizschutzfunktion ist *a minima* wiederhergestellt; die Funktion, Spuren einzuschreiben sowie sie in Zeichen umzusetzen, ist dagegen besonders ausgeprägt. Penelope ribbelte jede Nacht den tagsüber von ihr gewebten Teppich auf, um der Begehrlichkeit ihrer Freier zu entgehen. Der Nachttraum arbeitet umgekehrt; er webt in der Nacht den Teil des Haut-Ichs, der tagsüber als Folge äußerer und innerer Reize aufgelöst wurde, wieder neu.

Meine Vorstellung vom Traumfilm deckt sich mit der von Sami-Ali (1969) veröffentlichten Beobachtung eines Falles von Urticaria: Sami-Ali beobachtete bei einer Patientin, daß Zeiten von Urticaria-Ausbrüchen ohne Traum sich mit Zeiten ohne Urticaria-Anfälle mit Träumen abwechselten. Seine Hypothese lautet, daß mit Hilfe des Traums ein unangenehmes Körperbild verdeckt wird. Seinen Gedanken verstehe ich so: Die illusorische Haut des Traumes überdeckt ein gereiztes und verwundetes Haut-Ich.

Diese Betrachtungen veranlassen mich auch zu einem erneuten Überdenken der Beziehung zwischen dem latenten und dem manifesten Trauminhalt. Wie Nicolas Abraham (1978) und Annie Anzieu (1974), beide auf ihre Art, bemerkt haben, besitzt der psychische Apparat eine verschachtelte Struktur. In der Tat kann es nur dann Inhalte geben, wenn es auch einen Behälter gibt, und was auf der einen Ebene Behälter ist, kann auf einer anderen Ebene zum Inhalt werden. Der latente Inhalt des Traumes wird zum Behälter für die Triebimpulse, indem er sie mit unbewußten Sachvorstellungen verbindet. Der manifeste Inhalt wird zum visuellen Behälter des latenten Inhalts. Die Erzählung des Traumes nach dem Erwachen wird zum verbalen Behälter des manifesten Inhalts. Die mögliche Deutung des Traumes des Patienten durch den Psychoanalytiker zerlegt diese Verschachtelungen teilweise (vergleichbar dem Schälen einer Zwiebel), andererseits führt sie zu einer Wiederherstellung des in zwei Teile gespaltenen und bewußten Ichs in seiner Funktion als Behälter für Vorstellungs- und Affektrepräsentanzen der Triebimpulse und als der Behälter der traumatischen Einbrüche.

Beobachtung von Zénobie

Diese Patientin ist das älteste Kind in der Geschwisterreihe und geprägt durch den schmerzlichen Verlust der Einzelkindposition. Ich gebe ihr das Pseudonym Zénobie, in Erinnerung an die glanzvolle Königin des antiken Palmyra, die von den Römern entthront wurde.

In ihrer ersten Analyse bei einem Kollegen ging es hauptsächlich um ihre ödipalen Gefühle und ihre hysterische Struktur sowie um die daraus resultierenden Schwierigkeiten ihres Liebeslebens und ihre Frigidität, die zwar vermindert, jedoch nicht aufgehoben wurde. Zu mir kommt sie wegen einer fast dauernd bestehenden Angst, die sie seit dieser ersten Analyse nicht mehr verdrängen kann, und in zweiter Linie wegen ihrer anhaltenden Frigidität, die sie mit Hilfe von immer komplizierteren Beziehungen gleichzeitig zu heilen und zu verleugnen versucht.
Die ersten Wochen ihrer zweiten Psychoanalyse sind geprägt durch eine intensive Übertragungsliebe, genauer gesagt durch die Wiederholung der für sie typischen Verführungsangebote gegenüber älteren Männern in der Behandlung. Ich erkenne dabei, ohne es ihr zu sagen, den hysterischen Trick, der hinter dieser überdeutlichen Verführung steht: der Versuch, das Interesse und die Aufmerksamkeit eines möglichen Partners zu gewinnen, indem sie sexuelle Befriedigung verspricht, allerdings mit dem Ziel, ihre von der frühen Umwelt nicht erkannten Ich-Bedürfnisse zu befriedigen. Nach und nach zeige ich Zénobie, daß ihre hysterischen Abwehrmechanismen sie – allerdings nur schlecht – vor Rissen in ihrer narzißtischen Grundsicherheit schützen, Risse, die mit einer starken Angst vor Liebesentzug seitens der Mutter und mit den zahlreichen frühen Frustrationen ihrer psychischen Bedürfnisse in Verbindung stehen. Zénobie blieb geprägt von einer quasi-traumatischen Diskrepanz zwischen diesen Frustrationen einerseits und der Großzügigkeit und Lust andererseits, mit welcher ihre Mutter ihre körperlichen Bedürfnisse bis zur Geburt eines Bruders, den sie als Rivalen ansah, befriedigte.
Die verführerische Übertragung verschwindet, sobald Zénobie spürt, daß der Psychoanalytiker bereit ist, sich um ihre Ich-Bedürfnisse zu kümmern, ohne dafür erotische Lustbefriedigung zu fordern. Gleichzeitig wechselt die Qualität der Angst: die depressive Angst, verbunden mit den Erfahrungen mütterlichen Liebesentzugs bzw. der Drohung mit einem solchen Entzug, weicht einer noch früheren und bedrohlicheren Verfolgungsangst.
Während eines sommerlichen Auslandsaufenthaltes machte sie, so berichtet sie nach ihrer Rückkehr, eine sehr angenehme Erfahrung: Sie lebte

dort in einer Wohnung, die größer und heller war und auch eine bessere Lage hatte als ihre Pariser Wohnung. Alle diese Details verstehe ich, ohne ihr das mitzuteilen, als Spiegelung der Entwicklung ihres Körperbildes und ihres Haut-Ichs: Sie fühlt sich wohler in ihrer Haut, hat ein intensives Kommunikationsbedürfnis, allerdings bildet dieses entstehende Haut-Ich weder einen ausreichenden Reizschutz noch einen Filter, der es ihr ermöglicht, die Herkunft und die Natur der Reize zu erkennen. In der Tat wurde diese Wohnung, die tagsüber eine Traumwohnung war, nachts zu einem echten Alptraum. Nicht genug damit, daß sie nicht träumte, sie konnte auch nicht mehr schlafen; sie stellte sich vor, daß Einbrecher in die Wohnung eindringen könnten. Diese Angst blieb auch nach ihrer Rückkehr nach Paris bestehen: Sie fand nicht wieder den richtigen Schlaf.

Ich deute ihr die beiden Seiten ihrer Angst vor einem Einbruch: einerseits ein Einbruch von außen, der eines unbekannten Mannes in die intimen Teile ihres Körpers (Angst vor Vergewaltigung), aber auch der Einbruch des Psychoanalytikers in die intimen Teile ihrer Psyche; andererseits ein Einbruch von innen her, nämlich der ihrer eigenen Triebimpulse, die sie nicht mehr als die eigenen erkennt, vor allem der eines starken Gefühls der Verbitterung wegen der Enttäuschungen seitens ihrer früheren und jetzigen Umwelt. Ich erkläre ihr, daß die Intensität ihrer Angst aus der Verbindung und der Vertauschung des Einbrechens von außen und von innen herrührt; außerdem aus der Unfähigkeit, zwischen sexueller Penetration und der psychischen Penetration zu unterscheiden. Das Ziel dieser Deutung ist, ihr Haut-Ich zu stärken, als Grenzfläche zwischen Außen- und Innenreizen und als Verschachtelung von Hüllen, welche psychisches Ich und Körper-Ich in einem Selbst differenzieren. Die Wirkung tritt sofort ein und hält ziemlich lange an: Sie kann wieder schlafen. Allerdings kommt es zu einer Verschiebung der Angst aus ihrem Leben in die Psychoanalyse.

Die folgenden Sitzungen sind durch eine Spiegelübertragung gekennzeichnet. Immer wieder erwartet Zénobie, daß ich spreche, sage, was ich denke und wie ich lebe, als Echo auf das, was sie sagt, mit dem Ziel, meine Meinung zu dem von ihr Gesagten zu erfahren. Meine Gegenübertragung wird durch dieses hartnäckige und immer wiederkehrende Drängen, das mich fast physisch beengt und mir die Freiheit zu denken raubt, auf die Probe gestellt. Ich kann weder schweigen, da sie das als eine aggressive Zurückweisung verstehen würde, die ihr entstehendes Haut-Ich zerstören könnte, noch kann ich bei ihrem hysterischen Spiel die Umkehrung der Situation, ich als Patient, sie als Analytiker, mitmachen. Nach und nach komme ich zu Deutungen, die in zwei Richtungen gehen. Ich erinnere sie an eine frühere Deutung und präzisiere diese noch, eine Deutung, die zum Teil eine Antwort auf ihre Frage an mich sein könnte und die ihr zeigen könnte, woran ich als Psychoanalytiker denke und was das, was sie sagt, in mir auslöst. Andererseits versuche ich, den Sinn ihrer Frage aufzuklären: einmal zeige ich ihr, daß ihr Prüfen, ob das, was sie sagt, ein Echo bei mir hervorruft, ihrem Bedürfnis entspricht, zu erfahren, wie der andere sie sieht, damit sie ihrerseits ein Bild von sich selbst entwerfen kann; einmal erkläre ich ihr, daß sie wissen will, woran ihre Mutter dachte, wie sie mit ihrem Mann lebte, welche Beziehung sie zu einem Cousin, ihrem vermeintlichen Geliebten, hatte, und warum sie weitere Kinder bekommen hatte, all das waren für sie schmerzliche und nicht beantwortete Fragen; manchmal bombardierte sie mich mit Fragen und wiederholte dabei – in der Absicht, sie zu meistern – eine Situation, in der sie selbst, als sie noch ganz klein war, bombardiert worden war mit Reizen, die zu intensiv waren oder zu früh auf sie einwirkten, um durch Denken verarbeitet zu werden.

Eine kontinuierliche analytische Arbeit ermöglicht ihr, einen gewissen Abstand zur paranoiden Position zu gewinnen. Bei mir findet sie die Sicherheit der ersten Bindung an die gute mütterliche Brust wieder, eine Sicherheit, die durch die Enttäuschungen über die Geburt der späteren Geschwister gestört wurde.

Die Sommerferien verlaufen problemlos und ohne irgendwelche Aktivitäten, die diese Ruhe störten. Nach ihrer Rückkehr überläßt sie sich einer tiefen Regression. In den Dreiviertelstunden der Sitzung erlebt sie eine starke Hilflosigkeit. Sie erlebt den Schmerz über den Verlust der Mutter in seinem ganzen Ausmaß wieder. Die einzelnen Qualitäten dieses Schmerzes, die sie in sich spüren und in Worte fassen kann, sind Anzeichen für eine Entwicklung des Haut-Ichs: sie hat die Hülle zum Zusammenhalten ihrer psychischen Zustände erworben und ebenso die Verdoppelung des bewußten Ichs, die ihr sowohl die Selbstbeobachtung als auch die Symbolisierung der kranken Anteile des Selbst ermöglicht. Sie erwähnt Einzelheiten, die drei unterschiedlichen Gruppen zugeordnet werden können und die ich jedesmal in einer Deutung miteinander in Verbindung bringe. Zuerst erkläre ich ihr, daß sie unter dem Verlust der Mutter gelitten hat, als sie als Einzelkind entthront wurde: Intellektuell war uns das bereits klar, jedoch mußte sie erst zu dem Affekt eines intensiven Schmerzes zurückfinden, den sie damals zwar erlebt, aber gleichzeitig beiseite geschoben hatte. Zweitens schlage ich ihr eine Konstruktion vor, die bereits in der früheren Phase der Spiegelübertragung ausgearbeitet worden war: Bereits in ihrer Zeit als Einzelkind war die Kommunikation zwischen ihr und ihrer Mutter unzulänglich; die Mutter hatte Zénobie zwar reichlich genährt und umsorgt, den inneren Empfindungen des Babys aber keine Beachtung geschenkt. Zénobie bemerkt dazu, daß ihre Mutter wegen Kleinigkeiten schrie (was ich mit ihrer Angst vor einem Einbruch durch Lärm in Zusammenhang bringe); in solchen Situationen konnte sie dann nicht mehr zwischen ihren eigenen Empfindungen und denen der Mutter unterscheiden; der Lärm war Ausdruck der Wut, aber sie wußte nicht, von wem diese Wut kam. Drittens äußere ich meine Vermutung, daß dieses Nichtbeachten ihrer ursprünglichen Empfindungen-Affekte-Phantasmen wahrscheinlich durch den Vater verstärkt wurde, und meine Patientin kann sich jetzt gut an seine Eifersucht und Gewalttätigkeit erinnern.

Diese Sitzung ist von tiefer und anhaltender emotionaler Intensität. Zénobie schluchzt, sie ist an der Grenze dessen, was sie aushalten kann. Schon im voraus kündige ich das Ende ihrer Sitzung an, damit sie sich innerlich auf die Unterbrechung vorbereiten kann. Ich sage ihr, daß ich offen für ihren Schmerz bin und daß sie jetzt zum ersten Mal einen Affekt erlebt, der so bedrohlich ist, daß sie sich bisher verbot, ihn zu erleben, daß sie ihn deshalb isoliert, verschoben und an der Peripherie ihres Selbst abgekapselt hatte. Sie hört auf zu weinen, allerdings schwankt sie beim Weggehen. Ihr Ich findet in diesem endlich eigenen Schmerz eine Hülle, welche ihre Gefühle von Einheitlichkeit und Kontinuität des Selbst stärkt.

In der folgenden Woche sind Zénobies übliche Abwehrmechanismen wieder wirksam: Sie will, so sagt sie, in ihrer Psychoanalyse nicht mehr eine solch schmerzliche Erfahrung machen. Dann erwähnt sie, daß sie viel träumt, jede Nacht ohne Unterbrechung seit ihrer Rückkehr aus den Ferien. Es kam ihr nicht in den Sinn, mir davon zu erzählen. In der nächsten Sitzung kündigt sie mir ihre Entscheidung an, von ihren Träumen zu erzählen. Da es davon aber zu viele gibt, hat sie sie in drei Kategorien eingeteilt: die Kategorie »Schönheitskönigin«, die Kategorie »Kugel«, und die dritte habe ich vergessen, da ich nicht alles sofort notieren konnte und von der Menge an Material erschlagen wurde. Sie erzählt mir ihre Träume in allen Einzelheiten, Sitzung für Sitzung. Ich werde überflutet oder, besser noch, da ich darauf verzichte, alles zu behalten, zu verstehen und zu deuten, ich lasse mich von den Fluten tragen.

In den Träumen der ersten Kategorie stellt sie eine schöne Frau vor – die sie selber ist oder die sie sieht – und die von Männern unter dem Vorwand ausgezogen wird, ihre Schönheit zu prüfen.

Die »Kugel«-Träume deutet sie selber im Zusammenhang mit der Brust oder mit den Hoden. Sie führt aus und ergänzt: Die Kugel ist ein Brust-Hoden-Kopf. Sie erwähnt den (im Französischen) gebräuchlichen Ausdruck *perdre la boule* [wörtlich: die Kugel verlieren; sinngemäß: nicht mehr ganz richtig im Kopf sein] anstelle von *perdre la tête* [wörtlich: den Kopf verlieren].

Ihre Träume bilden für Zénobie eine psychische Haut, einen Ersatz für ihren unzureichenden Reizschutz. Ab dem Zeitpunkt, an dem ich ihr Verfolgtwerden durch Geräusche gedeutet hatte, begann sie mit der Restitution ihres Haut-Ichs; dabei hob ich besonders die Vertauschung zwischen den Geräuschen von außen und denen hervor, die ihre abgespaltene, fragmentierte und projizierte Wut in ihrem Kopf auslöste. Jetzt läßt sie in ihrer Erzählung ihre Träume vor mir defilieren, ohne länger bei einem zu verweilen und ohne mir die für eine Deutung notwendige Zeit oder sonstige Angaben an die Hand zu geben. Es handelt sich um ein Überfliegen. Noch präziser: Ich habe den Eindruck, daß ihre Träume sie überfliegen und sie von ihnen wie von einer Laube aus Bildern umhüllt wird. Die Traumhülle ersetzt die Schmerzhülle und gibt ihrem Haut-Ich Festigkeit. Ihr psychischer Apparat kann diese wiedererweckte Symbolisierung sogar mit Hilfe der Metapher der Kugel ausdrücken, in der sich mehrere Vorstellungen verdichten: die Vorstellung einer nach Vollendung und Vereinheitlichung strebenden psychischen Hülle; die eines Kopfes, d. h. – mit einem Ausdruck von Bion – eines Apparates zum Denken der eigenen Gedanken; die Vorstellung des allmächtigen und verlorenen mütterlichen Schoßes, in dessen Innerem sie bis jetzt regressiv und phantasmatisch gelebt hat; die Vorstellung von den männlichen Befruchtungsorganen, unter deren Mangel sie gelitten hat, als sie durch die Geburt eines Bruders vom Platz des von der Mutter besonders geliebten Objekts vertrieben wurde. An dieser Stelle kreuzen sich die narzißtische und die objektbezogene Dimension ihrer Psychopathologie und lassen Überschneidungen in meinen Deutungen ahnen, welche ich ihr im Laufe der folgenden Wochen gebe und die abwechselnd sowohl ihre prägenitalen und ödipalen, sexuellen Phantasmen als auch die Phantasmen von Rissen und Überbesetzungen in ihrer narzißtischen Hülle (z. B. durch Verführung) einbeziehen. In der Tat hängt der Erwerb einer sexuellen Identität von zwei Bedingungen ab. Eine notwendige Bedingung ist, daß das Subjekt eine eigene Haut besitzt, welche seine sexuelle Identität enthalten kann und in der es sich als Subjekt erlebt. Eine hinreichende Bedingung ist die Erfahrung von erogenen Zonen und Lustgewinn auf dieser Haut im Zusammenhang mit polymorph-perversen und ödipalen Phantasmen.

Einige Sitzungen später bringt sie endlich einen Traum, mit dem wir arbeiten können: »Sie geht hinaus, die Straße ist zerstört. Man sieht die Fundamente des Hauses. Ihr Bruder kommt, zusammen mit ihrer ganzen Familie. Sie liegt auf einer Matratze. Alle schauen sie ruhig an. Sie ist aufgebracht und möchte brüllen. Sie hat eine schreckliche Prüfung vor sich: sie soll vor den Augen der anderen mit ihrem Bruder schlafen.« Erschöpft wacht sie auf.

Ihre Assoziationen führen zu einem kurz vorher geträumten bestialischen Traum, der sie sehr verstört hatte; sie schildert den ekelhaften Aspekt der Sexualität, die sie in ihrer Kindheit und in den ersten heterosexuellen Beziehungen während der Adoleszenz als eine Prüfung erlebt hatte, die bei ihr Empörung hervorrief: »Die Liebesspiele meiner Eltern, es war wie bei den Tieren ... (Pause). Ich befürchte vor allem, daß das Vertrauen, das ich zu ihnen habe, verlorengeht.«

Ich: »Das wäre die zerstörte Straße, die vom Einsturz bedrohten Restmauern der Häuser. Sie erwarten von mir, daß ich Ihnen helfe, das Zuviel an sexueller Erregung aufzunehmen, das seit ihrer Kindheit in Ihnen ist und das Ihnen durch die Psychoanalyse immer bewußter wird.« Auf diese Weise wurde das Wort Sexualität zum ersten Mal in ihrer Behandlung ausgesprochen, und zwar von mir selbst.

Sie präzisiert, sie habe während ihrer ganzen Kindheit und Adoleszenz in einem unangenehmen Zustand permanenter und konfuser Erregung gelebt, ohne sich davon befreien zu können.

Ich: »Es war die sexuelle Erregung, aber sie konnten sie nicht als solche erkennen, da Ihnen niemand etwas zu diesem Thema erklärt hatte. Sie wußten auch nicht, an welchen Stellen Ihres Körpers Sie diese Erregung spürten, denn Sie hatten keine ausreichend sichere Vorstellung von Ihrem Körper, um diese Erregung zu lokalisieren.« Beruhigt geht sie weg.

In der nächsten Sitzung kommt sie auf dieses reichhaltige Traummaterial zurück, mit dem sie mich überschüttet: Es ist so, als sei es ihr unter den Fingern zerronnen, und sie befürchtet, es wird meine Fähigkeit überschreiten, es zu beherrschen, sie zu beherrschen.

Ich: »Sie bringen mich in die gleiche Situation, in der Sie selber sind: ich werde von Ihren Träumen überflutet wie Sie selber von Ihrer sexuellen Erregung.«

Zénobie kann eine Frage formulieren, die sie seit dem Beginn der Sitzung zurückgehalten hat: Wie denke ich über ihre Träume?

Ich bin damit einverstanden, hier und jetzt die Fragen zu ihren Träumen zu beantworten, da ihre Umgebung früher die Fragen, die sie zur Sexualität hatte, nicht beantwortet hat und da sie seit dieser Zeit ein unstillbares Bedürfnis hat, die anderen nach deren Empfindungen zu fragen und danach, was sie über die Empfindungen der Patientin denken. Allerdings

präzisiere ich, daß es nicht meine Aufgabe ist zu urteilen, weder über ihre Träume noch über ihre Handlungen; daß ich nicht zu entscheiden habe, ob Inzest oder Bestialität schlecht oder gut sind. Dann gebe ich ihr zwei Deutungen. Die erste soll zwischen Bindungs- und Verführungsobjekt differenzieren. Den Hund, der sich in ihrem ersten Traum an sie klammert, erfährt sie als ein Objekt, mit dem sie auf eine ursprüngliche und sehr lebendige Weise durch Berührung kommuniziert, sie erlebt die Weichheit des Fells, die Wärme des Körpers, das Gestreicheltwerden durch das Lecken. Diese Empfindungen von Wohlbefinden, in das sie sich einhüllen läßt, ermöglichen ihr, sich in ihrer Haut genügend wohl zu fühlen, um eine rein sexuelle und weibliche, aber auch beunruhigende Lust zu empfinden, nämlich die, penetriert zu werden. Die Sexualität mit ihrem Bruder – im letzten Traum – ist bestialisch in einem anderen Sinne, denn er ist brutal, sie hat ihn seit seiner Geburt gehaßt, und er könnte sich an ihr rächen: sie zu besitzen würde einem ungeheuerlichen tierischen Inzest gleichkommen. Er ist der gefürchtete Liebhaber, und sie stellte sich als kleines Mädchen vor, von ihm ihre sexuelle Initiation zu bekommen.
Zweitens betone ich die für sie peinliche Vermischung des bei ihr noch unzureichend befriedigten körperlichen sexuellen Bedürfnisses und des psychischen Bedürfnisses, verstanden zu werden. Als Opfer unterwirft sie sich dem brutalen sexuellen Begehren des Mannes in der Vorstellung, nur so seine Aufmerksamkeit gewinnen zu können, und als Gegenleistung für die körperliche Lustbefriedigung, die sie ihm verschafft, zur Befriedigung ihrer Ichbedürfnisse zu gelangen, eine Befriedigung, die mal hypothetisch, mal unersättlich ist (dabei beziehe ich mich auf die beiden Arten von Erfahrungen, die in der Geschichte ihres Sexuallebens aufeinander folgten). Daher auch die Verführung, die in ihren Männerbeziehungen im Vordergrund steht und in deren Netz sie sich selber verfängt; ich erinnere sie daran, daß auch die ersten Monate ihrer Psychoanalyse bei mir diesem Verführungsspiel und seinem Verständnis gewidmet waren.

Die in diesen Sitzungen begonnene psychische Arbeit wurde einige Monate lang fortgesetzt. Sie führte schubweise (entsprechend der Art dieser Patientin, sich durch Brüche und plötzliche Reorganisation zu entwickeln) zu wesentlichen Veränderungen in ihrem Liebesleben und in ihrem Beruf. Erst viel später konnte der direkte Sprung von der Oralität in die Genitalität und das Überspringen der Analität bei Zénobie analysiert werden.

Diese Sequenz veranschaulicht die Notwendigkeit des Erwerbs eines Haut-Ichs und der damit verbundenen Gefühle von Einheit und Kontinuität des Ichs, nicht nur um zur sexuellen Identität zu gelangen und zur ödipalen Problematik vorzustoßen, sondern und vor allem um die erogene Erregung richtig zu lokalisieren, um ihr Grenzen und gleichzeitig befriedigende Entladungswege aufzuzeigen und auch damit es nicht weiter nötig ist, die sexuelle Lust als Ausgleich für die früheren Frustrationen der Bedürfnisse des psychischen Ichs und des Bindungstriebs zu besetzen.
Dieser Fall veranschaulicht ebenfalls die Folge: Schmerzhülle, Traumfilm, Haut von Worten, eine notwendige Folge zur Bildung eines genügend umfassenden, differenzierenden und symbolisierenden Haut-Ichs bei Patienten mit frühen Entbehrungen bei der Befriedigung ihrer Ichbedürfnisse und daher auch mit tiefen narzißtischen Rissen. Zénobies unbewußte Aggressivität gegenüber Männern konnte mit den wiederholten Enttäuschungen in Zusammenhang gebracht werden, die ihr die Mutter, später der Vater und schließlich die Geschwister bereiteten. Mit der Entwicklung ihres Haut-Ichs zu einer zusammenhängenden, flexiblen und festen Grenzfläche wird der (sexuelle und aggressive) Triebimpuls für sie zu einer nutzbringenden Kraft, die von spezifischen körperlichen Zonen ausgehend, sich jetzt adäquater gewählten Objekten zuwenden kann und das mit dem Ziel physischen und psychischen Lustgewinns.
Um erkennbar, d. h. vorstellbar zu sein, muß der Triebimpuls einen dreidimensionalen psychischen Raum einnehmen, an gewissen Punkten der Körperoberfläche lokalisiert werden und sich als Gestalt vor dem vom Haut-Ich gebildeten Hintergrund abheben. Gerade wenn der Triebimpuls begrenzt und konturiert ist, entwickelt er seine volle Kraft, durch die er Objekt und Ziel finden kann und zu einer echten, lebendigen Befriedigung gelangen kann.
Zénobie zeigt mehrere Züge der hysterischen Persönlichkeit. Ihre Behandlung macht die »Erregungshülle« sichtbar, ein Begriff, den ich von Annie Anzieu übernehme. Anstatt ihre psychische Hülle aus den sensorischen, von ihrer Mutter übermittelten Signalen zu bilden (es gab vor allem eine starke Diskordanz zwi-

schen den warmen Berührungen und den brutalen Lautäußerungen dieser Mutter), hat Zénobie ein Ersatz-Haut-Ich gesucht, und zwar in einer beständigen Erregungshülle, die diffus und umfassend von sowohl aggressiven als auch sexuellen Triebimpulsen besetzt war. Diese Hülle entstand durch Introjektion einer liebenden und gleichzeitig erregenden Mutter während des Stillens und der Pflege. Sie umgibt Zénobies Selbst mit einem Gürtel von Erregungen, der ihr eine doppelte Anwesenheit der Mutter suggeriert – einer Mutter, die sich sowohl um ihre körperlichen Bedürfnisse kümmert als auch für eine anhaltende Trieberregung sorgt – was Zénobie ermöglicht, ununterbrochen ihre Existenz zu fühlen. Allerdings ist diese körperlich erregende Mutter doppelt enttäuschend, da sie die psychischen Bedürfnisse des Kindes schlecht beantwortet und die körperliche Erregung, die sie selber herbeiführte, plötzlich unterbricht, wenn ihr diese Erregung zu lange andauerte oder sie diese als zu angenehm, als zu zweideutig oder als zu aufwendig empfand: paradoxerweise wird die Mutter durch das irritiert, was sie selber induziert; statt dessen wird ihr Kind dafür bestraft und schämt sich. Das Aufeinanderfolgen von Erregung und Enttäuschung spielt sich gleichzeitig auf der Ebene des Triebimpulses ab, der überaktiviert wird, ohne zu einer vollkommenen befriedigenden Entladung zu kommen.

Annie Anzieu meint, daß eine solche psychische Hülle von physischer Erregung nicht nur für das Haut-Ich der Hysterie charakteristisch ist, sondern die allen Neurosen gemeinsame hysterische Grundlage bildet. Anstatt auch diejenigen Signale auszutauschen, die die ursprüngliche sensorische Kommunikation ausmachen und die Grundlage eines gegenseitigen Verstehens darstellen, tauschen Mutter und Kind in einem schlecht endenden, sich hochschaukelnden Prozeß ausschließlich Erregungen aus. Die Mutter ist enttäuscht, weil ihr das Kind nicht so viel Freude macht, wie sie erwartet hatte. Das Kind ist jedoch doppelt enttäuscht, einmal weil es selber für seine Mutter enttäuchend ist und weil es das Zuviel an unbefriedigter Erregung bei sich behalten muß.

Ich füge hinzu, daß diese hysterische Hülle die dritte Funktion des Haut-Ichs pervertiert, indem sie diese umkehrt: anstatt sich in einer Reizschutzhülle narzißtisch zu schützen, gefällt sich der Hysteriker darin, in einer *Erregungshülle* zu leben, die so lange erogen und aggressiv ist, bis er selber beginnt, darunter zu leiden, und dann die anderen deswegen anklagt, ihnen grollt und versucht, sie zur Wiederholung dieses Wechselspiels zu verleiten. Die Erregung führt zur Enttäuschung und weckt wieder das Bedürfnis nach Erregung. In seinem Artikel »Der Mißmut des Hysterikers« hat Masud Khan (1975) diese Dialektik gut analysiert.

18. Ergänzungen

Meine Untersuchung der Ausdrucksformen des Haut-Ichs ist weder vollständig (die Aufzählung bedarf der Ergänzung) noch endgültig (die Ausdrucksformen sind mehr oder weniger von den Personen und Umständen abhängig); auch liegen sie nicht immer in Reinform vor (ich habe versucht, die topisch einfachen Formen zu differenzieren; aber sie können auf komplexe und unterschiedlichste Art miteinander verbunden sein).

In der Reihe derjenigen Ausdrucksformen des Haut-Ichs, die ich nicht gesondert und intensiver untersucht habe, scheint mir *die visuelle Hülle* die wichtigste zu sein, ebenso wie ihre Variante oder, besser, ihre Ergänzung, die *chromatische Hülle*. Da ich nie Maler in Analyse hatte, halte ich mich nicht für qualifiziert, um über letztere zu sprechen. Für die visuelle Hülle, die unausgesprochen bei mehreren meiner Beobachtungen von Bedeutung ist, liefert Sami-Ali eine, wie mir scheint, gut entwickelte Theorie in *Corps réel, Corps imaginaire* (1977), wo er die Stufen ihrer Entstehung behandelt, und in *Le Visuel et le Tactile. Essai sur l'allergie et la psychose* (1984), wo er die Entstehung des Visuellen durch Überwindung der Berührungshülle analysiert (vgl. auch das Werk von G. Bonnet, *Voir-Être vu* (1981), über die unbewußten Besetzungen des Visuellen).

Die *Lauthülle*, der ich ein eigenes Kapitel gewidmet habe, bedarf der Ergänzungen. So hat z. B. die Haut von Worten bei der akustischen Haut der Poesie (sowie des Gedichtes in Prosa oder der poetischen Prosa) nicht die gleiche Struktur wie beim Roman, bei dem die Haut des von mir so genannten »Werkkörpers« [*corps de l'œuvre*] überwiegt (D. Anzieu 1981, S. 118-121). Michel Imberty hat in *Les Écritures du temps* (1981, S. 114-224) damit begonnen, die spezifische Lauthülle der Musik zu untersuchen.

Die Rolle der *koenästhetischen und vestibulären Empfindungen* bei der Entstehung des Haut-Ichs sollte genauer erforscht werden.[1]

1 Das Werk von Herbinet, Busnel u. a. *L'Aube des sens* (1981) faßt die Ergebnisse der Entwicklung der fünf Sinne und des Gleichgewichtssinnes beim Säugling zusammen.

Mischformen

Bei ein und derselben Person kann sich ein Teil des Selbst in seiner Funktion an einer bestimmten Gestalt des Haut-Ichs und ein anderer Teil gleichzeitig an einer anderen Gestalt des Haut-Ichs orientieren. Im folgenden ein Beispiel für eine solche Mischform.

Beobachtung von Stéphane

Stéphane träumt viel, seit er während der Sitzungen liegt, und gibt sich viel Mühe, seine Träume zu verstehen, da er nach schwierigen Anfängen einer Analyse im Sitzen ein gutes Arbeitsbündnis mit mir entwickelt hat. Allmählich gelingt es uns herauszufinden, an welchen Stellen er in seinem Verständnis regelmäßig an Grenzen stößt: wenn er sich sagt, daß dieses Bündnis nicht ewig dauern kann und daß er womöglich feindliche Gefühle mir gegenüber empfinden und zum Ausdruck bringen wird; wenn deutlich wird, daß die verbale und physische Gewalt seines Vaters während seiner Kindheit und Adoleszenz so stark war, daß Stéphane die Freiheit genommen wurde, selber aggressive Gefühle diesem Vater gegenüber auszuleben.
Immer häufiger und ausgeprägter kommt es in den Sitzungen zu einem neuen Phänomen: Es gluckst in seinem Bauch. Es ist für ihn um so ärgerlicher und peinlicher, als es ihm sonst nie passiert. Die folgende Sitzung ist erfüllt von diesem Glucksen, dessen Sinn Stéphane nicht versteht. Auch ich habe keine Ideen dazu, denke darüber nach und ahne einen Zusammenhang zur Problematik der früheren Sitzungen.
Ich. Was da in Ihnen gluckst, ist die Aggressivität, und Sie wissen nicht, ob das Ihre oder die Ihres Vaters ist.
Stéphane bestätigt: Er hatte in diesen Tagen das Bild von Messerstichen in den Bauch.
In diesem Moment beginnt es auch in meinem Bauch zu glucksen. Es kostet mich Überwindung, mich deshalb nicht schuldig zu fühlen und nicht zu versuchen, dieses Glucksen zu unterdrücken, sondern es als eine Folge von Stéphanes Übertragung auf mich zu verstehen. Ich deute ihm folgendes:
Ich: Ihr Vater brachte die Aggressivität, die ihm unangenehm war, bei Ihnen unter, um sich ihrer zu entledigen; so übergeben Sie mir dieses Glucksen, das Ihnen unangenehm ist, damit es zu meinem wird und nicht mehr Ihres ist.
Stéphane: Es tut mir leid, ich nehme es wieder zurück.

Tatsächlich gluckst es jetzt nicht mehr in meinem Bauch, während es in seinem wieder anfängt. Mein psychisches Ich, das nicht mehr von seinem Körper-Ich erfüllt ist, findet zu seiner Denkfreiheit zurück; ich sage mir, daß es nicht reicht, den latenten Triebimpuls (die Aggressivität) und den Abwehrmechanismus (die projektive Identifikation) zu deuten, ohne nach der spezifischen Bedeutung der vom Symptom betroffenen Körperstelle (topische Perspektive) zu suchen.
Ich: Dieses Glucksen findet im Bauch statt. Die Mutter und ihr Baby teilen sich ihre Gefühle direkt durch den Bauch mit.
Diese allgemeine Deutung ermöglicht es Stéphane endlich, die hybride Gestalt seines Haut-Ichs (halb Haut-Ich-Panzer, halb Haut-Ich-Sieb) in Worte zu fassen:
Stéphane: Ich bin wie eine Schildkröte. Auf dem Rücken habe ich einen Panzer, und der Bauch ist weich. Wenn ich auf dem Rücken liege, füllt sich mein Bauch, der durchlöchert ist, mit der Aggressivität der anderen, und ich kann mich nicht mehr aktiv umdrehen.
In der analytischen Situation, in der er vor mir auf dem Rücken liegt, ist sein Bauch tatsächlich phantasmatisch exponiert. Es ist also die Übertragung, die es Stéphane ermöglicht, sich der besonderen Gestalt seines Haut-Ichs bewußt zu werden.

Die psychischen Hüllen beim Autismus[2]

Im Zusammenhang mit dem *gepanzerten sekundären Autismus* wurde »die Hülle von Unruhe« beschrieben, welche zwischen dem 6. und 18. Lebensmonat entsteht und bei der – im Gegensatz zum primären Autismus – die Erregung die Stelle der Hemmung einnimmt.
Diese sekundär autistischen Kinder besitzen einen Panzer, eine dicke Haut – ein Vergleich mit der zweiten, muskulären Haut von Bick (1968) bietet sich an –, ein Panzer-Ich, dessen Reizschutz nach außen gerichtet ist; jedoch besitzen diese Kinder keine innere Haut. Die Hülle für den Körper und die Beziehungen suchen sie in der psychomotorischen Unruhe: ununterbrochen sind sie in Bewegung, rennen und erzählen, bringen die geordnete Welt der Erwachsenen durcheinander, erfolgreich nutzen sie ihre Mutter aus, indem sie sofort losbrüllen, wenn diese

2 Ich übernehme hier die Beschreibungen von Frances Tustin (1972, 1981) und Donald Meltzer u. a. (1975), wie sie von Claudine und Pierre Geismann in *L'Enfant et sa psychose* (1984) zusammengefaßt und ergänzt wurden.

sich zu entfernen scheint, führen rotierende Bewegungen aus, zerreißen ihre Kleider; Blicken und Worten gegenüber gleichgültig, verweigern sie die Kommunikation. Die Angst wird sichtbar, wenn diese psychomotorische Abwehr durch Neuroleptika aufgehoben wird oder wenn die Kinder am Bett festgebunden werden. Sie äußert sich in Selbstzerstümmelungen: Die Kinder skalpieren sich, es kommt zu Schädelbrüchen, sie reißen sich die Haut vom Leib: die Haut als Organ der Einschreibungen und des möglichen Austauschs von Zeichen wird abgerissen.
Das sekundär autistische Kind schafft sich selbst einen Sicherheitsbereich, indem es eine unüberwindliche Barriere von Unruhe in seine Umgebung projiziert. Es kann zwischen belebt/unbelebt, innen/außen unterscheiden. Es hat zwar einen Schutzwall gebildet, jedoch weder eine umhüllende Fläche noch eine Grenzfläche. Es arbeitet auf dem Niveau der paranoid schizoiden Position, jedoch mit körperlichen Abwehrmechanismen und noch nicht mit psychischen wie Spaltung, Projektion, Verleugnung etc. Es kommt nicht zu einer Ausbildung des Haut-Ichs durch Berührung. Mit Hilfe einer Lauthülle ist es möglich, Kontakt zu dem Kind aufzunehmen: durch die singende Stimme, durch die Musik, durch das Echo seiner Schreie (selbst wenn sie durchdringend und störend sind) sowie seiner Lautäußerungen.
Beim *regressiven sekundären Autismus* hat das Kind eine feine psychische Haut erworben: daher die Überempfindlichkeit, die sich hinter Verwirrung und Unordnung verbirgt.
Bei der *infantilen Schizophrenie* umhüllen Mutter und Kind einander – nach der Art einer gegenseitigen Inklusion: endlich ist eine psychische Hülle vorhanden, jedoch ist sie nach dem Modell eines intra-uterinen Phantasmas konstruiert und stellt noch keine gemeinsame Grenzfläche dar, die Mutter und Kind voneinander trennt und miteinander verbindet.
Kommen wir jetzt zu der schwersten und archaischsten Pathologie (die sich immer in den ersten sechs Lebensmonaten äußert). Beim *anormalen primären Autismus* ist der Körper weich, schlaff, amöbenhaft und hypoton. In der Folge kommt es zur Ausbildung eines Kraken-Ichs. Weder die Haut noch das Ich können die Halte- oder Stützfunktion übernehmen. Das Kind ist ruhig, bewegt sich stundenlang nicht und ist meist teilnahmslos,

passiv, abwesend; es vermeidet den Blickkontakt, beobachtet jedoch »aus den Augenwinkeln« so, als ob es gar nicht schauen würde. Will man zuviel von ihm oder ändern sich Rahmen und Gewohnheiten auch nur leicht, reagiert es wütend oder mit panischer Angst. In langsamem Rhythmus vor- und zurückschaukelnd, sitzt es stundenlang da. Akustische Signale führen zu keinerlei Reaktion. Auf körperliche Manipulationen und auf Schmerz reagiert es gleichgültig. Jedoch kann ein unerwartetes Geräusch oder eine flüchtige Berührung zu Unruhe und Schreien führen.

Es besitzt weder eine Berührungs- noch eine Lauthülle. Die visuelle Hülle ist nur andeutungsweise vorhanden. Den Reizschutz suchen solche Kinder in Alleinsein und Rückzug. Das rhythmische Schaukeln dient ihnen möglicherweise als autoerotische Hülle, die sich auf die Körperhaltung stützt. Diese Kinder verharren in der fötalen Stellung; sie sind reglos und verlangen auch von ihrer Umwelt, daß sie sich nicht verändert; ihr Körper scheint im mütterlichen Schoß zu versinken. Der ganze Körper (sowie die ganze Psyche) zieht sich in sich zurück, um eins zu werden mit der intra-uterinen Hülle und sie auf diese Weise zu erhalten. Die Pflegeperson wird zu einem Teil dieser Welt, sie hat das Gefühl, daß das Kind durch sie hindurchschaut, sie wie ein unbelebtes Objekt behandelt und sie mit in den Tiefenrausch zieht. Die Trennung von ihr führt beim Kind zum Zusammenbruch.

Es kommt zu einer tiefen Verzweiflung, die ihren Ausdruck findet in Wut und Selbstverstümmelung an Kopf, an den Augen, an der Haut: alles, was dem Haut-Ich als Grundlage dienen könnte, wird angegriffen.

Durch das Fehlen eines Haut-Ichs sind alle Funktionen gestört: Sauberkeit, Ernährung (manchmal wird die Brust nicht gesucht), Schlaf. Es kann nicht zwischen belebt/unbelebt unterschieden werden. Die primär autistischen Kinder »spielen« wahrscheinlich mit autoerotischem Lustgewinn stereotyp mit ihren Händen und Füßen, mit Kleidern, Kordeln oder kleinen Holzstückchen, mit rauhen Stoffstücken, sie saugen an ihrer Zunge und an den Wangen, sie halten Stuhl und Urin ein, bilden Blasen aus Speichel, hantieren mit Wasser, Matsch und Sand und hören sich endlos dieselbe Platte an. Sie erreichen weder die Fähigkeit, ein Übergangsobjekt zu benutzen, noch zwischen außen und innen zu unterscheiden. Sie berühren ihre eigenen Geschlechtsorgane und die der anderen.

Zusammenfassend geht es für sie darum,

– die intra-uterine Hülle künstlich zu erhalten und damit die Geburt zu verleugnen;

– jegliches Angebot von Hüllen (taktilen, visuellen, akustischen, kinästhetischen) seitens der Mutter und der Umwelt auszuschlagen;

– sich im Gebrauch der Funktionen der Haut und der Sinnesorgane nicht zu üben und keine Grenzfläche auszubilden;

– den Körper undifferenziert von den Objekten zu belassen; er besteht weiterhin aus einzelnen Teilen mit autoerotischer Bedeutung;

– den Reizschutz in Rückzug, Unbeweglichkeit des Körpers, Unveränderbarkeit der Umwelt und Hemmung der Funktionen zu finden.

Ist der Autismus immer pathologisch, oder gibt es in den ersten Lebenswochen »normale« autistische Phänomene (nach Frances Tustin und Donald Meltzer), die einer »autistischen Position« (Marcelli 1983) noch vor der paranoid-schizoiden Position entsprechen? Da es mir an klinischer Erfahrung in diesem Bereich fehlt, enthalte ich mich einer Stellungnahme. Bezüglich dieser Frage möchte ich auf eine der seltenen Notizen von Melanie Klein über die Pathologie der psychischen Hülle hinweisen, nämlich die Beschreibung eines autistischen Phantasmas vom leeren und schwarzen mütterlichen Körper: »Dick hatte die Absperrung von der Realität und der Phantasietätigkeit durchgeführt, indem er Zuflucht in den Phantasien eines dunklen, leeren, unbestimmten Mutterleibes fand. Damit war es ihm geglückt, seine Aufmerksamkeit auch von den einzelnen Dingen in die Außenwelt, die den Inhalt des Mutterleibes, nämlich Penis, Exkremente, Kinder, repräsentierten, abzuziehen.« (Klein 1948, dt. 1972, S. 38 f.) Diese Inhalte, auf die Dick seinen Sadismus projizierte, waren bedrohlich; daher seine starke unbewußte Angst und seine Symbolisierungshemmung. Mir scheint, daß diese Beschreibung von Klein den von Meltzer vorgeschlagenen Begriff des *claustrum* vorwegnimmt. Tustin hat präzisiert, daß die normale autistische Hülle »Knöpfe« aufweist (welche vermutlich den empfindlichen Vorwölbungen der Haut und der Sinnesorgane entsprechen); im Vergleich dazu ist die pathologische autistische Hülle »zerstückelt« (um den Ausdruck von Meltzer zu übernehmen) und weist »schwarze Löcher« auf. Diese entsprechen der Angst des Kindes, seine innere Lebenssubstanz zu verlieren, und dem Schwindelgefühl beim Angezogenwerden von der Leere; mangels eines Haut-Ichs ist die primäre Stützfunktion nicht erfüllt. Die Faszination, die kreis- oder wirbelförmige Bewegungen in der Außenwelt auf den Autisten ausüben, sowie seine eigenen stereotypen Drehbewegungen bergen das Risiko in sich, in diesen schwarzen Löchern zu versinken, und führen zu dem verzweifelten Versuch, sich festzuhalten (Houzel 1985 b).

Nach Marcelli sind die Charakteristika der »autistischen Position«: ein Denken in nicht-symbolischen (metonymischen) Kontiguitätsbeziehungen; das Partialobjekt wird auf eine Zweidimensionalität reduziert; in den pathologischen Fällen besteht eine autistische, in den normalen Fällen eine narzißtische Objektbeziehung; die Haut und die Sinnesorgane für die Nahempfindungen (Berührung, Geruch und Geschmack) dienen dem Ich als Stütze. Die beiden Abwehrmechanismen sind:

– die haftende Identifikation: Marcelli beschreibt eine neue Form dieser Identifikation: »das Greifen nach der Hand des Erwachsenen, um diese wie die Verlängerung des eigenen Armes zu benutzen«, d.h. den anderen in ein grenzenloses Ich einzuschließen: »das Greifen nach der Hand des Erwachsenen oder das körperliche Aneinanderhaften (...) bedeutet, den Berührungssinn in einer Kontiguitätsbeziehung zu benutzen, in der es keine Grenzen gibt«; derselbe Prozeß findet, bezogen auf den Geruchssinn und den Geschmackssinn (die Sinnesorgane für Nahempfindungen) statt; die Fernsinne werden so benutzt, daß jeder Abstand zwischen Ich und Nicht-Ich aufgehoben wird: der Autist »hört« die Satzmelodie und gibt ihren Klang übertrieben wieder; ebenso »fängt« er das Objekt mit Blicken;

– die Zerstückelung: diese verhindert die Ausbildung der Intersensorialität und der Funktion der Haut als Kontinuum und Verbindung zwischen den Sinnesorganen: »die Kinder zerstückeln ihr Ich in getrennte Wahrnehmungsfähigkeiten« (Meltzer); das Objekt als »gemeinsames Sinnesorgan« wird auf eine »Vielzahl

unisensorischer Erlebnisse [reduziert], bei denen Belebtes von Unbelebtem nicht mehr unterschieden werden kann«.
Der Autist lehnt die Kommunikation durch Blicke und Worte ab, weil er die Trennung vom mütterlichen Körper, die Grenze, ablehnt; sonst entsteht Panik und Gewalt. Im Gegensatz dazu benutzt das normale Kind das »pointing« (Vigotsky): Es streckt die Hand aus, um nach dem gewünschten Objekt zu greifen; ist dieses Objekt zu weit entfernt, verharrt die Hand in der Luft, und diese Geste bekommt für die Umwelt eine semiotische Bedeutung, mit deren Hilfe das Kind wiederum kommuniziert (vgl. die »vorhersehende Illusion« nach Diatkine).
Das Haut-Ich ist eine Hülle, die in der Interaktion mit der Umwelt Signale aussendet und empfängt und in Resonanz »schwingt«; sie ist belebt, in ihrem Inneren lebendig, hell und leuchtend. Der Autist besitzt die – wahrscheinlich genetisch programmierte – Möglichkeit, eine solche Hülle zu bilden, aber in Ermangelung konkreter Erfahrungen bleibt sie leer, schwarz, unbelebt, taub. Die autistischen Hüllen bestätigen also ex negativo die Struktur und die Funktionen des Haut-Ichs.

Von der Haut zu den Gedanken

Ich habe in diesem Buch dargestellt, wie die Sinnesqualitäten einen inneren Raum ausfüllen, den Raum des Selbst, der durch eine Grenzfläche von den äußeren Objekten, die zur Bildung des Ichs beitragen, begrenzt ist (später kommen andere Grenzflächen dazu: zwischen psychischem Ich und Körper-Ich, zwischen Ich und Über-Ich, zwischen den verschiedenen inneren Objekten etc.). Die topische Differenzierung des psychischen Raumes führt ihrerseits zu Veränderungen der Sinnesqualitäten in Elemente von Phantasmen, Symbolen und Gedanken. Ich konnte diesen Veränderungsprozeß nur andeuten: ihn genau zu studieren müßte einem eigenen Buch vorbehalten bleiben. Im übrigen haben verschiedene Autoren Theorien bezüglich der Stufen dieser Veränderungen vorgeschlagen: Winnicott, Hanna Segal (1957) mit der »symbolischen Gleichung«, Bion mit den acht Stufen seines »Rasters« bis hin zum formalisierten abstrakten Denken etc. Was mich betrifft, so beabsichtige ich, irgendwann zu zeigen, wie jede der neun Funktionen des Haut-Ichs einen Rahmen für das Denken bietet oder den Prozeß des Denkens initiiert.

Zum Schluß

Die Worte des anderen ermöglichen, wenn sie passend, lebendig und echt sind, dem Empfänger die Wiederherstellung seiner ›enthaltenden‹ psychischen Hülle, weil die gehörten Worte eine symbolische Haut bilden, welche auf phonologischer und semantischer Ebene ein Äquivalent zu den ursprünglichen Echotaktilismen zwischen dem Säugling und seiner mütterlichen familiären Umwelt darstellt. Das geschieht in einer Freundschaft, in der psychoanalytischen Behandlung und beim Lesen von Literatur. Auch beim Schreiben kann es sich um Worte handeln, die man zu sich und für sich allein spricht, und die von der Adoleszenz an im Zustand starker Erregung, bei Spannungen in der Beziehung zur Umwelt oder während einer inneren Krise die gleiche aufbauende Funktion erfüllen können. Das trifft nicht nur für viele Schriftsteller zu (obwohl das Bedürfnis, ein vorübergehend versagendes Haut-Ich zu restituieren, von dem Betroffenen oft unerkannt bleibt und hinter gewöhnlicheren Motiven versteckt wird: sich Befriedigung zu verschaffen, sich unsterblich zu machen oder in Konkurrenz mit den fruchtbaren Frauen zu treten, etc.). Noch mehr trifft es aber auf die meisten zu, die ohne literarischen Anspruch und ohne Gedanken an eine Leserschaft schreiben. Micheline Enriquez (1984) hat mit dem Ausdruck »stellvertretendes Schreiben« eine Aktivität beschrieben, bei der sich der Patient seines In-der-Welt-Seins und seines Bei-sich-selbst-Seins versichert (d.h., er macht sein Ich zu einer – wie ich es nenne – Grenzfläche), indem er den für ihn aktuellen Raum-Zeit-Rahmen, seine aktuellen Wahrnehmungen und Handlungen Wort für Wort notiert. Das gilt für ihre Patientin Fanchon (deren Beobachtung ich oben wiedergegeben habe. S. 266ff.). Fanchon berichtet über diese für ihre Heilung wesentliche Episode: »Es ist, als ob mir dieses Schreiben die Wiedererlangung einer Haut ermöglicht hätte« (Enriquez 1984, S. 213).

Das trifft auch auf Doris Lessing zu, welche sich in *Das goldene Notizbuch* (1962) des blauen Notizbuches bedient, um gegen die Depression anzukämpfen:

»Wenn ich an einem Punkt angelangt bin, wo Gestalt, Form und Ausdruck nichts sind, dann bin ich nichts (...). (Meine) Intelligenz löst sich langsam auf, und ich habe schreckliche Angst (...) Daraufhin beschloß ich, das blaue Notizbuch, dieses hier, als nichts anderes als eine Sammlung von Tatsachen zu benutzen. Jeden Abend saß ich auf meinem Klavierstuhl und dokumentierte meinen Tag, und es war, als ob ich, Anna, Anna auf diese Seiten nagelte.
Ich *gab* Anna jeden Tag *Gestalt*, sagte: heute stand ich um sieben auf, machte Frühstück für Janet, schickte sie zur Schule, etc. und hatte das Gefühl, ich hätte den Tag vor dem Chaos gerettet« (Lessing 1978, S. 581 f.).

Diese Selbstbeobachtung einer Schriftstellerin verdeutlicht den gemeinsamen Stamm, dem das Schreiben des Intellektuellen (Essayisten, Kritikers etc.) und das Schreiben des Romanciers entspringen. In *Pour un portrait psychanalytique de l'intellectuel* (Anzieu 1984) habe ich eine für den Intellektuellen besondere Form des Haut-Ichs beschrieben, nach der die Haut die projizierte Oberfläche des Gehirns im Kontakt mit den Dingen darstellt, wobei in einem wechselseitigen Prozeß die Dinge (das Geschehene, das Gehörte, das Berührte, das Gerochene, das Geschmeckte) direkt in Ideen übertragen werden, welche ihrerseits die Wahrnehmung der Dinge beeinflussen.
Die gesprochenen und noch mehr die geschriebenen Worte erfüllen die Funktion einer Haut. Meine Patienten haben mich davon überzeugt, und die Beschäftigung mit einigen großen literarischen Werken hat es mir bestätigt. Zunächst war es eine persönliche Intuition, die ich nach langer Zeit als Idee formuliert habe. Ich habe dieses Buch auch geschrieben, um durch das Schreiben mein eigenes Haut-Ich zu schützen. Mit dieser Erkenntnis kann ich dieses Werk als abgeschlossen betrachten.

Literatur

Abraham, N. (1978), *L'Écorce et le noyau*, Paris: Aubier-Montaigne.

Angelergues, R. (1975), »Réflexions critiques sur la notion de schéma corporel« in: *Psychologie de la connaissance de soi,* Actes du Symposium de Paris (September 1973), Paris: P. U. F.

Anzieu, A. (1974), »Emboitements«, in: *Nouvelle Revue de Psychanalyse*, Nr. 9, S. 57-71.

– (1978), »*Vom Fleisch zum Wort: Mutismus und Stottern*«, in: D. Anzieu u. a., *Psychoanalyse und Sprache*, Paderborn: Junfermann-Verlag 1982.

Anzieu, D. (1970), »Freud et la mythologie«, in: *Nouvelle Revue de Psychanalyse*, Nr. 1, S. 114-145.

– (1975 a), *Freuds Selbstanalyse*, 2 Bde., München: Verlag Internationale Psychoanalyse 1990.

– (1975 b), »Le Transfert paradoxal«, in: *Nouvelle Revue de Psychanalyse*, Nr. 12, S. 49-72.

– (1979), »La démarche de l'analyse transitionnelle en psychanalyse individuelle«, in: R. Kaës u. a., *Crise, rupture et dépassement,* Paris: Dunod.

– (1980 a), »Du corps et du code mystique et de leurs paradoxes«, in: *Nouvelle Revue de Psychanalyse*, Nr. 22, S. 159-177.

– (1980 b), »Les Antinomies du narcissisme dans la création littéraire«, in: J. Guillaumin, *Corps Création – Entre lettres et Psychanalyse,* Lyon: Presses Universitaires de Lyon.

– (1981 a), *Le Corps de l'œuvre*, Paris: Gallimard.

– (1981 b), *Le Groupe et l'inconscient. L'imaginaire groupal,* 2. Auflage, Paris: Dunod.

– (1982 a), »Le Psychodrame en groupe large«, in: R. Kaës u. a., *Le travail psychanalytique dans les groupes*, Bd. 2, *Les Voies de l'élaboration.* Paris: Dunod.

– (1982 b), »Sur la confusion primaire de l'animé et de l'inanimé. Un cas de triple méprise«, in: *Nouvelle Revue de Psychanalyse* Nr. 25, S. 215-222.

– (1983 a), »Le Soi disjoint, une voix liante: l'écriture narrative de Samuel Beckett«, in: *Nouvelle Revue de Psychanalyse*, Nr. 28, S. 71-85.

– (1983 b), »A la recherche d'une nouvelle définition clinique et théorique du contre transfert«, in: H. Sztulman u. a. *Le Psychanalyste et son patient,* Toulouse: Privat.

– (1984), »La Peau de l'autre, marque du destin«, in: *Nouvelle Revue de Psychanalyse*, Nr. 30, S. 55-68.

– (1985), »Du fonctionnement psychique particulier à l'intellectuel« in: *Topique*, Nr. 34, S. 75-88.
Aulagnier, P., siehe Castoriadis-Aulagnier.
Atlan, H. (1979), *Entre le cristal et la fumée. Essai sur l'organisation du vivant*, Paris: Seuil.
Balint, M. (1966), *Die Urformen der Liebe und die Technik der Psychoanalyse*, Stuttgart: Klett.
– (1968), *Regression. Therapeutische Aspekte und die Theorie der Grundstörung*, München: dtv 1988.
Beauchesne, H. (1980), *L'Épileptique*, Paris: Dunod.
Beller, I. (1973), *La Sémiophonie*, Paris: Maloine.
Berenstein, I./Puget, J. (1984), »Considérations sur la psychothérapie du couple: de l'engagement amoureux au reproche«, in: A. Eiguer u. a., *La Thérapie psychanalytique du couple*, Paris: Dunod.
Bergeret, J. (1974), *La Personnalité normale et pathologique*, Paris: Dunod.
– (1975), *La Dépression et les états limites*, Paris: Payot.
– (1984), *La Violence fondamentale*, Paris: Dunod.
Bettelheim, B. (1954), *Die Geburt des Selbst. Erfolgreiche Therapie autistischer Kinder*, München: Kindler 1977.
– (1975), *Die symbolischen Wunden*, Frankfurt am Main: Fischer [2]1990.
Bick, E. (1968), »The Experience of the Skin in early Object Relations«, in: *International Journal of Psycho-Analysis* 49, S. 484-486.
Bion, W. R. (1962), *Lernen durch Erfahrung*, Frankfurt am Main: Suhrkamp 1990.
– (1967), *Second Thoughts*, London: Karnac 1984.
Bioy Casares, A. (1940), *Morels Erfindung*, Frankfurt am Main: Suhrkamp 1984.
Biven, B. M. (1982), »The role of skin in normal and abnormal development with a note on the poet Sylvia Plath«, in: *International Revue of Psycho-Analysis* 63, Nr. 9, S. 205-228.
Bleger, J. (1966), »Psychoanalysis for the Reconciliation of Psychoanalysis«, in: *Rivista de psicoanalisis* 24, Nr. 2, S. 241-258.
Bonnet, G. (1981), *Voir-Être vu*, 2 Bde., Paris: P. U. F.
– (1985), »De l'interdit du toucher à l'interdit de voir«, in: *Psychanalyse à l'Université* 10, Nr. 37, S. 111-119.
Boulery, L./Martin, A./Puaud, A. (1981), »Des enfants sourds-aveugles ... et des grottes«, in: *L'Évolution Psychiatrique* 46, Nr. 4, S. 873-892.
Bourguignon, O. (1984), *Mort des enfants et structures familiales*, Paris: P. U. F.
Bowlby, J. (1958), »Über das Wesen der Mutter-Kind-Bindung«, in: *Psyche* 13 (1959/60), S. 415 ff.
– (1969), *Bindung*, Frankfurt am Main: Fischer 1984.

– (1973), *Trennung*, München: Kindler 1976.
– (1975), *Verlust, Trauer und Depression*, Frankfurt am Main: Fischer 1983.
Brazelton, T. B. (1974), »The Origins of Reciprocity in Mother-Infants Interaction«, in: M. Lewis/L. A. Rosenblum, *The Effect of the Infant on its Caregiver*, New York: Wiley-Interscience.
Cachard, C. (1981), »Enveloppes de corps, membranes de rêve«, in: *L'Évolution Psychiatrique* 46, Nr. 4, S. 847-856.
Castoriadis-Aulagnier, P. (1975), *La Violence de l'interprétation*, Paris: P. U. F.
– (1979), *Les destins du plaisir*, Paris: P. U. F.
– (1984), *L'apprenti-historien et le maître sorcier*, Paris: P. U. F.
Chauvin, R., u. a. (1970), *Modèles animaux du comportement humain*, Paris: Éditions du C. N. R. S.
Chiva, M. (1984), *Le Doux et l'amer*, Paris: P. U. F.
Corraze, J. (1976), *De l'hystérie aux pathominies*, Paris: Dunod.
Duyckaerts, F. (1972), »L'Objet d'attachement: médiateur entre l'enfant et le milieu«, in: *Milieu et développement*. Actes du Symposium de Lille (September 1970), Paris: P. U. F.
Enriquez, M. (1984), *Aux carrefours de la haine*, Paris: L'Épi.
Federn, P. (1952), *Ichpsychologie und die Psychosen*, Frankfurt am Main: Suhrkamp 1978.
– »Das Ich-Gefühl im Traum«, in: *Almanach der Psychoanalyse*, Wien: Internationaler psychoanalytischer Verlag 1933.
Fisher, S./Cleveland S. E. (1958), *Body image and personality*, Princeton/New York: Van Nostrand.
Frazer, J. G. (1890-1915), *The Golden Bough: A Study in Magic and Religion*, 13 Bde., 3. Auflage, London 1955.
Freud, S. (1887-1902) *Aus den Anfängen der Psychoanalyse. Briefe an Wilhelm Fließ*, Frankfurt am Main: S. Fischer 1950, 1962, 1975.
– (1891), *Zur Auffassung der Aphasien*, Wien.
– (1895 a), *Entwurf einer Psychologie*, in: GW Nachtragsband, S. 387 ff.
– (1895 b), *Studien über Hysterie*, GW I, S. 75-312.
– (1900), *Die Traumdeutung*, GW II/III.
– (1905), *Drei Abhandlungen zur Sexualtheorie*, GW V, S. 27-145.
– (1914), »Zur Einführung des Narzismus«, GW X, S. 137-170
– (1915), »Das Unbewußte«, GW X, S. 263-303.
– (1919), »Das Unheimliche«, GW XII, S. 227-268.
– (1920), *Jenseits des Lustprinzips*, GW XIII, S. 1-69.
– (1923), *Das Ich und das Es*, GW XIII, S. 235-289.
– (1925), »Notiz über den ›Wunderblock‹«, GW XIV, S. 1-8.
– (1933), *Neue Folge der Vorlesungen zur Einführung in die Psychoanalyse*, GW XV.

Gantheret, F. (1984), *Incertitudes d'Éros*, Paris: Gallimard.

Geissmann, P./Geissmann, C. (1984), *L'Enfant et sa psychose*, Paris: Dunod.

Gendrot, J. A./Racamier, P. C. (1951), »Fonction respiratoire et oralité, in: *L'Évolution Psychiatrique* 16, Nr. 3, S. 457-478.

Gibello, B. (1984), *L'Enfant à l'intelligence troublée*, Paris: Le Centurion.

Gori, R. (1972), »Wolfson ou la parole objet«, in: *Mouvement Psychiatrique*, Nr. 3, S. 19-27.

– (1975), »Les Murailles sonores«, in: *L'Évolution Psychiatrique*, Nr. 4, S. 779-803.

– (1976), »Essai sur le savoir préalable dans les groupes de formation«, in: R. Kaës u. a., *Désir de former et formation du savoir*, Paris: Dunod.

Gori, R./Thaon, M. (1975), »Plaidoyer pour une critique littéraire psychanalytique«, in: *Connexions*, Nr. 15, S. 69-86.

Grands, S. (1982), »The body and its boundaries: a psychoanalytic study of cognitive process disturbances in schizophrenia, in: *International Revue of Psycho-Analysis* 9, S. 327-342.

Graves, R. von (1955), *Griechische Mythologie (Quellen und Deutung)*, Reinbek bei Hamburg: Rowohlt 1960.

Green, A. (1984). *Narcissisme de vie, narcissisme de mort*, Paris: Minuit.

Grotstein, J. S. (1981), *Splitting and projective identification*, New York/London: Jason Aronson.

Grunberger, B. (1971), *Vom Narzißmus zum Objekt*, Frankfurt am Main: Suhrkamp 1982.

Guillaumin, J. (1979), *Le Rêve et le Moi*, Paris: P. U. F.

– (1980), »La Peau du centaure, ou le retournement projectif de l'intérieur du corps dans la création littéraire«, in: J. Guillaumin u. a., *Corps Création Entre Lettres et Psychanalyse*, 2. Teil, Kapitel 7, Presses Universitaires de Lyon.

Harlow, H. F. (1958), »The nature of love«, in: *American Psychologist* 13, S. 673-685.

Herbinet, E./Busnel, M. L., u. a. (1981), »L'Aube des sens«, in: *Les Cahiers du nouveau-né*, Nr. 5, Paris: Stock.

Hermann, I. (1930), *Az ember ösi östönei*, Budapest; frz. Übersetzung: *L'instinct filial*, Paris: Denoel 1972.

Herren, H. (1971), »La Voix dans le développement psychosomatique de l'enfant«, in: *Journal française otorhino-laryngologique* 20, Nr. 2, S. 429-435.

Houzel, D. (1985 a), »L'Évolution du concept d'espace psychique dans l'œuvre de Mélanie Klein et de ses successeurs«, in: *Mélanie Klein aujord'hui*, Lyon: Centurion.

– (1985 b), »Le Monde tourbillonnaire de l'autiste«, in: *Lieux de l'enfance,* Nr. 3, S. 169-183.

Imberty, M. (1981), *Les Écritures du temps. Sémantique psychologique de la musique*, Bd. 2, Paris: Dunod.

Kaës, R. (1976), *L'Appareil psychique groupal*, Paris: Dunod.

– (1979 a), »Introduction à l'analyse transitionnelle«, in: R. Kaës u. a., *Crise, rupture et dépassement,* Paris: Dunod.

– (1979 b), »Trois repères théoriques pour le travail psychanalytique groupal: l'étayage multiple, l'appareil psychique groupal, la transitionalité«, in: *Perspectives Psychiatriques*, Nr. 71, S. 145-157.

– (1982), »La catégorie de l'intermédiaire chez Freud; un concept pour la psychanalyse« (unveröffentlicht).

– (1983), »Identification multiple, personne conglomérat, Moi groupal. Aspects de la pensée freudienne sur les groupes internes«, in: *Bulletin Psychologique* 37, Nr. 363, S. 113-120.

– (1984), »Étayage et structuration du psychisme«, in: *Connexions,* Nr. 44, S. 11-46.

Kafka, F. (1919), *In der Strafkolonie,* Frankfurt am Main/Hamburg: Fischer 1970, S. 100.

Kaspi, R. (1979), »L'Histoire de la cure psychanalytique de Madame Oggi«, in: R. Kaës u. a., *Crise, rupture et dépassement,* Paris: Dunod.

Kaufman, I. C. (1961), »Quelques implications théoriques tirées de l'étude du fonctionnement des animaux et pouvant faciliter la conception de l'instinct, de l'énergie et de la pulsion«, in: *Revue française de Psychanalyse* 24, Nr. 4, 5, 6, S. 633-649.

Kernberg, O. (1975), *Borderline-Störungen und pathologischer Narzißmus*, Frankfurt am Main: Suhrkamp 1978.

Khan, M. (1974 a), *The Privacy of the Self: Papers on Psychoanalytic Theory and Technique,* New York: International Universities Press.

Khan, M. (1974 b), »Der Mißmut des Hysterikers«, in: *Erfahrungen im Möglichkeitsraum. Psychoanalytische Wege zum verborgenen Selbst,* Frankfurt am Main: Suhrkamp 1990, S. 77-90.

Klein, M. (1948), *Das Seelenleben des Kleinkindes und andere Beiträge zur Psychoanalyse,* Reinbek bei Hamburg: Rowohlt 1972.

Kohut, H. (1971), *Narzißmus*, Frankfurt am Main: Suhrkamp 1973.

– (1979), *Die Heilung des Selbst,* Frankfurt am Main: Suhrkamp 1981.

– (1980), »Die Störungen des Selbst und ihre Behandlung«, in: *Die Psychologie des 20. Jahrhunderts,* München: Kindler.

Lacombe, P. (1959). »Du rôle de la peau dans l'attachement mère-enfant«, in: *Revue française de Psychanalyse* 23, Nr. 1, S. 83-102.

Laplanche, J. (1970), *Leben und Tod in der Psychoanalyse,* Olten und Freiburg: Walter 1974.

Laplanche, J./Pontalis, J. B. (1968), *Das Vokabular der Psychoanalyse*, Frankfurt am Main: Suhrkamp 1972.
Lessing, D. (1962), *Das goldene Notizbuch*, Frankfurt am Main: Fischer 1978.
Loisy, D. de (1981), »Enveloppes pathologiques, enveloppements thérapeutiques (le packing, thérapie somato-psychique)«, in: *L'Évolution Psychiatrique* 46, Nr. 4, S. 857-872.
Lorenz, K. (1949), *Er redete mit dem Vieh, den Vögeln und den Fischen*, Wien: Dr. G. Borotha-Schoeler.
Luquet, P. (1962), »Les Identifications précoces dans la structuration et la restructuration du Moi«, in: *Revue française de Psychanalyse* 26, Sonderheft, S. 197-301.
McDougall, J. (1978), *Plädoyer für eine gewisse Anormalität*, Frankfurt am Main: Suhrkamp 1985.
Marcelli, D. (1983), »La position autistique. Hypothèses psychopathologiques et ontogénétiques«, in: *Psychiatrie de l'enfant* 24, Nr. 1, S. 5-55.
Meltzer, D., u. a. (1975), *Explorations in Autism*, Strath Tay, Perthshire, Scotland: Clunie Press.
Missenard, A. (1979), »Narcissisme et rupture«, in: R. Kaës u. a., *Crise, rupture et dépassement*, Paris: Dunod.
Montagu, A. (1971), *Touching the Human Significance of the Skin*, New York: Columbia University Press.
M'Uzan, M. de (1972), »Un cas de masochisme pervers«, in: *La Sexualité perverse*, Paris: Payot; wieder in *De l'art à la mort*, Paris: Gallimard 1977.
Nassif, J. (1977), *Freud, l'inconscient*, Paris: Galilée.
Oleron, P. (1976), »L'Acquisition du langage«, in: *Traité de Psychologie de l'enfant*, Bd. 6, Paris: P. U. F.
Pasche, F. (1971), »Le Bouclier de Persée« in: *Revue française de Psychanalyse* 35, Nr. 5, 6, S. 859-870.
Pinol-Douriez, M. (1974), »Les Fondements de la sémiotique spatiale chez l'enfant«, in: *Nouvelle Revue Psychanalytique*, Nr. 9, S. 171-194.
– (1984), *Bébé agi, bébé actif*, Paris: P. U. F.
Pomey-Rey, D. (1979), »Pour mourir guérie«, in: *Cutis* 3, Nr. 2, S. 151 ff.
Pontalis, J. B. (1977), *Entre le rêve et la douleur*, Paris: Gallimard.
Ribble, M. (1944), »Infantile experiences in relation to personality development«, in: J. McV. Hunt, *Personality and the behavior disorders*, Bd. 2, New York: Ronald Press.
Rosolato, G. (1969), *Essais sur le symbolique*, Paris: Gallimard.
– (1978), *La Relation d'inconnu*, Paris: Galimard.
Ruffiot, A. (1981), »Le groupe-famille en analyse. L'appareil psychique familial«, in: A. Ruffiot u. a., *La Thérapie familiale psychanalytique*, Paris: Dunod.

Sami-Ali, M. (1969), »Étude de l'image du corps dans l'urticaire«, in: *Revue française de Psychanalyse* 33, Nr. 2, S. 201-242.
– (1974), *L'Espace imaginaire*, Paris: Gallimard.
– (1977), *Corps réel, corps imaginaire*, Paris: Dunod.
– (1984), *Le Visuel et le tactile. Essai sur l'allergie et la psychose*, Paris: Dunod.
Schilder, P. (1935) *The Image and Appearance of the Human Body*, New York: *International Universities Press.*
Searles, H. (1965), »Das Bestreben, den anderen verrückt zu machen. Ein Element in der Ätiologie und Psychotherapie der Schizophrenie«, in: G. Bateson u. a., *Schizophrenie und Familie*, Frankfurt am Main: Suhrkamp 1969, S. 128-166.
– (1979), *Counter-transference and related Subjects*, New York: International Universities Press.
Segal, H. (1957), »Bemerkungen zur Symbolbildung«, in: Bott Spillius, E. (Hg.), *Melanie Klein heute,* München und Wien: Verlag Internationale Psychoanalyse 1990, S. 202-224.
Soulé, M. (1978), »L'Enfant qui venait du froid. Mécanismes défensifs et processus pathogènes chez la mère de l'enfant autiste«, in: *Le Devenir de la psychose de l'enfant*, Paris: P. U. F., S. 179-212.
Spitz, R. (1965), *Vom Säugling zum Kleinkind. Naturgeschichte der Mutter-Kind-Beziehung im ersten Lebensjahr*, Stuttgart: Klett 1965.
– *vom Dialog*, Stuttgart: Klett 1976.
Tausk, V. (1919), »Über die Entstehung des ›Beeinflussungsapparates‹ in der Schizophrenie«, in: *Gesammelte psychoanalytische und literarische Schriften*, Wien/Berlin: Medusa 1983, S. 245-286.
Thevoz, M. (1984), *Le Corps peint,* Genève: Skira.
Tinbergen, N. (1951), *Instinktlehre*, Berlin und Hamburg: Parey 1956.
Tristani, J. L. (1978), *Le Stade du respir,* Paris: Minuit.
Turquet, P. M. (1974), »Menaces à l'identité personnelle dans le groupe large«, in: *Bulletin Psychologique*, Sonderheft »Groupes: Psychologie sociale et psychanalyse«, S. 135-158.
Tustin, F. (1972), *Autism and Childhood Psychosis*, London: Hogarth; New York: Jason Aronson 1973.
– (1981), *Autistische Zustände bei Kindern,* Stuttgart: Klett-Cotta 1989.
Vincent F. (1972), »Reflexions sur le tégument des Primates, in: *Annuaire de la Faculté des Sciences des Cameroun,* Nr. 10, S. 143-146.
Wiener, P. (1983), *Structure et processus dans la psychose,* Paris: P. U. F.
Winnicott, D. (1951), »Übergangsobjekte und Übergangsphänomene«, in: *Vom Spiel zur Kreativität*, Stuttgart: Klett-Cotta 1979.
– (1969), »Les Aspects positifs et négatifs de la maladie psychosomatique«, in: *Revue de la Médicine Psychosomatique* 11, Nr. 2, S. 205-216.

– (1971), »Die Spiegelfunktion von Mutter und Familie in der kindlichen Entwicklung«, in: *Vom Spiel zur Kreativität*, Stuttgart: Klett-Cotta 1979.
– (1958), »Die Fähigkeit zum Alleinsein«, in: *Reifungsprozesse und fördernde Umwelt*, München: Kindler 1974.
– (1958), *Von der Kinderheilkunde zur Psychoanalyse*, München: Kindler 1976.
Zazzo, R. (1972), »L'Attachement. Une nouvelle théorie sur les origines de l'affectivité«, in: *L'Orientation scolaire et professionelle*, S. 101-128.
– u. a. (1974), *L'Attachement*, Neuchâtel: Delachaux et Niestlé.

Verzeichnis der Falldarstellungen

Die Fallbeobachtungen, deren Pseudonym kein Autorenname beigefügt ist, stammen aus meiner eigenen Praxis. Bei den anderen gebe ich in Klammern den Namen der Person, der ich diese Beobachtung verdanke, an.

Namenregister

Sachregister

Psychoanalyse, Sozialpsychologie und Psychologie im Suhrkamp Verlag Eine Auswahl

Didier Anzieu. Das Haut-Ich. Übersetzt von Meinhard Korte und Marie-Hélène Lebourdais-Weiss.
Gebunden und stw 1255. 324 Seiten

Wilfried R. Bion. Elemente der Psychoanalyse. Übersetzt und mit einer Einleitung von Erica Krejci. stw 1758. 149 Seiten

William Damon. Die soziale Welt des Kindes. Übersetzt von Uta S. Eckensberger. stw 884. 315 Seiten

Gilles Deleuze. Schizophrenie und Gesellschaft. Texte und Gespräche von 1975 – 1995. Aus dem Französischen von Eva Moldenhauer. Hg von David Laponjade. 384 Seiten. Gebunden

Georges Devereux
- Realität und Traum. Psychotherapie eines Prärie-Indianers. Mit einem Vorwort von Magaret Mead. Übersetzt von Maja Hallberg. 704 Seiten. Gebunden
- Träume in der griechischen Tragödie. Eine ethnopsychoanalytische Untersuchung. Übersetzt von Klaus Staudt. stw 536. 551 Seiten

Anita Eckstaedt
- Die Kunst des Anfangs. Psychoanalytische Erstgespräche. stw 1174. 286 Seiten
- Nationalsozialismus in der »zweiten Generation«. Psychoanalyse von Hörigkeitsverhältnissen. stw 1026. 516 Seiten
- ›Der Struwwelpeter‹. Dichtung und Deutung. Eine psychoanalytische Studie. 228 Seiten. Gebunden

NF 122/1/3.09

Michel Foucault

- Die Macht der Psychiatrie. Vorlesungen am Collège de France 1973/1974. Aus dem Französischen von Claudia Brede-Konersmann. 595 Seiten. Gebunden
- Psychologie und Geisteskrankheit. Aus dem Französischen von Anneliese Botond. es 272. 132 Seiten

Iris Hanika / Edith Seifert. Die Wette auf das Unbewußte. Oder was sie schon immer über Psychoanalyse wissen wollten. es 2457. 173 Seiten

Eric R. Kandel. Psychiatrie, Psychoanalsyse und die neue Biologie des Geistes. 341 Seiten. Gebunden

Lawrence Kohlberg

- Die Psychologie der Lebensspanne. Übersetzt von Detlef Garz. Herausgegeben, bearbeitet und mit einer Einleitung versehen von Wolfgang Althof und Detlef Garz. Gebunden. 346 Seiten
- Die Psychologie der Moralentwicklung. Herausgegeben von Wolfgang Althof und Detlef Garz. Übersetzt von Detlef Garz. stw 1232. 564 Seiten

Hermann Lang

- Das Gespräch als Therapie. Mit einem Geleitwort von Hans-Georg Gadamer. stw 1293. 272 Seiten
- Strukturale Psychoanalyse. stw 1292. 352 Seiten

Nicolas Langlitz. Die Zeit der Psychoanalyse. Lacan und das Problem der Sitzungsdauer. stw 1757. 300 Seiten

Jean Piaget

- Einführung in die genetische Erkenntnistheorie. Übersetzt von Friedhelm Herborth. stw 6. 106 Seiten
- Weisheit und Illusionen der Philosophie. Übersetzt von

NF 122/2/3.09

Friedhelm Herborth. stw 539. 286 Seiten

Paul Ricoeur. Die Interpretation. Ein Versuch über Freud. Aus dem Französischen von Eva Moldenhauer. stw 76. 400 Seiten

Alenka Zupančič. Das Reale einer Illusion. Kant und Lacan. Übersetzt von Reiner Ansén. stw 1546. 142 Seiten

Slavoj Žižek

- Die gnadenlose Liebe. Übersetzt von Nikolaus Schneider. st 1545. 188 Seiten
- Körperlose Organe. Bausteine für eine Begegnung zwischen Deleuze und Lacan. Aus dem Englischen von Nikolaus G. Schneider. stw 1698. 297 Seiten
- Parallaxe. Übersetzt von Frank Born. 448 Seiten. Gebunden
- Die Tücke des Subjekts. Übersetzt von Andreas Hofbauer. 552 Seiten. Gebunden

NF 122/3/3.09